教育部哲学社会科学发展报告建设（培育）项目（11JBGP034）

中国服务经济发展报告 2014

CHINA SERVICE ECONOMY REPORT 2014

上海交通大学中国服务经济与管理研究中心
上海大学中国服务经济研究中心　　组编
复旦大学世界经济研究所

陈宪　殷凤　程大中　主编

上海交通大学出版社
SHANGHAI JIAO TONG UNIVERSITY PRESS

内容提要

本书是教育部哲学社会科学发展报告（培育）项目（11JBGP034）的第三本报告，由主题报告、专题报告、指数发布和统计数据4个部分组成。其中，主题报告题为“创新工业化道路：制造业与服务业双轮驱动”；专题报告分为服务产业与贸易、服务技术与创新、公共服务与管理3部分，共7个分报告；指数发布包含“中国城市服务经济指数·2014”等4个指数的发布和分析报告；统计数据则涵盖了中国服务经济领域相关的各种数据。

本书适合中国服务经济从业和研究人员参考、阅读。

图书在版编目(CIP)数据

中国服务经济发展报告. 2014/陈宪，殷凤，程大中主编. —上海：上海交通大学出版社，2015
ISBN 978-7-313-08851-2

Ⅰ. 中… Ⅱ. ①陈… ②殷… ③程… Ⅲ. 服务经济—研究报告—中国—2014 Ⅳ. F719
中国版本图书馆 CIP 数据核字(2012)第 174164 号

中国服务经济发展报告 2014

主　　编：陈　宪　殷　凤　程大中
出版发行：上海交通大学出版社　　地　　址：上海市番禺路 951 号
邮政编码：200030　　电　　话：021-64071208
出 版 人：韩建民
印　　制：虎彩印艺股份有限公司　　经　　销：全国新华书店
开　　本：787mm×1092mm　1/16　　印　　张：16.25
字　　数：314 千字
版　　次：2012 年 9 月第 1 版
　　　　　2015 年 1 月第 3 版　　印　　次：2015 年 1 月第 3 次印刷
书　　号：ISBN 978-7-313-08851-2/F　　定　　价：68.00 元

《中国服务经济报告 2014》编撰人员名单

主　编　陈　宪　殷　凤　程大中

撰　稿　陈　宪　殷　凤　熊　励　董　明
　　　　张恒龙　杨　玲　杜运苏　李　靖
　　　　康艺凡　黄建锋　王全玲　张　潇

工业4.0与服务经济再认识
（代　序）

《中国服务经济发展报告》作为教育部哲学社会科学发展报告建设（培育）项目（11JBGP034），它的三年建设、培育周期已到，《中国服务经济发展报告2014》是项目资助的第三本，也是最后一本报告。此后，就将接受评审。两种可能的结果是，成为建设项目，继续编写、出版；二是资助终止。一旦资助终止，我们又有两种选择：一是自筹资金，继续编写、出版；二是结束这项工作。当然，类似的报告即便编写、出版周期再长，也都有结束的那一刻。所以，《中国服务经济发展报告》如果不能被列入建设项目，结束的可能性是很大的。当然，我们会以其他的方式，继续在服务经济领域开展研究、咨询等工作。

自2005年开始编写、出版《中国服务经济报告》（最近三年改为《中国服务经济发展报告》）以来，我们一直在试图关注服务业、服务经济领域发展的重大问题。事实上，服务业、服务经济发展和演进，本质上首先是一个产业升级乃至革命的问题。在长期研究这个问题的过程中，我们的一个深刻体会是，现行的产业分类在很大程度上制约了人们对产业升级、演进和革命的认知。这是因为，统计意义上的产业分类总是滞后的，产业发展的内涵总是在不断突破现行分类的边界，而统计还是要根据现行分类进行，产业和行业的数据仍然基于现行分类给出，所以，认知的脱节就在所难免。

早在1935年，英国经济学家A·费希尔就提出了第一、二、三产业的理论分类：第一产业是指人类劳动直接从自然界取得的产业，农业和采掘业是第一产业；第二产业是对第一产业和本产业提供的产品（原料）进行加工的部门，工业和建筑业属于第二产业；第三产业是对消费者提供最终服务和对生产者（包括三个产业的生产者）提供中间服务的部门，主要包括消费者服务业和生产者服务业。此后，在统计分类中，第一、二、三产业演化为农业、制造业和服务业的分类。因为是统计分类，所以其边界就必须简洁和可操作，是否生产或提供农产品、制成品和服务，则成为分类的原则，所以，采掘业划入制造业、建筑业划入服务业①。可见，这两种分类的思想方法是不同的。以第三产业与服务业为例，首先，第三产业的分类是剩余法，服务业则是以是否生产和提供服务来定义；其次，第三产业是单向依赖的供给分类，服务业则是相互依赖的需求分类；再次，第三产业的结构涵义是国内经济，服务业则是国内和国际经济。

正是因为简洁和可操作的要求，现实中的统计分类往往不能反映和揭示产业内涵发生的变化，进而产生滞后的问题。一个最为显著的例子就是，生产者服务业已成为产业结构中解释经济增长、结构升级的重要变量，但在现实的统计分类中却无法给出准确的统计边界，也就没有相应的统计数据。这个问题的本质是，产业内涵已经因为产业融合和服务化，发生了深刻变化，统计分类却不能将其表达出来。由此导致在考虑发展战略和目标时，无法正确评价生产者服务业的地位和作用。这是当下服务业和服务经济发展中的一个瓶颈。

生产者服务业也称为企业服务业，其服务对象是生产者、经营者和投资者，所以，生产者服务业的需求来自企业，来自农业、制造业和服务业的企业。以往我们有一个偏颇的认识，将生产者服务业称为2.5产业，好像它是制造业和服务业之间的一个产业，生产者服务业的需求主要来自制造业，其实不然。农业和服务业自身也产生大量的对生产者服务业的需求。就占比而言，在形成服务经济为主的产业结构以后，生产者服务业的主要产出是提供给服务业自身的。然而，制造业对服务业的需求，亦即对生产者服务业的需求有着代表性，这一方面体现在，生产者服务业促使制造业的本质发生了变化，并使其劳动生产率迅速提高；另一方面，融合了生产者服务业的制造业为服务业提供了全新的工具和平台，如移动终端和网络服务器等。一如上述，服务业是相互依赖的需求分类，也就是说，当制造业对生产者服务业产生需求的同时，服务业

① 建筑业尽管生产了作为制成品的建筑物，但建筑物的本能都是提供服务，故世界贸易组织(WTO)和许多国家都将建筑业划入服务业。目前，中国仍将建筑业划入制造业。

也对制造业产生需求，尤其是生产者服务业，它的供给的实现离不开先进制造业。对于后者，以往的认识是不够的。

我们以“工业 4.0”和 CPS 的提出，进一步说明生产者服务业在产业发展，乃至经济发展中的地位和作用，以及制造业和服务业，尤其是先进制造业和生产者服务业的关系。2011 年，在汉诺威工业博览会开幕式的致辞中，德国人工智能研究中心负责人和执行总裁 Wolfgang Wahlster 教授首次提出工业 4.0 的概念。2013 年，德国成立了工业 4.0 的工作组，并于同年 4 月在汉诺威工业博览会上发布了最终报告《保障德国制造业的未来：关于实施“工业 4.0”战略的建议》。这份报告认为，工业 4.0 的核心就是下一代工业革命（亦可译为产业革命）是信息物联网和服务互联网与制造业的融合创新。报告指出，工业 4.0 会将智能技术和网络投入到工业应用中，从而进一步巩固德国作为生产地以及制造设备供应国和 IT 业务解决方案供应国的领先地位。其实，早在 2005 年末 2006 年初，美国曾对信息物联网和服务互联网与制造业的融合做出综合性的概括，称之为虚拟网络——实体物理系统（Cyber-Physical System，CPS）。美国与德国面对制造业的未来，虽然提出的概念不同，但工业 4.0 与 CPS 本质上是一致的。

那么，工业 4.0 和 CPS 的本质是什么呢？是智能化，制造智能化加服务智能化，在很大程度上，制造智能化是通过服务智能化实现的。深度的产业融合是在智能化的平台上实现的。工业 4.0 与 CPS 通过物联网、信息通信技术与大数据分析，通过数据交互把不同设备连接到一起，把工厂内部和工厂之间连接成为一个整体，进而在自动化之上，形成制造智能化。这一智能化又包含两大主题：智能工厂与智能生产。智能工厂主要关注智能化生产系统及过程，以及网络分布式生产设施的实现。智能生产是在智能工厂的基础上进一步加入了人的要素，同时强调生产过程本身，是以人为中心的基于信息物理系统为智能辅助系统，创造更优秀的人机互动模式。

工业 4.0 与 CPS 希望通过智能工厂与智能生产的建设，最终实现的是制造模式的变革。每一个产品将承载其整个供应链和生命周期中所需的各种信息。设备将由整个生产价值链所继承，可实现自组织。管理能够根据当前的状况，灵活决定生产过程。制造模式变革的核心是什么？是在制造模式中加入了服务模式。德国提出工业4.0这一概念本身就带有深刻的反思。德国是一个高端制造大国，制造业贡献了经济增长的重要部分，使其在欧债危机中持续保持一定的增长。但是，德国的制造业始终以产品为主，他们反思，为什么自己的产品主要是生产功能的价值，而缺乏服务的增加价值。为此，通过互联网、数字、智能化的融合、智能工厂的建设，可能是未来的方向。基于自身较强的装备制造工业，在国家战略下合作建设互联的智能工厂系统可能是重要的路径，进而使德国成为新工业革命的先行者。与此同时，个性化消费需求的倾向正越来越明显。如今，大规模大批量标准化生产模式正越来越难以满足消费者的个性化需求，于是新工业革命的到来顺理成章。这再一次使我们看到，供给创新(智能化)和需求导向(个性化)在某个结点的整合，必将带来产业发展的革命性变化。

在制造模式变化的背后，是服务模式的形成，是生产者服务业的发展。近年来，美国再工业化的实践从另一个侧面证明了这一点。2014年6月，美国的著名智库彼得森国际经济研究所发布报告《美国制造业的基础：恢复的四个迹象》指出，金融危机以来，相比于其他经济部门，美国制造业产出增长、竞争力和劳动生产率均快速增长；来自美国跨国公司和国内公司经济活动的证据也表明，美国制造业正在强劲复苏。美国制造业之所以做得比大多数国家好，其重要原因，是以研究与开发为核心的生产者服务业优于大多数国家。

尽管在现行的产业分类中，我们无法清晰地给出生产者服务业及它们的亚类，但这不能成为认识和肯定其重要性的理由。可以说，工业4.0和CPS将连接人类有史以来的所有发明，催生出一次“产业大爆炸”：传统的行业界限将消失，新的业态将产生，价值的创造过程将改变，产业链分工也将被重组。工业4.0和CPS将不断挑战人类的想象力，这个过程才刚刚开始。当然，这个过程也将对如何保障人类产业系统的安全提出更迫切的要求。由此可见，多年前我们已经发现的产业融合和服务化趋势，在智能化的不断推动下，正在被提升到全新的高度，并以生产者服务业发展为载体，在产业升级和经济增长的过程中起着日益重要的作用，进而成为理解经济形态演化、服务经济发展的关键变量。

如上所述,智能化是这一轮供给创新的核心,那么,供给创新的动力来自于哪里呢?供给创新的动力就是经济增长的原始动力。经济学的研究表明,现代经济增长的原始动力主要来自:内生于经济体系的技术变革,有着边际报酬递增特征的知识资本和企业家精神。这里,企业家精神具有起决定性作用的主体意义,进而具有根本性。企业家精神作为经济增长的动力,具体表现在:企业家具有将储蓄转化为有效投资并形成资本的能力;企业家的创业和创新是吸纳就业、提高居民收入的主渠道;企业家通过对需求的不断试错以发现新的市场,转化潜在需求,由此促进消费增长。苹果公司的案例强有力地说明,企业家是创造市场、刺激投资和消费的源泉;企业家通过自身的创新,实现产品和服务的升级,增强出口的竞争力。中国目前尚缺乏企业家健康成长的土壤和环境,这也从一个侧面解释了为什么在中国经济中政府扮演着非同寻常的作用。然而,在竞争性领域,事实上,经济活动的大部分领域是竞争性的,政府投资替代和挤出民间投资,政府干预替代和挤出企业自主经营的后果,是不言而喻的。这是中国经济不能继续重蹈的覆辙。要到这一点,唯有还企业家精神以应有的地位,营造和优化创业创新、企业家成长的制度环境。因此,我们对以上问题的答案是,供给创新来自于创业行为,来自于企业家精神。也就是说,供给创新是创业者创新、企业家创新的结果。如果要让答案紧扣本报告主题,那么,就可以表述为,创业创新是生产者服务业不断发展、智能化不断进步的不竭动力。

为了应对工业4.0和CPS的发展趋势,我们还要更加注重制造业高端标准与技术的确立,寻找智能制造设备与信息技术融合性的突破,大数据建立与分析应用的突破,做到互联网应用技术的升级,培养信息技术与制造技术复合人才。这些措施也都是发展生产者服务业和服务经济的题中应有之义。

(执笔:陈　宪)

目 录

主题报告　创新工业化道路:制造业与服务业双轮驱动 …………………………… 1

专题报告一　服务产业与贸易 …………………………………………………… 27
　分报告1　中国研发外包服务:来自生物医药产业的研究报告 ………………… 29
　分报告2　生产性服务贸易进口技术结构对人力资本的累积效应研究
　　　　　——基于上海、香港、新加坡的比较分析 ………………………………… 51
　分报告3　世界与中国服务贸易发展概况与趋势 ……………………………… 60

专题报告二　服务技术与创新 …………………………………………………… 75
　分报告1　大数据在电子商务中的应用 …………………………………………… 77
　分报告2　基于平台经济的信息服务业发展轨迹与创新机制研究 ……………… 93

专题报告三　公共服务与管理 …………………………………………………… 109
　分报告1　针对民生的公共服务:大型保障房社区的公共治理 ……………… 111
　分报告2　针对新群体的公共服务:流动人口的基本公共服务均等化 ………… 134

"中国城市服务经济指数·2014"发布和分析报告 ……………………………… 155
"长三角30城市服务经济指数·2014"发布和分析报告 ………………………… 166
"中国城市公共服务指数·2014"发布和分析报告 ……………………………… 175
"长三角30城市公共服务指数·2014"发布和分析报告 ………………………… 187

统计数据 ………………………………………………………………………… 199
　表1　中国服务业增加值、服务业就业人数等有关情况的时间序列
　　　(1978—2012年) …………………………………………………………… 201
　表2　服务业构成、各部门增加值的时间序列(1991—2011年) ……………… 202
　表3　中国部分地区服务业发展情况(2012年) ……………………………… 206
　表4　中国服务分部门进、出口贸易额统计序列(1982—2013年) …………… 208
　表5　服务业内向FDI部门分布的时间序列(1997—2012年) ……………… 211

表 6　世界服务贸易进、出口额及增长率统计(1980—2013 年) …… 215
表 7　2013 年服务出口额前 30 名国家(地区)服务出口总额及构成的时间序列(1980—2013 年) …… 216
表 8　2013 年服务进口额前 30 名国家(地区)服务进口总额及构成的时间序列(1980—2013 年) …… 231

后记 …… 246

Contents

Theme Report New Path of Industrialization: Driving by the "two engines" of Manufacturing and Service Industry …… 1

Special Reports Ⅰ Services Industry and Trade …… 27

Report Ⅰ R&D Outsourcing Services in China: A Research Report from the Biopharmaceutical Industry …… 29

Report Ⅱ Producer Service Import Optimum Structure Promote Human Capital Accumulation—Based on Comparison among Shanghai, Hongkong and Singapore …… 51

Report Ⅲ The Status and Prospects of the World and China's Services Trade …… 60

Special Report Ⅱ Services Technology and Innovation …… 75

Report Ⅰ The Application of Big Data in E-Commerce …… 77

Report Ⅱ Research on Development Track and Innovation Mechanism of Information Services Based on Platform Economy …… 93

Special Report Ⅲ Public Services and Administration …… 109

Report Ⅰ Public Governance of Large Low-income Housing Community—taking Shanghai as an Example …… 111

Report Ⅱ The Equalization of Basic Public Services of the Floating Population—taking Shanghai as an Example …… 134

Issuance and Analysis Report on 2014 Service Economy Indices of Chinese Cities …… 155

Issuance and Analysis Report on 2014 Service Economy Indices of 30 Yangtze River Delta Cities …… 166

Issuance and Analysis Report on 2014 Public Service Indices of Chinese Cities …… 175

Issuance and Analysis Report on 2014 Public Service Indices of 30 Yangtze River Delta Cities ······ 187

Statistical Data ······ 199

Table 1 Time Series of China's Service Industry: Value-Added and Employment (1978—2012) ······ 201

Table 2 Time Series of China's Service Industry: Value-added and Composition by Sector(1991—2011) ······ 202

Table 3 China's Service Industry by Region (2012) ······ 206

Table 4 Time Series of China's Service Imports and Exports (1982—2013) ······ 208

Table 5 Time Series of China's Inward FDI in Service Sectors (1997—2012) ······ 211

Table 6 Time Series of World Trade in Commercial Services, Imports & Exports and Growth Rates(1980—2013) ······ 215

Table 7 Service Export Compositions for Top 30 Countries listed by 2013 (1980—2013) ······ 216

Table 8 Service Import Compositions for Top 30 Countries listed by 2013 (1980—2013) ······ 231

Postscript ······ 246

主题报告

创新工业化道路：制造业与服务业双轮驱动[①]

① 本文获教育部人文社会科学研究项目(13YJA790141)、上海市哲学社会科学“十二五”规划2014年课题(2014BJB002)资助。

当前，我国的全面深化改革已进入深水区，所遇到的问题无一不需攻坚克难。其中之一，就是要从以生产要素大量投入、投资和出口驱动的以制造业为中心的粗放型增长模式，转变为低物质投入、轻型环保、内需为主、消费拉动、创新驱动的以服务业为中心的集约型发展方式。无疑，完成这一转型将是一个漫长而艰巨的历程。

一个时期以来，我国各地比以往任何时候都更加重视发展服务业和服务贸易，形成以服务经济为主的产业结构已成为共识。尤其是近年来环境资源的矛盾日益紧张，更加突出了发展服务经济的迫切性。然而，由于政策目标紊乱，某些制造业被不当的政策关停并转后，原有的产业生态被打破，而“去工业化”留下的产出缺口没能被高技术产业和现代服务业填补，更为先进的产业体系未能建立，新的竞争优势无法形成，就业形势趋于严峻，政府行为短期化，资源配置进一步扭曲，一些地区甚至出现了工业化“未熟先衰”和产业空心化的趋势。

必须指出的是，国民经济的服务业化亦即服务业增加值和就业占比不断上升的过程，但这并不必然地以“去工业化”[①]为条件，特别是在工业化并未完成的大国，在相当长的一段时期里，服务业化和工业化是并行不悖的。如若不然，后果的危害将是严重的。在这里，我们有必要探讨一下制造业与服务业的关系，特别是处在转型期的中国，以厘清发展的思路。

一、制造业与服务业的互动效应——基于联立方程模型的分析

学术界关于制造业与服务业之间的关系，相关观点可归纳为“需求遵从论”、“供给主导论”、“互动论”和“融合论”。“需求遵从论”者认为，制造业是服务业发展的前提和基础，服务业发展处于一种需求遵从地位，服务业的发展是通过制造业的扩展引致发展的；“供给主导论”者认为，服务业尤其是生产性服务业是制造业生产率得以提高的前提和基础，没有发达的生产者服务业，就不可能形成具有较强竞争力的制造业部门；“互动论”者认为，服务业和制造业部门表现为相互作用、相互依赖、共同发展的互动关系；“融合论”者认为，目前服务业和制造业的边界越来越模糊，两者出现了融合趋势。

我们认为，制造业与服务业通过产业关联，会对彼此产生重要的影响，它们之间存在着互动关系。制造业是服务业的基础，制造业的发展一方面可为服务业提供“硬件”与技术支持、运行平台和诸多服务赖以存在的介质，另一方面，可以增加对服务业的中间需求，且随着制造业的不断发展，对服务业的需求层次和总量会不断提高，有助于增加服务产品，提高服务质量，扩大服务内涵和手段，带动服务业及整体经济的进一步发

① 去工业化(Deindustrialization)或称为：非工业化、逆工业化，最初由巴利·布鲁斯顿(Bany Bluestein)和贝尼特·哈里森(Bennett Harrison)于1982年提出。他们发现美国存在基础工业投资减少、经济增长停止、国际竞争力下降、大量工厂倒闭，制造业产出和就业量大幅减少的现象，并将这些现象概括为“去工业化”。去工业化有两个主要特点：其一，制造业发展停滞；其二，制造业大规模裁员，就业从第二产业转向服务行业。

展。而服务业是一个包含众多部门的庞大产业，一些服务部门是满足最终需求的，其单位资本产出增长主要来自生产过程本身，资本和技术发挥作用的空间较小，其生产率通常会低于制造业。这以消费者服务业为代表。随着这些服务部门占经济比重的上升，整体生产率增长和经济增长趋缓，可能导致如鲍莫尔提出的“成本病”现象。但是还有诸多部门，它们依附于制造业企业而存在，贯穿于企业生产的上游、中游和下游诸环节中，以人力资本和知识资本作为主要投入品，把日益专业化的人力资本和知识资本引进制造业，是产品价值增值的主要源泉，被称为生产性服务业（也称生产者服务业）。生产性服务业的发展集中反映了专业化分工的广度（服务门类或种类）与深度（服务数量或比重）。格鲁伯和沃克（1989）指出，在生产性服务中，大部分都以人力资本和知识资本作为主要投入。由于这些产出被用作商品与服务进一步生产的投入，它们最终是物化在为最后使用与出口而提供的商品与服务当中。“生产性服务部门乃是把日益专业化的人力资本和知识资本引进商品生产部门的飞轮……在生产过程中，它们为劳动与物质资本带来更高的生产率并改进了商品与其他服务的质量。”“生产性服务并没有取代制造业而损害经济的增长。它们只是现代经济发展的一种补充。”由于具有广泛的关联效应，生产性服务业发挥着 Riddle（1986）所谓的“黏合剂”作用，充当着促进其他部门增长的过程产业角色，能直接影响经济增长速度的快慢，并提高整体生产效率。Park（1994）认为，随着城市化和工业化的加速，服务部门趋于快速增长。服务部门快速增长的主要源泉之一是制造业与服务业之间的交易增加。制造业发展需要更多的基础设施服务，如物流服务、金融服务、售后技术服务、信息通信等生产者性服务，这些服务活动直接与生产活动相关联，制造业的增长直接带动了生产者服务的就业和产出份额增长。Eswaran 和 Kotwal（2002）指出，服务部门的扩张通过两种途径有利于工业部门：第一，它能够实现更大范围的专业化和劳动分工；第二，它能够降低服务作为工业生产中间投入的有效成本。国际经验也表明，制造业发展到一定阶段后，其附加值和市场竞争力的提升更多靠服务业支撑。

改革开放以来，中国工业[①]、第三产业增加值增长率均有较大波动，工业增加值增长率波动幅度更大，但总体来看，两者变动的趋势基本上是一致的（见图 1）。

从增加值占比来看，20 世纪 90 年代前，工业增加值占比经历了小幅下降，而同期第三产业增加值占比则大体呈上升趋势，两者间的差距逐步缩小。1990—1997 年，工业增加值占比保持了平缓的上升趋势，此后维持在 40%左右，2011 年后进一步下降。第三产业增加值占比在 1993—1996 年有所回落，1997 年后重拾增势，至 2001 年达到 40.5%，首次超过了工业增加值占比（39.7%），此后基本保持上升趋势，2013 年增至 46.1%，两者间的差距达到 9.1 个百分点（见图 2）。

① 2004 年前没有单独统计的制造业数据。

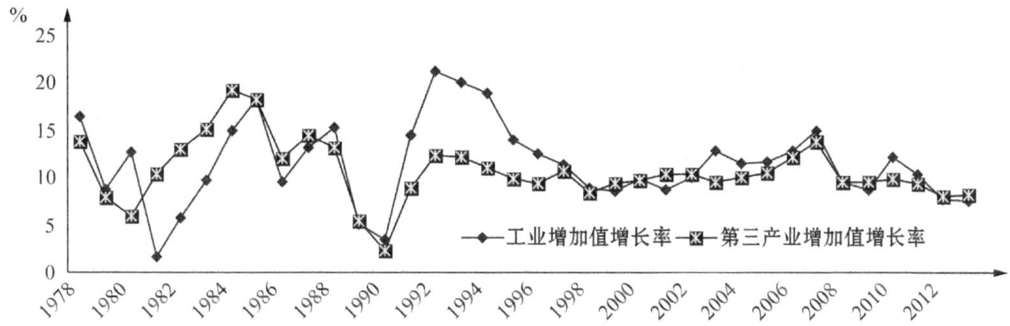

图 1　改革开放以来中国工业、第三产业增加值增长率

资料来源:1978—2012 年数据来自《中国统计年鉴 2013》,2013 年数据来自中国统计局数据库:http://data.stats.gov.cn/workspace/index?m=hgnd

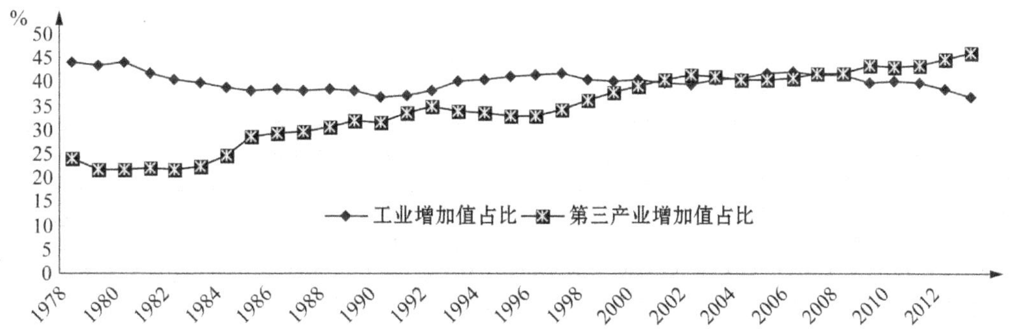

图 2　改革开放以来中国工业、第三产业增加值占比

资料来源:1978—2012 年数据来自《中国统计年鉴 2013》,2013 年数据来自中国统计局数据库:http://data.stats.gov.cn/workspace/index?m=hgnd

从产业贡献率①来看,1990—2000 年间,工业贡献率远高于第三产业贡献率,2001 年后工业贡献率下降,两者间差距缩小,且多数年份第三产业贡献率高于工业贡献率(见图 3)。从产业对国内生产总值增长的拉动②来看,也基本表现出同样的趋势(见图 4)。由此可见,进入 21 世纪后,中国正在经历着一个较为明显的产业结构变迁过程,经济增长的动力更多地来自于服务业。

根据 2012 年《工业化蓝皮书》,1995—2010 年,全国整体工业化水平综合指数持续提高,年均提高 3.6,整体处于快速工业化阶段。截至 2010 年,中国工业化水平综合指数为 66,表明中国工业化水平处于即将走完工业化中期的后半阶段。进入"十二五",中国工业化进程将步入工业化后期。在新的发展阶段,产业间的协同互动与内部层级的提升至关重要。

① 产业贡献率指各产业增加值增量与 GDP 增量之比。

② 产业拉动指 GDP 增长速度与各产业贡献率之乘积。

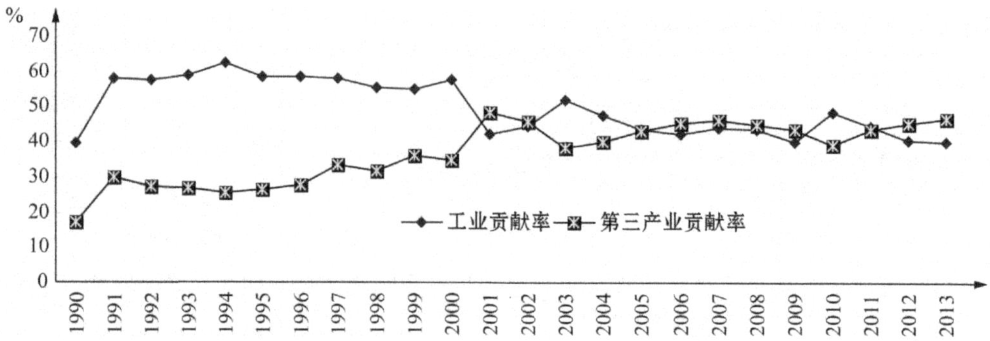

图 3　1990 年来中国工业、第三产业贡献率

资料来源：1978—2012 年数据来自《中国统计年鉴 2013》，2013 年数据来自中国统计局数据库：http://data.stats.gov.cn/workspace/index?m=hgnd

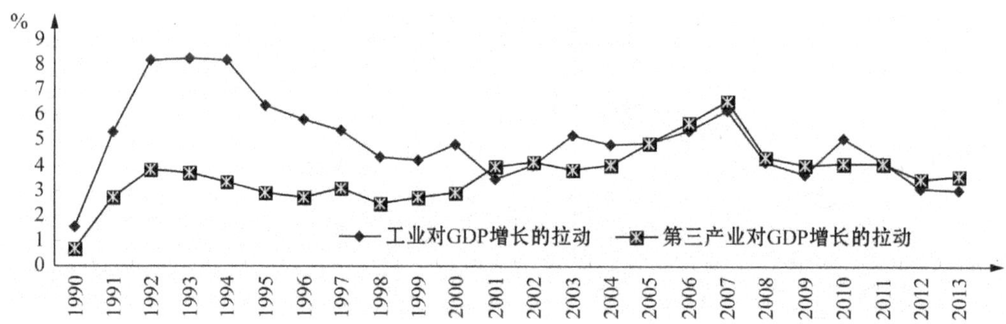

图 4　1990 年来中国工业、第三产业对国内生产总值增长的拉动

资料来源：1978—2012 年数据来自《中国统计年鉴 2013》，2013 年数据来自中国统计局数据库：http://data.stats.gov.cn/workspace/index?m=hgnd

我们前期基于 1978—2006 年的年度数据的实证研究结果表明，中国制造业与服务业的互动尚未形成。制造业对服务业的影响系数之和小于服务业对制造业的影响系数之和，说明我国的专业化分工程度还不够高，大量中间服务需求尚未从产业链中脱离出来，制造业对服务业的依存程度较低，支撑和拉动作用有限。

下面，我们运用最新数据，使用联立方程模型对中国制造业与服务业之间的关系再次进行验证。

制造业与服务业之间存在着互动关系，它们相互依存、互为因果，两者与其他部门共同组成了一个经济系统。由于单方程模型无法准确描述这种相互依存关系的经济现象，故需要建立联立方程模型。联立方程模型系统的一个共同特征是，它们都包含若干个内生变量，而且这些变量的值是一系列相互联系的方程共同确定的。

本报告考虑两大类变量：一是影响变量产出的要素投入，包括资本和劳动力；二是影响变量的控制变量，如城市化水平、市场化程度、信息化水平等。

计量模型如下：

$$\ln M = a_i + a_1 \ln S + a_2 \ln K_M + a_3 \ln L_M + a_4 \ln MAR + a_5 \ln INF + \varepsilon$$

$$\ln S = \beta_i + \beta_1 \ln M + \beta_2 \ln K_S + \beta_3 \ln L_S + \beta_4 \ln MAR + \beta_5 \ln URB + \beta_6 \ln INF + \mu$$

式中,a 和 β 为常数项,ε 和 μ 为随机误差项。M 代表制造业产出,用制造业增加值①表示,S 代表服务业产出,用第三产业增加值表示,并统一折算为 1997 年可比价,K_M 代表制造业资本投入,K_S 代表服务业资本投入,分别用第二产业和第三产业固定资本形成总额②来表示。为将历年资本形成总额分配到各产业中,利用可获得的按产业分的固定资产投资额,计算出三次产业的投资比例,用第二产业和第三产业的投资比例乘以固定资本形成总额来近似替代,并用固定资产投资价格指数进行平减。L_M 代表制造业劳动投入,L_S 表示服务业劳动投入,分别用第二产业、第三产业年末就业人员表示。控制变量 URB 代表城镇化水平,用城镇化率表示,一般而言,随着城镇化水平的提高,服务业将快速增长。MAR 代表市场化程度,用市场化指数③表示。INF 代表信息化水平,用信息传输、计算机服务和软件业增加值占 GDP 的比重表示。研究区间为 1997—2011 年,数据来自《中国统计年鉴》、《中国固定资产投资统计年鉴》、《中国人口和就业统计年鉴》相关各年以及《中国国内生产总值核算历史资料 1952—2004》、《中国统计摘要 2013》。在对模型进行拟合时,为避免变量计量单位差异所引发的异方差,自变量与因变量均采用了自然对数形式。各变量说明如表 1 所示。

表 1　变量定义说明

变　量	定　义
M/亿元	制造业增加值
S/亿元	第三产业增加值
K_M/亿元	第二产业固定资本形成总额
K_S/亿元	第三产业固定资本形成总额
L_M/万人	第二产业就业人员
L_S/万人	第三产业就业人员

① 由于无法得到 2004 年以前的制造业增加值,1997 年到 2003 年制造业增加值为估计数,估计方法如下:首先计算出 2004—2011 年制造业增加值占工业增加值的比例,从历年数据可以看出,制造业增加值在工业中的比重一直比较稳定,把计算出来的比例取平均数(0.7943),再乘以 2004 以前的工业增加值,将其作为制造业增加值的近似数据。

② 受统计数据的限制,我们无法将建筑业的固定资本形成总额分离出去,只能使用第二产业固定资本形成总额的估计数。

③ 本报告中的市场化指数采用樊纲、王小鲁等(2011)所著的《中国市场化指数:各地区市场化相对进程 2011 年报告》中所测算的结果。因无最新数据,2010 年和 2011 年数据用 2009 年数据替代。

（续表）

变　量	定　义
URB/%	城镇化率
MAR	市场化指数
INF/%	信息传输、计算机服务和软件业增加值占比

联立方程由多个方程组构成，各个方程的变量之间可能互为因果，某个方程的自变量可能是另一个方程的因变量，因此需要对系统中的各个方程之间的关系进行严格的定义，首先要判断其是否可以估计，即进行联立方程系统的识别。检验上述联立方程模型的阶条件和秩条件①，两个方程的秩条件和阶条件均成立，该模型是可以识别的。由于广义矩估计方法（GMM）允许随机误差项存在异方差和序列相关，所得到的参数估计量比其他参数估计方法更合乎实际，同时，GMM 方法不需要知道扰动项的确切分布，所以 GMM 估计量是很稳健的。本报告选取该法对联立方程系统进行估计。估计结果如表 2 所示。

表 2　联立方程估计结果

被解释变量：In*M*		被解释变量：In*S*	
In*S*	0.513*** (2.71)	In*M*	0.829*** (5.24)
InK_M	0.487*** (5.35)	InK_S	0.158* (1.87)
InL_M	0.195* (1.91)	InL_S	0.247*** (2.06)
In*MAR*	0.498*** (6.48)	In*MAR*	0.377*** (5.61)
In*INF*	0.084* (1.79)	In*INF*	0.286** (1.97)
		In*URB*	0.051* (1.84)
R^2	0.99	R^2	0.98
D.W.	1.82	*D.W.*	1.79

注：括号中为 *t* 值。***、**、*分别表示在 1%、5%和 10%置信水平下显著。

模型估计结果显示，制造业和服务业之间存在着相互影响、共同发展的互动关系。服务业的发展促进了制造业的发展，服务业增加值的回归系数为 0.513，并且在 1%的水平下显著，服务业增加值增长 1 个百分点，可以拉动制造业产值增长 0.513 个百分点。制造业增加值的回归系数为 0.829，且在 1%的水平下显著，表明制造业增加值增长 1 个百分点，可以带动服务业增加值增长 0.829 个百分点。制造业增长对服务业增长的拉动作用显著大于服务业增长对制造业的促进作用，这从一个方面表明我国尚处于工业化进

① 秩条件可表述为：在一个含有内生变量的 *k* 个内生变量的 *k* 个方程的联立方程系数中，一个方程可识别，当且仅当，能从系统的不含该方程外的所有变量的系数矩阵中构造至少一个 $(k-1)\times(k-1)$ 阶的非零行列式。阶条件是：如果一个方程是可识别的，那么它所包含的先决变量的个数必须大于等于它所含内生变量的个数减 1。

程的中后期,产业发展仍然非常倚重制造业,服务业则由于发展水平较低、社会化、专业化程度不高、垄断等因素,导致其作用未能充分发挥。

劳动力要素投入对产业发展的作用较小,制造业的劳动产出弹性是0.195,服务业的劳动产出弹性是0.247,这意味着劳动等初级要素在产业发展中的作用日趋减弱,未来产业发展需要更多地依赖技术进步和制度创新。制造业资本的产出弹性是0.487,可见,物质资本仍是拉动我国制造业增长的关键要素,亟待转型。市场化程度无论对制造业,还是服务业,其弹性系数均很高,表明市场化程度是影响产业产出的重要因素,随着专业化和社会化程度的提高,会衍生出越来越多的中间投入需求,特别是生产性服务投入,而这又会大大促进制造业及服务业的发展。信息化水平对制造业和服务业增加值均有正向影响,特别是对服务业,可以通过降低交易成本、改善服务质量、促进服务业与制造业的融合渗透、拓展服务领域和功能等方面对产业发展起到重要的作用。但城镇化水平对服务业的带动作用不是很显著,这与我国城镇化发展水平仍然较低,且土地城镇化快于人口城镇化有关。

二、制造业与服务业的产业关联效应——基于投入—产出的分析

以下我们运用投入—产出法来测度制造业与服务业的产业关联效应。投入—产出法是由美国经济学家瓦西里·里昂惕夫(W. Leontief)提出的投入产出分析的具体应用,是一个把复杂经济体系中各产业之间的相互依存关系系统地数量化的方法。投入产出分析法将经济视为一个有机整体,通过编制和分析投入产出表清晰地揭示国民经济各个产业以及产业结构间的内在联系,在此基础上可以推导出各产业的生产函数,并对各产业间在生产、交换和分配上的依存关系进行分析,然后利用产业间关联关系的特点,为经济预测和经济计划服务。一个产业生产产品,既要消耗其他产业提供的要素,本身的产品同时作为投入要素被其他产业所消耗,从而构成产业与产业间的供给需求关系。

(一) 直接消耗系数

直接消耗系数(a_{ij})表示了产业 j 在生产单位产品中所消耗掉产业 i 的产品的数量。直接消耗系数 a_{ij} 从充分揭示了国民经济各产业间的内在联系,衡量了各产业间相互依存和相互制约关系的强弱。a_{ij} 越大,产业 j 对产业 i 的产品消耗越大,说明两个产业之间的直接相互依赖性越强,直接技术经济联系越密切。

直接消耗系数用公式表示为

$$a_{ij} = \frac{x_{ij}}{X_j} \quad (i,j = 1,2,\cdots,n)$$

式中,x_{ij}——产业 j 对第 i 产业的产品消耗量;

X_j——产业 j 总投入。

直接消耗系数 a_{ij} 从消耗的角度反映了任意两产业的直接依存关系。a_{ij} 越大,产业 j

对产业 i 的产品消耗越大，两产业的直接联系越紧密。

我们选择了 OECD 中较为发达的 19 国直接消耗系数平均值作为发达国家的代表，金砖 5 国直接消耗系数平均值以及中国直接消耗系数表作为发展中国家标的（见表 3～表 5）。投入产出表一般 5 年更新一次，本报告使用 OECD 网站公布的 2000 年、2005 年的 48 产业部门投入产出表（由于统计周期的原因，个别经济体可能是 2005 年左右的其他年份）。OECD 19 国代表的发达国家分别是：爱尔兰、挪威、美国、英国、瑞典、荷兰、瑞士、芬兰、澳大利亚、比利时、奥地利、法国、加拿大、德国、日本、西班牙、韩国、意大利、葡萄牙；代表发展中国家的金砖 5 国分别是：俄罗斯、巴西、南非、印度、中国。由于我们的研究重点集中在第二产业与第三产业的相互关系，因此将各经济体的 48 产业部门投入产出表归并为由第一产业、第二产业和 14 个第三产业部门构成的 16 产业部门投入产出表。

表 3　OECD 19 国 2000 年、2005 年直接消耗系数表

OECD 19 国 2000 年	第一产业	第二产业	第三产业
第一产业	0.1295	0.0321	0.0029
第二产业	0.2173	0.422	0.1074
第三产业	0.1383	0.1793	0.2822
批发零售贸易与修理	0.0525	0.0499	0.0282
旅馆和餐饮	0.0016	0.0036	0.0111
交通运输及仓储	0.0143	0.0435	0.0385
电信与邮政	0.0038	0.0061	0.023
金融保险	0.0228	0.017	0.0444
房地产	0.0046	0.0066	0.0248
机器设备租赁	0.0052	0.0061	0.0092
计算机及其相关活动	0.0019	0.0057	0.0118
研究与开发	0.001	0.0057	0.0118
其他商务活动	0.0159	0.0421	0.0545
公共管理及国防、社会安全	0.0019	0.0023	0.0051
教育	0.0005	0.0011	0.0027
卫生及社会工作	0.0077	0.0006	0.0057
其他团体、社会和私人服务等	0.0036	0.0054	0.0174
OECD 19 国 2005 年	第一产业	第二产业	第三产业
第一产业	0.1384	0.0259	0.0024
第二产业	0.2349	0.4231	0.108
第三产业	0.1433	0.1875	0.2907
批发零售贸易与修理	0.052	0.0497	0.0269

(续表)

OECD 19 国 2005 年	第一产业	第二产业	第三产业
旅馆和餐饮	0.0014	0.0031	0.0094
交通运输及仓储	0.015	0.0271	0.0365
电信与邮政	0.004	0.0059	0.0227
金融保险	0.0232	0.015	0.0481
房地产	0.008	0.0078	0.0282
机器设备租赁	0.0059	0.0069	0.01
计算机及其相关活动	0.0013	0.007	0.0142
研究与开发	0.0026	0.0136	0.0091
其他商务活动	0.0129	0.0398	0.0505
公共管理及国防、社会安全	0.0026	0.0025	0.0051
教育	0.0004	0.0011	0.0029
卫生及社会工作	0.0081	0.0005	0.0047
其他团体、社会和私人服务等	0.0045	0.0065	0.0203

资料来源:根据 OECD 官方网站 http://www.oecdchina.org/statistics/index.htm 数据计算。

表 4　金砖 5 国 2000 年、2005 年直接消耗系数表

金砖 5 国 2000 年	第一产业	第二产业	第三产业
第一产业	0.1337	0.0567	0.0098
第二产业	0.1851	0.4257	0.1648
第三产业	0.0832	0.1324	0.1851
批发零售贸易与修理	0.0327	0.0521	0.0351
旅馆和餐饮	0.0005	0.0018	0.0109
交通运输及仓储	0.0256	0.0313	0.0318
电信与邮政	0.0004	0.0055	0.0156
金融保险	0.0141	0.0197	0.0350
房地产	0.0001	0.0028	0.0117
机器设备租赁	0.0001	0.0002	0.0007
计算机及其相关活动	0.0003	0.0010	0.0033
研究与开发	0.0000	0.0016	0.0029
其他商务活动	0.0055	0.0089	0.0216
公共管理及国防、社会安全	0.0011	0.0011	0.0011
教育	0.0001	0.0002	0.0002
卫生及社会工作	0.0011	0.0001	0.0001
其他团体、社会和私人服务等	0.0014	0.0060	0.0060

（续表）

金砖5国2005年	第一产业	第二产业	第三产业
第一产业	0.1661	0.0497	0.0095
第二产业	0.1826	0.4591	0.1581
第三产业	0.0945	0.1631	0.2088
批发零售贸易与修理	0.0331	0.0492	0.0193
旅馆和餐饮	0.0010	0.0035	0.0144
交通运输及仓储	0.0217	0.0363	0.0282
电信与邮政	0.0021	0.0097	0.0263
金融保险	0.0109	0.0206	0.0377
房地产	0.0124	0.0031	0.0157
机器设备租赁	0.0007	0.0022	0.0016
计算机及其相关活动	0.0002	0.0017	0.0029
研究与开发	0.0024	0.0085	0.0101
其他商务活动	0.0026	0.0172	0.0273
公共管理及国防、社会安全	0.0030	0.0017	0.0033
教育	0.0002	0.0005	0.0017
卫生及社会工作	0.0002	0.0007	0.0016
其他团体、社会和私人服务等	0.0041	0.0082	0.0188

资料来源：根据OECD官方网站 http://www.oecdchina.org/statistics/index.htm 数据计算。

表5 中国2000年、2005年直接消耗系数表

2000年中国直接消耗系数	第一产业	第二产业	第三产业
第一产业	0.1506	0.0515	0.0194
第二产业	0.2135	0.5531	0.2867
第三产业	0.0555	0.1055	0.1988
批发零售贸易与修理	0.0164	0.0391	0.0315
旅馆和餐饮	0.0014	0.0059	0.0294
交通运输及仓储	0.0111	0.0183	0.0335
电信与邮政	0.0008	0.0119	0.017
金融保险	0.0049	0.0126	0.0278
房地产	0.0003	0.001	0.0128
机器设备租赁	0	0	0
计算机及其相关活动	0	0	0
研究与开发	0	0	0

(续表)

2000年中国直接消耗系数	第一产业	第二产业	第三产业
其他商务活动	0.0199	0.015	0.0424
公共管理及国防、社会安全	0	0	0
教育	0.0007	0.0012	0.0037
卫生及社会工作	0.0001	0.0003	0.0006
其他团体、社会和私人服务等	0	0	0
2005年中国直接消耗系数	第一产业	第二产业	第三产业
第一产业	0.1568	0.0516	0.0169
第二产业	0.1872	0.5738	0.2882
第三产业	0.0695	0.1226	0.2051
批发零售贸易与修理	0.0187	0.0289	0.0154
旅馆和餐饮	0.0032	0.0095	0.0331
交通运输及仓储	0.0213	0.0334	0.0427
电信与邮政	0.0019	0.0128	0.0217
金融保险	0.0105	0.0096	0.0255
房地产	0.0002	0.001	0.0112
机器设备租赁	0	0	0
计算机及其相关活动	0	0	0
研究与开发	0.0002	0.0006	0.0015
其他商务活动	0.0086	0.0167	0.03
公共管理及国防、社会安全	0	0	0
教育	0.0007	0.001	0.0033
卫生及社会工作	0.0006	0.0022	0.0031
其他团体、社会和私人服务等	0.0036	0.0068	0.0176

资料来源:根据OECD官方网站http://www.oecdchina.org/statistics/index.htm数据计算。

就各经济体的第二产业对于第三产业的直接消耗系数而言,OECD 19国在2000年直接消耗系数为0.1793,在2005年为0.1875,增加了4.47%;金砖5国在2000年直接消耗系数为0.1324,在2005年为0.1631,增加了23.48%;中国在2000年直接消耗系数为0.1055,在2005年为0.1226,增加了16.21%。从各经济体的第二产业对于第二产业的直接消耗系数来看,2000年OECD 19国为0.422,2005年仅有微小升高;金砖5国2000年直接消耗系数为0.4257,2005年升至0.4591;中国第二产业对于自身的直接消耗系数最高,2000年为0.5531,2005年提高至0.5738。通过横向比较可以看出,OECD

19 国的第二产业对第三产业的直接消耗系数远远高于中国，第二、三产业间的相互依赖性很强，由于第三产业专业化广度和深度较高，第二产业的发展和竞争力的提高更多的是依赖于服务业中间投入。而中国第二产业对于服务的中间消耗相对较小，更多地依赖第二产业自身的投入。通过纵向比较，可以看出，不论是 OECD 19 国、金砖 5 国还是中国，第二产业对于第三产业的直接消耗系数都呈上升趋势，服务投入率随着时间的不断上升反映了第三产业在第二产业发展过程中的重要作用。

OECD 19 国第三产业对于第二产业的直接消耗系数远小于对第三产业的直接消耗系数，显示出 OECD 19 国的第三产业对第二产业的投入依赖程度较小。金砖五国平均来看第三产业对于第二产业的直接消耗系数小于对第三产业的直接消耗系数，但两者比例远高于 OECD 国家。中国第三产业对于第二产业的直接消耗系数大于对第三产业的直接消耗系数，比值最高。原因可解释如下：服务业大致可以分为实物资本密集型、金融资本密集型和劳动密集型。例如，交通运输及仓储是实物资本密集型，金融保险是金融资本密集型，批发零售贸易与修理、旅馆和餐饮是劳动密集型。随着人均 GDP 的增加和服务业增加值比重的增加，服务业中实物资本密集型的比例下降，而金融资本密集型和劳动密集型的服务业比重上升，导致第三产业对第二产业的依赖程度下降。从服务业的相对发展程度来看，OECD 最高，其他金砖国家次之，中国最低，因此中国服务业中实物资本密集型占的比重最大，服务业对于第二产业的依赖程度最高。OECD 国家服务业发展水平较高，服务业各部门关系紧密，相互间融合程度较高，能起到相互支撑的作用。而中国仍处于工业化后期，服务业发展相对滞后，更多的还要依赖第二产业。

就各经济体的第三产业对于第三产业的直接消耗系数而言，OECD 19 国在 2000 年直接消耗系数为 0.2822，在 2005 年为 0.2907，增加了 2.84%；金砖 5 国在 2000 年直接消耗系数为 0.1851，在 2005 年为 0.2088，增加了 12.43%；中国在 2000 年直接消耗系数为 0.1988，在 2005 年为 0.2051，增加了 3.17%。通过横向比较，可以看出 OECD 19 国的第三产业对第三产业的直接消耗系数同样远远高于中国，表示 OECD 19 国服务业与服务业的融合也更加充分，而中国的第三产业对第三产业的中间投入率也偏低。通过纵向比较，可以看出，不管是 OECD 19 国、金砖国家还是中国，第三产业对于第三产业的直接消耗系数都呈上升趋势，第三产业对其自身的消耗稳步增加，服务投入率随着时间不断上升，反映了服务业在发展过程中具有明显的“自增强”效应。

（二）物耗系数（中间投入率）

物耗系数（a_{cj}）是指产业 j 对国民经济各部门直接消耗的总和，表示为

$$a_{cj} = \sum_{i=1}^{n} a_{ij}$$

它反映了产业 j 与所有产业的直接消耗关系，a_{cj} 越大，产业 j 对国民经济的物质消耗越大。因为

$$a_{cj}=\sum_{i=1}^{n}a_{ij}=\sum_{i=1}^{n}\frac{x_{ij}}{X_j}=\frac{\sum_{i=1}^{n}x_{ij}}{X_j}$$

式中，$\sum_{i=1}^{n}x_{ij}$ ——产业 j 中间投入之和；

X_j——产业 j 总投入。

因此，物耗系数也叫中间投入率，反映了某产业中间投入和总投入的比例，即生产过程中所需要投入的其他生产部门的产品数量的大小。由于总投入＝中间投入＋附加价值（中间投入率＋附加价值率＝1），在总投入一定的条件下，该产业的中间投入和附加价值呈现此消彼长的关系：中间投入率越高，附加价值率越低，中间投入率越低，附加价值率就越高。

表 6 和表 7 分别是 OECD 19 国和中国三次产业的中间投入率计算结果。不论 2000 年还是 2005 年中国第二产业和第三产业的中间投入率都远远高于 OECD 19 国，由于中间投入率＋附加价值率＝1，也就是说，OECD 19 国第二产业和第三产业的附加价值率远远高于中国。可见，中国的物耗水平较高，生产效率相对低下。

表 6　OECD 19 国 2000 年、2005 年中间投入率

中间投入	第一产业	第二产业	第三产业
2000 年 19 国	0.4851	0.6334	0.3966
2005 年 19 国	0.5110	0.6419	0.4008

资料来源：根据 OECD 官方网站 http://www.oecdchina.org/statistics/index.htm 数据计算。

表 7　中国 2000 年、2005 年中间投入率

中间投入	第一产业	第二产业	第三产业
2000 年中国	0.4196	0.7102	0.5049
2005 年中国	0.4135	0.748	0.5102

资料来源：根据 OECD 官方网站 http://www.oecdchina.org/statistics/index.htm 数据计算。

从分项服务的相对重要性来看，不同部门的差异较大。综合来看，各经济体的第二产业和第三产业对于批发零售、交通运输及仓储、金融保险的直接需求较大。首先列出 2005 年 OECD 19 国平均直接消耗系数表中生产性服务业占比：对于第一产业，交通运输和仓储业、信息传输、批发零售贸易业、金融保险业、科学研究与综合技术服务业占服务业总投入比例依次为 10.47%、2.79%、36.29%、16.19%、1.84%；第二产业中，交通运输和仓储业、信息传输、批发零售贸易业、金融保险业、科学研究与综合技术服务业占服务业总投入比例依次为 14.45%、3.15%、26.15%、8%、7.25%；对于第三产业，交通运输和仓储业、信息传输、批发零售贸易业、金融保险业、科学研究与综合技术服务业占服务业总投入比例依次为 12.56%、7.81%、9.25%、16.55%、3.13%。第二步，计算出 2005 年中国直接消耗系数表中生产性服务业占比：第二产业中，交通运输和仓储业、信息传输、批发零售贸易业、金融保险业、科学研究与综合技术服务业占服务业总投入比例依次为27.24%、10.44%、23.57%、7.83%、0.49%；对于第三产业，交通运输和仓储业、信息传输、批发零售贸易业、金融保险业、科学研究与综合技术服务业占服务业总投入比例依次为20.82%、10.44%、7.51%、12.43%、0.73%。从中可以看出，第二、第三产业的服务投入中，OECD 19 国平均值和中国生产性服务业占比区别很大，我国金融保险服务的重要性在二、三产业中体现得还不够明显（OECD 19 国金融服务业对产业的支撑作用非常大）。还有一点非常值得关注，第二、三产业中，我国综合技术服务业及科学研究事业的投入占服务总投入的比例很低，仅为0.49%和0.73%，这反映出第二、三产业创新不足，技术含量偏低，依然停留在“制造”阶段，尚未走上“创造”的道路。

（三）影响力系数与感应度系数

在投入产出分析中，各产业（部门）对于其他产业的拉动能力可以用影响力系数来衡量。影响力系数是反映当国民经济某一部门增加一个单位最终使用时，对国民经济各部门所生产的生产需求波动及程度。当一个部门的影响力系数大于1时，表明该部门对国民经济的影响程度超过各部门影响力的平均水平；影响力系数越大，对各部门产出的拉动作用（后向关联度）越大，对国民经济的推动力也就越大。感应度系数反映对各部门均增加一单位最终需求时对某一部门的完全消耗程度（需求程度），也就是需要该部门为其他部门生产而提供的产出量，反映了该部门对其他部门的支撑作用（前向关联度）。系数大说明该部门对经济发展的需求感应程度强，部门生产的前向关联程度越大，它越具有基础产业的性质，反之，则表示对经济发展需求感应程度弱。当感应度系数大于1时，表示该部门感应程度高于各部门平均水平，对经济的支撑作用相对较强；当感应度系数小于1时，表示该部门受到的感应程度低于各部门平均水平，对其他部门的支撑作用相对较弱。

表8列出了2005年OECD 19国、金砖5国和中国各部门的影响力系数和感应度系数。

表8　2005年OECD 19国、金砖5国和中国各部门的影响力系数和感应度系数

影响力系数	OECD 19 国均值	金砖 5 国均值	中　国
第一产业	1.3454	1.3709	0.8223
第二产业	1.7364	2.2	1.6987
第三产业	0.9227	0.8878	0.9628
感应度系数	OECD 19 国均值	金砖 5 国均值	中　国
第一产业	0.494	1.0993	1.1085
第二产业	6.2554	8.6193	10.7243
第三产业	0.6608	0.4487	0.2977

资料来源：根据 OECD 官方网站 http://www.oecdchina.org/statistics/index.htm 数据计算。

OECD 19 国和金砖 5 国第三产业影响力系数的均值都小于 1，而第一产业、第二产业的影响力系数均值大于 1，这说明虽然第一产业、第二产业的产出和增加值占比在不断缩小，但其对各部门产出的拉动作用仍然很大。中国第二产业的影响力系数大于 1，而第一、三产业小于 1，说明第二产业对经济的拉动作用远大于第一、第三产业，显示出第二产业在中国经济中的引擎作用是第一、第三产业无法替代的，中国仍处在工业化的进程中。OECD 19 国和金砖 5 国第二产业感应度系数的均值以及中国第二产业的感应度系数分别为 6.255 4、8.619 3、10.724 3，均远大于 1，显示出各经济部门对于第二产业的严重依赖和第二产业在经济中的支柱地位。第三产业的感应度系数小于 1，对其他部门的支撑作用相对较弱。OECD 19 国第三产业感应度系数的均值为 0.660 8，金砖 5 国的均值为 0.448 7，中国比 OECD 19 国和金砖 5 国第三产业感应度系数的均值分别低 0.363 1 和 0.151 0，显示出中国第三产业对经济发展的需求感应程度很弱，也就是说，国民经济对第三产业的需求较少，存在着需求不足的现象。无论是服务业整体还是服务业具体部门，影响力系数均大于感应度系数，说明我国服务业发展对国民经济的推动作用大于国民经济发展对服务业的拉动作用。服务业并非是在一个较强的需求水平上受到国民经济发展的拉动而发展起来的，其发展主要依靠其自身的自我增强作用，相对独立性较强。而国民经济对服务业需求不足，则主要是由于服务专业化程度低，有效供给不足，服务质量偏低，而价格偏高。

动态来看，基于中国投入产出学会公布的投入产出表计算得出，第二产业的影响力系数从 1987 年的 1.457 7 提高至 2000 年的 1.984 7，2007 年降至 1.770 5，感应度系数从 1987 年的 1.157 3 上升至 1997 年的 1.887 2，2007 年回落至 1.770 5，波动较大，但均在 1 以上，反映出制造业在经济体系中对其他部门的前向关联度和后向关联度都很强，对经济的拉动力和支撑均很显著，在国民经济中的地位举足轻重。第三产业的影响力系数从 1987 年的 0.431 8 提高至 2005 年的 0.925 6，2007 年降至 0.881 8，感应度系数从 1987 年的 0.507 8 上升至 2005 年的 0.933 3，2007 年回落至 0.704 3。从总体上看，从 1987 年到 2005 年，第三产业影响力系数和感应度系数均呈上升趋势，对经济的拉动和推动作用逐渐增强，但相比第二产业，差距依然比较明显。值得指出的是，感应度系数下降一定程度上意味着第三产业的服务于生产功能的退化，即没有有效地创造出相关的产品市场，究其原因，我们认为主要是因为中国服务业的市场化、社会化、专业化程度还比较低。

（四）产业联系深度（产业依赖度）

通过计算投入产出表列出的流量（即产业间的直接消耗）在总的直接消耗中所占的比重，可以度量产业间联系的深度，即

$$r_{ij} = \frac{x_{ij}}{\sum_{i=1}^{n} x_{ij}} \quad (i, j = 1, 2, \cdots, n)$$

r_{ij}越大，表明 j 产业部门在生产过程中对 i 产业部门产品的消耗量越大，即说明 j 产业对 i 产业的联系深度越深。表 9 是据此计算的美国、日本和中国产业联系深度。

表 9　美国、日本和中国产业联系深度　(%)

		产业部门	物流服务	通信服务	生产服务	个人服务	社会服务
美国	1975	总制造业	37.98	32.98	41.34	32.05	31.28
		总服务业	59.97	63.73	65.23	67.57	64.44
	1985	总制造业	25.23	18.76	20.53	14.26	17.95
		总服务业	73.65	71.52	77.96	75.79	75.23
日本	1975	总制造业	36.14	18.85	24.02	34.08	40.40
		总服务业	53.04	50.35	44.59	36.99	39.52
	1985	总制造业	23.10	14.54	21.81	39.00	42.50
		总服务业	61.50	67.13	56.58	38.55	38.38
中国	1985	总制造业	48.99	74.81	57.97	57.35	53.65
		总服务业	43.24	19.90	34.34	17.97	38.85
	2005	总制造业	45.65	75.32	60.49	43.52	47.89
		总服务业	45.22	18.43	32.44	23.96	42.54

资料来源：1975 年和 1985 年数据根据 Park(1994)整理，中国 2005 年数据根据中国 2005 年投入产出表计算。

从美国和日本的发展经验来看，均经历了服务业各行业对制造业的消耗量下降，产业联系深度不断降低，而服务业对其本身的产业关联依赖度明显提升的过程，也就是说，随着工业化进程的推进，产业发展将更多地依赖于服务业。相比中国，服务业各行业对制造业的产业关联依赖度大大高于同期美国和日本，而对服务业的产业依赖度则大大低于美、日。即使到了 2005 年，这种状况依然没有改变。这从另一个侧面反映出，中国尚处在工业化中期，产业发展仍严重依赖制造业，与服务业产业关联依赖程度较低。我们认为，工业化进程不能一蹴而就，在服务业没有得到足够的成长前，盲目过快地“去工业化”是不可行的，也是危险的。

三、“去工业化”与“再工业化”的实践与经验借鉴

从人类发展历程来看，在工业化进程的不同阶段，产业结构变迁的动因及特征各不相同。通常，在工业化初期，服务业比重提高主要来自农业人口的转出，农业产出与就业比重下降；到工业化中期，制造业迅速发展，产业间关联开始增强，诱发了服务业的发展，并成为经济进一步服务化的主导因素；工业化后期，制造业吸纳就业的能力趋于下降，服务业就业增长速度进一步提高，服务业对制造业的依赖度下降，服务业内部的产业联系成为促使经济服务化的主导力量，服务业产出与就业比重明显提升。其内在动因主要源于：一是随着收入增长，消费结构升级，对服务业的需求不断提高，服务业产出及就业比重因其需求收入弹性高而趋于上升；第二，由于产品生命周期，成熟产业逐渐衰落或转出。在产业链全球布局的条件下，一些劳动密集、能耗大、污染重的工业被转移到低劳动力成本的国家和地区，导致转出国制造业就业增长下降，而由其转出的劳动力主要被服

务业吸纳,即出现了所谓"去工业化"。那么,一国的产业转型是否必然要以"去工业化"为条件?不同的国家是否会遵从相同的演进路径?在当前的分工模式下,其特征与结果又是如何?

(一)"去工业化"

"去工业化"始于欧美等发达国家。从内部动因来看,随着制造业技术的发展,其生产率大幅提高,导致该部门产品平均价格下降,同时,人们对工业品和服务需求发生改变,引起各种资源从制造业部门流向服务业等其他部门。这种"去工业化"路径最根本的动力来自该国制造业部门技术和生产效率的提升,是由该地区长期以来积聚的丰富的技术资源、智力资源、合理的制度安排以及便利的基础设施等多方面条件导致的内在的产业结构由第二产业向第三产业转移的需求。二战以来,主要发达国家的产出和就业结构都从农业和制造业为主转向了以服务业为主。但是,必须指出的是,这一"去工业化"的过程是伴随着经济全球化而发生的,国际分工与产业转移为其提供了必要的外部条件和动力,否则,像美国这样的大型经济体在传统的较为封闭的经济环境下是不可能依靠服务业生存的。从本质上来说,"去工业化"并不意味着发达经济体不再需要工业,而是随着经济全球化所形成的新的国际分工格局,主要的加工生产过程由新兴经济体和发展中国家来完成,而发达经济体则实现了产业链上的跃升。对于人类社会来说,无论在哪个发展阶段,均必须依靠物质资料的生产来维持生活,只不过是在经济全球化的时代,发达经济体通过新的国际分工格局实现了经济的后工业化,而后起发展中国家则不具备这样的外部条件。

然而,有些发展中大国是在人均GDP尚未达到一定程度,就开始了"去工业化"进程的。这种"去工业化"则表现为在本国制造业并没有发展充分、其生产率及技术含量远没有达到一个高于社会其他部门的情况下,由于外部因素或"荷兰病"①导致该国制造业失去竞争优势,使其生产资源被迫转出制造业,而其他行业却不能承接这种产业的转移。例如,巴西制造业的份额在1950—1980年这段时间,仅从12%上升到15%,而从20世纪80年代后期,巴西就开始了"去工业化",并一直延续到今天。印度的情况更加惊人,其制造业就业人数占总就业人口的比例在2002年达到高峰,也不过只有13%,之后便趋于下降。数据显示,当年美国、英国、德国和瑞典开始"去工业化"时,他们的人均收入已经达到9000~11000美元(按1990年标准)。在一些发展中国家,制造业开始萎缩的时间大大提前,巴西的"去工业化"开始于人均GDP只有5000美元时,印度则为2000美元。

近期巴西和印度经济充满了挑战和隐忧,经济艰难复苏的同时,遭遇通货膨胀高企、货币大幅贬值、资本外流等风险,并均可能出现贸易逆差。尽管出现这些情况的原因是

---

① 荷兰在20世纪发现北海天然气田后,造成出口剧增、汇率升值、工资上升、通货膨胀,最终导致制造业的竞争力下降,从而出现了"去工业化"的现象。

多方面的、复杂的，但是，其间都暴露了经济结构中过早“去工业化”的问题。

巴西是资源富足型国家，其工业化是建立在以资源消耗、加工和出口的基础上的，曾出现过“咖啡经济”、“甘蔗经济”、“木材经济”、“矿产经济”，基本上是以原料输出和一般粗加工出口为主。如今，巴西正在面对不少资源丰富国家都曾经遇到过的难题——“荷兰病”：出口剧增、汇率升值、工资上升、通货膨胀等，致使制造业企业的竞争力下降，“去工业化”、“资源诅咒”现象凸显。据高盛统计，巴西在20世纪90年代，工业部门创收还占据巴西国内生产总值的36%左右，但到2010年后，该数据仅勉强能达到15%。巴西媒体认为，眼下巴西贸易最鲜明的特征是国内已没有任何一个工业制成品具有出口的竞争条件，巴西制造业已几乎进入了增长的停滞期。2012年巴西服务业占比为69%，制造业比重为26%。另据美国波士顿咨询公司的报告，2014年巴西工业生产成本比美国高出23个百分点。而在2004年，巴西工业成本还低于美国。在2004—2014年间，巴西工业劳动力平均薪资提高了一倍有余，而工业生产力的年均增长率仅为1%，过早“去工业化”导致工业竞争力落后，经济发展受到拖累。巴西“去工业化”的进程是一个被动转变的过程，其根本动力来源于基础部门，而不是自身内部产业结构调整和资源优化配置的要求，是外部推动力形成的“去工业化”现象。这种发展模式下，工业竞争力低下，经济增长易受外界影响，容易大起大落。

印度则采取了一种“跨工业化”的发展模式，即经济增长跳过了工业主导阶段，直接从农业为主的增长转变为以服务业为主导，服务业超常规发展（2012年占GDP的57%）。服务业对经济增长的贡献接近70%，制造业发展却严重滞后（仅占GDP份额26%），而且最近几年还呈现一定的下降趋势，再加上严格的劳工政策，无法满足一般蓝领工人的就业；服务业发展尽管比较快，但是其主要吸收的是少数具有较强的劳动技能和较高技术水平与专业知识的人才和阶层。这种以服务业为主导的经济增长表现为一种有利于少数人就业的增长，仍有大量劳动力滞留在农村和农业中。但是，像印度这样的人口大国，在其面临巨大的就业压力以及大多数劳动者教育水平普遍较低、制造业发展严重短板的情况下，服务业为主导尤其是以IT导向的经济增长的就业弹性必然会很低，即使经济增长速度很快，由于经济结构的内在特点，决定了经济增长无法解决大规模就业问题，因此增长也就无法达到快速减贫的目的。同时，由于工业化推进速度不高，工业化水平低，城市化进程也非常缓慢。从农村移入城市的人口大多没有正式工作，居住在令人震惊的贫民窟中。贫富差距悬殊、社会阶层分化严重，而长期的收入分配不均等必定会给社会治安、社会稳定带来隐患。

巴西和印度都面临这样的风险，工业基础薄弱，从传统产业部门释放出来的大批就业人口无法被增速较快、生产率较高的产业部门吸收，或者失业，或者进入低端服务业，将导致服务业的低水平及需求萎缩。而更为关键的是，低水平服务业的扩张，将使劳动生产率的提升更为困难，中产阶级就有可能衰落而不是逐步扩大，导致财富分配与社会结构的两极分化。摆脱“中等收入陷阱”的关键，既在于使更多穷人脱贫，更在于使这些脱贫者的劳动生产力水平能够不断提升。而一个缺乏雄厚制造业基础的国家是很难做到这一点的。在经济发展状况良好时，一些部门的超常规发展会掩盖潜藏的问题，而当经济状况不好时，或遭遇外部环境变化或冲击时，这些超常规发展的部门受的影响往往更大、不稳定性更强，从而直接影响到曾受益于这些部门增长的中产阶级的收入和福利，引发社会矛盾，甚至激烈的社会冲突。目前巴西已然出现了这样的问题。

（二）“再工业化”

2008 年的金融危机使虚拟经济成为众矢之的，2010 年的欧债危机暴露了实体经济“空心化”问题，发达国家抗危机不足的弱点充分暴露了出来。人们开始审视“去工业化”的后果，不少观点倾向认为欧洲大陆失业率的持续上升和美国收入差距的持续扩大实际上都是“去工业化”的结果之一。“去工业化”减少了制造业工作机会，传统制造业所释放的工人要么失业，要么转向如餐饮、物流、交通运输等低技能、低收入的低端服务业。同时又因为这些低端服务业的低工资水平和不稳定性，工人的收入总量势必呈下降趋势，这会进一步抑制有效需求，进而拖累经济增长。同时，“去工业化”导致中产阶级萎缩，而财富分配与社会结构的两极分化成为社会矛盾激化的重要诱因。

工业化是现代国家财富与竞争力的基础，为重振竞争力，推动经济增长，增加社会就业率，化解债务危机，发达国家提出了“再工业化”。奥巴马明确将“再工业化”作为美国复兴战略的核心内容，于 2009 年底开始实施以出口推动和制造业增长为目的的“再工业化”战略。2009 年英国推出了“重振制造业战略”，拟通过科技创新和低碳技术实现传统工业的升级改造，并联合相关政府部门、行业协会和主要制造业企业制定了详细的行动计划。2012 年日本发布《制造业白皮书(2011 年版)》，指出其制造业面临着严峻的挑战，决心提升制造业竞争力。发达国家提出“重振制造业”，“推进再工业化”、“实现金融业向制造业的重新平衡”，其意图非但要占据和保持在制造业高端环节的优势地位，还要与新兴经济体抢占中端产品市场，实质是对产业链进行重新布局，是对制造业高附加值环节的再造，推动产业升级，建立新的产业体系，大力发展先进制造业和高新技术产业，寻求并创造新的经济增长动力，重塑在世界经济中的竞争力。目前这一战略已取得了初步成效。

当前，受金融危机拖累，欧美等发达国家消费能力大幅下降，国际市场转向疲软，这对中国等长期依靠国际市场消费拉动国内经济增长的发展中国家产生了严重影响。而发达国家实施“再工业化”战略，标志着其由债务推动型增长向出口推动型和制造业增长的转变，实际上是对制造业产业链的重构，将可能进一步强化其优势，通过掌控战略性新兴产业，主导新型装备、新材料的生产和供应，雄踞全球产业链关键环节，加剧发达国家和新兴国家在产业链中高端的竞争，世界产业链因此将发生一次新的重大变迁。发展中国家在全球价值链上的竞争更加激烈，利润空间被大大压缩。同时，人口、资源、环境的压力也日益加大。中国要在全面纳入经济全球化与国际分工体系的背景下完成工业化、实现经济转型，其难度之大是超乎想象的。

四、工业化与服务化应并行不悖

从现实情况来看，我国经济发展不平衡，多层次植入式发展和有条件的先发展，形成异常复杂的状况：我国至今仍然是一个典型的二元经济国家，工业化尚未完成，城镇化水平刚刚超过50%，信息化水平不高，服务化刚刚起步，同时，还存在着产业结构、贸易结构、增长动力结构、收入分配结构等诸多失衡。从动态的角度看，国际分工体系通过产业链的区段分工将我国的产业高度较长时期地压制在一个比较低端的环节，还因“路径依赖”效应对我国产业结构产生持续的影响，甚至产生妨碍结构升级的“锁定效应”。同时，相对丰裕的劳动力要素却长期被锁定在“低技术—低工资—低技能教育投入—低保障”的循环中，难以对经济增长提供人力资本储备和高层次的消费需求。缺乏服务化的深度支持，工业化升级乏力，信息化深入困难重重，城镇化建设也不可持续。因此，我国当前面临着服务化、工业化、城镇化和信息化等多重任务，它们的协同发展将是推动未来50年我国经济持续增长的核心动力。

在我国长期的高速增长中，投资，特别是政府主导的投资扮演了极端重要的角色。然而，倚重基建投资、投资效率相对低下，投资产出弹性逐年下降，已由2002年的4.1降至2012年的1.8，单位投资所带来的单位GDP增量下滑，对工业化和产业升级的推动力微弱，而内生增长的动力又严重不足。资源错配与拔苗助长，导致产业发展出现畸形，一部分产业“个大体虚”，另一部分产业则受到压制，迟迟得不到发育。更重要的是，这样的投资结构不但不能改善产业结构的现状，反而强化了目前的结构性失衡，在增加就业和提高多数人收入等方面作用甚微，导致居民消费率偏低，且逐年下降，贫富差距日益扩大。如此格局造就了少数阶层的富裕生活，却无法满足多数社会成员向上流动的需要，难以提升大多数社会成员的福利和经济社会地位。而且，在这种投入型经济中，如果没有技术创新发生从而带来全要素生产率的提高，随着要素价格的不断上涨，产出必然减速，倒逼宏观调控反向干预，进而可能延缓发展方式的转变。在一个日益两极分化的社会中，若产出减速，社会矛盾激化的风险也将大大加大。这必须引起我们足够的重视。可见，系统性的结构转型已是当务之急。

看到现代服务业的高增长性与先进性，特别是西方发达国家以虚拟经济为支撑的服务业的显著收益，不少观点倾向于认为，GDP中服务业的比重是衡量产业体系现代化与经济发达与否的关键。于是，各地纷纷出台战略举措，鼓励发展服务业，将提高服务业比重作为政府规划的重要目标之一。然而，理论研究和现实经验均显示，制造业与服务业之间存在互动发展的关系，会经历相互增强的过程。“过早盲目的‘去工业化’可能会导致就业率下降，收入差距拉大和社会矛盾的激化。‘去工业化’还会导致经济增长的下降，原因就在于中国的禀赋和收入水平不满足向后工业化社会转型的条件。如果中国执意要转向高技术制造和现代服务业驱动的经济增长之路，那么就会在供给瓶颈（高技术产业）和需求不足（服务业）的双重制约下，走上经济衰退之路”。

因而，我们认为，各国产业与经济发展呈现出不同的结构和变化路径，与各个国家特定的存量禀赋结构及其动态的演进，以及不同的制度环境有关。对于中国这样一个典型的二元经济国家来说，工业化进程不可逾越，若服务业的发展不是主要依赖于雄厚的制造业基础，以及从制造业衍生出来的整个体系而建立起来的话，是无法长久支持或提升一个国家的经济的。就我国目前的实际情况来看，“服务化”是价值链增值和结构转型升级的重要路径，经济结构转型、发展方式转变、构建现代产业体系的核心是服务化，是通过产业融合与创新走新型工业化道路，促使制造业与服务业协同发展，让服务经济服务于实体经济，而非简单的“去工业化”，使主导产业形态在短期内向服务业整体转型，至少在一段时期内，服务业在GDP中的比重不应成为衡量产业体系现代性和结构升级的绝对标准。

首先，制造业是国民经济的物质基础，是国家财富的保障和经济实力乃至综合国力的体现。发达国家的现代化历程是从工业化起步，历经制造业的高速发展后逐步向服务经济转型，尽管制造业的比重日益下降，但其绝对值、科技含量及对国民经济的重要性并未降低。而过早“去工业化”的国家则遭遇了种种问题。我国服务业的发展必须依托于工业化的深入，没有工业化的基础，服务业的生长空间是有限的。制造业的发展一方面可为服务业提供“硬件”与技术支持、运行平台和诸多服务赖以存在的介质，另一方面，可以增加对服务业的中间需求，且随着制造业的不断发展，对服务业的需求层次和总量会不断提高，有助于增加服务产品，提高服务质量，扩大服务内涵和手段，带动服务业及整体经济的进一步发展。其次，工业化是不可逾越的发展阶段，而我国的工业化进程并未结束，我国制造业位于全球产业链的中低端，劳动生产率较低，资源消耗大，附加价值低，缺乏核心技术优势，整体竞争力不强，同时还面临着成本优势不断弱化而国际竞争日益加剧的严峻形势。低能级、缺乏创新的制造业不足以支撑真正意义上的服务经济。工业化突破传统的发展模式与限制及其产业竞争力的提升，需要依赖服务业尤其是生产者服务业的兴起与发展。我国亟须以服务化加速制造业升级，实现制造业由粗放型增长向集约型增长的转变，提升制造业的能级与竞争力。再次，当前世界分工格局在一定程度上固化了发达国家和发展中国家在全球产业链上的位置，中国要实现产业链上的跃升，从“中国加工”、“中国制造”跨越到“中国创造”、“中国服务”，同发达国家在服务领域竞争，绝非朝夕之事。另外，无论从一国内部，还是从全球一体化的角度来看，产业链可以延伸、拓展和重组，但不能断裂，也就是说，产业链必须完整，制造业必然要占据一定的比重，它是一国经济安全与利益的重要保障。实体经济的发展水平和质量是遏制虚拟经济膨胀及其不利影响的基础，虚拟经济必须以实体经济作为支撑，否则经济将处于动态不稳定中，其抗风险性将大为降低。

因而，在未来相当长一段时间内，实体经济仍然是我国经济发展的核心动力，工业化与服务化并行不悖。当前以服务化为核心的我国现代产业体系并不是以服务业取代制造业，更重要的是服务业要面向实体经济，面向制造业，通过制造业与服务业的融合与互动，服务要素对制造环节的嵌入、渗透与提升，实现“生产型制造”向“服务型制造”的转变，使得资源配置更加合理，产业结构日趋高度化，实现产业链上的跃升、价值增值以及增长质量的提高。

目前，我国产业链的融合程度较低，专业化分工程度还不够高，大量中间需求尚未从产业链中脱离出来，服务的外部需求不足，制造业具有产业内循环的特征，对服务业的依存程度较低，支撑和拉动作用有限。这一方面抑制了服务业的发展，同时也影响了制造业的价值实现和竞争力的提升。之所以如此，主要是因为产业间尚未形成一种协调发展的机制。由于观念、体制、机制尚未转变，不少制造业企业仍停留在自我服务的层面，外包生产者服务环节的意愿不强，对服务业的中间需求不足；制造业产业链条较短，产业间的前向和后向关联度较低，对生产者服务业的需求层次、总量不高；具有优势的产业集群尚未成熟，区域产业配套能力不强，抑制了生产者服务业的产业链整合和溢出功能的有效拓展和发挥。制造业的服务投入率低，其发展因缺乏金融保险业、信息业等部门的有效配合，而使发展空间受到限制；在生产过程以外因缺乏商务服务业的配套支持，而影响循环的实现及效率的提升；因缺乏综合技术、科学研究、教育培训等部门的相应发展，而创新不足、动力匮乏。事实上，这也正是目前“中国制造”走入困境的症结之一。

从另外一个角度来看，制造业对服务业的需求不足，也有服务业自身的原因。我国生产者服务业发展滞后，服务链条短，能级低，服务主体不健全，专业化、社会化程度低、服务成本高、同质化现象严重，缺乏核心服务能力，服务品种、服务业态和服务质量难以满足现实需求，难以为制造业提供高端、高效、质优、价廉的产前与产后服务。导致制造业企业或者自我服务(这与内部服务活动外部化的总体趋势相左，不利于企业核心竞争力的提升)，或者借助于外部服务提供商，致使“中国制造”停留在全球产业价值链的中低端，高端环节和高额利润则被发达国家的跨国公司所掌控和攫取。服务的低水平、低效率，服务支撑体系的薄弱，已经成为制造业发展的瓶颈。

综上，我们应积极构建现代产业体系，进一步引导企业及全社会来认识制造业与服务业的关系，大力提高市场化程度和技术创新能力，提升要素配置效率，推进体制、机制和政策创新，确保公共投入的强制机制，提升法治水平，明晰产权，优化产权结构以及财富分配结构，深化与发展服务经济有关的各项改革，制定产业融合发展的战略规划及相关配套措施，建立起有利于制造业与服务业良性互动的机制，构建产业融合发展的制度与法律环境，加强制造业与服务业关联与集聚式发展，推动建立有利于制造业与服务业融合互动发展的商业信用、诚信服务体系和公共服务平台，切实推进产业链的整合，以获得整合基础上的更大的产业发展空间和最大化效率。

(执笔：殷　凤、陈　宪)

参考文献

[1]　顾乃华，毕斗斗，任旺兵. 生产性服务业与制造业互动发展：文献综述[J]. 经济学家，2006(6)：

35-41.

[2] R Rowthorn, R Ramaswamy. Growth, Trade and Deindustrialization [J]. IMF Staff Papers, 1999, 46(1): 18-41.

[3] Guerrieri P, Meliciani V. International Competitiveness in Producer Services [C]. Paper presented at the SETI Meeting in Rome, May 2003.

[4] 张世贤.工业投资效率与产业结构变动的实证研究——兼与郭克莎博士商榷[J].管理世界,2000(5):79-85.

[5] 刘培林,宋湛.经济普查揭示的"秘密":服务业是一个"昂贵"的产业[J].林毅夫发展论坛讨论稿,2006.

[6] Karaomerioglu, Bo Carlsson. Manufacturing in Decline? A Matter of Definition [J]. Economy, Innovation, New Technology, 1999, 8: 175-196.

[7] N Pappas, P Sheehan. The New Manufacturing: Linkages between Production and Service Activities [J]. in P. Sheehan, G Tegart (eds) Working for the Future. Melbourne: Victoria University Press, 1998: 127-155.

[8] Eswaran M, Kotwal A. The role of the service sector in the process of industrialization [M]. Manuscript, University of British Columbia, 2001.

[9] Park S H, K S Chan. A Cross-country input-output analysis of intersectoral relationships between manufacturing and service and their employment implications [J]. 1989(2): 199-212.

[10] 陈宪,黄建锋.分工、互动与融合:服务业与制造业关系演进的实证研究[J].中国软科学,2004(10):65-71.

[11] 顾乃华.我国服务业对工业发展外溢效应的理论和实证分析[J].统计研究,2005(12):9-13.

[12] Lundvall B A, Borras S. The Globalising Learning Economy: Implication for Innovation Policy [R]. Report prepared under the TSER Program, DG Ⅻ. Luxembourg: Commission of the European Union, 1998.

[13] 周振华.产业融合:产业发展及经济增长的新动力[J].中国工业经济,2003(4):46-52.

[14] 格鲁伯,沃克.服务业的增长:原因与影响[M].陈彪如,译.上海:上海三联书店,1993.

[15] Park S H. Inter-sectoral Relationships between manufacturing and services: New Evidence from Selected Pacific Basin Countries [J]. ASEAN Economic Bulletin, Vol. 10, No. 3, 1994.

[16] Eswaran M, Kotwal A. The role of the service sector in the Process of industrialization [J]. Journal of Development Economics, 2002(68): 401-20.

[17] 殷凤,陈宪.中国制造业与服务业双向溢出效应的实证分析[J].上海大学学报(社会科学版),2011(1):91-101.

[18] 华民.谨防错误的城镇化"运动"[J].人民论坛,2013(9):57-58.

产业）和需求不足（服务业）的双重制约下，走上经济衰退之路”。

因而，我们认为，各国产业与经济发展呈现出不同的结构和变化路径，与各个国家特定的存量禀赋结构及其动态的演进，以及不同的制度环境有关。对于中国这样一个典型的二元经济国家来说，工业化进程不可逾越，若服务业的发展不是主要依赖于雄厚的制造业基础，以及从制造业衍生出来的整个体系而建立起来的话，是无法长久支持或提升一个国家的经济的。就我国目前的实际情况来看，“服务化”是价值链增值和结构转型升级的重要路径，经济结构转型、发展方式转变、构建现代产业体系的核心是服务化，是通过产业融合与创新走新型工业化道路，促使制造业与服务业协同发展，让服务经济服务于实体经济，而非简单的“去工业化”，使主导产业形态在短期内向服务业整体转型，至少在一段时期内，服务业在GDP中的比重不应成为衡量产业体系现代性和结构升级的绝对标准。

首先，制造业是国民经济的物质基础，是国家财富的保障和经济实力乃至综合国力的体现。发达国家的现代化历程是从工业化起步，历经制造业的高速发展后逐步向服务经济转型，尽管制造业的比重日益下降，但其绝对值、科技含量及对国民经济的重要性并未降低。而过早“去工业化”的国家则遭遇了种种问题。我国服务业的发展必须依托于工业化的深入，没有工业化的基础，服务业的生长空间是有限的。制造业的发展一方面可为服务业提供“硬件”与技术支持、运行平台和诸多服务赖以存在的介质，另一方面，可以增加对服务业的中间需求，且随着制造业的不断发展，对服务业的需求层次和总量会不断提高，有助于增加服务产品，提高服务质量，扩大服务内涵和手段，带动服务业及整体经济的进一步发展。其次，工业化是不可逾越的发展阶段，而我国的工业化进程并未结束，我国制造业位于全球产业链的中低端，劳动生产率较低，资源消耗大，附加价值低，缺乏核心技术优势，整体竞争力不强，同时还面临着成本优势不断弱化而国际竞争日益加剧的严峻形势。低能级、缺乏创新的制造业不足以支撑真正意义上的服务经济。工业化突破传统的发展模式与限制及其产业竞争力的提升，需要依赖服务业尤其是生产者服务业的兴起与发展。我国亟须以服务化加速制造业升级，实现制造业由粗放型增长向集约型增长的转变，提升制造业的能级与竞争力。再次，当前世界分工格局在一定程度上固化了发达国家和发展中国家在全球产业链上的位置，中国要实现产业链上的跃升，从“中国加工”、“中国制造”跨越到“中国创造”、“中国服务”，同发达国家在服务领域竞争，绝非朝夕之事。另外，无论从一国内部，还是从全球一体化的角度来看，产业链可以延伸、拓展和重组，但不能断裂，也就是说，产业链必须完整，制造业必然要占据一定的比重，它是一国经济安全与利益的重要保障。实体经济的发展水平和质量是遏制虚拟经济膨胀及其不利影响的基础，虚拟经济必须以实体经济作为支撑，否则经济将处于动态不稳定中，其抗风险性将大为降低。

因而，在未来相当长一段时间内，实体经济仍然是我国经济发展的核心动力，工业化与服务化并行不悖。当前以服务化为核心的我国现代产业体系并不是以服务业取代制造业，更重要的是服务业要面向实体经济，面向制造业，通过制造业与服务业的融合与互动，服务要素对制造环节的嵌入、渗透与提升，实现"生产型制造"向"服务型制造"的转变，使得资源配置更加合理，产业结构日趋高度化，实现产业链上的跃升、价值增值以及增长质量的提高。

目前，我国产业链的融合程度较低，专业化分工程度还不够高，大量中间需求尚未从产业链中脱离出来，服务的外部需求不足，制造业具有产业内循环的特征，对服务业的依存程度较低，支撑和拉动作用有限。这一方面抑制了服务业的发展，同时也影响了制造业的价值实现和竞争力的提升。之所以如此，主要是因为产业间尚未形成一种协调发展的机制。由于观念、体制、机制尚未转变，不少制造业企业仍停留在自我服务的层面，外包生产者服务环节的意愿不强，对服务业的中间需求不足；制造业产业链条较短，产业间的前向和后向关联度较低，对生产者服务业的需求层次、总量不高；具有优势的产业集群尚未成熟，区域产业配套能力不强，抑制了生产者服务业的产业链整合和溢出功能的有效拓展和发挥。制造业的服务投入率低，其发展因缺乏金融保险业、信息业等部门的有效配合，而使发展空间受到限制；在生产过程以外因缺乏商务服务业的配套支持，而影响循环的实现及效率的提升；因缺乏综合技术、科学研究、教育培训等部门的相应发展，而创新不足、动力匮乏。事实上，这也正是目前"中国制造"走入困境的症结之一。

从另外一个角度来看，制造业对服务业的需求不足，也有服务业自身的原因。我国生产者服务业发展滞后，服务链条短，能级低，服务主体不健全，专业化、社会化程度低、服务成本高、同质化现象严重，缺乏核心服务能力，服务品种、服务业态和服务质量难以满足现实需求，难以为制造业提供高端、高效、质优、价廉的产前与产后服务。导致制造业企业或者自我服务（这与内部服务活动外部化的总体趋势相左，不利于企业核心竞争力的提升），或者借助于外部服务提供商，致使"中国制造"停留在全球产业价值链的中低端，高端环节和高额利润则被发达国家的跨国公司所掌控和攫取。服务的低水平、低效率，服务支撑体系的薄弱，已经成为制造业发展的瓶颈。

综上，我们应积极构建现代产业体系，进一步引导企业及全社会来认识制造业与服务业的关系，大力提高市场化程度和技术创新能力，提升要素配置效率，推进体制、机制和政策创新，确保公共投入的强制机制，提升法治水平，明晰产权，优化产权结构以及财富分配结构，深化与发展服务经济有关的各项改革，制定产业融合发展的战略规划及相关配套措施，建立起有利于制造业与服务业良性互动的机制，构建产业融合发展的制度与法律环境，加强制造业与服务业关联与集聚式发展，推动建立有利于制造业与服务业融合互动发展的商业信用、诚信服务体系和公共服务平台，切实推进产业链的整合，以获得整合基础上的更大的产业发展空间和最大化效率。

（执笔：殷　凤、陈　宪）

参考文献

[1] 顾乃华，毕斗斗，任旺兵. 生产性服务业与制造业互动发展：文献综述[J]. 经济学家，2006(6)：

专题报告一

服务产业与贸易

分报告 1　中国研发外包服务：来自生物医药产业的研究报告

一、中国研发外包服务的兴起

以研发外包服务的行为主体——CRO(Contract Research Organization，合同研究组织)为例，2006 年至 2010 年，我国 CRO 行业[①][②]的市场规模从 30 亿元增长到 98 亿元，年均复合增长率为 34.44%；其中临床试验 CRO 的市场规模从 17 亿元增长到 56 亿元，年均复合增长率为 34.72%[③]。因此可以说，中国研发外包服务正处于蓬勃发展时期。鉴于中国研发外包服务对象更多地为跨国制药企业，同时中国研发外包服务的兴起又离不开中国本土环境，我们可以从跨国制药企业与中国本土环境两个方面来阐述中国研发外包服务兴起的原因。

(一) 跨国制药企业在中国：从 FDI 到研发外包

20 世纪 90 年代以来，一些跨国制药公司推行全球化战略，统一组织国内外的研发活动，并将其置于公司的全球化发展战略之中，从而使企业研发活动进入一个全球化的新时代，海外研发机构不断增加，研发投入也急剧上升。鉴于中国的生物医药研发生态也变得更具活力，这又为跨国企业拓展其研发的深度和广度提供了新的机遇。目前，中国总共有 1 600 家研发中心，其中跨国公司投资设立的超过 1 300 家。在世界主要跨国公司中，61%已经在中国建立了至少 1 个研发中心。比如，全球制药巨头默克公司(Merk)在 2012 年宣布，在北京斥资 15 亿美元兴建一个研发中心，其投资规模将超过诺华公司(Novartis)的投资，诺华公司在上海及周边地区建设研发中心投入了 12 亿美元。事实上，根据猎头公司雷诺士的评估，中国已经超过美国，成为世界上“最具吸引力的研发投资地”(毕马威，2014)。图 1 为 2012 年之前中国持续吸引大量生物制药研发投资的情况。

---

① 一般而言，我们对产业和行业两个概念不作区分。然而，在更为严格的意义上，产业的概念更加宽泛，产业概念的外延要大于行业。产业链上的所有行业都可划入该产业。因此在本报告中，我们有“生物医药产业”、“生物技术行业”以及“CRO 行业”的称谓。

② 通常情况下，在生物医药产业中，生物技术行业通常位于产业的上游，而制药行业位于产业的下游。鉴于本报告主要关注的是上游企业为下游企业所提供的研发外包服务，我们将重点讨论位于上游的生物技术行业。事实上，生物技术的多样性创造了一个更为复杂和多维的生物医药产业环境，因而要想区分“生物技术行业”和“制药行业”已变得越来越困难了。

③ 有关中国 CRO 行业市场规模更为详细的数据，可参见下文。

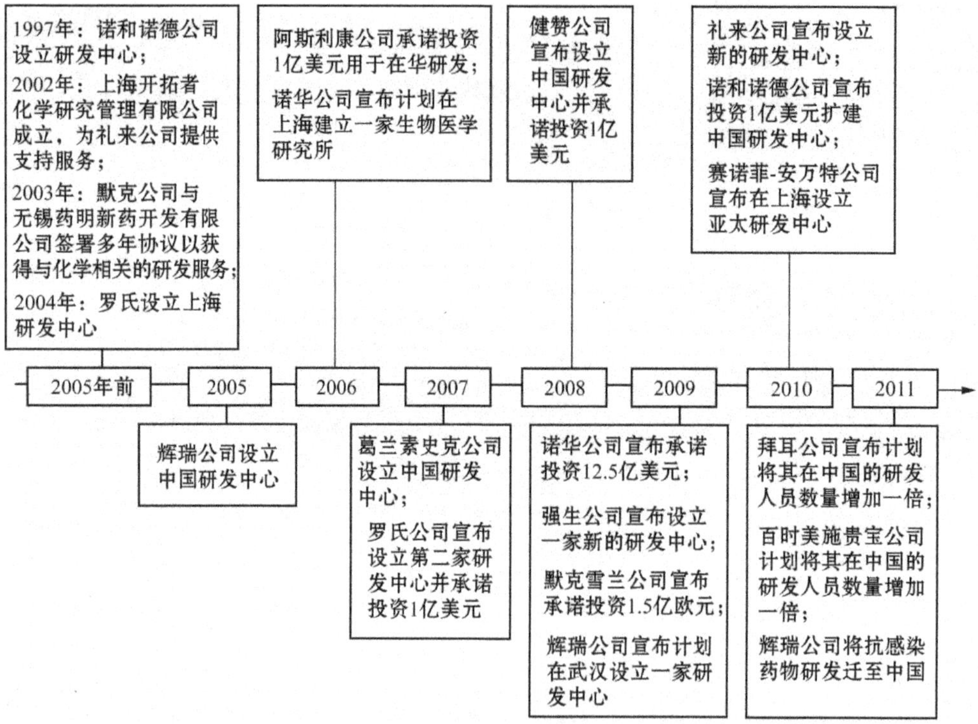

图1　中国持续吸引大量生物制药研发投资①

在一般意义上，跨国公司的投资活动可分为4种类型（见图2）：国内生产，国内外包，FDI以及离岸外包，跨国公司的海外研发活动于是采用FDI（在国外设立研发机构）和离岸研发外包两种组织形式。现实也正是，跨国制药公司在华进行的研发活动即包括FDI，又包括离岸研发外包（下称研发外包）。然而，由于开发新产品的复杂程度不断加

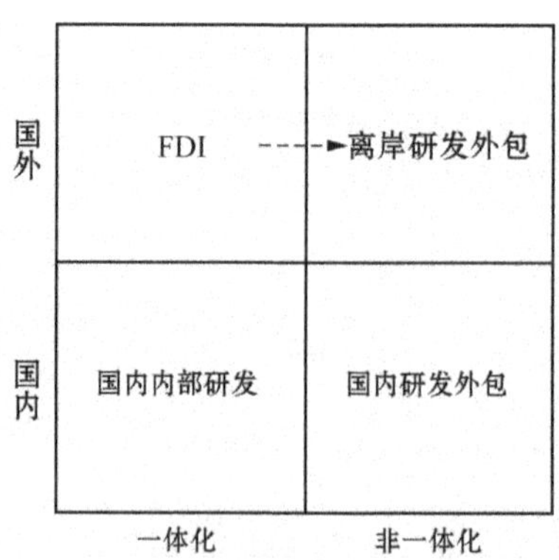

图2　跨国公司的四种研发组织形式

① 资料来源：蔡贵和，李敏，黄培杰. 中国生物医药研发：从研发投资中获益[R]. BCG研究报告，2012年11月.

大,临床试验成本的增加以及监管法规的日趋严格,高额的研发投资并未给跨国医药公司带来与投资相对应的巨额回报,反而导致研发效率不断下降。每个新药的平均研发成本从 1975 年的约 1.4 亿美元,上涨到 2009 年的 12 亿美元。因此,近年来跨国公司开始调整其研发体系以应对市场变化,并不断增加研发外包的比例。

第一,由于医药产品开发日益呈现多学科性,理论和结构生物学(新兴生命科学领域)、计算机和信息科学越来越多地参与到新药的研究阶段,需要不同领域的公司来提供专业化高效率服务,以分解研发活动的复杂性,缩短研发周期①;第二,跨国公司将部分研发工作向新兴市场外包,可以获得低成本的人力资源优势,减少高额研发成本的压力;第三,跨国公司将部分研发外包工作向新兴市场外包,还有与本土企业进行合作以提升自身创新水平的考量。事实上,作为对以上原因的总结,我们可以引用皮萨诺(2006)的系统性论述:当药物的开发逐渐更多地依赖于对现代生物学的洞察与领悟,在一个领域内的发现会常常牵连另一个领域的工作,因而那些具有规模与洞察力从而能将跨行业的机会资本化,并且拥有组织机制来适当地利用机会的公司就能够获得巨额的收益。而正是基于上述原因,2006 年至 2010 年,全球医药研发外包的金额已经从 196 亿美元增长到 360 亿美元,年均复合增长率达到 16.42%,超过了全球医药公司每年研发费用的增长率(顾露露,2012)②。中国研发外包服务正是在这一背景下兴起的。

(二) 中国研发外包服务的兴起背景

实际上,不管用何种标准来衡量,中国都已成为更具吸引力的生物医药研发地。首先,按照市场规模来衡量,中国医药市场到 2015 年有望成为全球第二大市场,市场规模将超过 1 000 亿美元。其 20%的年增长率在很大程度上源于医疗服务范围的扩大和国内对于医疗服务强劲的需求。对于想要在中国市场全体布局利用这一机遇的外资企业而言,在华研发业务为其提供了一个很好的立足点。

其次,与消费热潮相呼应的是科研的繁荣发展。2011 年,中国政府在“十二五”规划中突出强调了生物技术行业为重要扶持行业,并且正在实施政策以推动私营投资——例如,允许对创新药给予溢价定价并加强知识产权保护。中国政府的举措促成了研发支出激增:从 2006 年至 2010 年,中国生物医药行业的研发投资提高了近两倍,达到 35 亿美元

---

① 更进一步地,有两个因素促使跨国药企越来越多地利用外部的研发资源:一是新技术代表的技巧与知识的宽度。从历史上看,药品的开发意味着在医药化学领域内要具有深度的、高超的技巧,更不用说分子生物学变革是许多技术和科学知识体一起快速演进的过程。因此,即便是对于制药行业内最大的公司(研发预算每年达到几十亿美元)来说,想要独立建立一个涵盖所有技术范畴的专门研究体系简直是不可能的;二是新技术的知识基础与传统的医药化学领域相比具有非常大的差异,建立内部的研发能力也就意味着比简单地外包要付出更多的努力,而且还需要建立全新的组织程序与体系。故对跨国药企而言,建立与已有的知识基础完全不同的技术能力将面临着困难(皮萨诺,2006)。

② 对全球 CRO 近年来发展状况更为详细的描述,可参见下文。

（蔡贵和等，2012）。而位于上海的医药行业资讯公司 ChinaBio 的数据则显示，中国的中央和地方政府每年在医药行业的投资约为 400 亿美元（福布斯中文网，2014）。这些投资为在过去几年显著成熟的生物技术行业助了一臂之力。

再次，人才储备正在迅速增长。高等院校培养出更多相关领域的毕业生，海外华人科学家的回归率在过去几年不断攀升，并在这些接受过西方培训或教育的科学家中，有许多人计划将其在药物研究和开发方面的经验带回中国。显然，人才储备可以转化成我国研发外包服务的价格优势和技术优势。事实上，受政府慷慨投资的刺激，再加上数万名在西方接受训练的中国医药专业人员的回归，已有越来越多的中国公司投身到了新药研发的工作中①。许多外国制药公司也在积极拓展与他们建立伙伴关系。

最后，本土新药研发创新呈上升趋势。最有潜力的是海归创办的生物技术初创公司②。而国家科研单位及国内制药企业也在基础研究和新药开发等方面作出了重要的贡献。当然，中国研发外包服务的兴起还有其他方面的原因，这包括，随着知识产权保护越来越完善，跨国制药企业将研发外包到中国的力度不断加大；中国临床试验成本低；等等。

二、承揽中国研发外包服务的主体：CRO 行业

（一）CRO 行业的产生、发展与趋势

CRO 是通过合同形式为制药企业和研发机构在药物研发过程中提供专业化服务的一种学术性或商业性的科学机构。CRO 最显著的特点是专业化和高效率，是制药企业一种可借用的外部资源。一般认为，CRO 有利于医药企业提高资源集中度，形成企业内部的规模优势；另一方面，CRO 大大提高了制药企业新药上市的速度，降低了制药企业的管理和研发费用。CRO 行业作为一个新兴的行业，起源于 20 世纪 70 年代的美国，早期的 CRO 以公立或私立研究机构为主要形式，规模较小，只能为制药公司提供有限的药物分析服务。20 世纪 80 年代开始，随着美国 FDA 对药品管理法规的不断完善，药品的研发过程相应地变得更为复杂，越来越多的制药企业开始将部分工作转移给 CRO 完成，CRO

---

① 2008 年，中央政府推出了“千人计划”（Thousand Talents Program），旨在在未来 5 到 10 年中引进 2 000 位在中国出生的高端科技学者和专业人才。截至目前，该计划至少已吸引了 2 000 多人回国。摩立特集团（Monitor Group）2010 年进行的一项研究显示，在令人兴奋的机会和政府对这一部门资助的感召下，除“千人计划”之外，另有约 8 万名生命科学人才回到了中国（福布斯中文网，2014）。

② “海归已经成了改变中国这一行业面貌的一支主要力量。”ChinaBio 的共同创始人格里格 · 斯科特（Greg Scott）谈道，这位曾经在美国帕洛阿尔托（Palo Alto）工作的前生物技术天使投资者于 2007 年来到上海，进入了中国这一不断成长的行业。“如果一家公司的整个管理团队都有在西方工作的经验，那么，该公司的关注焦点、运营、管理创新的能力以及在中国构建人才队伍的能力就都会随之改变。”现在出现了很多跨境合作伙伴关系，这类合作往往由在西方受过训练的中国科学家和经理人管理（福布斯中文网，2014）。

行业进入了成长期。20 世纪 90 年代以来，CRO 已成为制药产业链中不可缺少的环节，几乎覆盖药物研发的各个部分。正如全球最大的 CRO 之一——科文斯公司信息学副总裁和首席数据科学家 Dimitris Agrafiotis 所表明的，“CRO 正在逐渐成为制药行业的研发动力”。

随着制药企业越来越倚重 CRO 作为其研发的外部资源，CRO 也面临着极大的发展潜力。其一，根据前瞻产业研究院发布的《2015—2020 年中国生物医药外包行业市场前瞻与投资战略规划分析报告》数据显示，2006 年，全球 CRO 市场规模为 196 亿美元，2013 年达到 552 亿美元，年均复合增长率达 16.42%。以 15%的增长率估计，2015 年全球 CRO 市场将达到 700 亿美元，其中临床前研究约占 59%，临床前试验占 41%。图 3 具体描述了全球 CRO 市场规模及预测。其二，根据全球知名市场调研公司 PMR(Persistence Market Research)近日发布的一份新报告，全球生物药品市场在 2014 年的市值为 1 610.5 亿美元，未来 7 年内(2014—2020 年)，该市场将以 10.1%的年度复合增长率(CAGR)增长，并在 2020 年达到 2 871.4 亿美元。该市场在 2009 年市值 1 016.6 亿美元，2013 年市值 1 465.5 亿美元，2009—2013 年的 CAGR 为 9.6%(王楠，2014)。

全球 CRO 发展趋势包括以下两点：第一，服务范围不断扩大。目前，生物医药研发外包服务业务已由最初的药物发现、临床前研究、药物基因组学、药物安全性评价等有限服务发展到几十项内容，甚至包括数据管理与分析、信息学、政策法规咨询、产品注册、生产和包装、推广、市场、产品发布和销售支持以及各类相关的商业咨询等诸多领域，而且每年都有新的服务内容增加。生物医药领域研发外包服务的范围已大幅拓宽。第二，向发展中国家加快转移。为降低药物研发成本、占领市场，近年来发达国家跨国公司加快了将生物医药研究转移到印度、中国、巴西等发展中国家的速度。

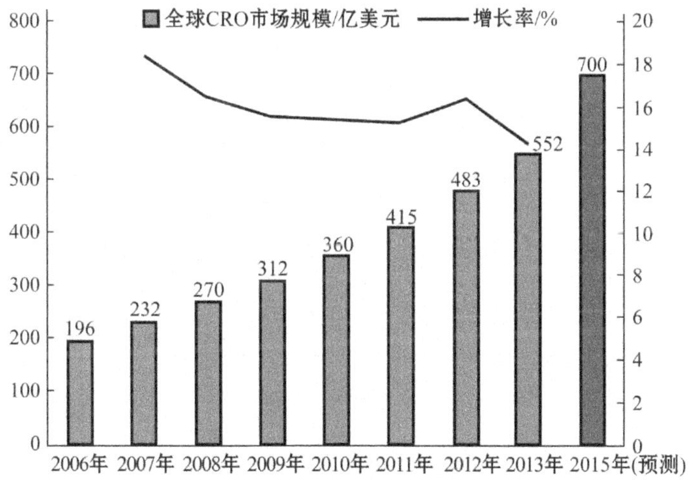

图 3 2006—2015 年全球生物医药 CRO 市场规模及预测

（二）药物研究与开发过程①

药物从研究开始到上市销售是一项高技术、高风险、高投入和长周期的复杂系统工程，主要研究与开发工作包括化合物研究、临床前研究、临床试验申请与批准、临床研究、药品注册申请与审批以及上市后持续研究。具体流程如图 4 所示。

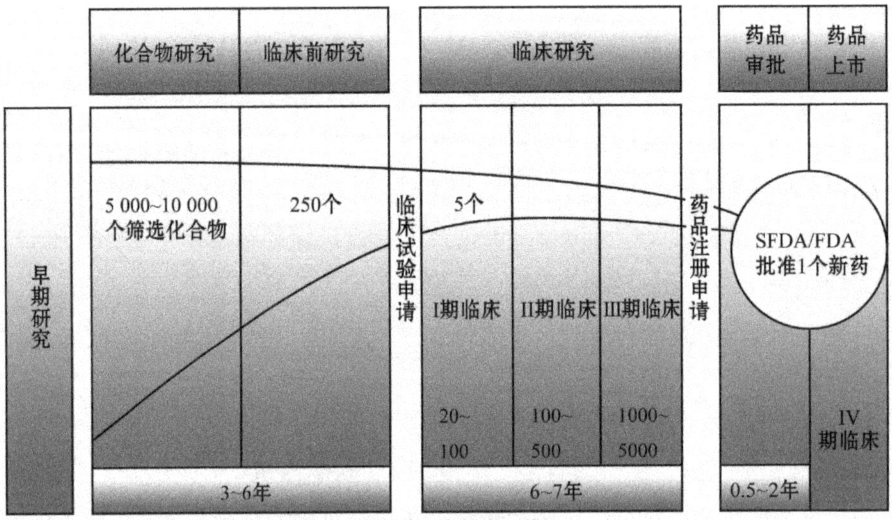

图 4　药物研究与开发过程

1. 化合物研究

化合物研究是新药研发的初始阶段，具体工作按照时间先后顺序划分为早期研究、靶标选择与证实、先导化合物研究、早期安全测试和先导化合物优化。早期研究主要是为了尽可能多的理解疾病产生的原因和条件，了解疾病如何影响蛋白酶的产生进而影响器官内的细胞活动，理解疾病的起因是治疗该种疾病的基础。了解疾病后的重要工作是选择并证实治疗疾病的靶标，药物的靶标包括蛋白酶、受体、离子通道等，靶标通常与疾病有相关性，药物分子可以通过与靶标发生反应，进而治愈相关疾病。确定靶标后，研究者需要寻找一个能够和靶标结合反应的化学分子作为药物候选者，该候选者被称为“先导化合物”。先导化合物的发现主要通过对天然活性物质的挖掘、重新设计合成化合物、对大量现有化合物的筛选以及利用基因工程技术制造出具有治疗作用的生物分子。大量的先导化合物发现后，研究者需要通过 ADME/Tox 测试（一种测试化合物吸收、分布、代谢、排泄能力以及毒理性的方法）进一步挑选出最合适的化合物进入优化阶段。优化阶段，主要是基于相似性原理改变原化合物的结构，制备一系列类似的化合物，评价其全面的疗效关系并对其物理化学及生物化学性质进行优化，优化后再进行体内外活性评

① 对这部分内容的介绍，我们参考了《解读 CRO 行业：CRO 行业概况》，资料来源：http：//www.biodiscover.com/news/hot/industry/2950.html。

价、循环反馈，最终获得优良的候选药物。

2. 临床前研究

临床前研究是指在实验室条件下，通过对化合物研究阶段获得的候选药物分别进行实验室研究和活体动物研究，以观察化合物对目标疾病的生物活性，并对其进行安全性评估，安全性评估主要包括单次给药的毒性试验、多次给药的毒性试验、生殖毒性试验、遗传毒性试验、致癌试验、局部毒性试验、免疫原性试验、依赖性试验、药代动力学试验及与评价药物安全性有关的其他试验。

在这个阶段，制药企业也开始致力于研究如何生产临床试验所需的大量药品的技术，包括药物的合成工艺、提取方法、理化性质及纯度、剂型选择、处方筛选、制备工艺、检验方法等内容。整个临床前研究过程，研究者一般情况下需要从 5 000 至 10 000 个先导化合物中挑选出来 1 至 5 个作为正式的新药申请临床试验。

3. 临床试验申请与批准

根据 FDA 和 SFDA 的要求，候选药物完成临床前研究后，必须向监管机构提交新药临床试验批件(IND，Investigational New Drug)的申请。申请材料包括所有临床前研究资料、候选药物的化学结构成分及其对人体的主要作用原理、药物副作用的相关情况、生产制造工艺研究、质量研究和稳定性考察等资料，同时申请材料中必须包括详细的临床试验方案等信息。监管机构根据制药公司提供的申请资料，判断其候选药物在临床试验中不会对受试者产生不合理风险后，批准该药物的临床试验批件。

4. 临床研究

临床研究的目的是通过对新药进行广泛的人体试验，评估其对疾病治疗的有效性以及对人体的安全影响。该阶段主要分为Ⅰ、Ⅱ、Ⅲ、Ⅳ期。新药在批准上市前，需要进行Ⅰ、Ⅱ、Ⅲ期临床试验，而Ⅳ期临床试验通常在新药批准上市后进行。

Ⅰ期临床试验是初步的临床药理学及人体安全性评价试验，从绝对安全的初始剂量开始，观察人体对于新药的耐受程度，同时对人体能够耐受的剂量进行药代动力学研究，为Ⅱ期临床试验的给药方案提供依据。Ⅰ期临床试验的受试对象一般为健康志愿者，在特殊情况下也选择病人作为受试对象。一般受试例数为 20 至 30 例，因此Ⅰ期临床试验通常在 1 到 2 家临床研究机构开展。Ⅰ期临床试验包括药物代谢动力学试验、生物等效性试验和耐受性试验。药物代谢动力学试验简称 PK，用于分析研究药物在人体内的吸收、分布、代谢和排泄等药代动力学特性；生物等效性试验简称 BE，利用生物利用度研究的方法，以药代动力学参数为指标，比较同一种药物的相同或者不同剂型的制剂，在相同的试验条件下，其活性成分吸收程度和速度有无统计学差异的人体试验；药物耐受性试验用于初步研究药物对人体的安全性情况，观察人体对药物的耐受程度，判断人体能够承受新药的剂量范围。

Ⅱ期临床试验是治疗作用初步评价阶段，其目的是初步评价药物对目标适应症患者的治疗作用和安全性，也包括为Ⅲ期临床试验设计和给药剂量方案的确定提供依据。此阶段的研究设计可以根据具体的研究目的，采用多种形式，包括随机盲法对照临床试验。试验通常与标准疗法进行比较，可以使用安慰剂。按照我国现行法规规定，试验组和对照组的例数都不得低于100例，参照临床前试验和Ⅰ期临床试验的实际情况制定药物的剂量研究方案。

Ⅲ期临床试验是治疗作用确证阶段，其目的是进一步验证药物对目标适应症患者的治疗作用和安全性，评价利益与风险关系，最终为药物注册申请的审查提供充分的依据。试验一般应为具有足够样本量的随机盲法对照试验。按现行法规规定，Ⅲ期试验组例数一般不低于300例，对照组与治疗组的比例不低于1∶3，具体例数应符合统计学要求，以进一步考察不同对象所需剂量及其依从性。

Ⅳ期临床试验则是新药上市后应用研究阶段，其目的是考察在广泛使用条件下的药物的疗效和不良反应，评价在普通或者特殊人群中使用的利益与风险关系以及改进给药剂量等。Ⅳ期临床试验一般可不设对照组，但应在多家医院进行，观察例数通常不少于2000例，以便及时发现可能有的远期副作用，并对其远期疗效加以评估。此外，Ⅳ期试验还进一步考察了新药对患者的经济与生活质量的影响。

5. 药品注册申请与审批

通过Ⅰ至Ⅲ期的临床试验后，制药企业将分析所有的试验数据。如果数据能够成功证明药物的安全性和有效性，制药企业将向监管机构提出新药注册申请(New Drug Application，NDA)。新药申请必须包括制药企业所掌握的一切相关科学信息，监管机构的专家根据申办者提供的所有信息，最终确定该新药是否具有上市资格，其主要的判断标准包括新药的对病患的治疗效果是否超过其潜在风险、新药上市后需提供哪些信息给医生以指导其用药、新药的生产工艺是否可行及其样品质量能否保证新药的各类生物活性等。新药申请获得监管机构审批后，制药公司才能最终生产并在市场推广该种药物。

6. 上市后持续研究

新药上市后，随着大批的患者开始使用该类药物，药品生产企业应当持续考察新药的生产工艺、质量、稳定性、疗效及不良反应等情况，并定期向监管部门递交报告。根据需要，制药企业还需按照监管部门的要求开展Ⅳ期临床试验，以进一步研究药物的疗效和安全性。

(三) CRO行业的服务范围

目前CRO行业的服务范围基本覆盖了新药研究与开发的各个阶段和领域，主要包括化学结构分析、化合物活性筛选、药理学、药代学(吸收、分布、代谢、排泄)、毒理学、药物配方、药物基因组学、药物安全性评价、Ⅰ至Ⅳ期临床试验的设计、研究者和试验单位的选择、监查、稽查、数据管理、统计分析以及注册申报等工作。

CRO企业分为临床前CRO和临床试验CRO两大主要类别(见图5)，目前临床前

CRO主要从事化合物研究服务和临床前研究服务，其中化合物研究服务包括调研、先导化合物和活性药物中间体的合成及工艺开发；临床前研究包括药代动力学、药理毒理学、动物模型等。临床试验CRO主要以临床研究服务为主，包括Ⅰ至Ⅳ期临床试验技术服务、临床试验数据管理和统计分析、注册申报以及上市后药物安全监测等。

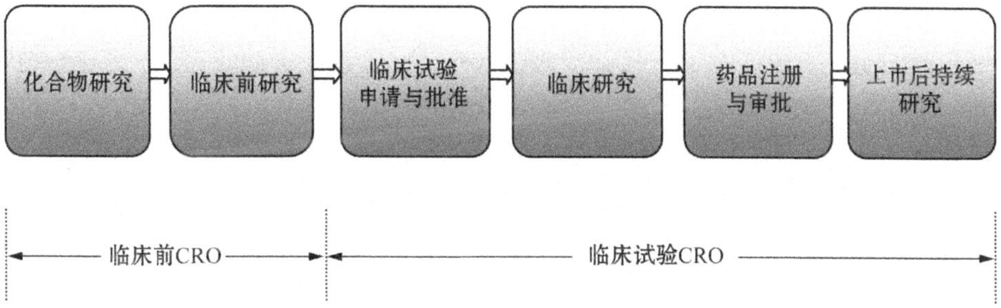

图5　CRO行业的服务范围

（四）国外知名的CRO及其在华的分支机构①

昆泰(Quintiles Transnational)：成立于1984年，总部位于美国北卡罗来纳州，在53个国家设有办事处，全球拥23 000位员工，是全球最大的CRO公司，也是《财富》全球1 000强。昆泰公司通过为制药、生物技术及卫生保健行业提供专业服务、信息咨询和提出合作解决方案等多方位的服务，帮助和促进全球卫生保健事业的发展。1997年昆泰在上海成立办事处，2001年注册了总部在上海的独资公司—昆泰医药发展有限公司，随后在北京、香港设立分公司，向客户提供临床研究、中心实验室、数据统计等多项专业服务，服务范围涵盖中枢神经系统、肿瘤治疗、心血管疾病、血栓病、呼吸道疾病、泌尿系统疾病、自体免疫疾病、内分泌疾病和各类感染性疾病等。昆泰帮助完成了全球最畅销30种药品及最畅销9种生物制剂的研发或者商业化工作。

科文斯(Covance)：成立于1997年，总部位于美国新泽西州普林斯顿，在全球60多个国家地区设有办事处，拥有超过10 000名员工，旨在为全球生物医药企业提供临床试验监查、管理和药品注册的服务，是全球第二大CRO企业。科文斯可以参与到整个药物研发过程的每个项目当中，从生物标志物的发现到临床前研发、临床试验、健康经济学和效果研究，甚至是营销。1998年，科文斯进入中国，成立了北京办事处，在中国的业务发展已涵盖临床试验可行性调查、临床试验监查与项目管理、临床试验基地的选择与管理、受试者招募、数据管理、生物检测、药品注册、生物分析和中心实验室服务。2007年在上海国家生物产业基地核心区张江高科技园区成立科文斯(上海)中心实验室，进一步拓展了在中国的业务发展能力。

① 对这部分内容的介绍，我们参考了《解读CRO行业：知名的CRO企业名单》，资料来源：http://www.biodiscover.com/news/hot/industry/2950.html。

PPD(Pharmaceutical Product Development Inc.)：成立于1985年，总部位于美国北卡罗来纳州威尔明顿，在全球42个国家设有85个办公室，拥有员工11 000名。PPD公司于2003年首次在北京开设代表处，其后分别在上海、成都、广州设有办公室。在江苏泰州，PPD拥有一个疫苗临床研究中心。在北京，PPD于2008年通过与北京协和洛奇生物医药科技发展有限公司(PUL)签署独家协议，将其全球中心实验室业务拓展至中国。2009年PPD公司完成对依格斯(北京)医疗科技公司(Excel PharmaStudies, Inc.)的收购，进一步扩充了其在亚太地区的Ⅱ-Ⅳ期临床研究、数据管理、生物统计、临床试验质量保证和全球药品注册法规事务服务能力，并为中国地区增加了300多名员工。

百瑞精鼎(Parexel International)：成立于1982年，是全球领先的生物制药服务公司，面向全球制药业、生物技术业以及医疗设备业提供广泛的基于知识的合同研究、医学交流和咨询服务。公司总部位于美国马萨诸塞州波士顿，Parexel业务覆盖52个国家和世界各地，并在70个地点拥有9 275名员工。在中国，分别在北京、上海、成都、广州及香港成立有办事处。

三、中国本土CRO及其服务范围

(一) 中国本土CRO[①]

新一轮全球产业布局调整的大潮，为中国研发外包服务市场赋予了高速成长的强大推进力。近几年，研发外包服务正在迅速向亚洲等地区转移，而我国已成为科技外包的最大承接国。面对这一趋势，我国也进行了积极回应。比如，2005年初，上海张江的“上海生物医药研发外包基地”、“浦东新区生物医药研发外包服务中心”成立，其发展目标是：成为亚洲规模较大的研发外包服务中心，在全球范围内承接各种药物开发合同(黄海川，2005)。

作为研发外包服务的一个最为普遍的表现形式，CRO当前在我国已经发展成为一个新兴的高技术服务业并成为我国化学药和生物医药产业的重要组成部分。我国本土CRO主要集中在北京、上海、南京、苏州、无锡、成都、广州、深圳等城市，并形成了产业集群。其中，上海拥有完善的生物医药创新体系和产业集群，是国内生物医药领域研发机构最集中，创新实力最强，新药创制成果最突出的基地[②]。另外，国内CRO还成立了诸多产业联盟，如中国生物技术外包联盟(ABO)、中关村CRO联盟、浦东新区生物医药研发外包服务联盟、医药研发外包联盟(CROSA)。

---

① 在本报告中，本土CRO有狭义和广义之分。狭义的本土CRO是指在中国本土创立的CRO，而广义的本土CRO还包括国外的CRO在中国设立的分支机构，本文称之为国内CRO。

② 一份2008的数据表明，上海医药研发外包服务的业务量占全国市场份额的30%，企业数超过300家，主要集中在张江药谷。

CRO开始传入中国时只局限在临床服务①，后来扩展到药品研发的整个过程，从化合物的筛选一直到药品上市后的推广，服务范围广泛，可以满足药品研发企业的不同需求。我们可以将本土CRO进一步划分为临床前CRO和临床实验CRO②。从事临床实验的本土CRO主要有：

(1) 北京凯维斯医药咨询有限公司：成立于1997年，总部位于北京，是由美国Kendle International Inc.和北京汇思特科技有限责任公司合资组建的CRO公司，2011年被爱尔兰爱康临床研究(ICON)收购，主要为国内外客户提供药品Ⅰ期至Ⅳ期临床研究的方案设计、组织实施、数据管理与统计分析，及进口药品/医疗器械注册和医药市场开发等一系列专业化服务。

(2) 润东-科若华医药研究开发有限公司：成立于2004年，总部位于上海，是由日本Cronova株式会社和润东医药研究开发有限公司合资组建的CRO公司，主要为客户提供产品战略咨询、进口注册、临床试验、数据统计、市场开发的一站式服务。

(3) 广州博济国家新药临床研究中心：成立于1998年，总部位于广州，主要业务范围为新药、中药保护品种、医疗器械和诊断试剂的Ⅰ至Ⅳ临床试验、药代动力学和生物等效性试验、数据管理和统计分析等。

(4) VPS万全阳光临床研究服务集团：成立于2000年，总部位于北京，主要为国内外客户提供国际水准的化学药、生物制品、中药及天然药、医疗器械的临床研究、药效药代药理毒理研究、注册及市场推广的全方位一站式服务。

(5) 依格斯(北京)医疗科技有限公司：成立于1999年，总部位于北京，2009年10月被PPD公司收购，现已成为PPD公司全球业务网络的一部分。依格斯主要为跨国制药公司及生物技术公司提供药物注册申报、临床试验(Ⅰ-Ⅳ期)以及生物统计学服务。依格斯也提供受试者招募、试验方案设计、病例报告表(CRF)设计、调查及可行性研究、药品临床试验管理规范(GCP)培训、药物管理等服务。

在本土CRO行业中，目前规模较大的是从事临床前研究的CRO。目前，在本土从事临床前研究的CRO主要有：

(1) 药明康德：成立于2000年，是中国领先的制药、生物技术以及医疗器械研发外包服务公司，在中美两国均有运营实体。主要为全球制药公司、生物技术公司以及医疗器械公司提供一系列全方位的实验室研发、研究生产服务，包括从药物发现到开发的全方位制药服务，生物制品和医疗器械开发和测试服务，以及全面的毒理服务。2007年8月9日，母公司WuXi PharmaTech (Cayman) Inc.在美国纽约证券交易所上市，代码为WX。

---

① 1996年，美国国际研发外包服务企业MDS Pharma Service在我国投资设立了国内第一家真正意义上的CRO，从事新药的临床试验业务。

② 对这部分内容的介绍，我们参考了《解读CRO行业：知名的CRO企业名单》，资料来源：http://www.biodiscover.com/news/hot/industry/2950.html。

(2) 尚华医药:成立于2002年,是国内领先的CRO企业,控股6家从事CRO业务的子公司,包括上海睿智化学研究有限公司、上海开拓者化学研究管理有限公司、上海开拓者医药发展有限公司、成都睿智化学研究有限公司、凯惠医药发展有限公司和上海凯惠医药化工有限公司。主要从事为国内外客户提供组合化学、药物化学、合成化学等领域的科研服务,化工医药产品质量测试,医药生物技术引进、孵化以及成果产业化等业务。2010年10月19日,尚华医药在美国纽约证券交易所上市,代码为SHP。

国内从事临床前研究的CRO还包括保诺、上海美迪西、康龙化成等企业,在此我们不作一一介绍。表1总结了国内CRO重点企业的业务分布(包括了部分国外CRO在中国设立的分支机构)。

表1 国内CRO重点企业的业务分布

	新药发现(化合物合成、筛选等)	临床前试验(毒理学、药理学试验等)	临床试验	新药注册
药明康德	★	★		
尚华医药	★	★		
保诺	★	★		
上海美迪西	★	★		
康龙化成	★	★		
凯维斯			★	★
VPS万全阳光		★	★	★
依格斯			★	★
科文斯		★	★	★
PPD			★	★
百瑞精鼎			★	★

(二) 中国本土CRO的服务范围

当跨国制药企业最初将研发活动外包给中国时,其主要目的是为了节约成本,因为他们对中国科学家设计并实施复杂实验的能力仍心存疑虑。工作重点是交易式的、以执行为导向的任务,如化学合成等。如今,虽然这些领域仍是CRO的核心优势,但这些组织正在参与到研发价值链的各个环节,一些CRO正在形成可以媲美世界一流标准的能力。而根据蔡贵和等(2012),对于中国研发活动的发展,跨国企业不应再问"我们能获得哪些服务?"而是"哪些服务需要进行外包?"事实上,中国本土CRO有能力在研发价值链的各个环节降低成本并提高灵活性(见图6)。现实也正是,几乎所有的跨国制药企业都至少将部分研发活动外包给中国,以利用中国多元化的CRO(有专项服务,也有一站式服务)。

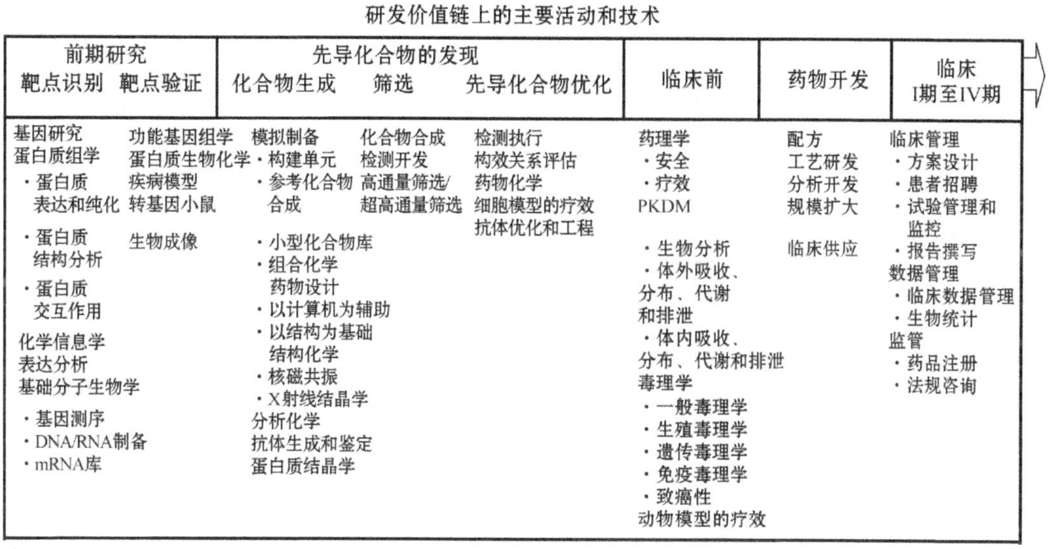

图6 中国CRO的能力已拓展至研发价值链的各个环节①

（三）中国CRO与跨国药企的关系演变：从一次性交易到研发合作

在研发外包服务中，本土CRO与跨国药企可以为一次性交易，比如，2010年7月，赛诺菲-安万特公司获得一项中国科学院上海生命科学研究院的技术专利授权，该技术专利与抗血管生成剂抗癌药物前期研究有关。而现实的情况是，跨国公司与中国本土企业之间的关系在不断发展之中，正在转向基于长期激励机制和复杂活动的战略合作关系。一些跨国企业已将整个研发价值链外包。部分跨国企业放远眼光，不仅对本土企业加以利用，而且正在帮助本土能力加速发展。例如，葛兰素史克公司与中国科学院上海药物研究所签订了10年的合作计划。强生公司已与无锡药明康德新药开发有限公司建立合作关系以进行非临床安全测试。药明康德方面向强生公司提供毒理学和其他服务，而强生公司则提供有关良好实验室规范（GLP）的系统和能力等方面的培训（由药明康德方面偿付）。

基于上述背景，我们可以依据研发外包服务中双方合作的紧密程度，在理论层面上将企业研发外包服务中的组织形式划分为现货（技术）市场、保持距离型的合同（如许可合同）、战略联盟以及研发合资等。我们可以进一步将现货市场和保持距离型的合同视为一次性交易；将保持距离型的合同视为CRO，而将战略联盟和研发合资视为研发合作。图7具体描述了理论意义上的中国本土CRO与跨国药企的关系演变。

① 资料来源：蔡贵和，李敏，黄培杰. 中国生物医药研发：从研发投资中获益[R]. BCG研究报告，2012年11月.

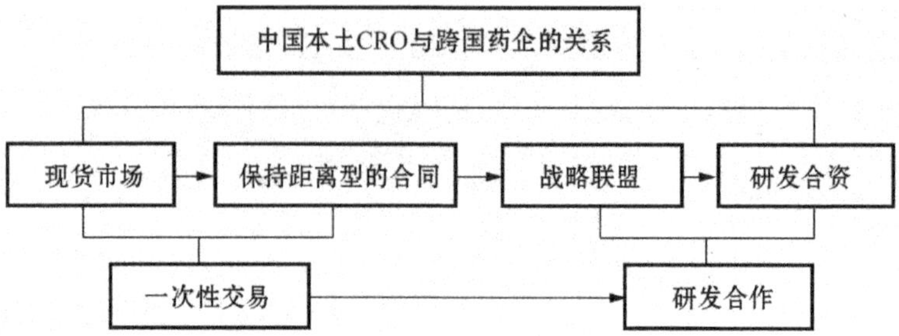

图 7　中国本土 CRO 与跨国药企的关系

（四）研发外包服务中的支付方式

Lai et al.（2009）以及 Hermosilla 和 Qian（2013）具体讨论了研发外包中的支付方式问题。在他们看来，企业研发外包存在着三种类型的支付形式：事前的固定支付（前期款）、事中的里程碑式支付与事后的按收益提成的支付，这其中，第一种和第三种支付方式最为常见。在第三种支付方式中，收益提成的比率一般不超过 30%（Teece，2000）。

（五）近年来中国本土 CRO 与跨国药企的研发合作（见表 2）

表 2　近年来中国本土 CRO 与跨国药企的研发合作

年份	当地合作方	大型药企	治疗领域	交易内容
2013	和记黄埔	礼来	肿瘤	许可权引进，合作开发 fruqiuntinib，选择性 VEGF，Ⅰ期
2013	百济神州	默克雪兰诺	肿瘤	许可权引进，BRAF 抑制剂和 PARP 抑制剂，临床前
2012	药明康德	阿斯利康/Medlmmune	自身免疫病	成立合资公司，从阿斯利康/Medlmmune 获得转让的一个分子和相关技术，本土开发生产
2011	和记黄埔	阿斯利康	肿瘤	许可权引进，合作开发 volitnib，c-MET，准备进入Ⅰ期，支付给和记黄埔 2 000 万美元前期款，加上后期里程金和提成
2011	华领医药	罗氏	糖尿病	许可权转让，葡萄糖激酶激活剂项目
2010	中科院上海生命科学研究院	赛诺菲	肿瘤	Slit Robo 介导的肿瘤血管形成和阻断 Robo 活性抑制肿瘤生长，6 000 万美元前期款，以及后期里程金和提成

（六）我国 CRO 的市场规模

据前瞻产业研究院《2014—2018 年中国生物医药外包行业市场前瞻与投资战略规划分析报告》了解，2006 年我国 CRO 市场规模只有 30 亿元，2013 年达到 220 亿元左右，2006—2013 年年均复合达到 30%以上。随着跨国制药公司研发中心纷纷到中国“安营扎寨”，中国医药研发的产业链日益成熟，2015 年我国 CRO 市场将达 350 亿元。图 8 具体描述了中国 CRO 市场规模及预测。

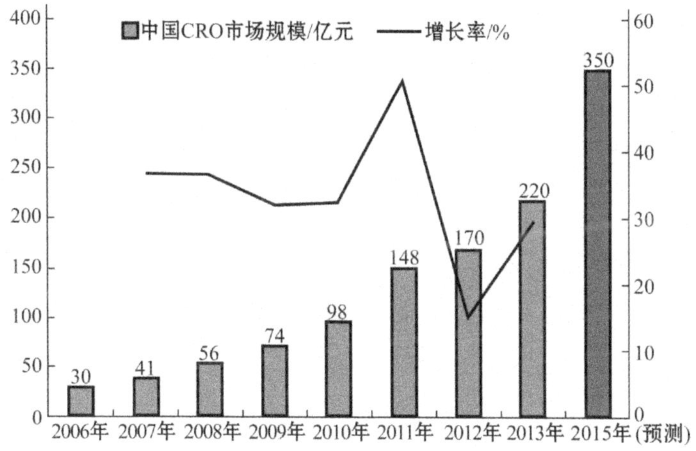

图 8　2006—2015 年中国 CRO 市场规模及预测①

（七）未来的发展

中国病种、病源和疾病谱丰富，临床病人多，与西方相比，中国病人还有良好的依从性，适宜开展临床研究。因此，对跨国制药企业而言，中国不仅是支持其现有产品的平台，而且是其创新药物的创意源泉。目前，只有少数跨国公司在中国开展新药创新研究活动，并且侧重于在亚洲发病率较高的“本地”疾病。例如，辉瑞公司将对抗感染药物的研发活动从美国和英国迁入位于上海的新部门；阿斯利康公司的本土研发侧重于针对亚洲人群的胃癌和肝癌；葛兰素史克公司将重点锁定在神经退行性疾病上；礼来公司正在建立研发机构以推动糖尿病研究，并重点关注亚洲糖尿病药物特有的分子差异。尽管如此，随着行业努力重振产品线以及中国生物技术产业日渐成熟，越来越多的公司无疑将跟随这一潮流。

对中国 CRO 而言，一方面，通过联通上下游环节、拓展业务范围，从而实现纵向一体化，正成为 CRO 行业新的趋势（见表 3）。

表 3　CRO 的趋势——纵向一体化②

趋势说明	通过联通上下游环节、拓展业务范围，从而实现纵向一体化，横向兼顾两个市场，正成为 CRO 行业的新趋势
纵向一体化方式	既能公国收购一步到位，也可基于自身成长延长产业链，或者是以联盟形式携手合作
典型案例	2009 年 1 月，康龙化成通过收购获得欧洲 GLP 毒理学服务认证的维通博际（中国），得以将业务从新药研发前期扩展到能够提供临床前试验的所有化学服务

① 资料来源：根据前瞻产业研究院的资料整理而得。

② 资料来源：根据前瞻产业研究院的资料整理而得。

另一方面，生物医药外包市场经过一段时间发展竞争以后，会逐步进入市场整合期，这就需要通过并购做大做强，同时通过并购确立每家企业的核心竞争力。表 4 具体说明了 CRO 并购整合的趋势。

表 4　CRO 的趋势——并购整合分析①

趋势说明	行业整合是大势所趋，这已成为 CRO 业界人士的一个共识，分析认为，在中国最终可能有三四家规模大、技术能力全、综合素质高的临床前 CRO，占据试产主导地位
并购模式	(1) 直接收购、股份收购等传统模式； (2) 短期合并模式：CRO 可以接管对方的部分设施，提高其研究过程的效率；制药公司则可以结合研发方面的资源和人才以增强核心竞争力。如此一来，短期合并收到大型 CRO 和制药公司的欢迎，小型 CRO 也期待着获得这些优势
典型案例	2008 年，药明康德收购艾普科技； 2009 年，PPD 收购保诺科技； 2009 年，PPD 收购依格斯； 2009 年，PPD 与默沙东达成协议，收购了默沙东位于宾夕法尼亚州 Wayne 的 130 000 平方英尺的设施以及 80 名合同制员工，作为汇报，PPD 在未来 5 年中向默沙东提供各种分析开发和免疫原性测试服务以及传统的中央实验室和样本储存服务，主要是为了支持默沙东的疫苗研发线(短期合并模式)； 2010 年，康龙化成收购维同博际； 2010 年，CRL16 亿美金收购药明康德，未成功； 2011 年，药明康德收购上海杰成医药科技有限公司和上海津石医药科技有限公司； 2011 年，尚华医药旗下睿智化学收购 Charles River 位于上海的试验室； 2011 年，爱尔兰爱康收购凯维斯

由于中国整体生物医药外包企业规模较小，市场也没有到达饱和阶段，因此，快速整合的时机还未到。预计从 2015 年开始，生物医药外包企业会进入快速整合阶段，到那时候，可能会看到大量的收购、合并或并购的案例出现。

四、从制造到创造：对中国研发外包服务的进一步分析

(一) 本土 CRO 最初阶段的低端服务

在中国本土 CRO 承揽跨国制药企业的研发外包任务的最初阶段，尽管凭借着人力成本低以及市场规模的优势，中国本土 CRO 所承揽的研发外包业务越来越多，但是，与制造业起步时类似，中国的研发外包服务目前带有浓重的劳动密集型烙印。鉴于大多数 CRO 在研发外包服务的过程中，仅仅是执行委托方的设计蓝图，而本身并不参与创造过程(比如，上海开拓者化学研究有限公司作为一家研发外包颇为成功的企业，其主要工作就是在实验室合成已被委托方所设计好的化合物结构)，对中国本土 CRO 而言，“研发外包”在一定程度上可称作“生产外包”。许多企业于是在研发外包服务的过程中陷入了

① 资料来源：根据前瞻产业研究院的资料整理而得。

“做苦工，赚小钱”的境地，其获得高科技产品的附加值也只有10%[①]。本土CRO向高端市场的突破举步维艰，真正具有高额附加值的订单屡屡被印度捕获，对于行业创新流程的不熟悉，也让许多中国本土CRO在接单时显得底气不足。显然，上述研发外包服务模式不是我们所希望看到的。而经过近十年的发展，中国本土CRO在研发外包服务过程中的创新能力显著增强，完成了从“生产外包”到“研发外包”，从制造到创造的蜕变。

（二）中国在生物医药领域的创新能力

Gautam和Yang(2014)发表了一篇强调中国在生物医学领域未来创新的报告。Gautam和Yang(2014)分析了11个新兴市场国家，发现中国在资金、专利、高影响力出版物、全球大学排名、临床研究及人才储备方面名列前茅。

首先，Gautam和Yang(2014)从创新生态系统所处的阶段以及公共资金的充裕程度两个维度对11国进行了创新定位(见图9)。

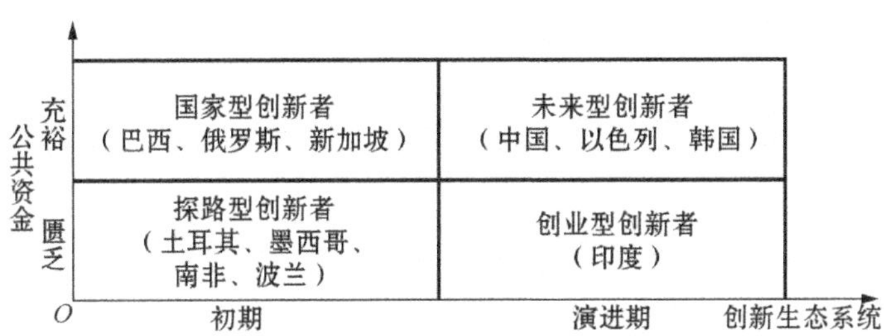

图9 11国的创新地位图

由图9可知，中国属于未来型创新者。中国以“国家政策支持”起步，然后将不同的“创新优势”结合起来，成功转型为“未来型”。未来型创新者的一个共同特征是：大型制药公司在这些国家的研发活动活跃，包括内部研发、学术合作、许可权合作及战略性外包。

其次，从年生物医药研发公共资金来看，中国每年投入的研发公共总资金为20亿美元，在11国家中居首。表5列出了每个国家的具体投入情况。

表5 11国年生物医药研发公共资金

国 家	年生物医药研发公共资金/亿美元
中国	20
印度	4
韩国	11
巴西	≥5
以色列	≥4
俄罗斯	≥6

① 张淼.跨国公司的“隐身衣”[J].读书，2006(3)：52-57.

（续表）

国　家	年生物医药研发公共资金/亿美元
土耳其	≤2
南非	≤2
墨西哥	≤2
新加坡	9
波兰	≤2

再次，从“创新分数”来看，中国的分值为 5，在 11 个国家中也居首。Gautam 和 Yang (2014)通过评估每个国家 5 个关键因素计算“创新分数”：高影响因子科研文章数量、全球排名靠前的一流大学数量、专利数量、生物科学博士数和正在进行的临床研究数量。将这 5 项因素归一化分数相加，可计算出创新总分。表 6 为每个国家的创新分值。

表 6　11 国创新分数

国　家	创新分数
中国	5.0
印度	1.0
韩国	1.6
巴西	0.8
以色列	1.4
俄罗斯	0.8
土耳其	0.2
南非	0.5
墨西哥	0.5
新加坡	0.8
波兰	0.5

最后，Gautam 和 Yang(2014)还总结到：中国既有资深专业人员，又有获得经费资助的机会，是大药企投资的理想地点。不仅如此，在上海、北京、苏州、深圳还聚集生物技术产业集群，临床实验机构遍布全国各地。国家提供大量科研资金，“十二五”计划年生物医药资金为 60 亿美元，比“十一五”增加 6.5 倍。中国创新的驱动力之一是“千人计划”，促使中国创建强大的本土专业人才库，推动学术和产业创新。

（三）本土 CRO 从低端服务到高端服务所带来的效应

正是有着上述背景，近年来，中国本土 CRO 的研发能力已获得长足发展，跨国制药企业针对中国本土 CRO 正在从简单的研发外包转向相对高端的研发外包。中国 CRO 研发外包服务水平的增长与跨国制药企业对创新的追求相得益彰。

事实上，我们可以借助 Puga 和 Trefler(2002)的相关论述来进一步佐证上述结论：本土 CRO 的研发能力越强，其将能够承揽更为高端的研发外包。Puga 和 Trefler(2002)将研发外包的程度体现在不同的组织形式上。基于代理方是否创造知识和控制知识的二维选择，他们定义了跨国企业研发外包的三种组织形式：I 型(执行型)组织形式、K 型(知识型)组织形式与 C 型(控制型)组织形式(如图 10 所示)。其中，本土 CRO 不创造知识意味着本土 CRO 仅仅执行跨国企业的创新蓝图，而本身并不参与到创新过程中；本土 CRO 不控制(控制)知识意味着当多个创新蓝图同时存在时，跨国企业(本土 CRO)有权决定执行何者的创新蓝图①。图中的虚线箭头既可表示代理方创新参与程度与控制权的增加，又可表示委托方研发外包程度的增加。Puga 和 Trefler(2002)的结论是，当本土 CRO 的研发能力(体现在本土 CRO 的创新蓝图同跨国企业的创新蓝图的相似程度)逐渐增加时，跨国企业将依序分别选择 I 型、K 型和 C 型的组织形式。

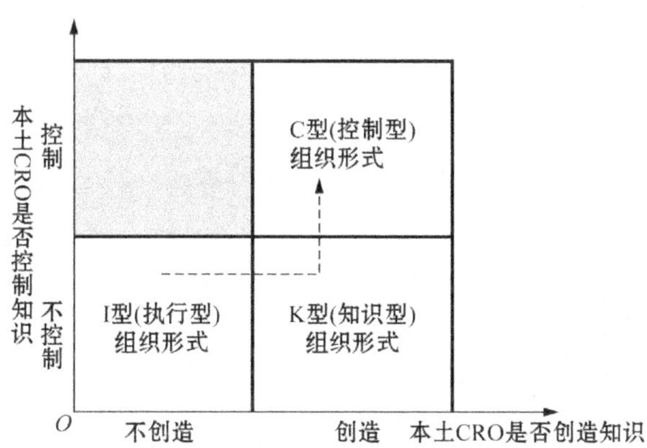

图 10　基于是否控制和是否创造的研发外包的 3 种组织形式

上述结论在很大程度上也契合了 Ernst(2006)有关本土企业实验室类型的判断：Ernst(2006)将本土企业承包研发的实验室划分为 3 种类型：跟随型、合同型以及参与型。其中，跟随型与合同型反映了较低水平的研发外包，这类实验室只是执行跨国企业的设计蓝图，与跨国企业的知识交流受到严格控制；而参与型的实验室则被授予设计某一地区或全球产品的权力，并享有与跨国企业进行充分地交流知识的权力。对大多数中国本土企业所承揽的研发外包业务而言，跟随型与合同型占主导地位；而对于移动通信和软件等产业，由于中国本土企业有着很强的设计能力，则存在有参与型的实验室——这显然意味着随着研发能力的提高，中国本土企业承揽研发外包的组织形式将依次递进。

---

①　Puga 和 Trefler(2005)进一步明确了三种组织形式在创新层面上的现实含义：I 型表示本土 CRO 不参与的创新；K 型表示本土 CRO 协助的创新；C 型表示本土 CRO 管理的创新。Puga 和 Trefler(2007)进一步将 I 型表示为跨国企业主导的创新，将 K 型和 C 型共同表示为本土 CRO 主导的创新。事实上，更现实的含义可以理解为 I 型组织形式对应着生产外包；K 型组织形式对应着一般意义上的研发外包；C 型组织形式对应着进一步的研发外包。因此，此种组织形式的划分方式不仅仅限于理论上的逻辑推演，隐藏在其中还有更现实的组织含义。

本土CRO从低端服务到高端服务所带来的效应不仅体现在组织形式的嬗变上，还体现在福利水平的提高上。这一结论也已经被很多文献所阐明。Puga和Trefler(2005，2010)就认为，由于中国较之于亚洲其他国家(如泰国、马来西亚等国)在以下三个方面——代理方(如本土CRO)与委托方(如跨国制药企业)合作的有效程度，代理方的专业训练水平以及代理方企业的工资水平与国家的市场规模——具有更多的优势，因而中国也就表现有较强的研发能力(表现为累积性创新的替代程度上)，而由此所产生的均衡效应是，代理方企业不仅可以更多地参与到创新过程中，获得较高的工资水平，更重要的还可以承揽更多的研发外包业务(吸引更多的跨国企业)。

Gick(2006)从信息经济学的角度考察了发展中国家的中小企业在国际专利系统中的申请策略。由于发展中国家的中小企业一般缺少资金或相应的互补性资产等支持因素，它们往往在国际专利系统中申请专利以寻求跨国企业的合作。在此过程中，申请专利往往是一种显示自身创新能力的信号，作为一种分离均衡，那些有着较高创新能力的企业(表现为较低的创新成本)将会获得与跨国企业合作的机会，而那些有着较低创新能力的企业(表现为较高的创新成本)将选择不进行专利申请进而失去与跨国企业合作的机会。

路风(2006)则依托中国的现实案例在自主创新模式(主要通过自主产品创新)与传统技术引进模式比较的基础上高度肯定了自主创新模式对提高国家技术能力等方面的重要意义。在他看来，只有自主创新能力的提高(而不是包括要素禀赋在内的任何外生因素)才可以导致企业能力和工业能力的升级，同样，也只有自主创新能力的提高才能使中国企业在整个创新的价值链中获取更多的资金。

综合以上，中国本土CRO只有提升自身的研发外包服务水平，才有可能更深层次地与跨国企业进行研发合作进而获得更高的福利水平以及在创新价值链中获得更多的资金。

五、中国研发外包服务的改进方向

(1) 在微观层面上，我国CRO数量虽然较多，但多数是中小企业，缺乏领军的大企业。我国CRO目前已经有上千家，尤其临床CRO数量迅速膨胀，这些CRO很多以服务水平较低的注册申报为主，服务质量良莠不齐，并且无法提供完整的临床试验服务。因此，如何扶持我国主要CRO成为国际CRO巨头，就是一项紧迫的任务。

广而言之，虽然在西方受过训练的科学家和全球范围的合作关系有助于提升中国CRO研发的智慧，但就培养基础研究和新药研发所需的后备队实力而言，中国尚远远落后。比如，中国没有什么大学和研究机构开展具有冒险心态的教学和实践，而冒险心态则是美国在生命科学领域创新的助推剂①。故在未来旨在提高中国CRO研发能力的现

① 当然，中国也建立过几家此类机构。这包括有中国科学院和上海市政府共同建立的上海高等研究院，以及北京生命科学研究所。这些结构仿照美国霍华德·休斯研究院的模式运作。以北京生命科学研究所为例，该所“为海归科学家提供资金……以便让他们围绕新药开发开展有趣的科学试验。”

实举措上，如何综合性地提升后备队实力也将构成一项重要的内容。

(2) 在中观层面上，尽管我国CRO的能力已拓展至研发价值链的各个环节，但不得不说的是，我国CRO行业结构依然不合理，CRO要么集中在新药发现和临床前研究领域，要么集中在临床研究领域，服务内容相对单一，能够提供新药研发全程服务的CRO所占比重较小。因此，我国CRO行业的结构应尽快完善，以便能够更好地为制药企业提供研发外包服务。另外，我国CRO缺乏资质认定。鉴于制药企业只愿意与正规的、有实力的CRO合作，尽快完善CRO的资质认定制度就很有必要。

事实上，要使中国CRO行业更具创造性，需要解决生态系统问题，这就要求整个医药系统和医疗保健系统都要进一步发展，而具有可操作性的举措则包括构建可以激励并吸收新科技的药品监管系统、知识产权保护体系以及医疗保健系统等。

(3) 在宏观层面上，由于目前我国监管法规还没有与国际接轨，审批时间太长，致使我国比之于印度等周边国家较少承接国际多中心试验(MCT)。MCT是指申办者组织多位研究者按照同一试验方案，在不同国家不同试验地点同时进行的临床试验。MCT的申办者主要是国外大型制药企业和生物技术企业。虽然MCT只占我国每年开展的临床试验中较少的部分，但它代表了药物临床研究开展的最高水平。此外，我国临床前研究和临床研究的法律和监管环境与西方仍有差距。故完善相关的法律法规与监管环境也是必要的。

最后需要说明的是，虽然中国国家食品药品监督管理局(SFDA)在提供监管架构以鼓励创新方面取得了长足的进步，但鉴于美国食物及药品管理局(FDA)有数千人管理医药项目，而中国国家药监局从事这些工作的还不到一百人，它仍然还是一个需要充实人员和提升能力的年轻机构①。

总而言之，CRO所在的生物技术行业作为高附加值，科研导向型的行业，理应属于国家重点支持的战略性行业。因此，我们应该创造一切条件提升中国CRO产(行)业的智慧优势进而促进CRO行业的升级，毕竟，产业升级最为突出的表现是本国企业在"全球创新网络"中由低附加值制造向高附加值创造的转型(岳健勇，2014)。在此背景下的本土CRO，也会从成长到成熟，最终化茧成蝶，与全球新药研发市场融为一体。

(执笔：李 靖)

参考文献

[1] Ernst, Dieter. Innovation Offshoring: Asia's Emerging Role in Global Innovation Networks [J]. East-West Center Special Reports, 2006(July), No. 10.

[2] Gautam, Ajay, Steve Yang. Market watch: A framework for biomedical innovation in emerging markets [J]. Nature Reviews Drug Discovery, 2014, 13: 646-647.

[3] Gick, Wolfgang: Little Firms and Big Patents: International Patent Filing Incentives and

① 2008年，中国生产的血液稀释肝素受到污染的丑闻曾让中国国家药监局备受困扰，该事件导致数人死亡，因接受贿赂而发放产品许可证的前国家药监局局长郑筱萸则在2007年被判处死刑。

Competition for Technology Partners [C]. Working Paper, Harvard University, 2006.

[4] Hermosilla, M. and Y. Qian. Development and commercialization strategies for new technologies: an empirical study of pre-market licensing for drug innovation [C]. Working Paper, Northwestern University, 2013.

[5] Lai, Edwin L. -C., R. Riezman, P. Wang. Outsourcing of Innovation [J]. Economic Theory, 2009, 38(3): 485-515.

[6] Puga, D. and Trefler, D. Knowledge creation and control in organizations [C]. NBER Working Paper, No. 9121, 2002.

[7] Puga, D. and Trefler, D. Wake Up and Smell the Ginseng: The Rise of Incremental Innovation in Low-Wage Countries [C]. NBER Working Paper, No. 11571, 2005.

[8] Puga, D. and Trefler, D. Wake Up and Smell the Ginseng: International Trade and the Rise of Incremental Innovation in Low-Wage Countries [C]. Centro Studi Luca d'Aglaino Development Studies Working Paper, No. 222, 2007.

[9] Puga, D. and D. Trefler. Wake Up and Smell the Ginseng: The Rise of Incremental Innovation in Low-Wage Countries [J]. Journal of Development Economics, 2010, Vol. 91: 64-76.

[10] Teece, D. J., Managing Intellectual Capital: Organizational, Strategic, and Policy Dimensions [M]. New York: Oxford University Press, 2000.

[11] 毕马威. 中国成为全球研发新前沿[N]. 人民日报,2014 年 1 月 26 日.

[12] 蔡贵和,李敏,黄培杰. 中国生物医药研发:从研发投资中获益[R]. BCG 研究报告,2012 年 11 月.

[13] 福布斯中文网. 中国生物医药繁荣的驱动力是什么? [EB/OL]. http://www.forbeschina.com/review/201406/0033788.shtml.

[14] 顾露露. 全球医药研发外包和 CRO 产业情况[EB/OL]. http://www.biodiscover.com/news/hot/industry/2922.html.

[15] 黄海川. 崛起的“中国服务”[N]. 经济观察报,2005 年 3 月 21 日.

[16] 李菲. 解读 CRO 行业:CRO 行业概况[EB/OL]. http://www.biodiscover.com/news/hot/industry/2950.html.

[17] 李菲. 解读 CRO 行业:知名的 CRO 企业名单[EB/OL]. http://www.biodiscover.com/news/hot/industry/2950.html.

[18] 路风. 走向自主创新:寻求中国力量的源泉[M]. 桂林:广西师范大学出版社,2006.

[19] 加里·P·皮萨诺. 生物制药技术[M]. 上海:上海人民出版社,2006.

[20] 前瞻研究院. 2014—2018 年中国生物医药外包行业市场前瞻与投资战略规划分析报告[R]. 2014 年 4 月.

[21] 前瞻研究院. 2015—2020 年中国生物医药外包行业市场前瞻与投资战略规划分析报告[R]. 2014 年 8 月.

[22] 张淼. 跨国公司的“隐身衣”[J]. 读书 2006 年第 3 期:52-57.

[23] 岳健勇. 全球化导致了中国崛起吗? [J]. 领导者总第 59 期(2014 年 8 月):41-58.

[24] 王楠. 2020 年全球生物药品市场将达到 2 871.4 亿美元[EB/OL]. http://www.biotech.org.cn/information/124085。

分报告2 生产性服务贸易进口技术结构对人力资本的累积效应研究

——基于上海、香港、新加坡的比较分析

一、引言

新增长理论认为，对外贸易是一国提升人力资本水平的重要渠道。在开放经济中，通过进口贸易提高技术进步，缩小与发达国家的差距，已经成为发展中国家获取先进技术的重要途径。上海作为我国开放度最高的国际化大都市，充分发挥进口贸易的溢出效应，是否有利于地区人力资本的积累？有利于区域自主研发水平的上升？

Crossman 和 Helpman(1991)曾指出进口贸易可以促进各国研发效率提高。喻美辞和喻春娇(2006)认为人力资本是一种要素投入；赖明勇和袁媛(2005)以及尹翔硕、俞娟和吴昊(2005)进一步明确人力资本集中体现了技术创新效用。尽管进口贸易是技术溢出的主渠道，但是相对落后地区或国家通过国际贸易促进技术进步还是受到一定条件的限制。这是因为溢出效应不仅取决于技术本身，也取决于本地区对引进技术的吸收能力，而人力资本正是决定技术消化能力的关键因素。Eaton 和 Kortum(2002)通过实证研究发现19个OECD国家的专利和生产率与以教育年限代表的人力资本水平间有正相关关系。

生产性服务作为微笑曲线两端的高附加值部分，具有知识密集、人力资本密集的特性，上海进口发达国家的生产性服务的结构优化，是否有利于本地区人力资本水平的上升，与香港、新加坡等国际大都市相比，差距何在？如何实现"有限赶超"？总结以往的研究，多数经验研究论证了进口贸易对人力资本的影响效应，但很少针对生产性服务进口贸易做深入研究，没有从动态角度指出知识密集型产业进口技术结构优化对人力资本的积累效应。而当前面对"中等收入陷阱"的威胁，面对我国产业升级、转型发展的关键期，生产性服务进口技术结构优化成为一个重要的影响因素，由此凸显本报告研究的必要性和现实性。

本报告第二部分集中论证了上海生产性服务进口贸易对人力资本的积累效应；第三、四部分分别与香港、新加坡相比，论证上海与国际大都市间的异质性；第五部分在总结本报告的基础上提出相关政策建议。

二、上海生产性服务进口技术结构优化对人力资本的积累效应研究

本报告依据关志雄(2002)、Lall(2006)和 Schott 等(2006)、樊纲等(2006)方法测度上海生产性服务贸易进口技术结构。这里假定发达国家提供的生产性服务贸易技术含量高，而不发达国家提供的生产性服务贸易技术含量低。将权重定义为进口该种生产性

服务产品的各国收入水平的加权和，权数为进口生产性服务业国家或地区的进口额占该种服务世界总进口额的比重，k 项服务贸易的技术含量用公式表示为

$$STC_k = \sum_{i=1}^{n} se_{ik} Y_i \tag{1}$$

式中，$se_{ik} = x_{ik} \Big/ \sum_{i=1}^{n} x_{ik}$，$x_{ik}$ 指 i 国 k 项服务贸易进口份额，Y_i 表示 i 国的人均收入水平，以各国人均 GDP 来代替。

通过生产性服务进口贸易技术含量测度指标可以将全世界各国进口生产性服务业中各细分行业技术水平进行分类。为深入研究上海生产性服务贸易进口技术结构，在此采用樊纲等(2006)提出的技术优化指数 $ESTC$ 来测量，即

$$ESTC_i = \sum_{i=1}^{m} STC_k \cdot se_{ik} \tag{2}$$

式中，se_{ik} 为 k 项服务或服务产品在世界同类产品进口中的比重。同时，考虑到技术水平提升并不意味着技术结构优化，进一步引入服务贸易比较优势指数(CA)：

$$CA_k = \left(X_{ik} \Big/ \sum_{i=1}^{n} X_{ik}\right) \Big/ \left(X_k \Big/ \sum_{i=1}^{m} X_k\right) \tag{3}$$

在此基础上定义服务贸易技术结构优化指数，即以一国出口服务贸易比较优势指数为权重的服务贸易各项目技术含量加权和，即：

$$OSTC_i = \sum_{k=1}^{m} CA_k \cdot STC_k \tag{4}$$

式中 X_{ik} 表示 i 国 k 项服务贸易的进口额，X_k 为 k 项服务贸易的世界进口总额。结果表明 2000 年到 2009 年间世界各国生产性服务进口贸易技术水平呈不断上升态势，其中金融业的上升速度最快。保险、通信业的复杂度也得到了提升，但运输业的进口复杂度出现了大幅下降。总体看，这十年来，上海生产性服务进口技术结构呈优化趋势，但如果与同期的香港、新加坡相比，上海生产性服务进口技术结构优化水平还不足①(杨玲，2013)。

结合 1996—2011 年间上海生产性服务进口技术结构 $ESTC$ 指数的测度，为进一步研究生产性服务进口贸易对人力资本的作用机制，以下对人力资本做进一步衡量。Mankiw，Romer，Weil(1992)曾使用成年人进入中学的比例作为人力资本投资的指标，Romer(1990)以使用识字率作为人力资本水平的指标。本研究中考虑生产性服务主要以提供高附加值中间产品为主，对人力资本的要求较高，本研究以年内大学的招生人数为衡量标准。

考虑到人力资本的积累效应，本研究欲加入滞后阶数，在此设定 VAR 模型：

$$[X_t] = a_0 + \sum_{i=1}^{P} [X_{t-p}]_i + \varepsilon_t \tag{5}$$

式中的 X_t 指内生变量，这里的内生变量包括生产性服务进口技术结构优化指数 $ESTC_t$ 和人力资本 $HUMAN_t$。ε_t 表示未观测到的其他扰动项的代表。数据跨度自

① 因篇幅所限，上海、香港、新加坡生产性服务进口结构优化指数的对照数据暂略去。

1996 至 2011 年间，缺失值以 5 年移动平均来补齐。PP 单位根检验结果如表 1 所示。

表 1 PP 单位根检验

变量名	检验形式 (c,t)	1% 临界值	5% 临界值	10% 临界值	T 统计量	概 率	平均性
SHHUMAN	(c,0)	−3.9591	−3.0810	−2.6813	−0.714818	0.8138	不平稳
SHHUMAN(1)	(0,0)	−2.7406	−1.9684	−1.6044	−3.552914	0.0017	平稳
SHESTC	(c,0)	−3.9591	−3.0810	−2.6813	−1.9645	0.2973	不平衡
SHESTC(1)	(c,0)	−4.00443	−3.0989	−2.690439	−3.558023	0.0017	平稳

备注：EVIEWS 5.0 结果。
注：检验形式中的 c、t 分别表示常数项和趋势项，p 表示所采用的滞后阶数。表格中分别表示 1%，5%和 10%处的临界值。

从表 1 的结果来看，模型(5)中的变量皆为一阶平稳时间序列。同时，本报告为研究模型(5)变量间的因果关系，采用 Granger 因果检验①(见表 2)后发现：上海生产性服务贸易进口技术结构优化是人力资本积累的 Granger 因。也就是说，通过优化生产性服务贸易进口技术结构可以促进上海人力资本存量的增加，这对于上海发展创新型城市具有促进和提升作用。

表 2 Granger 因果检验

假设条件	F 统计量	概 率
SHHUMAN 不是 *SHESTC* 的 Granger 因	18.3803	0.00066

备注：EVIEWS 5.0 结果

因此，生产性服务进口技术结构优化对人力资本积累有正向促进作用，下一步我们应该沿着这一路径探索有助于上海结构转型、产业升级的具体措施。也就是说，上海生产性服务贸易进口技术结构优化通过加快人力资本积累可以间接促进科技企业技术进步。

同时依据模型(5)，我们采用 *LR*、*AIC*、*SC* 等准则来确定 VAR 模型的滞后阶数为一阶滞后(见表 3)。

表 3 确定滞后阶数的各项指标

Lag	Log*L*	*LR*	*FPE*	*AIC*	*SC*	*HO*
0	−294.5256	NA	5.08E+14	39.53674	39.63115	39.53574
1	−281.2689	21.21072*	1.49e+14*	38.30251*	38.58573*	38.29950*

备注：EVIEWS 5.0 结果。

由此，我们采用一阶滞后的 VAR 模型分析后发现：

$$SHHUMAN = 0.337025SHHUMAN(-1) + 21.7668SHESTC(-1) + 144.8983 \tag{6}$$

① 2003 年诺贝尔经济学奖得主克莱夫·格兰杰(Clive W. J. Granger)开拓了一种可以用来分析变量之间因果关系的方法，即格兰杰因果检验。

$$SHESTC = 0.000\,855 SHHUMAN(-1) + 0.870\,436 SHESTC(-1) + 47\,886.25 \tag{7}$$

上海人力资本变量受到自身一阶正向影响，生产性服务进口技术结构优化指数也会产生一阶正向效用，有利于上海人力资本积累效应的正向增加。

$$SHHUMAN = 54\,196.87 + 41.251\,9 SHESTC \tag{8}$$

同时，式(8)最小二乘估计的结果表明，上海生产性服务进口技术结构优化指数每上升1%，人力资本提升41.2519%，说明从当期变量的相互影响来看，进口技术结构优化效应更显著。同时结合式(6)、(7)一阶滞后效应，我们发现上海人力资本受到上期进口技术结构优化的影响仍然为正。也就是说，通过优化生产性服务进口技术结构可以起到促进人力资本积累的效用。一定程度上来讲，这项措施有利于上海当年和今后地区创新氛围的形成以及整体实力的提升。这里我们选择环境空气质量优良天数为虚拟变量，以突出生产性服务业环境友好的特征。

为验证VAR模型的有效性，以下对模型(8)做残差检验(见表4)：

表4　portmantean 残差检验

滞后阶数	Q统计量	概　率	结论	调整后的Q统计量	概率	结论
3	11.031 64	0.026 2	接受	12.807 06	0.012 34	接受
4	11.881 46	0.156 6	拒绝	13.996 81	0.081 88	拒绝
5	13.071 11	0.363 9	拒绝	15.847 38	0.198 312	拒绝
6	16.042 31	0.450 0	拒绝	21.046 97	0.176 716	拒绝
7	18.038 61	0.584 9	拒绝	25.039 56	0.199 920	拒绝
8	20.882 80	0.645 6	拒绝	31.676 01	0.135 224	拒绝
9	22.101 39	0.776 6	拒绝	35.088 06	0.167 328	拒绝
10	23.017 85	0.877 7	拒绝	38.295 68	0.205 332	拒绝
11	23.088 02	0.952 9	拒绝	38.623 16	0.351 936	拒绝
12	23.141 48	0.984 8	拒绝	38.997 35	0.515 340	拒绝

备注：EVIEWS 5.0结果。

VAR模型残差除滞后第三期未拒绝原假设，存在残差自相关之外，其他情形下均拒绝残差自相关，说明以上VAR模型分析的有效性与稳定性。这一结论也可以通过VAR模型的AR单位根来观察。我们发现图1中VAR模型的AR单位根均在椭圆内，进一步说明以上向量自回归模型的稳定性。

图1表明上海生产性服务贸易进口技术结构优化指数的提升有利于人力资本存量增加，这一结论是稳定的。运用式(5)的测度方法，我们对上海、香港、新加坡的生产性服务进口贸易结构做同期比较后发现，上海生产性服务进口技术结构呈现明显的纺锤形态，即中技术进口比重最大，表现为2000年至2009年间上海高技术(金融业和专利及所

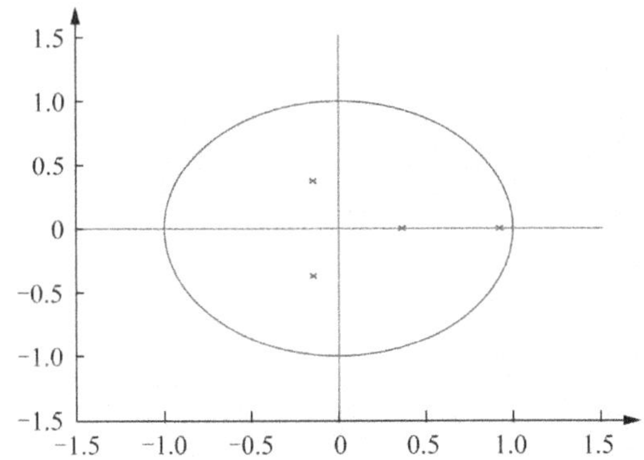

图 1　AR 单位根检验结果

有权业)、低技术(其他商业和运输业)进口量小,而中技术(计算机和信息业、通信业、保险业)进口量占绝对权重的不合理分布状态。2000 年,上海高技术比重仅为 13.05%,中技术达到 80.13%,2009 年,高技术进一步下降至 9.63%,而中技术上升至 83.69%。与同期香港进口 46.69%的高技术、37.29%的中技术和 16.02%的低技术;以及新加坡 31.74%的高技术、60.41%的中技术和 7.85%的低技术相比,上海的纺锤型特征非常明显,说明生产性服务贸易进口技术结构优化空间还很大(见图 2)。与香港、新加坡相比,提升金融业和专利及所有权业等高技术生产性服务业进口比重,适度缩小计算机和信息、通信、保险业等中技术进口比重,都有利于进口技术结构优化。这种优化不仅有利于生产性服务进口技术结构,同时会进一步促进上海人力资本积累效应的发挥。

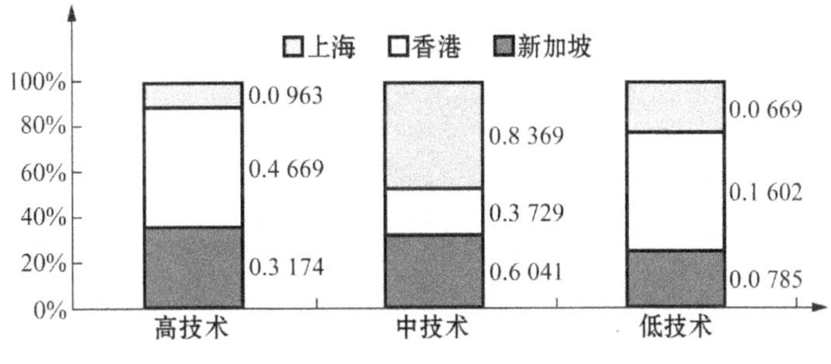

图 2　2000—2009 年上海生产性服务贸易进口技术结构分布

结合前文的实证分析结果,我们得知上海生产性服务进口技术结构优化将助推本土自主研发水平上升和技术溢出。积极、大胆、有效地推进上海生产性服务贸易进口技术结构优化对于上海城市活力的激发、经济的可持续发展以及整体创新环境的营造均有明显正向效应。我们要坚持这个正确的发展方向,在进一步寻找优化路径上下功夫,在寻找与进口高技术生产性服务贸易对接路径上多努力。

三、香港生产性服务贸易进口技术结构优化对本地区人力资本的积累效应

与上海相比,香港、新加坡生产性服务进口技术结构指数更趋优化,是否对本地区人

力资本积累有类似效应？本着这样的疑问，本报告欲进一步做深入研究，与新加坡、香港的情形做同期比较。

与前文的论证过程类似，我们对香港的数据做实证分析后发现，香港生产性服务贸易进口技术结构优化指数对地区人力资本有正向积累效应。

$$HKHUMAN_t = 42\,354.11 + 24.430\,13 HKESTC \tag{9}$$

式(9)的实证结果表明，香港生产性服务贸易进口技术结构优化指数每提升 1%，当地人力资本总量上升 24.43%，表现出显著的倍增效应。如果我们将这一结果与上海的情形即式(8)相比，发现上海同期的正效应更明显，表现出优化指数每上升 1%，人力资本增加 41.25%的提升效用。也就是说，人力资本积累效应对于发展水平相对低的国家来说，其促进效应更明显。

从图 3 脉冲响应图中我们可以得到与式(9)一致的结论，即从第 1 期起香港生产性服务贸易进口技术结构优化指数对人力资本存量的增加产生了正向影响效应，这种效应在第 1 期至第 2 期内增幅较大，之后进入第 3 期后逐渐处于一个相对稳定的变化区间。

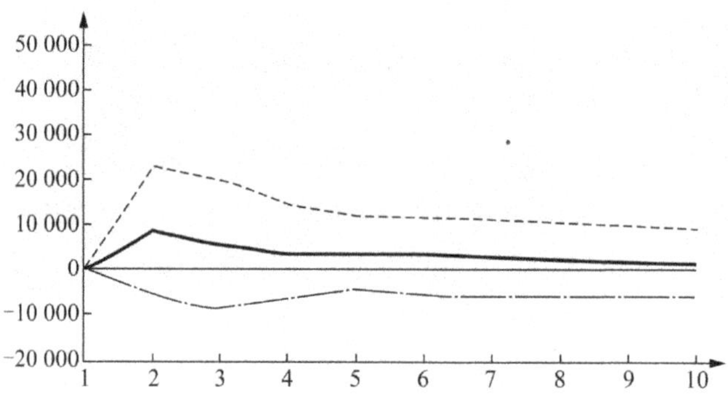

图 3　香港 *ESTC* 对 *HUMAN* 的脉冲响应图

方差分解的结果(见表 5)进一步表明，香港的人力资本是一个内生变量，从第 1 期到第 10 期来自人力资本自身的新息从 100%变化到 87.33%，相对而言，来自生产性服务进口技术结构优化的新息在不断增加，但截至第 10 期时仅为 12.66%。同时，香港生产性服务贸易进口技术结构优化指数初始也显示为内生变量，但随着人力资本解释变量新息的不断加大，到第 10 期时上海人力资本对其的解释力达到 46.98%，说明人力资本日益凸显的促进作用。

表 5　香港脉冲响应图的方差分解

Variance Period	Decomposition of *HKHUMAN*		*HKESTC*
	S. E.	*HKHUMAN*	
1	31 532.36	100.000 0	0.000 000
2	33 022.75	92.714 71	7.285 291
3	33 892.92	90.474 86	9.525 139

（续表）

Variance Period	Decomposition of *HKHUMAN*		*HKESTC*
	S. E.	*HKHUMAN*	
4	34 960. 81	89. 790 42	10. 209 58
5	35 662. 45	88. 999 60	11. 000 40
6	36 151. 10	88. 398 33	11. 601 67
7	36 530. 56	88. 003 17	11. 996 83
8	36 817. 78	87. 711 97	12. 288 03
9	37 032. 77	87. 492 89	12. 507 11
10	37 195. 28	87. 330 68	12. 669 32
Variance Period	Decomposition of *HKESTC*		*HKESTC*
	S. E.	*HKHUMAN*	
1	575. 790 3	5. 599 574	94. 400 43
2	813. 370 6	32. 678 62	67. 321 38
3	872. 970 7	41. 334 59	58. 665 41
4	910. 404 9	44. 892 95	55. 107 05
5	924. 773 4	45. 097 05	54. 902 95
6	936. 747 6	45. 669 73	54. 330 27
7	946. 695 5	46. 217 33	53. 782 67
8	953. 851 6	46. 550 84	53. 449 16
9	959. 200 0	46. 794 27	53. 205 73
10	963. 282 8	46. 982 90	53. 017 10

四、新加坡生产性服务贸易进口技术结构优化指数对本地区人力资本的积累效应

上海、香港的生产性服务贸易进口技术结构优化指数均表现出对本地区人力资本的促进作用，新加坡的情形如何？是否可以通过优化进口技术结构增进人力资本存量的增加？本着这样的疑问，本报告采用模型(10)进行深入研究后发现与前文类似的结论：

$$SGHUMAN = 42\,652.73 + 4.829\,518SGESTC \tag{10}$$

从式(10)回归结果来看，新加坡生产性服务贸易进口技术结构优化指数也促进了本地区人力资本存量的增加。但与同期香港、上海的情形相比，新加坡略显提升效用减小的特征，表明新加坡生产性服务进口技术结构优化指数每提升 1%，当地人力资本增加 4. 8295%。与上海提升 41. 2519%、香港提升 24. 430 1%相比，新加坡人力资本的上升效用略显不足，并呈现出逐渐下降的影响态势。这就说明越是在生产性服务贸易进口结构不合理阶段，通过优化进口结构，其对人力资本积累产生的正向促进作用越明显。这也

为上海充分发挥生产性服务进口贸易对人力资本积累效应提供了良好的发展机遇。目前若能用好这种效用，可实现进口技术结构优化对人力资本更强有力的作用。通过引进相对较多数量的高技术生产性服务业，实现地区人才供给与引进技术的相互对接，可以大力促进上海人才培养，为人才储备提供良好的外部环境。

与此同时，本报告通过分析 *AIC*、*SC*、*LR* 等值，依据赤池(*AIC*)和施瓦茨信息准则(*SC*)发现，新加坡生产性服务贸易进口技术结构优化指数与人力资本变量组成的 VAR 模型是一阶滞后的(见表 6)。

表 6　VAR 模型滞后阶数确定值

Lag	Log*L*	*LR*	*FPE*	*AIC*	*SC*
0	−267.3078	NA	1.35E+13	36.00212	35.9067
1	−256.1441	17.86196*	5.24e+12*	35.23577*	34.94953*

由此，可以设立 VAR(1)模型如下：

$$\begin{bmatrix} SGHUMAN_t \\ SGESTC_t \end{bmatrix} = a + \begin{bmatrix} SGHUMAN_{t-1} \\ SGESTC_{t-1} \end{bmatrix} + \varepsilon_t \tag{11}$$

在式(11)中 $SGHUMAN_t$ 表示新加坡人力资本变量；$SGESTC_t$ 表示新加坡生产性服务贸易进口技术结构优化指数变量；$SGHUMAN_{t-1}$ 表示人力资本变量的一阶滞后变量；$SGESTC_{t-1}$ 即生产性服务贸易进口技术结构优化指数的一阶滞后变量；ε 表示随机扰动项。

$$SGHUMAN = 0.208392SGHUMAN(-1) + 3.203716SGESTC(-1) + 37436.52 \tag{12}$$

$$SGESTC = -0.011038SGHUMAN(-1) + 0.929080SGESTC(-1) + 1186.700 \tag{13}$$

我们发现新加坡人力资本的一阶滞后和生产性服务贸易进口技术结构一阶滞后均有正向影响效应，如果我们将新加坡的情形与上海式(6)、(8)做一比较可以发现，上海的正向影响幅度更大，这一结论与式(12)一致。同时，我们从式(13)中也可以看出，新加坡生产性服务贸易进口技术结构优化指数受到来自人力资本一阶滞后的影响效应是负效应，而目前上海仍表现为正向效应，而且幅度达到 41.2519%。也就是说，上海前一阶段人力资本的存量对下一阶段生产性服务贸易进口技术结构优化有正向效用，这非常有利于两个变量间的良性互动。因此，与同期的新加坡、香港相比较，上海生产性服务贸易进口技术结构优化指数对人力资本存量增加的促进效用更明显。

由此，我们应该好好把握现有时机，从优化进口技术结构入手，多引进高技术生产性服务贸易，改变中技术进口过多后形成的生产性服务贸易进口技术结构纺锤型特征，逐渐向均衡型结构方向转变。因为一旦进口技术结构优化，与其对接的生产、服务部门对人力资本需求紧迫，这种需求下供给量的增加就会加大上海相关人才的培养机制，为优化创新环境，提升整体研发实力创造条件。在这方面，上海的潜力甚至好于香港和新加坡，因此我们要用好生产性服务进口技术结构优化这一方略，为“十二五”目标的顺利实现以及“十三五”目标的科学制定创造条件，并将这一成功经验向全国推广。

（执笔：杨　玲、杜运苏）

参考文献

[1] 陈宪，殷凤. 服务贸易：国际特征与中国竞争力[J]. 国际贸易问题，2008 年第 1 期：第 113-120 页.

[2] 程南洋，杨红强，聂影. 中国服务贸易出口结构变动的实证分析[J]. 国际贸易问题，2006 年第 8 期：第 115-119 页.

[3] 方希桦，包群，赖明. 国际技术溢出：基于进口传导机制的实证研究[J]. 中国软科学，2004 年第 4 期：第 8-13 页.

[4] 樊纲，关志雄，姚枝仲. 国际贸易结构分析：贸易品的技术分布[J]. 经济研究，2006 年第 8 期：第 70-80 页.

[5] 黄先海，石东楠. 对外贸易与我国全要素生产率影响的测度与分析[J]. 世界经济研究，2005 年第 1 期：第 22-26 页.

[6] 赖明勇，袁媛. R&D、国际技术外溢及人力资本：一个经验研究[J]. 科研管理，2005 年第 4 期：第 62-67 页.

[7] 李小平，朱钟棣. 国际贸易、R&D 溢出和生产率增长[J]. 经济研究，2006 年第 2 期：第 31-43 页.

[8] 尹翔硕，俞娟，吴昊. 进口贸易与经济增长——关于中国的实证[J]. 世界经济文汇，2005 年第 4 期：第 115-121 页.

[9] 喻美辞，喻春娇. 中国进口贸易技术溢出效应的实证分析[J]. 国际贸易问题，2006 年第 3 期：第 33-36 页.

[10] 杨玲，吴根宝，生产性服务贸易出口的结构模式与中国策略[J]. 改革，2012 年第 9 期：第 94-104 页.

[11] 杨玲，中国与发达国家生产性服务业产业内贸易比较研究——基于货物贸易、服务贸易的视角分析[J]. 国际贸易问题，2012 年第 9 期：第 65-81.

[12] Coe, D. E. , E. Helpman, International R&D Spillover [J]. European Economic Journal, 1995 (10): 859-887.

[13] Eaton, J. , Kortum S. Technology, Geography, and Trade [J]. Econometric Society, 2002(70): 1741-1779.

[14] Lall, S. , John W. and Jinkang Zhang. The “Sophistication” of Exports: A New Measure of Product Characteristics [J]. World Development 2006, 34(2), 222-237.

[15] Nelson. R. , Phelps, E. Investment in Humans, Technological Diffusion and Economic Growth [J]. American Economic Review, 1996(1): 69-75.

[16] Schott, Peter K. The Relative Sophistication of Chinese Exports, NBER [R]. 2006, Working Paper 12173.

[17] Trefler, Daniel: International Factor Price Differences: Leontief was Right [J]. Journal of Political Economy, December 1993, 101(6): 961-987.

[18] Trefler, Daniel. The Case of the Missing Trade and Other Mysteries [J]. American Economic Review, December 1995, 85(5), 1029-1046.

[19] XuBin. Multinational Growth [J]. Journal of Development Economics, 2000(62): 477-493.

分报告3 世界与中国服务贸易发展概况与趋势[①]

一、世界服务贸易:低速增长,后市向好

2013年,由于欧盟经济低迷、欧元区失业率高企(德国除外),以及对美联储退出货币刺激的不确定,服务贸易低速增长。世界贸易组织统计数据显示,2013年世界服务进出口总额为90 257.3亿美元,比2012年增长6.1%,增幅比2012年提升4.1个百分点。其中,出口46 443.8亿美元,同比增长6%;进口43 813.5亿美元,同比增长5%,增速远低于2010和2011年水平[②](见表1)。

从总体上来看,1990—2000年、2000—2010年、2005—2013年间,世界货物贸易与服务贸易出口额基本保持了同步增长。从各年度数据来看,世界服务出口和世界货物出口的增长率存在着差异,但总体走势保持一致。在经济持续增长期间,服务出口增速略低于货物出口。在经济危机期间,服务贸易受冲击程度相对较轻,表明其具有一定的抵御危机的能力。在经济复苏时期,服务出口较货物出口反弹更快(见表2、图1)。

2013年服务出口占世界出口总额的比重为20%,比2012年提高了一个百分点(见图2)。但是,值得指出的是,按照传统的贸易统计法,而非增加值贸易,可能会大大低估服务贸易在世界贸易中的贡献。

从地区来看,2013年独联体国家服务贸易增速虽较上年有所回落,出口增长了9%,进口增长了15%,仍然是增速最高的地区。北美服务出口增长5%,进口增长3%,均低于世界平均水平。欧洲扭转了2012年负增长的态势,服务出口、进口分别增长了7%和5%。非洲则由正转负,服务出口从2012年的7%变为−3%,进口则由2%变为−1%。亚洲服务贸易增速明显趋缓,服务出口、进口分别从上年的7%和8%下降至5%和4%。中东和中南美洲服务进口增速明显,分别增长了7%和6%,高于世界平均5%的水平(见表3)。

---

① 获教育部人文社会科学研究项目(13YJA790141);上海市哲学社会科学"十二五"规划2014年课题(2014BJB002)资助。

② WTO International Trade Statistics Database, http://stat.wto.org/StatisticalProgram。

表 1　世界(商务)服务贸易发展情况

	金额/亿美元						年增长率/%													
	1980	2000	2010	2011	2012	2013	2000	2001	2002	2003	2004	2005	2006	2007	2008	2009	2010	2011	2012	2013
服务出口	3 650	14 928	36 925	42 583	43 499	46 444	6. 2	0. 35	7. 3	14. 6	20	10. 9	10. 6	19	12	−11	10	11	2	6
服务进口	4 024	14 766	35 112	40 422	41 523	43 814	6. 5	1. 2	5. 9	14	18. 9	10. 6	10. 3	16	11	−12	9	10	3	5

资料来源：WTO International Trade Statistics (2001—2013)；WTO International Trade Statistics Database，http://stat. wto. org/StatisticalProgram。

表 2　世界服务出口与货物出口对照表

万亿美元，%

	金额	年增长率																
	2013	1990—2000	2000—2010	2005—2013	2000	2001	2002	2003	2004	2005	2006	2007	2008	2009	2010	2011	2012	2013
货物出口	18. 3	6. 5	10	8	13	−4	5	17	21	14	16	16	15	−22	22	20	0. 2	2
服务出口	4. 6	6. 5	9	8	6	0	7	15	20	11	13	19	11	−11	10	12	2	6

资料来源：WTO International Trade Statistics Database，http://stat. wto. org/StatisticalProgram，2013 年数据来自 WTO World Trade Report 2014。

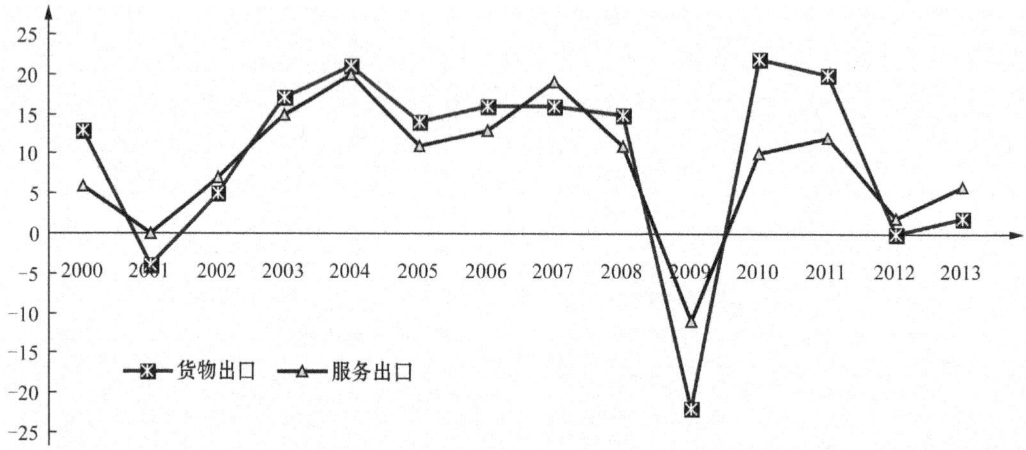

图 1　2000—2013 年世界服务出口与货物出口增长率对比

资料来源：WTO International Trade Statistics Database，http：// stat. wto. org/StatisticalProgram，2013 年数据来自 WTO World Trade Report 2014。

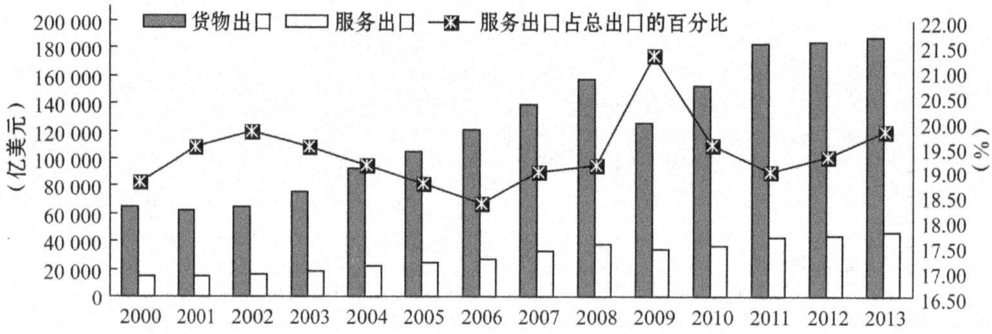

图 2　2000—2013 年世界服务出口与货物出口额及服务出口占总出口的百分比

资料来源：WTO International Trade Statistics Database，http：// stat. wto. org/StatisticalProgram，占比为作者计算。

表 3　不同地区/经济体商务服务贸易增长率　　%

	出　口			进　口		
	2005—2013	2012	2013	2005—2013	2012	2013
世界	8	2	6	8	3	5
北美(包括墨西哥)	7	5	5	6	3	3
美国	8	5	5	6	4	4
加拿大	5	−1	0	6	0	−1
中南美洲	9	6	2	14	6	6
巴西	12	5	−2	18	7	7
阿根廷	10	−3	−5	13	3	6

（续表）

	出　口			进　口		
	2005—2013	2012	2013	2005—2013	2012	2013
欧洲	7	−2	7	6	−2	5
欧盟 28 国	7	−2	7	6	−2	5
瑞士	9	−4	5	11	4	13
独联体	14	9	9	14	18	15
俄罗斯	13	7	11	16	19	18
乌克兰	10	3	4	11	10	11
非洲	6	7	−3	11	2	−1
埃及	3	12	−16	6	18	−5
南非	3	2	−6	4	−11	−7
中东	9	9	4	12	5	7
阿联酋	18	18	15	18	12	12
沙特阿拉伯	0	−5	5	13	−9	4
亚洲	11	7	5	10	8	4
中国	14	8	7	19	18	18
日本	4	0	2	3	6	−7
印度	14	5	4	13	3	−3
新加坡	—	7	4	—	9	4
韩国	11	17	1	8	5	1
中国香港	10	6	6	7	4	3

资料来源：WTO International Trade Statistics 2014。

分国家来看，2013 年商务服务出口位列世界前五位的国家分别是：美国、英国、德国、法国和中国，占世界商务服务出口总额的比重分别为 14.3%、6.3%、6.2%、5.1%和 4.4%。尽管排名位次与上年相同，但增速则出现了较大差异，法国、德国分别增长了 10%和 8%，中国增长了 7%，美国增长了 5%，英国服务出口增长最低，仅为 2%。服务进口位列世界前五位的国家分别是：美国、中国、德国、法国和英国，占世界商务服务进口总额的比重分别为 9.8%、7.5%、7.2%、4.3%和 4.0%。中国取代德国成为服务进口第二大国，法国则从上年的第六位上升为第四位，日本从第五位降至第六，英国从第四降至第五（见表 4）。世界商务服务贸易前 10 位经济体占全球服务贸易总额的 50%。发展中经济体占世界服务贸易总额的 34%。如果剔除欧盟成员国之间的贸易，并将欧盟作为一个单一经济体，欧盟依然是最大的服务出口经济体，其后为美国、中国、印度和日本，世界市场占有率分别为 25.2%、18.7%、5.8%、4.3%和 4.1%。服务进口方面则依次为欧盟（19.7%）、美国(12.7%)、中国(9.7%)、日本(4.8%)和印度(3.8%)①。

表 4　2013 年世界主要服务贸易经济体排名　　单位:10 亿美元,%

出口					进口				
排名	经济体	金额	占比	增长率	排名	经济体	金额	占比	增长率
1	美国	662	14.3	5	1	美国	432	9.8	4
2	英国	293	6.3	2	2	中国	329	7.5	18
3	德国	286	6.2	8	3	德国	317	7.2	8
4	法国	236	5.1	10	4	法国	189	4.3	8
5	中国	205	4.4	7	5	英国	174	4.0	−1
6	印度	151	3.2	4	6	日本	162	3.7	−7
7	荷兰	147	3.2	12	7	新加坡	128	2.9	4
8	日本	145	3.1	2	8	荷兰	127	2.9	7
9	西班牙	145	3.1	6	9	印度	125	2.8	−3
10	中国香港	133	2.9	6	10	俄罗斯	123	2.8	18
11	爱尔兰	125	2.7	8	11	爱尔兰	118	2.7	5
12	新加坡	122	2.6	4	12	意大利	107	2.4	3
13	韩国	112	2.4	1	13	韩国	106	2.4	1
14	意大利	110	2.4	6	14	加拿大	105	2.4	−1
15	比利时	106	2.3	7	15	比利时	98	2.2	7
16	瑞士	93	2.0	5	16	西班牙	92	2.1	3
17	加拿大	78	1.7	0	17	巴西	83	1.9	7
18	卢森堡	77	1.7	8	18	阿联酋	70	1.6	12
19	瑞典	75	1.6	6	19	澳大利亚	62	1.4	−2
20	丹麦	70	1.5	6	20	丹麦	60	1.4	3
21	俄罗斯	65	1.4	11	21	中国香港	60	1.4	3
22	奥地利	65	1.4	8	22	瑞典	57	1.3	6
23	泰国	59	1.3	19	23	泰国	55	1.3	4
24	中国澳门	54	1.2	18	24	瑞士	53	1.2	13
25	澳大利亚	52	1.1	0	25	沙特	52	1.2	4
26	中国台湾	51	1.1	5	26	挪威	49	1.1	2
27	土耳其	46	1.0	8	27	卢森堡	46	1.0	9
28	挪威	41	0.9	−5	28	马来西亚	45	1.0	6

① WTO International Trade Statistics 2014：pp37。

（续表）

出口					进口				
排名	经济体	金额	占比	增长率	排名	经济体	金额	占比	增长率
29	波兰	40	0.9	6	29	奥地利	45	1.0	6
30	马来西亚	40	0.9	6	30	中国台湾	42	1.0	−1
	以上总计	3 885	83.6	—		以上总计	3 510	80.1	—
	世界	4 644	100	6		世界	4 381	100	5

资料来源：WTO World Trade Report 2014。

分项目来看，2013 年运输服务进、出口占比下降，旅游和其他服务占比则有所提高（见表 5）。大多数服务部门的出口均有不同程度的增长，世界运输服务出口增长了 2%，旅游服务增长了 7%，其他服务增长了 6%。在其他服务项目中，计算机和信息服务出口增长强劲，达到 10%，是 2012 年增速的一倍；金融服务出口从 2012 年的−3%的负增长强势复苏，增长了 9%；通信（包括邮政和电信服务）增长了 9%；其他商务服务（包括工程服务、法律/会计服务、管理咨询、广告和贸易相关服务）增长了 6%；专有权利使用费和特许费增长了 6%；个人、文化和休闲服务增长了 8%；建筑服务和保险服务出口减少了 2%（见表 6）。

表 5　2013 年世界服务进出口额及占比　　单位：10 亿美元，%

	金　额	份　额				
	2013	2000	2005	2011	2012	2013
服务出口	4 645	100	100	100	100	100
运输	905	23.2	22.6	20.5	20.2	19.5
旅游	1 185	32.0	27.9	24.8	25.1	25.5
其他	2 550	44.8	49.3	54.5	54.5	54.9
服务进口	4 380	100	100	100	100	100
运输	1 165	28.6	28.6	27.4	27.3	26.6
旅游	1 070	30.1	27.4	23.4	23.9	24.5
其他	2 085	41.2	44.0	48.0	47.5	47.6

资料来源：WTO International Trade Statistics 2014。

表 6　2013 年世界服务出口及增速　　单位：10 亿美元，%

	金　额	年增长率				
	2013	2010	2011	2012	2013	2005—2013
服务出口	4 645	10	12	2	6	8
运输	905	16	9	1	2	6
旅游	1 185	9	12	4	7	7
其他	2 550	8	14	2	6	9
通信	120	3	9	5	9	9
建筑	105	−4	7	0	−2	8
保险	105	1	9	−1	−2	10
金融	335	7	12	−3	9	8

（续表）

	金　额	年增长率				
	2013	2010	2011	2012	2013	2005—2013
计算机和信息服务	285	12	17	5	10	14
专有权利使用费和特许费	310	8	14	1	6	9
其他商务服务	1 245	9	15	4	6	9
个人、文化和休闲服务	40	14	17	2	8	8

资料来源：WTO World Trade Report 2014，WTO International Trade Statistics 2014。

2013 年，运输服务出口排名世界前五位的分别为欧盟、美国、新加坡、日本和中国。受货物贸易增长乏力拖累，亚洲大多数主要运输服务出口商均经历了出口下降。韩国由于通过海运的贸易额下降，导致运输服务出口下降了 12%。中国和印度下降了 3%，日本和中国香港下降了 2%，新加坡仅增长了 2%。俄罗斯是运输服务出口增长最快的国家，达到 8%。美国运输服务收入增长了 4%。欧盟增长了 5%。进口方面，排名世界前五位的为欧盟、美国、中国、印度和日本，增速分别为 4%、7%、10%、−5%和−15%。

旅游出口亚洲增速最快，达到 9%，其中，泰国增长了 24%，其次是中国香港和中国澳门，增长了 18%。澳门（占比 4.4%）成为仅次于欧盟（增长 8%，占比 34.1%）和美国（增长 7%，占比 14.6%）的第三大旅游出口国。中国排名第四（增长 3%，占比 4.4%）。泰国排名第五（占比 3.6%）。进口方面，中国增长了 26%（占比 12%），成为仅次于欧盟（占比 33.2%）的第二大旅游进口国。俄罗斯增长了 25%，排名世界第四（占比 5%）。美国增长了 4%，排名世界第三（占比 9%）。

其他服务增长最快的地区为独联体国家，出口增长 14%，进口增长 13%。中国出口增长了 14%（占比 4.5%），进口增长了 15%（占比 5.1%）。无论是出口，还是进口，排名世界前三位的均为欧盟、美国和中国。

金融服务增长最快的地区是亚洲。新加坡增长了 12%，取代瑞士成为金融服务第三大出口国。中国增长了 68%，印度增长了 16%，韩国 13%，中国香港 7%。欧洲和北美金融服务出口也得到了恢复。由于英国和卢森堡金融部门（两国金融服务出口占欧盟的三分之二）的复苏，欧盟金融服务出口增长了 7%，瑞士增长了 4%。美国金融服务出口增长了 10%，加拿大增长了 3%。

建筑服务是受危机影响最大的部门，尽管其他服务部门均有所恢复，建筑服务出口仍远低于危机前的水平。欧盟建筑服务出口在 2012 年下降了 7%，2013 年仅增长了 1%。世界第二大建筑服务出口国——韩国，2013 年下降了 3%。中国建筑服务出口 2012 年和 2013 年分别下降了 17%和 13%。日本下降了 17%。俄罗斯建筑服务出口增长了 21%，进口增长了 24%。

2013 年全球贸易增长乏力主要是以下因素共同作用的结果，发达经济体低增长、高失业率、高赤字、高负债并存的格局没有得到根本改善，经济增长乏力，特别是欧洲经济不振，导致进口需求不振（－0.2%）；新兴市场国家经济增速普遍放缓，市场需求较前几年明显减少，发展中经济体进口仅增长了4.4%。总需求水平不足，使发达国家和发展中国家的出口增长双双降低（发达经济体增长1.5%，发展中经济体3.3%）。与此同时，由于世界贸易总体低迷，国际市场的竞争更加激烈，贸易保护主义压力也逐渐增大。一方面，主要发达国家失业率仍处于历史较高水平，希望通过扩大出口促进就业、刺激增长，另一方面，一些新兴市场国家仍未摆脱增长对外部市场的依赖，在千方百计扩大出口的同时，许多国家采取贸易保护措施限制进口。造成全球范围内贸易限制措施总量不断增加，一定程度上阻碍了世界贸易的复苏进程。

2014年9月，世界贸易组织修正了2014年4月做出的预测，2014年贸易增长预期由4.7%下调至3.1%，发达经济体和发展中经济体出口将分别增长2.5%和4%，进口将分别增长3.4%和2.6%，涨幅均低于此前预期。2015年贸易增幅由5.3%下调至4.0%，低于20年来（1993—2013年）5.2%的平均增速，也低于危机前1990—2008年间6%的增长率，发达经济体和发展中经济体出口将分别增长3.8%和4.5%，进口将分别增长3.7%和4.5%。增长预期的下调主要源于低于预期的GDP增长和进口需求的不振①。新兴经济体资本流出风险加大、经济增长乏力、地缘政治压力、地区冲突②和健康危机（埃博拉疫情）也增加了风险因素。

但同时，全球经济有利因素也在逐渐增多：发达国家经济形势进一步好转，自主增长动力增强，财政紧缩压力减小，对世界经济复苏形成更有力支撑。美国劳动力市场改善带动消费者信心回升，股价和房价上涨刺激企业扩大投资，2014财年联邦政府财政赤字率降幅将从2013财年的2.9%缩小至1.1%，财政紧缩对经济复苏的拖累明显减轻；欧元区经济触底反弹，温和复苏的态势已经确立，失业率高位回落，政府债务上升趋势得以扭转，货币政策可能进一步放松；日本经济强劲反弹，并缓解了长达10年的通缩困局，日元贬值使出口显著增加。国际货币基金组织预计：2014年全球经济增长3.6%，比2013年提高0.6个百分点。总体而言，随着美国经济重获发展动力、欧盟、日本逐渐走出困局，刺激政策的不断推出，世界经济与贸易向好的趋势显著，预计服务贸易将会有更快的增长。

---

① 美国和德国的国内生产总值分别在2014年第一季度和第二季度出现下滑，中国第一季度的国内生产总值增速仅为6.1%，低于去年7.7%的水平，影响到其贸易伙伴的出口。此外，2014年上半年发达经济体的进口需求逐步恢复，但不及发展中经济体进口需求的放缓程度，从而造成全球整体进口需求受到影响。

② 当前，乌克兰局势并未得到明显缓解，未来仍存在较大不确定性。乌克兰危机不仅会对俄罗斯和乌克兰经济造成冲击，其负面效应还不断向中亚和独联体地区扩散，使欧亚地区国家的对外经贸合作受到影响。中东的动荡局势可能威胁到石油供给从而引发油价上涨。西亚北非地区乱局并未根本缓解，一些国家的矛盾和冲突仍有可能激化。2014年多个新兴大国将举行大选，经济政策面临的不确定性增加。政治风险不仅影响相关国家和地区经济增长，还导致能源等国际大宗商品价格剧烈波动，增添了经济复苏的难度。

由于技术进步和专业化程度的提升，越来越多的服务被剥离出来，跨国公司不断地通过离岸服务外包、服务业投资加快全球的资源整合，服务贸易在全球价值链中的地位越来越重要，其规模和速度均会有明显增长。

另外，还有一个趋势值得注意，全球服务业开放的水平与标准将有新的提升，这将对服务贸易产生积极效应。为了加快服务领域开放步伐，一组自称为“服务的真正好朋友”的经济体（包括欧盟 27 国以及其他 21 个国家或地区）开始着力推动新的诸边《服务贸易协定》（TISA），以替代目前的《服务贸易总协定》。未来 TISA 很有可能多边化。在 TISA 里面，任何服务部门的开放、任何服务贸易模式都是可以谈判的，而且在服务领域，消除“边境内壁垒”（涉及国内规制改革）要比消除“边境上壁垒”（即降低关税与非关税壁垒）重要得多。还有，TISA 将一改《服务贸易总协定》的“混合清单”开放模式，采用“负面清单”开放模式。服务业开放国际规则的“升级”必将极大地推动有关经济体服务业的市场化、自由化和国际化。

二、中国服务贸易：增势明显，优势不足

2013 年中国成为世界第一货物贸易大国，与此同时，服务贸易规模也稳步扩大，全球占比从 2011 年的 5.2%上升到 2013 年的 6%，排名世界第三，服务贸易占贸易总额的比重进一步提高，2011 年、2012 年、2013 年分别为 10.3%、10.8%、11.5%。但逆差持续扩大，服务贸易逆差由 2012 年的 897.2 亿美元进一步扩大至 1 247 亿美元，同比增长 39%，成为全球服务贸易逆差第一大国。根据世界贸易组织统计，中国服务进出口总额（按国际收支口径统计，不含政府服务，下同）进出口总额首破 5 000 亿美元，达 5 341.4 亿美元，比上年增长 13.5%。其中，出口总额达 2 047.2 亿美元，不足美国的三分之一，比上年增长 7.5%，服务进口总额 3 294.2 亿美元，同比增长 17.6%，增幅与上年基本持平①，图 3 为 2000—2013 年中国服务进出口额及全球占比变化图。

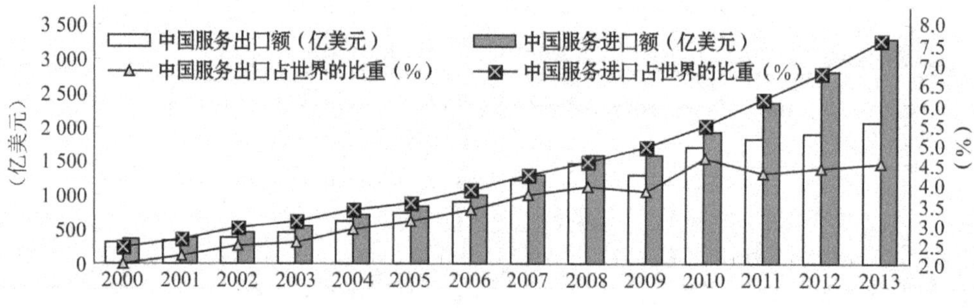

图 3　2000—2013 年中国服务进出口额及全球占比

资料来源：WTO International Trade Statistics Database，http：//stat.wto.org/StatisticalProgram，占比为作者计算。

① 数据来自 WTO International Trade Statistics Database，http：//stat.wto.org/StatisticalProgram，增长率为作者计算。

据商务部统计，2014年1—6月，我国服务进出口增势明显，总额达2 847亿美元，比上年同期增长15.3%。服务进、出口均实现两位数增长。2014年1—6月，我国服务出口1 131.7亿美元，同比增长18.2%；服务进口1 715.5亿美元，同比增长13.6%。服务贸易逆差同比扩大。1—6月累计逆差584亿美元，同比增长5.6%。服务贸易逆差主要集中在旅游、运输服务、专有权利使用费和特许费、保险服务，逆差额分别为440.3、289.5、109.8、86.3亿美元。服务进出口占对外贸易比重有所提升。2014年1—6月，我国服务进出口增速高于货物贸易增速14.1个百分点，服务贸易占对外贸易(货物和服务进出口额之和)的比重为12.3%，比上年同期提高1.4个百分点①。

分项来看，2013年运输、旅游和其他服务占服务出口的比重分别为18.4%、25.2%和56.4%，占服务进口的比重分别为28.6%、39.1%和32.3%。旅游、运输服务和建筑服务等传统服务占比逐步下降，其他商务服务和金融服务占比提升明显(见表7)。金融服务出口增长迅速，达到51.9%，进口增长了75.6%；其他商务服务出口增长了28.3%，取代法国成为世界第4大其他商务服务出口国。

逆差主要集中于旅游、运输服务、专有权利使用费和特许费、保险服务领域，其他商业服务、计算机和信息服务、建筑服务则实现较大数额顺差。2013年，中国出境游持续升温，旅游进口占全国服务进口总额的比重进一步提升。全年实现旅游进口1 286.5亿美元，继续居中国服务进口第一位，同比增长26.1%，占比由上年的36.4%提升至39.1%。出口则由500.3亿美元增长至516.4亿美元，逆差较上年增长了48.2%。货物贸易增长乏力导致对与其密切相关的运输服务业需求相应减少，加之中国运输业的国际竞争力不强，逆差继续扩大，2013年运输服务出口从2012年的389.1亿美元降至376.3亿美元，进口则从858.6亿美元增加至943.1亿美元，逆差较上年增长了20.7%(见表7)。

2014年1—6月，传统服务占比继续下降，高附加值服务出口保持快速增长。传统服务(旅游、运输服务和建筑服务)进出口占比为58.1%，比上年同期下降3.9个百分点。其中，传统服务出口占比为42.3%，比上年同期下降6.8个百分点；进口占比为68.4%，比上年同期下降1.8个百分点。金融服务、电影音像、计算机和信息服务、咨询出口分别同比增长53.4%、35.1%、18.2%和14.1%。其中，咨询服务出口209亿美元，金额仅次于旅游出口，占比为18.5%。

从市场结构来看，中国服务进出口主要集中于香港、欧盟、美国、日本、东盟等国家(地区)。从区域分布来看，东部沿海发达地区在运输、保险、金融、计算机和信息服务、咨询服务和广告宣传等领域较内陆地区具有明显优势，是中国服务贸易的主要出口地区，超过9成以上的服务贸易集中在东部11个省份和直辖市，其中北京、上海和广东约占2/3；而中部和西部地区的合计占比不足10%。

---

① 商务部服务贸易和商贸服务业司，http://tradeinservices.mofcom.gov.cn/c/2014-07-28/245737.shtml。

表 7　2012、2013 年中国服务贸易行业结构

单位：亿美元，%

	2012					2013				
	出　口	占　比	进　口	占　比	差　额	出　口	占　比	进　口	占　比	差　额
服务(不含政府服务)	1 904.4	100.0	2 801.6	100.0	−897.2	2 047.2	100.0	3 294.2	100.0	−1 247
运输	389.1	20.4	858.6	30.6	−469.5	376.3	18.4	943.1	28.6	−566.8
旅游	500.3	26.3	1 020.0	36.4	−519.7	516.4	25.2	1 286.5	39.1	−770.1
其他	1 015.0	53.3	923.0	32.9	92	1 154.6	56.4	1064.6	32.3	90
通信	17.9	0.9	16.5	0.6	1.4	16.7	0.8	16.1	0.5	0.6
建筑	122.5	6.4	36.2	1.3	86.3	106.3	5.2	39.1	1.2	67.2
保险	33.3	1.7	206.0	7.4	−172.7	40.4	2.0	221.0	6.7	−180.6
金融	18.9	1.0	19.3	0.7	−0.4	31.7	1.5	36.9	1.1	−5.2
计算机和信息服务	144.5	7.6	38.4	1.4	106.1	154.3	7.5	59.4	1.8	94.9
专有权利使用费和特许费	10.4	0.5	177.5	6.3	−167.1	9.0	0.4	209.8	6.4	−200.8
其他商务服务	666.2	35.0	423.5	15.1	242.7	794.7	38.8	475.0	14.4	319.7
个人、文化和休闲服务	1.3	0.1	5.6	0.2	−4.3	1.6	0.1	7.4	0.2	−5.8

资料来源：WTO International Trade Statistics Database，http：//stat. wto. org/StatisticalProgram，占比为作者计算。

总的来说，当前中国外贸粗放型的增长方式没有得到根本转变，国际分工体系通过产业链的区段分工将我国的产业高度长期压制在一个比较低端的环节，甚至产生了某种妨碍结构升级的“锁定效应”。虽然服务出口国际市场占有率逐年提高，但十多年来连续逆差，与货物贸易呈非均衡的发展态势，服务贸易在对外贸易总额中的比重依然较小(2013 年为 11.5%，仅为世界平均水平的一半左右，同为金砖国家的印度为 26.4%、巴西为 19.7%)，服务贸易出口结构低级化，知识、技术密集型服务的比重严重偏低，与发达国家相比劣势非常明显(从贸易结构看，20 世纪 90 年代以来，世界服务贸易整体呈现出运输和旅游服务百分比不断下降，而包括通信、金融、保险、计算机和信息服务、其他商务服务等的百分比趋于增长的结构调整趋势。高收入国家金融、保险、计算机、信息、通信、专有权利使用费和特许费、其他商务服务等知识、技术密集型服务的比重较高，达到服务贸易出口总额的 50%以上，英、美更是达到 60%以上。与此相比，我国服务贸易结构并不合理，计算机和信息服务、保险服务、金融服务、专有权利使用费和特许费、咨询服务等高附加值服务贸易在中国服务贸易总额中的比重仅为 25%左右)，缺乏真正有实力的企业，国际市场开拓能力不足、营销渠道不畅，在品牌、专利技术等自主知识产权方面缺乏核心竞争力。

与发达国家相比，中国服务贸易整体竞争力还非常薄弱，同时还面临着来自新兴经济体和发展中国家日趋激烈的竞争。由表 8 可以看出，中国服务出口占总出口的比重、服务贸易比较优势指数(*TC* 指数)、显示性比较优势指数(*RCA* 指数)和净出口显示性比较优势指数(*NRCA* 指数)均很低，服务出口占总出口的比重在 26 个经济体中最低，*TC* 指数和 *NRCA* 指数为负数，排名分别为 24 和 22，低于多数 OECD 国家，且明显低于印度，*RCA* 指数排名末位，远远小于 0.8，仅为 0.4 左右，不仅大大低于 OECD 主要国家和印度，与巴西和南非相比也有较大差距。这些数据充分反映出我国服务贸易连续逆差，在国际市场上高市场份额与低竞争力并存的局面。

表 8 中国服务贸易国际竞争力比较(2013 年)

	服务出口占总出口的比重	*TC* 指数	*RCA* 指数	*NRCA* 指数
澳大利亚	0.171	−0.087	0.866	−0.033
奥地利	0.272	0.188	1.377	0.076
比利时	0.178	0.027	0.901	0.002
加拿大	0.145	−0.149	0.735	−0.036
芬兰	0.287	0.022	1.454	0.017
法国	0.287	0.107	1.453	0.07
德国	0.165	−0.046	0.835	−0.045
爱尔兰	0.520	0.027	2.632	−0.123
意大利	0.175	0.013	0.886	−0.008

（续表）

	服务出口占总出口的比重	*TC* 指数	*RCA* 指数	*NRCA* 指数
日本	0.168	−0.056	0.848	0.006
韩国	0.166	0.027	0.843	−0.004
中国香港	0.201	0.389	1.02	0.114
荷兰	0.176	0.079	0.893	0.006
挪威	0.197	−0.065	0.997	−0.125
葡萄牙	0.301	0.317	1.522	0.143
新加坡	0.221	−0.024	1.12	−0.026
西班牙	0.314	0.226	1.59	0.102
瑞典	0.309	0.132	1.566	0.043
瑞士	0.290	0.285	1.47	0.084
英国	0.349	0.253	1.766	0.14
美国	0.295	0.215	1.496	0.141
俄罗斯	0.111	−0.306	0.564	−0.152
巴西	0.134	−0.381	0.678	−0.116
南非	0.124	−0.09	0.629	0.01
印度	0.328	0.092	1.662	0.114
中国	0.086	−0.228	0.434	−0.059
中国排名	26	24	26	22
中国在金砖国家中的排名	5	3	5	3

资料来源：根据 WTO International Trade Statistics Database 数据计算。

从动态来看，1997 至 2013 年间，中国服务贸易比较优势指数也并未体现出一种改善的态势，甚至还有所下降（见图 4）。

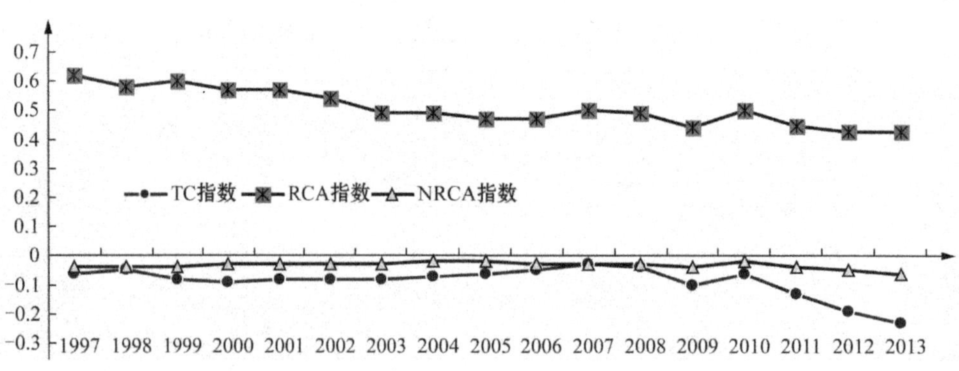

图 4　1997—2013 年中国服务贸易比较优势指数

资料来源：根据 WTO International Trade Statistics Database 数据计算。

从服务业各部门的国际竞争力指数来看，我国金融、专有权利使用费和特许费、文化和休闲服务、通信、保险、交通运输业排名非常落后，不仅低于OECD主要国家，且均低于印度。印度除了建筑服务业的竞争力弱于我国之外，其计算机及信息服务、金融、保险、交通运输和其他商业服务与其他金砖国家相比，都表现出明显的竞争优势。由此可见，中国在新兴服务业方面与其他可比国家的差距比传统服务业方面的差距要大得多。中国服务贸易的比较优势基本上还集中在劳动密集型与资源密集型行业，反映在出口收入上其稳定性差，一旦外部环境发生变化，服务出口将受到很大打击。

综上，虽然中国服务贸易增速快、规模大，但国际竞争力依然低下，是经济发展中的“短板”，亟待“质的提升”。若以上状况得不到改变，那么中国贸易发展模式由“粗放型”向“集约型”的转变就无法实现，服务贸易自身也会陷入“比较优势陷阱”。

三、从贸易大国到贸易强国：创新开放，量质并进

当前，中国服务贸易发展面临的外部形势复杂，内部经济深度转型与调整任重而道远。从国际上看，世界经济温和复苏，对服务贸易发展将起到重要的拉动作用。但不确定性因素依然很多，对服务需求增长缓慢，需求不振将进一步加剧服务贸易领域的竞争。发达国家进一步强化在高端服务贸易领域的竞争优势，其占主导地位的局面短期内难以撼动，新兴经济体和发展中国家也在加快推进服务贸易，积极承接服务业跨国投资和离岸服务外包，中国出口竞争力面临多重严峻挑战。而国际金融危机引发国际经济体系加速改革和全球治理结构深度调整，促使各国加快经济结构调整和发展方式转变、推进区域经济金融合作进程，以服务业跨国转移和要素重组为主的新一轮国际产业转移不断加速，国内深度的结构调整与转型逐步取得实质性进展，又为中国服务贸易发展提供了良好的机遇。从国内看，伴随国家经济形势的稳定发展，市场环境日趋规范，出口企业信心持续增长，货物贸易企稳回升，服务业增加值继续保持较高增速，服务业开放度提升，服务业吸收外资继续增长，承接（离岸）服务外包不断增加，推进企业“走出去”战略，通过商业存在实现的服务出口显著扩大。可以预计，中国服务贸易将继续保持快速增长的态势，结构持续优化，并在推动新一轮改革开放和经济增长方面发挥更为重要的作用。

当前，国际生产分割的趋势愈加明显，全球产业链的高增值环节不断向前端的研发设计和后端的营销服务集中。由于大多数出口产品在生产过程中大量使用各种服务，服务部门贡献了全球出口增值部分的近一半。服务贸易发展的水平和状况决定了一国国际贸易的质量和实力，有助于提高出口附加价值和技术含量，促进一国向产业链高端攀升，从而提高一国在国际分工中的地位和在经济全球化中的获益能力，甚至可能使得一国经济发展所依赖的模式发生变迁。中国要从“低端锁定”、“比较优势陷阱”中突围，一个非常重要的方面就是借助贸易结构转型，提升服务贸易国际竞争力，延伸参与国际分工的价值链，通过对全球价值链由低端向高端的控制，实现贸易条件和贸易利益的改善，最终达到产业结构与经济发展方式转变的目的。

中国要在未来5年到10年间将服务贸易额在总贸易额中的占比提高到20%左右，必须进一步改革创新，放松管制，破除壁垒，扩大对内与对外开放，主动对接国际贸易新规则，大力推动贸易投资自由化、便利化进程，加强贸易促进机制建设，鼓励服务企业“走出去”，扩大通过“商业存在”实现的服务贸易，通过技术、组织与制度创新，促进制造业服务化、服务业信息化，推动产业融合与协调发展，形成有效的人才培养和使用机制，提升产业层级和技术效率，实现在全球产业链上的跃升。

（执笔：殷　凤、王全玲）

专题报告二

服务技术与创新

分报告1　大数据在电子商务中的应用

一、大数据的发展历程

（一）大数据概念的提出

大数据最早由社会学家阿尔文·托夫勒在1980年出版的《未来的冲击》一书中提出，但受制于缺乏相关的数据预测与处理技术，这一概念在当时并未受到广泛的关注；与其相类似的是20世纪90年代美国提出的“knowledge discovery in database”，即使用数据库管理系统来存储数据，使用机器学习的方法对数据进行分析，以挖掘大量数据背后所隐藏的知识，与之相关的数据挖掘等技术随即得到了科学界、产业界与各国政府的高度重视。近年来随着移动互联网、智能便携终端、物联网、云计算等IT技术的飞速发展，“大数据”这一概念再一次成为了社会各界关注的焦点，知名管理咨询公司麦肯锡甚至断言人类社会已经进入了“大数据时代”，在其2011年发布的题为《海量数据、创新、竞争和提高生产率的下一个新领域》报告中指出：“数据，已经渗透到当今每一个行业和业务职能领域，成为重要的生产因素。人们对于海量数据的挖掘和运用，预示着新一波生产率增长和消费者盈余浪潮的到来。”

虽然近年来大数据得到各界的广泛关注，并在诸多商业领域中得到大量应用，但是目前尚未形成准确的大数据的定义，相对被广为接受的大数据定义为：大数据指的是所涉及的数据量规模巨大到无法通过人工，在合理时间内达到截取、管理、处理并整理成为人类所能解读的信息。

一般认为大数据的特点可概括为4V：Volume（数据量大）、Velocity（输入和处理速度快）、Variety（数据多样性）、Value（价值密度）。相比于传统意义的数据，其Volume（数据量大）、Variety（数据多样性）的特点尤为重要。

（1）Volume：目前个人计算机的储存容量为TB量级，一些大型企业的数据量已达到EB量级（1 EB=1 024 PB，1 PB=1 024 TB），在更高的层面，人类社会从文明伊始到21世纪初所创造的信息总量仅为5 TB，而据国际数据公司（IDC）的测算，2011年仅互联网所产生的数据就达1 800 EB，这一数字在2020年将达到35 000 EB，见图1。数据量的巨大及飞速增长为其研究与运用造成了巨大的困难。

（2）Variety：传统意义上的数据一般是指结构化数据，如数字、符号等能够用统一的结构加以表示的数据，典型的代表为企业ERP系统、财务管理系统等数据库中所储存的

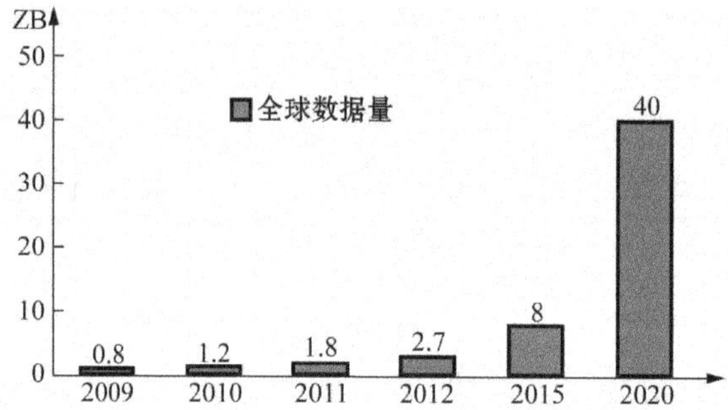

图 1　2009—2020 年全球数据量增长趋势

数据;而随着互联网的普及,越来越多的非结构化数据,包括视频、音频、图片、地理位置信息等形式,以及介于两者之间的半结构化数据,如邮件、HTML、报表等;数据的多样化对数据的处理分析能力提出了更高的要求。

(二) 大数据的近期发展

21 世纪以来,大数据得到学术界、产业界及各国政府的高度重视,相关的研究、应用及支持政策层出不穷。

在学术界,*Nature* 于 2008 年出版了 Big Data 专刊,从网络科学、互联网技术、云计算、生物医药等多个方面阐述了大数据为人类社会带来的机遇与挑战;*Science* 于 2011 年出版了 Dealing with Data 专辑,讨论了大数据对于科学研究的重要性,指出了大数据对科技发展与人类社会进步所发挥的强大助推作用。

在产业界,IBM、Amazon、Microsoft、Facebook、Oracle、Google 等互联网企业先后研发或在其业务中运用了大数据分析手段,并取得了良好的应用效果。典型的例子如在线拍卖网站 eBay,通过分析其交易数据(用户数据、交易数据、物流数据、反馈数据等)、用户的行为数据(用户在搜索引擎、社交网络、eBay 站内搜索的数据等)、促销数据等进行了搜索优化、用户个性化推荐、商品目录优化、卖家分类、户外广告效果评估等大数据分析应用,有力地促进了其在线交易量的增长。

在政府层面,美国、英国、欧盟等国家和地区都相继出台了扶持大数据研发的政策,由美国联邦政府、国防部、能源部等多部门联合推出的“大数据研究和发展计划”更是被列为其战略计划,旨在加强大数据挖掘与处理技术的研发以保障美国的社会安全。我国也对大数据的研究发展给予了高度重视,“数据分析软件开发和服务”于 2012 年被列入国家发改委转向指南,国务院在 2013 年出台的《国务院关于推进物联网有序健康发展的指导意见》中明确指出要加快大数据处理技术的研发创新,2014 年大数据计算更是被列入国家年度重点支持方向,北京、上海、广州等地方政府也相继出台了地区性的大数据产业发展政策。

二、电子商务中的大数据

电子商务的概念由IBM公司于1996年提出，广义的电子商务定义为：使用各种电子手段进行的商业事务活动，通过使用互联网等电子工具，使公司内部、供应商、客户和合作伙伴之间，利用电子业务共享信息，实现企业间业务流程的电子化，配合企业内部的电子化生产管理系统，提高企业的生产、库存、流通和资金等各个环节的效率；狭义的电子商务是指：通过使用互联网等、电报、电话、广播、电视、传真、计算机、计算机网络、移动通信等电子工具，在全球范围内进行的商务贸易活动，是以计算机网络为基础的各种商务活动，包括商品和服务的提供者、广告商、消费者、中介商等有关各方行为的总和。无论采用何种定义，由于互联网等电子工具的运用，电子商务与大数据必然具有不可分割的联系。根据大数据在电子商务领用的应用过程中企业所发挥的不同作用，可将企业分为大数据的产生者、大数据分析技术提供者以及大数据分析的使用者，见图2。

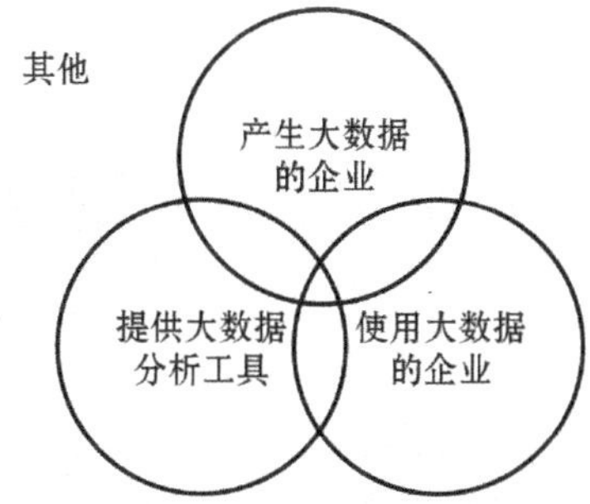

图2 企业将大数据应用于电子商务时的角色

（一）大数据的产生源

大数据分析中的数据来源主要包括：交易信息、日志数据、事件信息、电子邮件、社交媒体、传感器、外部来源、RFID扫描或POS数据、自由格式文本、地理信息、音频、静态图像或视频。IBM公司通过对全球95个国家、26个行业的1 144名专业人员的调研，在2013年发布了《大数据在现实世界中的运用白皮书》，指出："内部数据是企业内最成熟并且被熟知的数据。这些数据已经通过多年的企业资源计划、主数据管理、商业智能和其他相关工作而收集、整合、结构化和标准化处理。通过利用分析方法，从客户交易、交互、事件和电子邮件中获得的内部数据可以提供宝贵的洞察力。"

在电子商务领域，平台型电子商务企业由于其用户量大、用户黏性强、交易量大，是大数据的主要产生者。以淘宝平台为例，据统计2013年淘宝的活跃用户数达到2.3亿，全年订单数为113亿，用户的年重复购买次数为49次；同年京东商城的活跃用户数为4 740万，年订单数为3.2亿，用户年重复购买次数为6.8次。平台型电子商务企业所产生的数据涉及用户的历史交易数据、用户在其网站的浏览数据、在其合作伙伴网站的浏览信息以及用户的评论信息等。

与平台型企业类似，搜索引擎、门户网站、社交网络等互联网企业同样由于其用户数量多、访问量大，成为重要的大数据产生者，这些类型的互联网企业所产生的大数据同样能够在电子商务中发挥不可替代的重要作用。例如搜索引擎所记录的用户搜索行为信息，通过对用户的检索行为、浏览行为进行分析、发现人群的兴趣点、消费特征等信息，其分析结果既可以不断提高用户的搜索体验，也可以帮助企业进行科学的消费者细分。社交网络同样产生着大量的数据，新浪微博、微信等社交网络都已吸引了数以亿计的用户，由于其巨大的用户数量，社交网络早已成为电子商务的重要营销平台，同时通过对社交网络用户的社交、兴趣、购物等信息进行大数据分析，有助于电子商务企业了解用户的购物倾向以实现广告的精准投放，此外越来越多的用户通过移动设备登陆社交网络，伴随产生了大量的基于地理位置的服务(LBS)数据，为电子商务企业开展线下业务提供了决策支持。而门户网站作为历史最为悠久的大众互联网产品，往往拥有数亿用户在多年间所累积的访问数据，可供数据挖掘。表1展示的是产生大数据的典型企业。

表1　产生大数据的典型企业

电子商务企业	特　　点	举　　例	大数据获取	大数据类型
平台型企业	产品种类多样，顾客需求服务水平高	亚马逊、淘宝、京东、国美、苏宁、一号店等	浏览记录、商品评价、图片点击等	文字、图片、网页等
搜索引擎	灵敏度高，反应快，信息匹配度较高	百度、360、Google、网易等	关键词、导航、链接、网址等	文字、视频、音频、图片等
门户网站	信息量大，页面规范，每个网页与一个域名相对应	搜狐、腾讯、新浪、网易、凤凰等	目录、索引、关键词、广告等	文字、图片、视频、音频等
社交网络	超越了时间空间的限制，具有虚拟性、隐蔽性	Facebook、You Tube、微博、QQ、微信等	聊天记录、更新状态、日志、视频通话、查找好友等	语音、文字、声音、图片等

(二) 大数据分析技术提供者

从技术层面而言，大数据是一系列信息技术的集合，包括数据采集、数据管理、计算处理、数据分析和数据展现等5个关键技术环节，因此对于大部分企业而言，大数据分析具有相当的技术门槛，且大数据分析所需的硬件设备也成为大部分中小企业的沉重负担。然而，一些互联网技术企业所研发的大数据分析技术及其提供的大数据分析服务，使得大量企业有机会利用大数据改善其经营现状。

Hadoop是目前最受欢迎的能够对大量数据进行分布式处理的软件框架，可以帮助用户在不了解分布式底层细节的情况下，开发分布式程序，具有高可靠性、高扩展性、高效性、高容错性与低成本等优点。目前Hadoop已成为Intel、IBM、Yahoo、淘宝等企业的大数据分析技术的基础。国际上主流的大数据研究、产品和服务厂商的技术大部分建立在开元的 Hadoop 分布式计算和存储的基础支撑平台之上，这些产品和服务主要包括大数据硬件基础设施（大数据一体机等）、大数据分析基础设施（商业化 Hadoop 等）、大数据操作基础设施（NOSQL 数据库）、大数据基础设施和 DAAS 云服务、商业智能、数据分析与可视化、日志应用、广告应用、垂直行业应用、大数据咨询与媒体服务等领域。表 2 展示的是一些能提供大数据分析技术及服务典型企业。

表 2 大数据分析技术及服务典型企业

企业	技术或服务	内 容
Intel	HNFS	分布式文件系统，提供了高度容错性和高吞吐量的海量数据存储解决方案
	HBase	实时分布式数据库，能够被大量并发用户高速访问
	MapReduce	批处理分布式计算框架，适合处理包括半结构化和非结构化数据在内的各种类型的数据
	Hive	基于 Hadoop 的数据仓库架构，具备针对海量数据的高性能查询和分析系统
	Pig	基于 Hadoop 的大规模数据分析平台，为大数据并行处理提供操作及编程实现的接口
	Mahout	具有可扩充能力的机器学习类库，可方便快捷地创建只能应用程序
IBM	InfoSphere Streams	支持连续分析海量的流数据
	InfoSphere BigInsights	基于 Hadoop 的企业级大数据解决方案
	IBM Netezza	数据仓库
	IBM InfoSphere Warehouse	综合性的数据仓库平台，支持实时访问结构化和非结构化信息
	IBM Smart Analytics System	集数据管理、硬件、软件和服务于一体的模块化产品组合
	InfoSphere Information Server	了解、清洗、转换和交付可信信息，将大数据整合进入其他 IT 系统
惠普	Vertica	数据库技术，擅长结构化与半结构化数据分析
	Autonomy Intelligent Data Operating Layer	擅长非结构化数据分析及语意分析
	AppSystem for Apache Hadoop	包括硬件平台、Hadoop 数据处理平台、及实时数据分析与咨询服务的大数据解决方案
SAP	SAP HANA	实时数据平台，对业务环境变化快速响应
	SAP Sybase IQ	分析型数据库，可与企业的分析流程进行集成
	Sybase ASE	适用于处理超大数据集的关系型数据库管理系统
Oracle	Oracle 大数据机	集成设计的系统，可简化大数据项目的实施与管理
	Oracle NoSQL 数据库	快速实时地捕获所有大数据
	Oracle Direct Connector	通过 SQL 语言从 Oracle 数据库直接访问 HAdoop 分布式文件系统上的数据
EMC	Atmos	大数据存储解决方案
	GreenplumDatabase	大规模并行数据库，主要面对结构化数据
	GreenplumHD	把半结构化、非结构化数据转化为结构化数据，供 GreenplumDatabase 使用

国内也有部分优秀企业已经涉足大数据技术领域，如曙光、浪潮、华为等公司生产的大数据硬件基础设施，华为开发的FusionInsight Hadoop等商业化Hadoop发行版，及淘宝、腾讯等公司在开源基础上自主开发的NOSQL数据库。在基于自身大数据平台和海量用户分析的基础上提供大数据分析云服务这一方面，新浪、腾讯、百度、阿里巴巴等大型互联网公司均已初具规模。

以阿里巴巴为例，针对客户的不同需求先后推出了数据魔方、量子恒道、聚石塔等三种大数据服务产品。其中，数据魔方于2009年11月上线，主要功能是帮助淘宝平台上的商家进行市场环境分析，包括店铺定位、品牌定位、产品定位，为商家的运营提供决策支持，包括产品热销特征的定位、不同产品价格区间的成交情况分析，以及对消费者购买行为和浏览行为的分析，包括购买时段和网页访问时段、卖家的年龄分布分析。在数据魔方的帮助下，淘宝平台上的商家可以运用大数据分析进行店铺定位，及制订有效的营销推广方案。

量子恒道的主要用途是为电商提供精准实时的数据统计、多维的数据分析、权威的数据解决方案。主要功能包括：网站的流量分析，如各个时段的网点流量情况；页面的访问详情，如浏览量、访客停留时间、跳失率、用户在站内搜索的关键词等；页面点击热图，以直观的方式展现用户在页面不同位置的点击热度。通过使用量子恒道，淘宝平台商家可以根据顾客访问数据的大数据分析结果进行页面布局调整、关键词设置调整、广告效果评估和运营成本分析等。

聚石塔是阿里巴巴推出的又一项大数据服务，采用"云＋软件运营服务(SAAS)"模式。卖家在接受聚石塔服务后，可将交易的全过程数据存储在阿里的网络环境中，既避免了受到黑客攻击的风险，又简化了卖家的IT处理流程，保证了后台处理的速度和稳定性，尤其是订单激增时的处理速度。而淘宝平台可将聚石塔中海量的电商数据(如订单数据、商品数据)实现实时全量推送。

百度于2014年4月正式开放"大数据引擎"向外界提供大数据存储、分析和挖掘技术(见表3)，其合作机构和企业可以在线使用百度的大数据架构，处理自身积累的大数据，同时融合百度大数据技术进行挖掘处理。目前百度推出的大数据产品已包括：百度预测、百度司南、百度精算、百度统计、百度推荐、百度指数等。其中的百度司南是一款基于百度大数据的一站式营销决策平台，可以提供人群分析、品牌分析、舆情分析和媒体分析等服务。百度司南通过分析网民的行为数据为广告组提供精准的营销决策依据，帮助广告主找到更多更合适的潜在用户。百度精算是一款衡量广告效果的大数据产品，通过跟踪用户的搜索行为衡量广告对品牌认知的效果，衡量广告投放之后消费者在全网的行为特征，如点击、搜索、抵达广告主网站、浏览、注册、购买等，多维度衡量广告价值。百度统计是一款网站流量分析工具，通过分析访客是如何找到并浏览用户的网站，帮助用户持续改善访客在用户网站上的使用体验，目前已具有的功能包括：趋势分析、来源分析、页面分析、访客分析、定制分析等多种统计分析服务。

表3　百度统计的大数据服务

模　块	内　　容	模　块	内　　容
百度推广	推广方式	页面分析	受访页面
	搜索推广		受访域名
	网盟推广		入口页面
	推广 URL 速度		页面点击图
趋势分析	实时访客		页面上下游
	今日统计	访客分析	地域分布
	昨日统计		系统环境
	最近 30 天		新老顾客
来源分析	全部来源		访客属性
	搜索引擎		忠诚度
	搜索词	定制分析	子目录
	外部链接		路径转化
优化分析	搜索词排名		指定广告跟踪
	百度索引量查询		事件跟踪
	网站速度诊断		自定义变量
	升降榜		
	外链分析		
	抓取异常		

（三）大数据分析的使用者

在电子商务领域，使用大数据分析手段的企业构成复杂，他们中既包括上文提到的产生大数据的企业，也包括提供大数据应用技术的企业，还包括大量的中小型互联网企业，如淘宝等交易平台上的商家，以及具有电子商务业务的非互联网企业。下面将集中分析这些企业的大数据应用模式。

三、大数据在电子商务领域的应用模式

电子商务的涵盖范围广泛，包括了 B2B、B2C、C2C、B2G、O2O、B2F、P2D、O2P 等 8 种模式，但一般认为最为主要的是企业对企业（Business to Business，B2B），企业对消费者（Business to Consumer，B2C）这两种模式。大数据在这两种模式的电子商务企业的营销、运营、系统设计、融资、产品策略等方面都有着很广泛的应用。

（一）大数据在电子商务企业营销策略的应用

1. 商品精准推荐

顾客的网上购物的购买过程大致是这样的：顾客从他的需求开始，知道什么产品最能吸引他、什么产品比较有价值、什么产品比较有风险，这当中也包括一些顾客的体验。电商大数据就是对用户全渠道、全生命周期的收集。

消费者在电商的网站上将一款商品放置到购物车里之后，网站的特定位置会马上推

荐一些与之相关的产品,比如,消费者在京东商城选购了一台笔记本电脑之后,网页的下部便会在购物车的界面推荐一些品牌的电脑、鼠标、耳机、无线路由器等与之相关的产品。这便是大数据给电商带来的极大商机。电商可以通过所有消费者的点击、浏览、购买的相关记录,为特定的消费者推荐一些特定的产品组合,减少消费者继续搜索相关产品的时间成本,给消费者带来优质的购物体验。

与此同时,好的推荐系统可以大幅度提升网站浏览转化率,为网站带来新的销售机会,这既能提升电商网站的交叉销售能力,又能改善对于顾客的忠诚度。因此,大多数电子商务网站都会提供商品推荐服务,但并不是所有商家都能够达到理想的浏览转化率,推荐效果并不理想。这其中的一个重要的原因是电商的网站受技术和资金实力的限制,并没有很好地利用它所收集到的大量的浏览和消费数据,因而,此种情况催生了商品推荐系统的产生。

精诚集团旗下的大数据品牌 Etu 知意图发布了一款专门为电商设计的精准推荐系统 Etu Recommender,用于为电子商务网站提供商品推荐服务。Etu Recommender 是一个基于大数据技术实现的软硬一体系统,它以数据挖掘、分析为基础,收集网站访客的点击信息,并结合消费者相似的群体行为,模拟传统卖场的销售人员向顾客提供商品推荐,一方面帮助访客找到所需信息,同时还可以通过推荐系统来提高网站的点击率和用户的忠诚度。

采用大数据技术的解决方案在实践中都的效果比较明显,根据相关数据显示,兰缪内衣采用 Etu 知意图的商品推荐系统之后,销售转化率提升了 15%～30%;而采用百分点的推荐服务的库巴网站其电子邮件推送服务打开率超过了 70%,销售转化率也达到了 14%以上。

由此可见,精准的商品推荐可以极大的提高商家的销售额,也能够相应地提升消费者的购物体验,让消费者感受到商家对于消费者的了解程度和热心程度,提高消费者对于商家的忠诚度。

2. 广告精准投放

对于商家来说,广告的投放是一项很有挑战性的工作,在合适的时机、合适的地点向企业目标客户群投放了合适的广告,可能使得企业的投入事半功倍。以礼品行业为例,每到节假日,礼品行业都是旺季,这个时候做促销是相当有效的。与此同时,精准促销要求商家将促销精确到某一天甚至到某一时刻。这就意味着,如果广告投放的时间不准确,就容易错失潜在的消费者。而今,随着大数据的分析技术的发展和广泛的应用,电商可以精准地投放所需要的广告,以达到精准广告投放,精准促销的目的。

近些年来,互联网广告的投放形式已有多种多样,比如:搜索引擎竞价广告、第三方平台广告投放等。通过对于大数据的运用,电商可以将针对不同目标客户的不同类型的广告通过不同的形式投放,可以强化广告投放人群的精准度,比如,搜索引擎竞价广告能够实现精准区域、精准时间广告投放,还能通过受众互联网行为所产生的数据库进行受众划分，从而发送相关的广告。

阿里巴巴公司会对于淘宝网每天数以亿计的成交量进行分析，得到每一位消费者的浏览记录、购买偏好以及消费习惯，便可以在搜索页面的适当位置为一些进驻商家提供付费的快速搜索功能，使得消费者在搜索需要的商品时，得到一些推荐商家，这样可以增加这些商家的访问量和成交量。此外，淘宝网还会与新浪微博等社交网站进行合作，对于用户推出一些个性化的广告，这些广告的内容是根据该用户最近浏览电商网站的浏览记录来决定的，通常具有个性化的特点，能够较为成功地吸引用户的眼球，使其点击链接进入电商的网站。新浪微博和阿里巴巴合作成功的基础是深层数据的打通，新浪微博一定要进行个性化的推荐，将营销内容和投放场景紧密地结合起来，而阿里巴巴则需要将用户的近期浏览记录进行分析，投放较为吸引用户的商品广告，从而提高销售转化率。

此外，由于在不同的垂直领域中用户的购买行为的不同，电商则需要在不同的领域设置不同的广告投放方案。比如在服装销售领域，由于对于营销信息的反应期较长，则需要格外注重品牌的形象以及给用户带来的感受，过多地植入广告可能给用户带来负面的印象，降低品牌的形象，驱走了潜在的消费者。

总的来说，电商的广告投放是一项艰难而漫长的任务，电商企业应当在投放精准广告之前，对于其现有的消费者数据和环境数据做以深入的研究和分析，这样才能够达到精准投放广告的目的。

（二）大数据在电子商务企业运营策略的应用

1. 高效的物流配送

物流配送在电子商务活动中扮演着非常重要的角色，但是国内电商企业的物流配送却一直被人诟病。配送效率低下、商品配送费用高、包裹受损等问题屡见不鲜，严重影响了用户体验。

我国电子商务是在传统物流向现代物流发展的道路上开展的，相对落后的传统物流配送体系极大地制约了电子商务发挥其高效快捷的优势，成为电子商务发展的瓶颈。但随着大数据技术的发展和普及，电子商务企业的物流活动也借助大数据技术得到了长足的发展。对于物流包裹的实时监控、统一调度，可以使得快递包裹及时、准确地到达消费者的手中。对于电子商务企业来讲，应用大数据技术对于物流配送环节而加以优化，可以大大减少企业所需要承担的成本，提升消费者的体验，增强消费者对于企业的忠诚度。

2013年的淘宝天猫“双十一”促销活动中，“物流雷达预警”投入使用，该技术通过和各大物流公司打通接口，能够直观地看到每个配送点目前的发货和收货情况，提醒卖家选择相对畅通的快递公司，通过对线路的预测来减少“爆仓”的可能性。这个系统充分利用大数据的技术，通过收集用户和快递公司的信息来对于物流包裹进行监控，同时将监控结果及时反馈给商家，为商家的物流策略及时调整提供了依据。商家通过其中的订单监控系统，可以清楚地看到揽收率、在途率、签收率等数据，可以主动跟进出现异常情况的包裹。同时物流监测中还首次加入了天气预测维度，我们能够看到某一条路是雨雪还是晴天，基于这样的天气变化，物流公司能以最快速度调拨资源，避免出现因为天气造成包裹拥堵。

除了阿里巴巴，其他电商平台也在加快应用大数据技术，将这些来自每一个快递包裹的数据，当作提升用户体验的“杀手锏”，以京东商城为例，京东已投资高达 20 亿人民币建设一期数据存储中心，可容纳 10 万台服务器，能实现 13 万 TB 的存储能力和 24 万 GB 的计算能力。与此同时，京东还成立了“京东商城-中国人民大学”电子商务实验室，着力电子商务大数据的分析与合作。

而对于快递公司来说，大数据技术则不仅仅意味着解决网购“爆仓”问题，未来还可能成为它们的一棵“摇钱树”。申通信息技术部总监邱成表示：“淘宝做大数据是以订单为核心，快递企业做大数据是以快递为核心。申通也有自己的信息化智能平台，现在我们在做淘宝、商业客户的一些数据采集，在构成基础数据网络之后，再做第三方的增值应用。”

因此，电子商务企业可以利用大数据的技术对于物流配送的方式和信息平台进行革新，建立起电商企业和快递公司畅通无阻的信息沟通渠道，可以达到双赢的目标。

2. 科学的库存管理

有资料显示，全球零售商因盲目进货导致的销售损失每年达 1 000 亿美元。与传统零售商相比，要达到同样的交易量，电子商务企业对于仓储面积的要求就小了很多。尽管如此，由于电子商务企业所涉及的商品种类比传统零售商要多，因此其仓储成本还是很高。利用大数据能够更好地对用户行为进行分析，包括其兴趣、喜好、购物频率等，得出各种商品在一段时间内的需求量，实现对采购和合理库存量的管理，实现仓储资源的最佳配置，节约运营成本，提升企业竞争力。

如今，各大电商企业都会对于自己仓储环节进行优化，其中包括库存水平、货品位置、货品摆放、拣货路径等等。对于仓库空间的合理优化，可以更大程度地降低电子商务企业的仓库运营成本，可以更合理地利用仓库空间，达到更有效率的仓储水平。通过对于消费者消费习惯信息的汇总和分析，企业可以将区域内较为受欢迎的产品集中在该区域内的配送中心，并摆放于易于拣货的位置，可以更大程度地降低拣货时间、提高拣货速度，以满足顾客较短的时间窗口。

此外，通过对于企业自身销售信息和供应商的生产信息的分析，可以做出较为合理的采购策略，能够帮助企业更好地保持较为优化的库存水平，降低库存成本、提升库存周转率，为企业的正常运转提供更多的资金支持。

（三）大数据在电子商务企业系统设计方面的应用

1. 改善网站布局

2011 年，百度统计推出了大数据应用新工具——页面点击图，新功能刚崭露头角便成为了电子商务领域争相追捧的焦点，许多网络平台疯抢应用的“邀请码”，一时间，利用大数据规划系统页面设计的奢华愿景成为了现实。百度页面点击图的原理是根据访客的浏览痕迹，通过后台以不同的颜色变化呈现出来，可以让电商更加直观地掌握访客的点击信息、浏览信息、收藏信息，从而了解哪些产品最受顾客欢迎，页面的哪个位置更能吸引顾客注意，对于企业改进网页布局，按照访客偏好进行网页设计提供了方向。

新东方官方网站采用百度统计的页面点击图应用实现了页面流量价值的最大化。用户在网页上用鼠标点击时，点击图会通过不同的颜色显示出来，根据冷暖色调的差别确定网页的点击密度。

同时该应用支持“时间选择”，将每天分时段获得点击数据，可以在点击率高的地方多投放广告，将用户感兴趣的内容重点展示，删减点击率差的服务项目，百度统计页面点击图帮助新东方实现了网页布局的重新定位，用户体验的大幅改善。新东方集团CIO官冲说：“随着网络的发展，新东方官网的推广愈发重要起来。百度统计页面点击图的出现，让曾经的‘奢华’功能走入大众视线，使我们的数据分析者在获取网站统计数据更加直观。”

2. 系统支持

淘宝网是中国最大的网络零售平台，根据中国电子商务研究中心监测数据显示，在2010年世界杯期间，仅6月2日至6月22日的3周时间，淘宝网和天猫商城售出高达500余万件世界杯相关商品。截至2013年3月末，淘宝网和天猫商城的交易额突破10 000亿元人民币。

庞大的网络规模和用户数量的飞速增长，淘宝平台以每分钟数万笔交易量的速度为亿万用户提供着便捷的网络服务，如此强大的前台交易量也产生了巨大的数据总量，传统的数据库已经不能满足存储海量数据的存储需求，为了应对挑战，淘宝网在2010年自主研发了高性能分布式数据系统OceanBase，与传统的关系型系统不同，OceanBase能够记录数百TB级的数据，这也为淘宝网注入了新的动力。然而，除了存储容量大以外，后台系统的高性能、高可靠性更为重要，企业迫切需要寻找新的系统资源。2012年，英特尔为淘宝网提供了全新的硬件平台——固态硬盘和至强处理器，在强大的硬件系统支持下，淘宝网的大数据分析处理能力又一次获得了质的飞跃。

（四）大数据在电子商务企业融资策略的应用

1. 强化风险控制

以余额宝和P2P(Peer to Peer)网络贷款业务为代表、基于电子商务平台的互联网金融业务在2013年发展迅猛，作为以金钱为核心的网络交易服务，随之而来的风险与日俱增，风险管控理念是企业长久发展不容忽视的范畴。

2013年6月上市的余额宝可谓是基金市场最大的奇迹，2014年1月余额宝的市场规模就已经达到了2 500亿元，据专业人士估计，目前余额宝的用户数量超过8 100万，市场规模在5 000亿元以上，就连与之合作的天弘基金也一跃成为中国市场规模最大的基金。身处金融行业，余额宝的成功与企业有效地风险管控是分不开的。用户数量是金融企业的核心竞争力，传统的货币基金行业主要的投资来源于机构，导致了资金数量多、用户数量少的状态，余额宝规定单户投资金额不得超过100万元，实现了用户数量的激增，积累了大量的大数据资源，这样在企业遇到“双十一”、春节等需求量暴涨的阶段时就能够提前通过大数据分析预测，掌握消费者的购买习惯，降低资本流动性的风险。阿里小微金融服务集团金融事业部总经理袁雷鸣认为：“要去了解、预测单个用户的行为是非常困难的，但是因为支付宝有长达十年的数据积累，能够对某个阶段绝大部分的人，尤其是趋势做出预测，难度就会降低。”

2014年3月，“91金融”推出旗下互联网直接理财平台“91旺财”，它是一种类P2P的理财平台，旨在为金融企业和消费者双方提供安全、公平、透明、高效的互联网直接理财服务，与传统的线下风险管控模式不同，“91旺财”基于大数据仓库建模，建立了从线上到线下的闭合式风险控制体系，收到了较好的风险防范效果，同时也是业界公认的安全系数相对较高的风险控制模型。

2. 推进网络融资

市场化竞争环境的激烈让中小型企业融资难的问题日益凸显，而大数据时代的到来为电子商务企业的融资提供了新的突破口：

(1) 电子商务平台与互联网社交模式的发展积累了海量的数据，电子商务领域扁平化的网络结构使得大数据的挖掘能够得到规律的信息，这要比传统的统计抽样手段得到的数据更具有真实性，能够全面地反映出市场需求，大数据与信贷业务的结合为企业构建完善的信息结构、削减交易成本提供了可能。

(2) 在大数据时代，人们不再一味地追求数据的精准化，而是将概率作为战略决策的参考标准。对于一组借贷方案而言，通过大数据技术进行全数据分析，在概率上显示企业能够长期稳健的盈利，银行及其他资金融出方即可考虑采纳。通常这种方法建立的融资业务具有较高的安全性。

(3) 随着大数据时代数据结构的改变，银行等融资机构的风险管控理念发生了根本性的变化，过去在风险规避理念的驱使下，融资机构要求企业提供抵押担保作为弥补风险发生时的损失，目前的融资机构对申请企业的衡量重点放在企业的稳健经营与还款能力上面，并进行持续的监控与防范；过去对企业资产、利润、现金流量的关注逐渐转移到“软信息”方面。传统的融资理念认为，授信额度与企业抵押的固定资产的数量、质量成正比，但当风险发生时，在融资机构积压的固定资产会面临难以变现、折旧幅度大等风险，大数据技术在信贷领域的应用大大规避了坏账情况出现的可能，提升了信贷业务的效率，也符合中小型电子商务企业灵活性、随时性、多样性的融资需求特点。

大数据时代电子商务领域的网络融资模式主要分为三类：第一类以阿里巴巴为代表，电商企业利用自身交易平台产生的大数据，为网络商家提供融资服务；第二类以美国

Kabbage为代表的独立互联网公司，依据其他平台型企业如亚马逊、eBay的大数据为其提供融资服务；第三类是传统的金融机构与平台型企业合作，建立共同的融资服务平台。其中，第一类融资模式是中国大数据在电子商务网络融资方面采取的主要战略模式。

典型的阿里巴巴旗下的阿里小贷成立于2010年，是阿里集团金融的重要组成部分，也是国内首个面向网络电商提供放贷服务的公司。阿里小贷从2010年成立至2014年2月中旬，累计投放贷款超过1700亿元，如此迅猛的发展速度要归功于其背后强大的数据库系统及与之配套的大数据挖掘技术。数据库是阿里金融的核心竞争力，企业金融的发展离不开大数据的深入挖掘和分析。依托大数据技术的支持，平台型企业逐渐着眼于为顾客提供个性化、定制化的服务，以增加消费者的忠诚度，扩大品牌知名度，优化产品形象。阿里进军金融业仅有5年时间，但是其数据库的规模可与央行征信系统相比，截至2012年，阿里征信系统中仅淘宝用户就有600万之多，包括卖家的基本信息、交易清单、商铺活跃度、用户点评等，海量的数据为阿里金融的发展提供了保障，阿里金融还将把天猫、支付宝、聚划算等各平台的商家信息和顾客信息贯通起来，进行更深入的数据挖掘。

（五）大数据在电子商务企业产品策略中的应用

电商企业可以通过大数据来分析和细分市场，对于顾客需求进行更深刻更准确的研究，从而开发出适应不同种类消费者的不同产品，实现个性化产品设计的目的，能够达到更好的目标。

电商企业通过大数据分析顾客需求，能够对于顾客行为和消费过程有着更加深入的研究，深度挖掘顾客需求的偏好、沟通方式、价格弹性、接触方式等，从而实现对于顾客更精确的分类，分类定位每类顾客的产品需求特征，实现个性化、精细化服务的目的。此外，由于移动互联网发展的不断深入，大数据的分析和使用就可以为电商企业设计个性化产品服务提供了更可靠的保障。移动互联网可以更加精确地研究顾客的消费行为和消费场景，更可以实时地为研发人员提供产品创意的灵感。

新浪将通过大数据整合门户与微博等诸多业务，推动微博从此前的单纯媒体平台提升为一个开放的、综合服务平台。大数据将是新浪未来商业产品与规划的基础。数据并不只是微博的业务，而是服务于大新浪的基础架构，将整个新浪的业务与资产整合在一起。新浪将为广告主与商家提供一站式的广告服务，通过大数据帮助他们合理优化广告预算安排，横跨电脑、平板、手机甚至未来的电视屏幕。而在用户方面，微博也将继续推进粉丝头条、服务平台等增值服务。

新浪微博几个月前发布了大数据移动产品Page，这是一个聚合了用户兴趣爱好社交关系数据的综合展示页面，无论是话题、图书、音乐、餐饮美食等内容都能在微博上生成专属的Page页面。通过Page页面，网友可以很方便地查看到有价值的微博内容。不同于其他社交网络的强关系联合，微博是以用户兴趣为驱动力的节点组合，而大数据的目的就把人、兴趣、物有效地串联在一起。

此外，微博还与空调厂商海信推出了智能空调产品，用户可以通过微博私信远程操控空调，并在微博上实时获知空调运行状况与家中环境状况。这样的通过物联网和大数据设计的产品会在未来的生活中逐渐涌现，为生活带来便利。电商企业则需要对于各方面的信息加以综合和优化，才能够在未来的市场竞争中获得较好的成果。

四、大数据应用于电子商务领域所存在的问题

大数据时代的到来为电子商务领域开启了全新的盈利模式，有效地运用大数据资源将为企业的发展指明方向，传统的生产制造型企业已经逐步将更多的线下业务发展为线上交易，基于电子商务的平台型企业更是紧握这一商机，不断开发基于大数据的业务模式，获取更多的用户资源。但是，海量数据的爆炸式增长也不可避免地给电子商务领域带来了诸多障碍与挑战。

1. 数据获取与存储

在大数据时代背景下，电子商务企业间的竞争已经成为了大数据运用能力之间的竞争，企业内部的商品交易、物流信息、网页浏览、用户评价等信息都是大数据资源的重要组成部分，相比于传统的以文字形式呈现的结构化数据，视频、音频、图片等非结构化的数据是网络交易的主要信息。巨大的信息量已经远远超出了企业现有技术的承载能力，大数据价值密度低的特点更是增加了数据获取工作的难度，提取有价值的信息犹如大海捞针，因此，企业如果不具备与之匹配的信息化基础设施与大数据挖掘技术，将难以在激烈的市场竞争中谋求生存。

2. 数据分析与显示

数据分析是大数据处理的核心环节，该环节的工作原理是抽取不同数据源中多种结构类型的原始数据，根据应用需求进行处理分析，提取大数据中蕴含的“微价值”。在整个分析过程中，大量的数据噪声是大数据处理硬件的一大挑战，同时，数据分析的结果关乎企业运营各环节战略的制定，因此，数据分析结果的准确性尤为重要。目前，大多企业现有的大数据分析技术不能满足企业对准确性的要求，此外，分析的结果还需要通过可视化的技术手段来实现，这都是大数据时代带来的技术难题。

3. 数据安全与隐私

消费者在网站浏览商品时产生的图片点击纪录、浏览记录、个人偏好等数据都被企业记录在案，企业根据消费者的行为数据，通过大数据处理技术，为每位顾客制定跟踪化的营销策略，电子商务的网络交易模式会让消费者的隐私信息过多曝光，人们在网络平台交易时，首先需要注册，输入个人真实姓名、家庭住址、手机号码等信息，到了支付环节还需绑定银行卡号，同时电商还承担着数据在云端可能会丢失或被窃取的风险，一系列的数据隐患也引发了人们对于网络安全性的担忧。

4. 电商操纵的价格歧视

鉴于用户个人浏览网页时的独立特性，电子商务中很容易产生价格歧视的现象。也就是说，电商企业完全可以对每一单位产品提供不同的价格，以达到自己利润最大化的目的。原本这是一个很难实现的行为，不过随着大数据的普及，对个体用户的信息了解更加全面，在经过数据挖掘后，电子商务公司可以尽可能接近对每一个消费者的全面了解。而这样的了解来自于对大量数据的收集以及分析，这是普通实体零售业无法做到的。在 2000 年 9 月亚马逊对所售 DVD 实行价格歧视。一个亚马逊的老用户在浏览 DVD 信息时，该 DVD 售价为 26.24 美元，但是当他清除自己浏览的 cookies 数据后，他被系统认定为新用户，同样的 DVD 售价变为 22.74 美元。这次价格歧视的试验没有开始多久就被细心用户发现，亚马逊的声誉因此受到巨大影响，同时带来的销量下降引起了更巨大的经济影响。由此可看出，电商企业所操纵的价格歧视虽然可以给企业带来丰厚的利润，但是却可能给企业形象和声誉带来巨大影响，与此同时，给消费者带来的则是购买产品时所付出的高昂成本，这是电商行业内反常的现象。

五、大数据在电子商务领域的发展趋势

尽管大数据技术的飞速发展给电子商务企业带来了挑战，同时也带来了机遇，但是不可否认的是，大数据技术带给电子商务企业很大的发展空间，可以让电子商务企业在未来的激烈竞争中立于不败之地。

1. 信息安全性和可信赖度

在未来的大数据技术的发展过程中，首先要克服的就是大数据本身的安全性和用户的隐私问题。如果不能够保证数据的安全性和用户的隐私权，电子商务企业则可能在之后的发展中失去消费者的信赖和忠诚度，便不能够获得较好的销售表现，那么无论企业做出多么精准的推荐和有效果的广告投放，也很难赢得消费者的青睐。

此外，信息的安全性也能够代表大数据技术的完善程度，完善的大数据技术可以给商家带来可靠的消费者和供应商信息，能够帮助商家做出更准确的决策。

2. 运营环节的优化

电子商务企业应当在保证数据安全和消费者隐私的条件下，充分利用电商平台和商家所能够捕捉并提供的信息对于自身运营环节进行优化和整合，综合大数据的信息，增加商家的仓库利用率，提升物流配送环节中的表现，提高顾客的体验满意度，从而达到降低企业整体运营成本、扩大企业盈利的目的。此外，对于企业各个运营环节的优化，还可以使得企业对于自身运营的各个环节有更好的掌控，从而达到更高水平的运营能力。

3. 商业逻辑的重视

在商业逻辑里，电子商务企业必须先懂得市场，懂得某个领域的消费者真正诉求的变化；其次要懂行业，包括行业的特征、要求和规则；最后才是懂企业运营，把多个支持模块资源有序地整合起来，从而共同创造价值。在这些都具备的情况下，再用量化的数据

适度辅佐决策,在商业逻辑的主导下,真正发挥量化数据的作用。根据经验判断,越是偏宏观战略层面的数据,实用性越高;越是偏微观细小的数据,不确定性越高。因为宏观的决策很大,大到细小的影响起不了作用,而微观的决策则恰恰相反。例如,整个行业规模如何、市场增长力如何,本身是多样本的综合数据,每一个样本的影响都只占一部分。而一旦到微观层面,比如广告用的颜色、打折力度大小、满减的额度,某一项的数据会起决定作用。因此,重视商业逻辑和企业基本原则,是电商企业未来发展的中心点。

(执笔:董　明)

分报告2　基于平台经济的信息服务业发展轨迹与创新机制研究

在全球信息化背景下，随着谷歌、苹果、亚马逊、阿里巴巴、腾讯等互联网平台型企业迅速崛起，大批电子商务、社交网络、网络视听视频、数码互动娱乐等新兴平台竞相涌现，基于平台经济的信息服务业已成为新经济增长点。平台经济与移动互联网、物联网、云计算、大数据等新兴信息技术深度融合发展，实现了信息服务业的转型升级并带动整个信息经济的不断创新。本研究通过分析国际平台企业的发展轨迹，归纳国内信息服务平台的经济增长点，从系统动力学角度对基于平台经济的信息服务业创新机制进行剖析，结合平台经济正在产生的一些新模式和新应用，提出未来基于平台经济的信息服务业发展策略，对推进基于平台经济的信息服务业持续发展具有重要意义。

一、基于平台经济的信息服务业发展轨迹

基于平台经济的信息服务业是指以信息技术手段建立网络虚拟空间，提供信息服务的新兴产业，平台型企业是平台经济的信息服务业主体，如苹果、谷歌、亚马逊、脸谱(Facebook)、贝宝(PayPal)等。平台经济的发展与平台型企业的创新密不可分，从国内外典型平台型企业的发展轨迹可以看出，其核心竞争力在于企业机制创新。

(一) 国际典型信息服务平台企业发展轨迹

在国外市场中，美国基于平台经济的信息服务业约占全球市场份额的1/3，在门户网站、电子商务、网上社区、第三方支付等领域中，形成了一批引领性平台企业，主要包含以苹果为代表的内容汇聚与交易平台，以谷歌为代表的信息汇聚与分享平台，以脸谱为代表的用户汇聚与联络平台，以亚马逊等为代表的电子商务平台和以贝宝为代表的第三方支付平台。在发展过程中积累了相当丰富的成功经验。

1. 苹果:内容汇聚与交易的信息服务平台

苹果公司的成功主要是善于运用“产品＋服务”的平台型组合推进方式，满足所有平台企业参与方的需求，促成供需交易，共同成长获利，从而实现价值链共赢。发展轨迹体现在两个阶段:①苹果的起点是从2001年乔布斯推出iPod播放器，并成功搭建iTunes在线音乐商店开始，首次整合硬件产品与软件服务，成就了卓越的用户体验。在iPod＋iTunes的成功轨迹中，苹果从硬件产品制造转向内容服务提供，快速抢占了内容服务市场的大量份额；②苹果第二阶段的辉煌是2007年iPhone的全面上市，随后2008年推出了基于iPhone终端的内容应用服务平台App Store及iPad等产品，两者完美的结合使

苹果获得了巨大的成功。iPhone+App Store 与 iPod+iTunes 是完全一样的经营模式，变化在于 App Store 集成了更广泛的软件开发群体，对用户有了更强大的吸附能力。它在中间充当了平台的角色，帮助开发者推广营销软件，帮助用户选择和支付程序，收取分成。

在苹果公司的发展过程中，无论是 iPod+iTunes 还是 iPhone+App Store，平台型企业苹果公司均以提供"硬件加软件集成平台"的形式，将供需双方吸附于其平台之上，采取产品+服务的组合方式进行推进，促成供需交易并从中收取分成，实现多方盈利。平台模式使得苹果公司不仅与硬件供应商、附件生产商和内容提供商形成战略同盟、利益共同体，还使得消费者价值增值，同时也促成了平台自身的不断成长。

2. 谷歌：信息汇聚与分享的智能搜索平台

谷歌公司的成功在于开放其知识与信息的使用权，持续加大的研发投入，使谷歌每3～4 年就有一个阶段性创新，以维持其搜索平台在全球的领先地位。谷歌创立于 1998年，秉承"搜索结果独立，广告高度相关"的广告模式，到 2001 年谷歌每天处理的搜索突破 1 亿次大关，成为最大的互联网搜索引擎；2004 年，谷歌转向以技术维系商业动力的可持续发展道路，G-mail 推出并上市，谷歌强大的运算能力保证了 G-mail 的容量和搜索速度，有效的广告模式更与之无缝结合，赢得了更多的用户和巨额的利润；谷歌真正成为基于平台经济的信息服务业领军者，是 2008 年正式发布的开放平台战略，促进用户参与谷歌的平台运作，不断提高开发水平。近年来，谷歌计划对搜索功能进行全面改造，在保持其产品简洁形态的基础上，让搜索引擎更加智能化，更好地理解用户搜索问题的意念，不断提升用户体验。

谷歌的发展轨迹在于，从满足多国用户需求，到以技术创新激活平台发展动力，再到以开放战略作为其核心价值，谷歌不断优化搜索功能，持续进行产品创新，致力于提升用户体验，获得可持续发展。苹果的核心竞争力主要体现在模式的创新：①搜索结果独立，广告高度相关，是谷歌沿用至今的广告模式，基于庞大的用户数据，将最适合的广告推到用户面前，并不断创新广告形式，为广告商提供高性价比的服务，使广告成为了谷歌的主要收入来源；②谷歌非常重视用户体验，持续加大搜索领域的研发和人力投入，使用户获得更快捷、更流畅的搜索体验，这一特色商业模式为谷歌平台实现了持续的营收和发展。

3. 脸谱(Facebook)：用户汇聚与联络的信息交互平台

FaceBook 专注于做平台，不做应用，通过提供良好的免费服务和增值服务培养开发商，获取持续营收，其发展过程经过了两个阶段：①FaceBook 成立于 2004 年，首先是被设计成由无数个人主页组成的社交地图，逐步扩大用户群体，以在线广告盈利。2007 年 FaceBook 以开放平台的模式进行发展，如推出 API 应用程序接口，发布移动终端的开放平台。随后，FaceBook 不断致力于平台自身产品创新，持续开发并完善社交网络的各项功能，借助用户以及用户的好友的数据等，实现精准的产品推介或广告投放，围绕用户需求创造价值；②从 2008 年开始，FaceBook 将开放平台战略深入发展，尽可能将平台数据全部开放，把面向用户的细分垂直领域的应用留给第三方开发者。以合作共赢作为准则,实现三七分成的模式,开发者通过应用内收费获得营收的70%。

FaceBook的成功轨迹是逐步扩大用户群体,以单纯广告营收,到建立开放平台,吸引第三方软件开发商,再到专注于平台发展,优化平台自身的数据分析能力,以用户需求为核心,以"广告+增值服务+应用分成"为主要赢利点,将合作共赢作为准则,多渠道可持续营收。未来的FaceBook将更加注重渠道的多样化发展、用户群体进一步扩大,实现社交网络持续盈利。

4. 亚马逊:汇聚商贸信息的电子商务平台

亚马逊成功的发展轨迹在于:发展期间致力于网站技术自主研发,不断提升亚马逊品牌价值,积极促成平台多元业务并发,发展上游产业链。亚马逊网站自1995年上线运营开始,投入大量人力物力在网站技术开发上,把主要精力放在了积累种子用户和打响自身品牌上。1997年,亚马逊开始了大规模的市场推广活动,并分别和雅虎、Excite、AOL、网景等最主流网站达成广告合作协议。从1998年开始,亚马逊进行了大规模品类扩张和国际扩张,并开展了多起收购业务。2004年亚马逊从单纯的网络零售商开始向多元业务公司转变,如推出Prime服务,AWS增加云计算服务,推出电子阅读器Kindle等。所以亚马逊身兼很多身份包括网络零售商、仓储物流服务商、出版机构和移动设备制造商等等。通过近20年的发展,亚马逊逐渐从单一的网络书店,到商品种类繁多的网络零售商,再到现今的多元化平台,已经从销售的末端环节向产业链上游发展。

5. 贝宝(PayPal):第三方支付平台

贝宝成功发展轨迹在于从平台自身的单一支付业务,通过多次的收购、整合等方式,延伸到商业服务,包括代收代付、跨境电商、资金归集、咨询服务、O2O服务等。PayPal于1998年创立,2002年被全球最大的电子商务平台eBay收购。早期PayPal仅提供便捷、安全的支付服务,包括互联网支付、移动支付、信用支付、线下支付等。2005年PayPal开始其业务整合战略,收购VeriSign额支付网关业务。在2009年之后的发展历程中,PayPal继续实行联合整合战略,上线全球支付平台PayPal X与FaceBook达成战略合作,将阿里巴巴顺利接入,还与X. commerce共同推出PayPal Access服务,与Discover共同拓展线下市场等。从2012年3月开始,PayPal推出全球移动解决方案PayPal Here,为更多的行业提供电商化综合解决方案。

综合PayPal在支付及eBay在电商领域的资源积累、技术支撑及完善的金融服务体系,为电子商务行业及传统行业电商化提供综合解决方案。PayPal未来将提供数据服务,包括为商户提供营销服务、信贷金融服务等,通过对平台积累的庞大用户、商户交易信息进行数据挖掘和分析,为商户提供营销及供应商金融等增值服务。

(二)国际信息服务平台可借鉴的创新应用

1. 在线教育MOOC创新平台及应用

MOOC(Massive Open Online Courses)是一种开放访问和大规模参与为目的的在线

课程。MOOC模式整合多种社交网络工具和多种形式的数字化资源,形成多元化的学习工具和丰富的课程资源。该模式突破传统课程时间、空间的限制,依托互联网世界各地的学习者在家即可学到国内外著名高校课程。

2012年,美国的顶尖大学陆续设立MOOC平台,Coursera、Udacity、Edx三大站点陆续兴起,吸引了全球知名学校与之合作。以Coursera为例,它不断扩展课程科目,增加不同语言的课程设置,已和全球100多所大学及教育机构展开合作。虽然MOOC平台是免费的,但Coursera表示它将向学生收取60至90美元用于支付有第三方参与的监考考试,并收取30至99美元提供相应的追踪服务,给学生完成相应课程后获得认证证书的机会。2013年,MOOC在全球迅速发展,从欧洲到亚洲各种联盟平台相继成立。北京大学、清华大学、复旦大学、上海交通大学纷纷加入MOOC主流平台机构,其中北京大学全球共享课上线一天已有2万人选修。随着大数据等技术的应用,更多优质教育资源将进一步整合,促进MOOC发展。

2. 网络视听视讯O2O2O创新平台及应用

O2O2O(On Air to Online to Offline)模式,让电视节目与平台、实体消费相结合。观众在家看电视时,开启手机或智能终端上的频道专属APP,当观众参与互动时,会获得电子优惠券,在有效期内凭优惠券可直接到实体店铺上门消费,这样观众就转化成了消费者。比如我们可以一边看球赛,一边在手机上猜胜负,如果猜对了,系统就会赠送优惠券,我们就可以持电子优惠券去买东西了。这就完成了从电视直播(on air),到平台线上互动(online),再到线下实体店消费(offline)的无缝连接过程。与此同时,平台通过观众的行为进行数据采集与分析,并进一步分析不同策划对特定族群的效果,以指导以后的节目方向。经过长期的资料积累,得出节目内容转化为实体消费的规律,对于平台的广告投放会有很大的指导作用。这些细微而有效的分析,有可能衍生出更多相关的平台信息服务新模式。

2012年11月,日本电视放送网旗下的JoinTV频道,上映了《新世纪福音战士》新剧场版第一、二集,并在手机上推出专属APP平台,设计了一系列社交互动机制,在网络上引发了强烈的关注,并成功引导四分之一的观众进戏院消费观赏新剧场版第三集。这次电视内容与手机平台的实验性质的专案合作,让日视开始专注于发展以平台为导向的O2O2O模式。

3. 移动实物奖励创新游戏平台及应用

实物奖励平台,即品牌主通过该平台,为在手机游戏中达到胜利时刻的用户送去真实奖励,从而达到品牌传播,与用户进行互动,促进销售的目的。实物奖励平台模式使用一种创新的方式,集聚开发者,增加用户下载兴趣及使用黏度。该模式颠覆传统的移动互联网广告模式,在游戏玩家过关时品牌出现,提供相关礼品奖励用户,有效提升对该品牌的注意力和影响力,同时,这样的广告形式极大地提升了玩家的好感度以及参与度,进而大幅提升广告效果,为游戏玩家、品牌主、游戏开发者提供一个多赢的模式。

移动游戏广告公司 Kiip 推出了与常规奖励机制不同的新产品 Swarm，玩家在限时比赛中完成游戏任务，便可获得由广告商提供的大奖。Swarm 以一种全新的娱乐型方式向广告商开放用户群，通过使用游戏内界面，广告商们可在 Swarm 促销内容中添加大量品牌信息，游戏玩家只需要完成游戏中的升级任务，就可以获得现实生活中的奖励。同时，Swarm 还有助开发者利用与 Kiip 已有的整合功能轻松开发出更符合市场需求的聚合服务。

4. 健康综合应用创新平台及应用

Azumio 是专注健康领域的移动开发商，推出了一系列健康应用，如主打睡眠记录的应用 Sleep Time，负责检测心跳的应用 Instant Heart Rate，综合型健康应用 Argus。它通过平台，将智能手机的功能扩展至医疗诊断，提供用户日常健康综合管理服务及营养应用服务。

发展期间，Azumio 收购了 SkyHealth，整合了它的两款应用，吸收了大量用户。Azumio 平台拥有自己的数据集成中心，支持各应用间的数据导入，便于发现用户不同生活习惯间的关联，有针对性地推送健康方案。目前 Azumio 积累了约 4 000 万用户，每周活跃用户 200 万，其中不少应用都是需付费的，但 Azumio 最终是打算把自己的业务变成按期订阅形式。一家健身公司 Fitstar 已经采用按期订阅式，把 iPad 变为私人教练，基础课程是免费的，如果想继续学习就需按期购买额外的视频教学内容。

（三）国内典型信息服务平台经济增长点

平台经济的影响已辐射到我国信息服务业各个领域，主要包括门户网站、数码互动娱乐、电子商务、社交网络、互联网金融、在线视频、在线教育七大类，根据自身的功能和定位，平台大多以网络广告、在线游戏、专业的产品和服务等作为盈利的主要来源。国内基于平台经济的信息服务业各领域的主要经济增长点，如表 1 所示。

表 1 国内典型信息服务平台经济增长点

信息服务平台分类	主要经济增长点	典型案例
门户网站	网络广告	新浪
	在线游戏	腾讯、网易、搜狐
	专业服务与行业资讯	携程网、搜房网、汽车之家
网络游戏	网络广告＋游戏产品	盛大游戏、巨人网络、淘米网
电子商务	B2B＋网络购物	阿里巴巴、淘宝网、京东商城
社交网络	网络广告、增值服务费等（价值体系有待深入挖掘）	新浪微博、天涯、百合网
互联网金融	第三方支付	支付宝、银商、财付通、快钱
在线视频	网络广告＋内容版权	优酷土豆、乐视网、优米网
在线教育	内容收费、增值业务、平台佣金、应用软件收费、广告收入（价值体系有待深入挖掘）	微课网、传课网、淘宝同学

从信息服务产业链来看，各类信息服务业的价值体系中都存在着搭建平台的机会，一旦平台成功搭建，将整合企业、消费者等多方市场资源，使得信息服务业整个价值网络不断完善，创造出巨大价值。这种对市场资源的整合已经成为一种利益驱动，促使平台持续进行技术、产品、服务以及商业模式等的创新，提升自身的竞争力，实现高附加值和高成长。

随着服务化、网络化及平台化发展模式的深入，我国基于平台经济的信息服务业在全球市场中的份额将进一步加大，2013 年我国规模以上信息服务企业达 3.3 万家①，完成业务收入 3.06 万亿元，同比增长 23.4%；实现利润总额 3 830.5 亿元，同比增长 13.8%。2014 年上半年我国信息服务业持续发力，收入达 16 929 亿元②，同比增长 21%；数据处理和存储服务继续领先全行业发展，实现收入 3 085 亿元，同比增长 27.5%。随着高附加值、高端业务的占比增加，产业链将向高端不断延伸。其中发展最快的是电子商务，2013 年我国电子商务平台交易规模突破 10 万亿③，比 2012 年增长 2 万亿，2014 年第二季度我国电子商务平台交易规模达 2.83 万亿元，同比增长 19.9%；第三方支付平台更是迅猛发展，2013 年整体交易规模达 17.2 万亿，比 2012 年增长 4.8 万亿元，预计 2014 年增长至 23.3 万亿④；此外网络游戏、视听视频平台等市场规模均以较快速度稳定增长。

近年来基于平台经济的信息服务业涌现了许多新技术、新模式、新业态。基于大数据技术，平台可挖掘更多有效信息，用于创新、改善自身产品、服务及商业模式。人机交互技术不断发展，使得信息服务与智能终端相互融合，随着信息领域新技术加速落地，将有更多新概念、新业态走向应用。

1. 门户网站类平台经济增长点

我国门户网站平台分为两类，一类以网络广告、在线游戏收入作为主要经济增长点，如新浪、网易、腾讯、搜狐等综合门户网站。另一类以专业与权威的行业资讯作为平台的主要赢利点，如行业垂直门户网站有携程、搜房、中关村在线、汽车之家等。携程网以酒店预订、票务预定为主要经济增长点，搜房网以其专业的网络房产营销服务作为主要经济增长点。

以新浪为例，其主要经济增长点为广告收入。2013 年新浪净营收 6.651 亿美元，较 2012 年增长 26%。其中，广告收入 5.265 亿美元，占比 79.2%。2014 年第二季度，新浪净营收 1.87 亿美元⑤，广告营收占比 83.3%。新浪正充分利用用户行为，持续投资和创

---

① 数据来源：工信部 http://www.miit.gov.cn/n11293472/n11293832/n11294132/n12858477/15974912.html.

② 数据来源：工信部 http://www.miit.gov.cn/n11293472/n11293832/n11294132/n12858477/16078546.html.

③ 数据来源：艾瑞网 http://report.iresearch.cn/html/20140731/235667.shtml.

④ 数据来源：艾瑞网 http://report.iresearch.cn/2235.html.

⑤ 数据来源：新浪网 http://tech.sina.com.cn/i/2014-08-15/05009555098.shtml.

新产品，提供更有趣及精准的广告和服务，促进平台持续营收。2012 年第四季度—2014 年第二季度新浪营收广告占比状况，如图 1 所示。

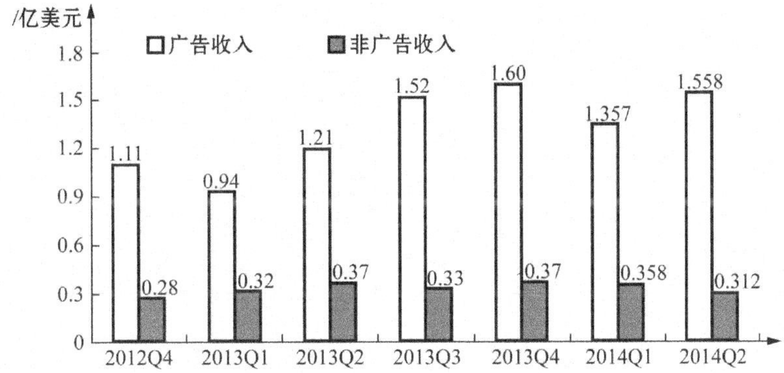

图 1　2012 年第四季度—2014 年第二季度新浪营收广告占比状况

网易主要经济增长点与新浪不同，以在线游戏为主。2013 年网易总营收 98 亿元，同比增长 16.7%。其中在线游戏业务营收 83 亿元，占比 84.7%。2014 年第二季度总收入 29.52 亿元①，在线游戏收入 23.36 亿元，占比 79.1%。2012 年第四季度—2014 年第二季度网易细分业务营收份额，如图 2 所示。

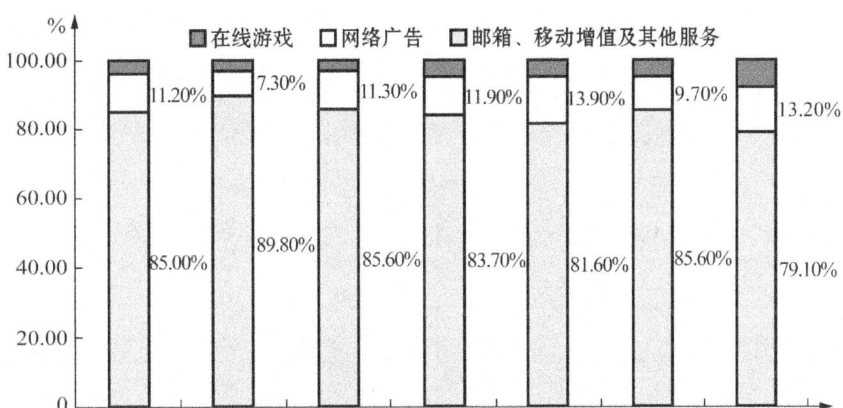

图 2　2012 年第四季度—2014 年第二季度网易细分业务营收份额

2. 网络游戏类平台经济增长点

网络游戏平台主要经济增长点是网络广告和游戏产品，每一次新游戏推出都会带动广告的增长，通过线上线下的联动营销达到核心游戏用户和新增用户的覆盖。以淘米网为例，净收入包括线上业务（会员费和虚拟商品销售）和线下业务（互动玩具销售收入）。2014 年第一季度淘米网净营收 1 170 万美元②，同比增长 21.9%，在线业务营收 940 万美

① 数据来源：新浪网 http://tech.sina.com.cn/i/2014-08-14/07479553421.shtml.

② 数据来源：新浪网 http://tech.sina.com.cn/i/2014-05-20/20049389656.shtml.

元，同比增长14.5%；线下业务营收230万美元，同比下降13.6%。2012年第四季度—2014年第一季度淘米网营收比例如图3所示。

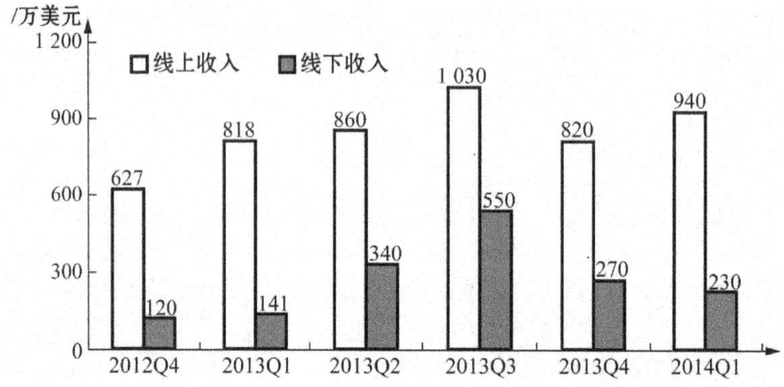

图3　2012年第四季度—2014年第一季度淘米网营收比例

3. 电子商务类平台经济增长点

该类平台主要营收来源是中小企业B2B和规模以上企业B2B，即企业间的电子商务占据该类平台营收的主体，但近年来B2B市场规模增速放缓，网络购物交易额呈现快速增长的态势。2014年第二季度我国电子商务总体规模2.8万亿[①]，其中网络购物占比达22.2%，比上一季度增长2.3个百分点。网络购物营收占比逐年增加，未来将成为电子商务类平台经济的新增长点。2011—2016年中国电子商务平台市场交易规模结构及预测如图4所示。

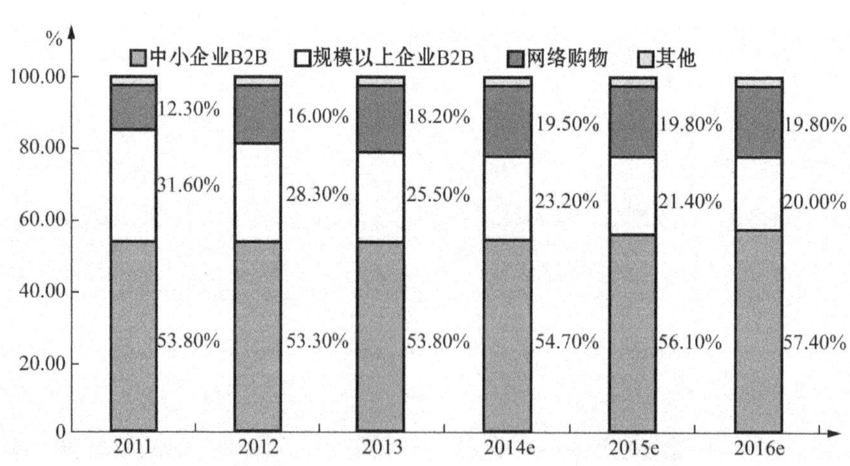

图4　2011—2016年中国电子商务平台市场交易规模结构

4. 社交网络类平台经济增长点

社交网络平台现阶段其主要经济增长点在于网络广告，主要包括社区、博客、微博、独立SNS。该类平台的价值体系还有待深入挖掘，电商、会员增值服务、平台分成等商业

① 数据来源：艾瑞网 http://report.iresearch.cn/html/20140731/235667.shtml.

模式仍需不断演进；同时，移动化也给社交网络带来新的机遇，地理信息定位、O2O 生活信息类服务、照片共享、电子商务等，给社交网络带来新的增长点。以新浪微博为例，2014 年第二季度营收为 7 730 万美元[①]，较上一季度增长 14.5%，较上年同期增长 105%。其中，微博广告收入为 5 960 万美元，占比 77.1%，较上一季度增长 14.8%，较上年同期增长 99%。截至 2014 年 6 月底，新浪微博月活跃用户为 1.565 亿，日活跃用户数为 6 970 万。

5. 互联网金融类平台经济增长点

互联网金融平台主要业务类型包括第三方支付、网络融资、金融产品网销等。该类平台的主要经济增长点是第三方支付，包括互联网支付和移动支付两种方式。其中，2014 年第二季度我国互联网支付平台市场交易规模达 18 406.6 亿元，同比增速 64.1%，整体市场交易规模继续增长，部分细分领域趋于饱和，互联网支付市场走向成熟；移动支付平台市场交易规模达 13 834.6 亿元，环比下降 5.8%，首次出现负增长，但长期看来，随着移动支付用户数量增长和用户使用习惯的养成，移动支付还是会保持较快的增长态势。

6. 视听视讯类平台经济增长点

视听视讯平台的经济增长点主要为广告与内容版权。2014 年第二季度我国在线视频市场规模 54.3 亿元[②]，广告收入占比达 71.5%。预计到 2016 年我国在线视频市场规模将达到 366 亿元，广告与版权收入将继续作为其主要经济增长点。2011—2016 年中国在线视频行业收入构成，将如图 5 所示。

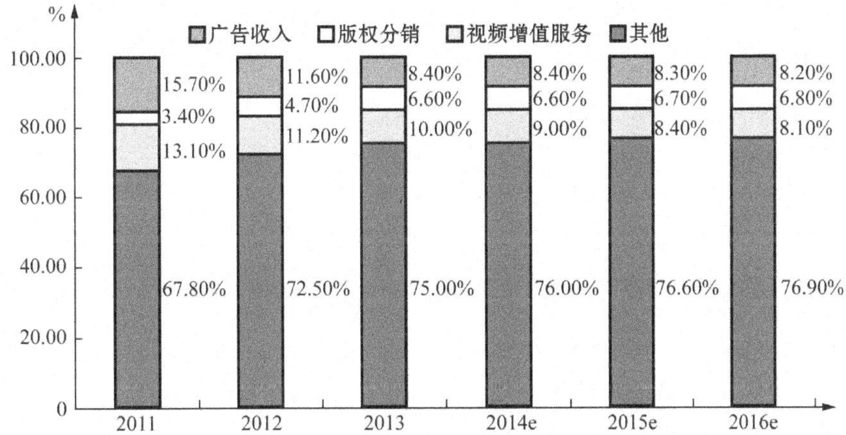

图 5　2011—2016 年中国在线视频行业收入构成

7. 在线教育类平台经济增长点

在线教育平台现正处于发展初期，成熟的市场机制并未形成，各大教育机构也正在积极探索更多的收入来源。目前的经济增长点主要包括内容收费、增值业务、应用软件

---

① 数据来源：新浪网 http://tech.sina.com.cn/i/2014-08-15/07289555659.shtml.

② 数据来源：艾瑞网 http://news.iresearch.cn/zt/235491.shtml#a3.

收费、平台佣金、广告收入5个方面。

(四) 基于平台经济的信息服务业未来发展趋势

基于平台经济的信息服务业未来发展趋势主要体现在以下三个方面。

1. 信息服务平台属性由工具性平台向生态性平台转型

信息服务平台从"工具性平台"向"生态性平台"升级,构建开放的生态性平台,将是未来的重要发展趋势。生态性平台系统即连接多方用户群体,如商户经营第三方流量合作伙伴、软件开发者、相关支撑服务等,建立起服务多边群体的运营机制,将自身的商业资源进行社会化共享,让集聚在平台上的多数成员获得发展,并享受获利的机会,以吸引更多的客户群体产生更大的规模效应,使整个平台生态系统获得持续发展。

2. 基于平台经济的信息服务业竞争状况加剧,融合发展成为必然趋势

各大互联网公司的开放平台竞争日趋激烈,平台企业之间的竞争也将从"板块式碰撞"向"网状融合型"竞争转化,即平台的竞争将伴随着平台间的融合与发展。比如苹果引入竞争对手亚马逊的音乐播放器,使用户可以从亚马逊云存储中播放喜欢的歌曲,或者从亚马逊 MPS 商店购买歌曲。MSN 与人人网深度合作,实现账号互通和双方网站功能的高度集成,涉及社交网络、即时通信、开放平台方面。平台的竞争伴随着平台的合作,围绕多方共赢的精神,将多方的优势产品和市场资源进行战略整合,实现跨平台信息分享,及用户群的互补。

3. 移动互联大流量消费持续增长,基于平台经济的信息服务业全面迈向移动化

移动互联网用户快速增长,智能手机保有量和增长率大幅提高,移动互联网市场规模迅速扩大。随着3G的普及和4G技术的推广,大流量的移动互联时代到来,各类移动互联网应用的日益丰富,移动互联网以更为有趣和私密的优势迅速占据平台经济未来的发展高地。各类平台纷纷加大移动互联网市场的投入,丰富产品的形式与种类,为服务提供方、应用开发者提供优质的平台服务。在未来一段时间内,平台将全面迈向移动化。

二、基于平台经济的信息服务业创新机制

基于平台经济的信息服务业是在市场需求拉动力、信息技术驱动力、政府扶持推动力和商业模式创新力等共同合力下快速发展起来的,其中社会环境、政策、技术、资本、人才、市场需求等主要因素,影响着平台经济的信息服务业的发展模式、市场布局和创新机制。

(一) 基于平台经济的信息服务业发展的影响因素

我国拥有数量众多的制造和服务型企业,庞大的企业用户和个人消费者。近几年互联网的平台经济发展迅速,为信息服务业发展提供了良好机遇。影响基于平台经济的信

息服务业发展的因素包括政府因素、科技因素、人才因素、经济因素以及平台系统因素5个一级指标，细分各主体因素得出：政府的引导程度、支持力度、法律和制度体系健全程度、监管机制健全程度及其有效性、产业发展的政策环境、平台基础设施建设水平、新兴信息技术应用水平、平台研发与技术创新能力、从业人员受教育程度、信息人才引进力度、信息人才培养力度、产业发展规模、行业规范程度、平台企业集聚效应、信息消费的刺激带动作用、相关产业支持度、用户对平台的采纳、平台服务易获得性、平台使用安全性作为平台系统因素的19个二级指标，构建起基于平台经济的信息服务业发展影响因素体系。如表2所示。

表2 基于平台经济的信息服务业发展影响因素

	一级指标	二级指标
基于平台经济的信息服务业发展影响因素	政府因素 F1	政府对平台经济引导程度 F11 政府对平台企业支持力度 F12 法律和制度体系健全程度 F13 监管机制健全程度及其有效性 F14 产业发展的政策环境 F15
	科技因素 F2	平台基础设施建设水平 F21 新兴信息技术应用水平 F22 平台研发与技术创新能力 F23
	人才因素 F3	从业人员受教育程度 F31 信息人才引进力度 F32 信息人才培养力度 F33
	经济因素 F4	产业发展规模 F41 行业规范程度 F42 平台企业集聚效应 F43 信息消费的刺激带动作用 F44 相关产业支持度 F45
	平台系统因素 F5	用户对平台的采纳 F51 平台服务易获得性 F52 平台使用安全性 F53

（二）基于平台经济的信息服务业发展的创新动力

“平台经济”涉及四个方面，即需求方用户、供给方用户、平台企业和平台支撑者，影响因素主要分为内部要素（内部动因）和外部因素（外部动因）。

内部动因：平台系统要素及其拥有的资源和能力是发展的内部动因，具有能动性和可控性，是企业获得核心竞争力的动力源泉，这就要求平台自身系统要素做有序的运动变化，适时更新平台产品和服务，进而形成一种合力推动基于平台经济的信息服务业发展模式。平台内部创新能力形成机制主要包括：平台系统要素、市场需求、新技术、资金等。正是由于平台系统要素与市场需求之间存在偏差，因此需要平台结合自身现有的资源不断进行创新，探索更好的商业模式，从而使平台的产品和服务满足用户的不同需求。

其中不断更新的技术、信息交换、资本运作是增值服务创新和新产品平台顺利运行的前提基础，也是活跃企业自主创新和提升企业竞争力的必要条件。

外部动因：平台所处的外部环境，如市场需求、竞争对手、政策法规等不可控因素是其发展的外部动因，市场竞争起着推动或制约作用，平台外部动因促使平台系统要素不断变化，达到内外因素相互匹配，以适应动态变化的市场需求。创新机制模型如图6所示。

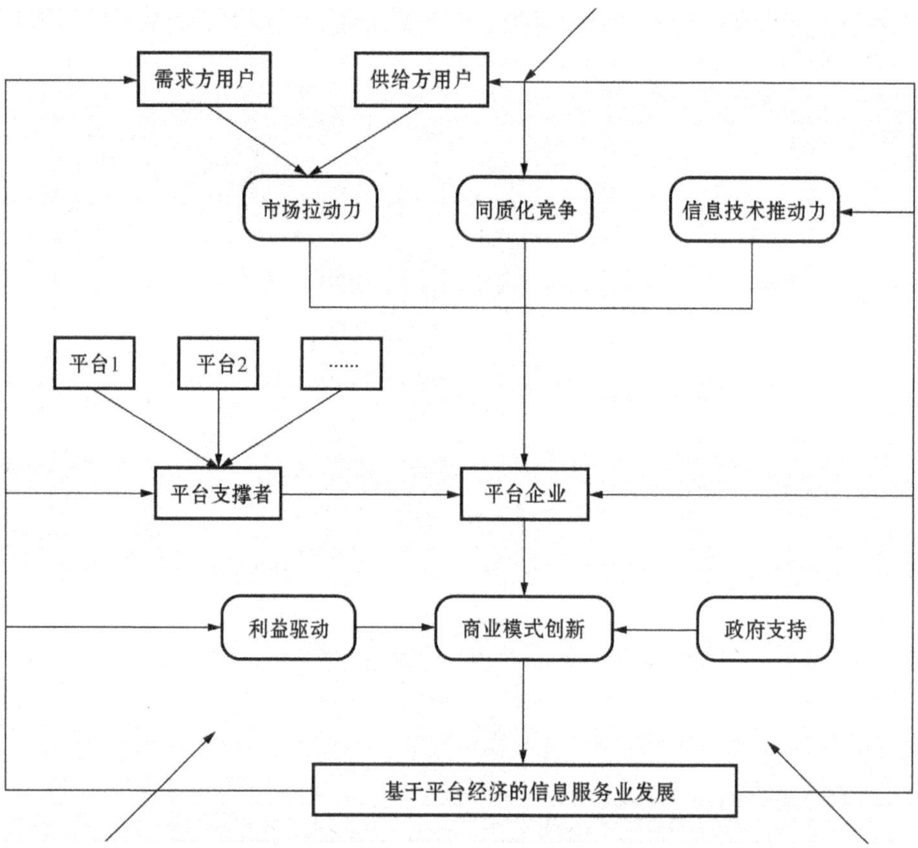

图6　基于平台经济的信息服务业创新机制概念模型

从图6可以看出，基于平台经济的信息服务业是一个复杂的动态系统，创新机制涉及市场需求拉动力、信息技术驱动力、政府扶持推动力、商业模式创新力等。

1. 市场需求拉动力

有效需求是发展的源动力，对基于平台经济的信息服务业形成市场拉动力，平台企业通过对市场的分析和准确定位，发现平台经营的利润区，确定平台的产品或服务，吸引更多的客户提高市场份额。同时，在外部竞争压力及平台自身的逐利动机下，企业必须适应市场环境的变动及客户需求的变化，加大研发投入，创新并及时调整平台的产品、服务和盈利方式，实现持续发展。

2. 信息技术驱动力

信息技术是支撑平台业务的基础，技术创新不断创造用户新需求。云存储技术使得用户不再担心信息会丢失；大数据挖掘能更好地发掘用户需求；宽带技术的突破降低了基础设施成本也提升了视频播放的流畅水平，使得视频平台得到跨越式发展；3G 的普及和 4G 的推广使得平台全面迈向移动化。在信息技术的推动下，用户的需求不断被激发和发掘。全球信息化和服务化趋势促使用户需求被不断激发，形成促进其发展的信息技术推动力。

3. 政府扶持推动力

政府扶持力即政府的引导协调的作用，政府对平台经济良好市场机制和体制的形成，应起到管理、引导、支持、整合等扶持作用。主要体现在：提供宏观层面的制度环境，保证良好的激励结构和运行机制；提供宏观层面的政策支持，加快行业标准的制定与执行，提供财政补贴、信息服务等。

4. 商业模式创新力

商业模式创新是平台企业发展的驱动力，是增强平台核心竞争力和促进基于平台经济的信息服务业持续发展的必要条件，新产品和新服务构成了平台企业的核心竞争力，因此商业模式的创新是平台经济发展的主要推动力。

三、基于平台经济的信息服务业发展对策建议

1. 以制度创新为动力，充分发挥市场的决定性作用

加快市场化步伐，让市场机制在服务资源配置中起决定性作用，既是加快信息服务业发展的有效途径，也是推进平台经济发展的根本动力。充分发挥市场的决定性作用，转变政府职能，建立健全市场运行机制，鼓励加快信用评价体系建设，通过政策引导、价格监管规范竞争行为和市场秩序。强化平台企业的市场主体地位，加强市场主导与政府主推相结合的发展模式，进一步完善市场环境，培育市场需求，规范市场秩序。构建以企业为主体、市场为导向、政府为引导和协调管理的发展模式，通过体制机制创新优化和外部环境协调发挥比较优势，将竞争优势变为竞争力，发挥政府、龙头企业和行业协会的带头作用，推动基于平台经济的信息服务业的标准化和规范化建设。帮助和指导平台型企业结合自身基础、业务特色、市场需求与竞争状况，制定和实施科学的发展战略。

2. 以创新推动为主，提升平台核心竞争力

平台信息服务业是近年来的新兴产业，发展速度飞快，激烈的竞争使得平台之间的重组与并购日渐白热化。在商业模式创新力度不足的情况下，很多平台企业可能会因缺乏自身的核心竞争力而面临被并购甚至被淘汰的结局。因此，基于平台经济的信息服务业的发展需要科学地把握发展客观规律，在强大的核心内动力及良好的外部环境的共同作用下，增强自身的创新能力，提升核心竞争力。必须加快自主创新体系的建设，形成从自主研发，到服务和产品创新，再到新型商业模式探索的科学管理流程，使创新行为走上

良性发展轨道，打造创新推动型的发展新模式。首先，要通过调整利益导向机制入手，改变平台企业对创新行为的收益预期以增强创新动力。其次，政府要通过政策调控来改变创新的外部环境，最终影响创新活动本身，进而使创新活动成为一种趋势。同时，政府应大力支持各平台企业的创新行为，除新技术、新产品外，更应鼓励平台企业在服务内容和服务形式上的创新。此外，应重点关注新兴领域和高端业务的发展，通过自主创新、引进、并购、联盟等多种方式实现优势联合。

3. 从调整利益导向机制入手激活创新动力，建立信息服务平台生态系统

当前基于平台经济的信息服务业发展的一大制约因素是许多平台企业创新动力不足，其发展取向更热衷于对现有模式的复制和效仿，造成平台产品和服务同质化严重，企业核心竞争力缺乏。多数平台企业的发展主要不是靠服务和产品创新、科学管理，而是靠政府政策扶持、银行贷款、低价竞争、广告效应和其他短期行为。尽管国家为推进企业自主创新出台了大量扶持政策及财政支持，却难以激发企业的创新行为，更重要的是缺乏有利于激发其创新动力的利益导向机制和环境。由此可知，利益驱动能够带动平台产业及平台企业持续创新，平台的持续创新也就意味着能够为经济社会创造更多财富。

因此，发展基于平台经济的信息服务业要从调整利益导向入手，营造公平竞争的发展环境，使市场进行合理的资源配置，发挥优胜劣汰机制，激发信息服务平台企业的创新动力。充分整合各类信息资源，探索开发新型商业模式，积极培育一批有市场竞争力的信息服务平台企业，推动建立多层次、多元化的信息服务平台生态系统。鼓励多领域技术交叉融合发展，推动建立以信息服务平台企业为主题的新兴技术研发创新体系。整合并完善现有技术创新公共服务平台，完善企业创新激励机制，加快推进技术创新成果产业化。

4. 扩大国际合作，培育多元竞争主体

一方面要鼓励国际知名企业“走进来”。通过主动接受国际信息服务平台的转移，高起点发展基于平台经济的信息服务业，有利于发挥后发优势，实现基于平台经济的信息服务业跨越式发展；另一方面要鼓励信息服务平台企业“走出去”。鼓励大型平台企业到境外资本市场融资，扩大国际合作，拓展服务门类，实现多渠道多元化发展。鼓励企业扩大境外投资，申请国外专利，参与国际标准制定。逐步建立以专业化、市场化为导向的海外市场服务体系，拓宽海外市场渠道，提高企业国际市场拓展能力，逐步与国际接轨。

5. 构建新一代信息安全的网络环境，加强规范引导和管理监督

针对平台经济生态环境的复杂性及特殊性，加快研究出台专门的管理和服务措施，加强规范引导和管理监督，保障平台经济健康稳定发展。大力推进身份认证、网站认证和电子签名等网络征信服务，推行电子营业执照。筹建风险评估机构，鼓励本土企业开发技术先进、性能可靠的信息技术产品，落实信息安全等级保护制度，实行重要信息服务平台定级备案、网络安全监测预警。一方面，对平台运营商和平台交易双方的权责进行明确规定，规范平台运营，依法加强对信息服务、网络交易行为、产品及服务质量等的监

管,严厉打击平台上的不法行为,并制订具体可操作的惩罚措施。另一方面,以信息化方式加强全过程状态监管。通过收集和分析平台企业经营动态信息,实现对其经营活动全过程跟踪监管;加快推进移动互联网、大数据、云计算、物联网等新技术在平台信息服务业中的应用,提升数据挖掘、分析处理等后台信息技术服务能力。形成对信息流、资金流、物流“三维”信息的比对和实时监控。支持电信运营企业、互联网企业、软件企业和广电机构发挥优势,参与公共服务平台建设运营,完善行业自律机制,积极发挥行业协会的作用,强化社会监督。

6. 完善第三方平台信用服务体系,大力推进电子支付产业发展

培育和引进一批与平台经济发展相配套的第三方支付、物流、信用、检测、认证等服务机构,形成便捷高效的第三方服务体系。组建重点领域发展联盟,促进产业链上下游合作,形成覆盖全产业链的合作机制,大力推进电子支付产业发展,创新产品和服务模式,积极进行移动支付联网通用、跨境电子商务外汇支付业务的开展。研究建立网络经营者信用指标体系,完善第三方平台信用服务体系。健全完善跨部门协调机制,做好分类指导、梯次推进的顶层设计,同时,鼓励引导公共信息资源的社会化开发利用。积极引导各平台间的差异化发展,避免无序、低水平的竞争,推进平台经济发展水平提升。

7. 加快基于平台经济的信息服务业人才建设,助推产业发展

采用新建和引入相结合的发展模式,在政府部门指导下,由信息服务协会牵头与国内外相关龙头企业、专业院校、科研机构的合作,搭建产学研三位一体的“协同创新服务平台”,建立高校、科研机构、企业三方合作的人才培养机制。开展基于平台经济的信息服务业发展的前瞻性研究、创新产品标准制定、创新业务、支撑服务等;产学研协同培养有创意、懂技术、识市场的高端人才。同时,鼓励领军的平台企业,进行专业的人才培养及培训,帮助中小型平台企业真正掌握并成功运用平台理念,获得高端人才,提高企业的综合竞争力。完善从业资质认证与培训体系,积极开展“信息服务平台紧缺人才培养计划”——移动互联网人才培养工程、大数据挖掘人才培养工程、云计算人才培养工程等。优化人才队伍结构,吸引和培养一批专业化的领军人才以及符合基于平台经济的信息服务业发展需求的技术人才和新型实用人才。

(执笔:熊 励、张 潇)

参考文献

[1] 中华人民共和国工业和信息化部赛迪研究院. 软件与信息服务研究[EL/OB]. http://www.ccidthinktank.com/uploads/soft/110811/1-120RG53302.pdf,2012.

[2] 国务院办公厅. 国务院关于印发服务业发展“十二五”规划的通知[EL/OB]. 中央政府门户网站,http://www.gov.cn/zwgk/2012-12/12/content_2288778.htm,2012,12.

[3] 移动互联网白皮书[R]. 北京:工业和信息化部电信研究院,2014,5.

[4] 蒲宇飞. 建立双驱动型创新机制集聚经济发展动力[J]. 经济问题,2014(2):1-9.

[5] 陈威如，余卓轩. 平台战略：正在席卷全球的商业模式革命[M]. 北京：中信出版社，2013.

[6] 李小玲，李新建. 双边市场中平台企业的运作机制研究评述[J]. 中南财经政法大学学报，2013，1：31-38.

[7] 王丹萍. 后牌照时期第三方支付企业升级路径研究基于平台经济的视角[J]. 上海管理科学，2012，34(1)：15-20.

[8] 史健勇. 优化产业结构的新经济形态—平台经济的微观运营机制研究[J]. 上海经济研究，2013(8)：85-89.

[9] 熊励，孙友霞，刘文. 知识密集型服务业协同创新系统模型及运行机制研究[J]. 科技进步与对策，2011，28(18)：56-59.

[10] 孙友霞，熊励，李莉，刘文. 上海信息服务业结构分析与新一轮发展策略研究[J]. 华东经济管理，2010(9)：12-15.

[11] 李泉，陈宏民. 平台企业竞争有效性及投资策略性效果研究[J]. 管理工程学报，2009，23(4)：27.

专题报告三

公共服务与管理

分报告1 针对民生的公共服务：大型保障房社区的公共治理[①]

大型保障房社区主要是在上海、北京、广州等特大型城市向外围扩张，城市建设重心由中心城区向郊区转移过程中出现的。一般是指在城市中远郊区规划建设的包括经济适用房、动迁配套商品房、廉租房、公共租赁房等类型的保障性住房集中社区。根据中央政府规划，"十二五"期间全国要建设3 600万套保障房，许多城市，尤其是土地资源相对紧张的大中型城市，不得不在城市周边的中远郊区集中建设保障房社区。新建大型保障房社区的公共治理水平将直接决定此项惠民工程能否最终惠及民生。

2012年以来，上海新一届市委市政府根据中央部署和上海实际，对于上海镇域经济社会发展予以了高度重视，提出上海周边郊区镇要实现从单纯城市建设向城市功能全面发展转变，实现产城融合，从镇域管理向城市管理转变，实现管理能力提升，从郊区新城向综合性节点城市转变，实现辐射能级突破的新要求。目前，大型保障房社区都位于各郊区镇域内，如果没有治理好，将极可能成为镇域经济社会发展的巨大障碍。同时，在全国城镇化进程中，以上海为代表的城镇化程度领先的特大型城市，要借助大型保障房社区的建设进一步优化城镇化进程，尽可能为全国贡献上海经验。

一、大型保障房社区的发展历程

（一）上海大型保障房社区的建设阶段

近年来，为了贯彻落实党中央、国务院加强房地产市场宏观调控政策，努力推动经济发展、健全住房保障体系，我国保障房建设力度逐年加大。各地在推进过程中，主要采取两种方式：一是集中建设，即一个项目以保障房为主体开展建设，这种模式主要通过政府主导落实；二是分散建设，即在部分商品住宅项目中配建一些保障房，这种模式主要是由开发商落实。上海的保障房建设主要采取第一种模式，其发展先后经历了三个阶段。

第一阶段。自21世纪初开始，上海市为解决中心城区旧居改造的动迁安置问题，决定在市郊浦东、闵行、宝山、嘉定建设8个"大型居住基地"，当时被称为1 000万配套商品房、1 000万中低价房"两个一千万"工程。上海市政府决策在市郊建设一批以解决中心城旧区改造动迁安置的配套商品房为主的大型居住基地，此类基地全市共建有8个，分布

① 本报告系2014年度上海市教委科研创新重点项目《大型保障房集中社区的公共治理机制——基于上海市经验的研究》(14ZS089)的阶段性成果。

在浦东、闵行、宝山、嘉定四个区。

第二阶段。2008年下半年起，当时正值中央政府在全国范围内推进旨在解决城市中低收入群体住房困难的“安居工程”，力求以进一步加强和规范保障性住房管理，促进中低收入家庭、住房困难群体实现“住有所居”目标。以此为背景，上海市推进保障房建设的思路也有所转变。上海市政府大型保障房社区建设的思路从建设“大型居住基地”转变为建设“大型居住社区”，立足于“在郊区建设交通方便、配套良好、价格较低、面对中等收入阶层的大型住宅小区”，确定了宝山顾村、嘉定江桥、闵行浦江、松江泗泾、青浦华新、浦东周(浦)康(桥)航(头)、浦东曹路和三林等8个重点推进的大型保障房社区。

第三阶段。从2010年至今，上海市政府推广在市郊建设大型保障房社区，以《上海市第二批大型居住社区选址规划》的形式，确定了第二批23个基地选址，分布在浦东、闵行、宝山、嘉定、青浦、松江、奉贤、金山、崇明等区县。新确定的23个基地分布于已建或将建轨道交道(及延伸线)周边，力度更大，范围更广。上海大型保障房社区进行了成片扩张，进入了成片建设阶段。一些大型保障房社区经过发展，人口数量已可达一个城镇规模。

（二）上海大型保障房社区的特点

1. 地域分布呈现“郊区社区”的特点

上海大型保障房社区的地域分布呈现“郊区社区”的特点。上海大型保障房社区建设遵循的是动迁居民“集中安置”的思路，地价成本是必须要考虑的因素，这就意味着大型保障房社区不可能建于中心城区高地价区域之内。因此，上海新建大型保障房社区选址于松江区泗泾镇、闵行区浦江镇和华新镇、浦东新区三林镇、宝山区顾村镇、嘉定区江桥镇等市郊街镇。由于大型保障房社区距离市中心城区较远，加之就业机会有限、生活配套不健全等原因，相当一部分迁入居民不愿入住，致使入住率不高。同时，大型保障房社区迁入的居民的从业结构，往往还不能和大型保障房社区所在地松江、闵行、青浦、宝山、嘉定及浦东远郊的产业结构相匹配，导致部分迁入居民的工作地点与居住地点相距较远，使得部分居民为了保住现有工作机会，而不愿入住。

2. 入住居民呈现“平民社区”特点

上海大型保障房社区的入住居民呈现“平民社区”的特点。大型保障房社区是经济适用房、动迁房，迁入居民主体是经济适用房申请居民、动迁居民，因此，迁入人口在经济收入方面属于工薪阶层，以及部分贫困人口或者是弱势群体。同时，由于地处郊区、配套设施、工作机会等制约因素，大型保障房社区迁入人口中部分具有一定经济条件，一定就业能力的人群，往往选择人户分离，迁居在中心城区，进而使弱势人群在大型保障房社区深层沉淀。因此，大型保障房社区居民平民化、贫民化特点比较突出。调查显示，目前大型保障房社区居民“老人多”，一些大型保障房社区，如嘉定区江桥镇金鹤新城退休老龄人口比例已经达到50%；“穷人多”，居民中待业者多，领取低保者多，一些大型保障房社区，如宝山区顾村镇馨佳园社区的失业人员、困难人员占入住人员的10%；“特殊人群多”，“两劳”人员、吸毒人员、“法轮功”练习人员、精神病患者，及残疾人士、智障人士在大型保障房社区分布也较多，从而使得大型保障房社区管理压力，特别是敏感节点的管理压力较大。与此同时，由于大型保障房社区存在人户分离的现象，一些居民将住房出租，甚至是群租，使得较多外来人员也入住大型保障房社区，一些大型保障房社区内外来人员比例达到了15%。在这个意义上，如果不对大型保障房社区加以支持和治理，“十三五”、“十四五”期间大型保障房社区沦为上海“新贫民窟”地标的担忧也并非杞人忧天。

3. 治理体制呈现“镇管社区”特点

上海大型保障房社区在治理体制方面呈现“镇管社区”的特点。目前上海大型保障房社区虽然所辖居民众多，但是，还没有将大型保障房社区独立建制为一个街道的政策。大型保障房社区没有独立建制为街道，有各方面原因，主要原因是受制于独立建制后经费、编制、管理力量配置等多种因素的限制。据浦东新区计算，该区一级街道目前需财政转移支付费用约为1.5亿元/年，需40余个人员编制。如果上海大型保障房社区都向街道建制方向发展，那就需要巨大的财政转移支付及编制配置，将耗费极大的财政资源与编制资源。因此，采用目前将大型保障房社区划归于所在镇进行管理(托管)，依靠镇级财力进行托底，是一种在现有约束条件下的不改变体制的现实性政策选择。当然，也正是因为这种现实选择，带来了大型保障房社区管理经费紧张、管理力量不足等问题。

（三）上海大型保障房社区发展现状

1. 仍处于集中建设交付期

目前一些在建大型保障房社区，将进一步建设完工，进入交付使用阶段。例如，浦东新区三林镇懿德保障房社区已建一半，其余仍在建设中；航头镇鹤沙航城27块地块(小区)中，目前入住小区11块，尚有建设中地块12块，完工未入驻地块1块，已规划但尚未建设地块3块。预计“十二五”期间，上海仍将有成片大型保障房社区新建并交付使用，在可预见的一段时期内，上海大型保障房社区还将处于成片建设与交付期。大型保障房社区建设中存在的问题与矛盾将进一步凸显，大型保障房社区居民以及各级人大代表、政协委员就大型保障房社区存在的问题，所提出的各种诉求仍将持续一段时期。

2. 仍处于配套滞后期

根据《(2006—2010年)上海市住房建设规划》的文件要求，房地产和社区开发中必须做到市政及公建配套的“四同”，即“同步规划、同步设计、同步建设、同步交付”。但在大型保障房社区实际建设推进中，“四同”要求没有很好落实，规划中的公建配套项目建设进程严重滞后。目前大型保障房社区还普遍存在配套滞后的现象。主要体现在：一是，学校、医院、托老、托幼等社会事业的配置滞后；二是，银行、邮局、商店、菜场等商务设施配套滞后；三是，公路、公交、甚至路灯等公共物品配置滞后。由于，这些配套的滞后是由多种原因造成的，未来还将存在一段时期。

3. 急需进入管理提升期

目前大量大型保障房社区已经建成并交付使用，一部分大型保障房社区交付使用已有多年，大型保障房社区日常运行总体平稳，然而，针对大型保障房社区的公共治理还有待加强。一方面，大型保障房社区社会管理方法不多，资源不多，还没有形成良好的可供操作的模式，市级层面对大型保障房社区社会管理创新还停留在"镇管社区"体制的探索上，即使是镇管社区，也有多种模式，还没有就大型保障房社区社会建设和社区管理的提出一套较完整的方案。这与上海作为国际大都市理应呈现的现代城市管理水平还不匹配；另一方面，目前大型保障房社区因为社会管理薄弱而导致诸多问题，愈发引起有关部门的重视，逐步形成"倒逼"机制，要求上海必须就大型保障房的公共治理提出有效的模式。今后，伴随着大型保障房社区建设的必然是相应的公共治理体制与机制的完善与提升。

二、大型保障房社区的潜在风险与国际经验

（一）大型保障房社区的潜在风险

不可否认，作为一项旨在造福人民的民生工程，保障房工程惠及了许多人群，然而，能否最终惠民，而不是沦为城市贫民窟，需要防范由于保障房社区建设发展过程中存在的问题所引发的一系列经济社会风险。

大型保障房社区是经济体制的转轨和社会转型的产物，其产生源于住宅商品化。住房商品化打破了传统上以单位作为住房配给基础的福利分房制度，住房的供给渠道开始多样化，居民可以通过市场来选择住房，于是多样化的住房供给渠道和住房市场的价格分流作用，为具有不同购买力和偏好的社会阶层聚居提供了前提和基础，同时也加速了城市人口居住空间的分化。于是，经济适用房、动迁配套商品房、廉租房、公共租赁房等各种类型的保障性住房应运而生。出于建设成本的考虑，一般而言，城市政府都将大型保障房社区建在土地价格低廉、配套服务滞后的城郊偏远地区，从而使得部分城市贫困人口及弱势群体会聚居在城市边缘地带，使得他们不仅在空间上与其他阶层的活动区域相对隔离，而且在基础设施、居住环境、公共服务、社区管理等方面也都处于同一城市的较差水平。

目前，各地实践表明，我国大型保障房社区的建设和日常管理存在诸多问题，严重影响了居民入住后的正常生活，并制约了大型保障房社区的功能发挥。造成这些问题的原因一方面是保障性居住区选址偏僻、公共服务配套缺失，导致城市公共设施的布局与保障性居住区空间上的偏离，中低收入居民空间可达性差，影响其正常生活（单菁菁，2011）①。例如，有学者通过对广州市保障房社区公共服务设施供给情况的考察，从城市和居住区

① 单菁菁. 居住空间分异及贫困阶层聚居的影响与对策[J]. 现代城市研究，2011(10)：19-23.

两个空间层面，实证性地解析了保障房社区公共服务设施的供给特征：城市层面，市级社会性公共设施之于保障房社区空间不可达；居住区层面，公共设施在配建和移交、供应环节均存在显著的供应易质、供应时滞、供应不足的问题（袁奇峰，马晓亚，2012）①。另一方面是缺乏相应的社区整合机制。在大型保障房社区建设和人口导入的过程中，没有通过调整行政区划、加强外部整合、培育引导社区自我管理、及时调整社区利益、努力实现经济整合、开展社区精神文明建设、促进文化整合等途径，实现社区整合（李晓蕴，朱传耿，2005）②。

我国大型保障房社区方兴未艾，尚处于建设探索过程中，一些深层次矛盾尚未完全暴露，对其未来发展的精准把握存在一定困难，不过不能因此而不关注其在运行过程中可能产生的问题与风险，因为，大型保障房社区的导入人口是动迁居民和经济适用房申请者，大多属于工薪阶层。根据各地的实际情况，部分具备购买商品房经济实力的保障房居民往往会选择出售或者出租保障房，在保障房社区"沉淀"下来，即长期居住的居民中有相当部分属于贫困人群和弱势群体，还有租住在此的流动人口等，例如，上海市闵行区颛桥镇君莲保障房社区，截至 2012 年上半年，该社区共入住人口 21 608 人，其中本市户籍常住人口仅 2 222 人，外来人口 14 457 人，占比高达 66.9%，其余皆为人户分离。

无论是居住在保障房社区中的城市贫困人群，还是租住在保障房中的流动人口，这些人群都是经济实力的弱势群体，因此，大型保障房社区最大的风险就是可能沦为城市贫民窟，即贫困阶层聚集区。按照联合国居住规划署的定义，贫困阶层聚集区就是以低标准和贫穷为基本特征的高密度人口聚居区。这种风险一方面表现为社会各阶层间的纵向联系弱化，贫富分化加剧。由于城市不同阶层之间居住空间的分化从而导致社会心理产生距离，各阶层之间的纵向联系减弱并逐渐导致社会分裂。另一方面表现为城市公共资源配置的不均衡导致各社会阶层之间的对立。由于保障房社区都建设在城市边缘地带，公共服务配套滞后，由此引发医疗、教育、交通等一系列民生问题，与此同时，在住宅商品化过程中，公共资源以及其他一些资源，向中上社会阶层集中居住的社区持续集中也是不争的事实，这种公共资源配置的不均衡激发了各种社会矛盾，加剧了社会阶层的对立，长此以往必然会影响社会和谐。

贫困阶层聚居也是长期困扰发达国家和很多发展中国家的一个世界性难题。需要借鉴在这方面有过经验教训的外国，尤其是发达国家的做法。大型保障房社区的公共治理是长期困扰发达国家的重大问题。第二次世界大战后，由于战争破坏，住房严重短缺，欧洲主要国家政府纷纷介入住房市场，为低收入群体建造了大量的公共住房，如 1945—1976 年期间，英国平均每年建造 14.3 万套公租房。在建设规划上，这些国家普遍采用了在一定地域空间内，特别是在城市中远郊区集中建设的模式，这种模式具有较强的集约

① 袁奇峰，马晓亚．保障性住区的公共服务设施供给—以广州市为例[J]．城市规划，2012(2)：24-30.

② 李晓蕴，朱传耿．我国对城市社区分异的研究综述[J]．城市发展研究，2005(5)：76-81.

性，能够以较低的成本和较快的速度在短期内满足巨量的住房保障需求，在政策推出之初赢得了社会广泛赞誉（白晨曦，2004）①。

然而，自20世纪80年代开始，这些昔日的保障房集中区域普遍出现了住房破旧、商业凋零、就业缺乏、犯罪率高等衰败景象，成为各类社会病集中显现的“贫民窟”（何静，李京生，2009）②。19世纪90年代，美国经济上最萧条的城市邻里中90%是公屋工程，它们在很大程度上是联邦政府等的产物。这些“贫民窟”遍布欧洲大陆和美国众多城市，成为严重威胁社会稳定的火药筒，是令多国政府头疼的难题。这些“贫民窟”遍布欧洲大陆和美国众多城市，成为严重威胁社会稳定的火药筒，是令多国政府头疼的难题（袁媛，许学强，2007）③。最为典型的例子是法国巴黎，20世纪60、70年代法国政府为了缓和巴黎城区的住房压力，在郊区及周边省份兴建了大批保障性住房。在这里，高人口密度、高移民数量、高失业率——18岁至25岁青年人的失业率甚至高达40%，数倍于巴黎城区，这些地区也逐渐成为贫困、犯罪、吸毒、被遗忘者与被损害者的代名词，成为社会隔离的真实写照。2005年10月在巴黎北郊的保障房集中区域，爆发了震惊世界的巴黎骚乱，造成了重大的经济社会损失，巴黎郊区一名市长说：我们正在为30多年来由公共住房诱发的社会、地域、种族隔离付出代价（米歇尔·米绍，2007）④。

（二）大型保障房社区治理的国际经验

大型保障房社区所产生问题的本质是保障房社区的公共治理是否到位、大量弱势群体集聚区的管理与服务配套是否到位。目前由于我国各大城市在大型保障房社区的建设与管理方面，仍处于探索过程中，缺乏既有的本土经验可以借鉴，国内学术界对此的研究也比较薄弱，因此，借鉴发达国家的相关经验就显得尤为重要。

发达国家的经验表明，资源供给和管理水平是决定保障房社区运转状况的两大决定性因素。由于在规划理念上偏重住房设计，没有切实围绕居民日常生活构建规划体系，形成了“精致的房屋”与“残缺的生活”并存的局面（让·克劳德·德里昂，2009）⑤；同时，在设施引入上倚重市场调节，由于信奉市场至上，政府缺乏主动引导市场资源布局保障房社区的意识，认为随着人口的增加和需求的产生，自然能够吸引到足够的市场资源，两者直接导致缺乏足够数量和质量的各类配套设施（刘志林，韩雅飞，2010）⑥。长期以来，欧美等国保障房社区的管理延续了居民自治的传统模式，忽视了保障房社区与普通商品

① 白晨曦.法国社会住宅的融资与建设[J].国外城市规划，2004(5)：22-27.

② 何静，李京生.美国城市贫困人口聚居研究初探[J].国际城市规划，2009(6)：82-87.

③ 袁媛，许学强.国外城市贫困阶层聚居区研究述评及借鉴[J].城市问题，2007(2)：86-91.

④ 米歇尔·米绍.法国城市规划40年[M].北京：社会科学文献出版社，2007.

⑤ 让·克劳德·德里昂.欧洲与法国社会住房政策的主要问题[J].国际城市规划，2009(4)：22-27.

⑥ 刘志林，韩雅飞.规划政策与可支付住房建设——来自美国和英国的经验[J].国际城市规划，2010(3)：90-96.

房社区的区别，没有构建有针对性的社区管理模式，在组织架构、资源供给、政策扶持等方面，都缺乏政府强有力的支持，导致保障房社区的管理，包括物业管理和社会管理，从一开始就处于薄弱乃至空白状态。这一失误催生了社区内外的乱象丛生（孙斌栋，刘学良，2010）①。

资源配置与发展机遇的倾斜有助于改善保障房社区的公共治理。欧美国家保障房社区的发展历程充分说明，应重视住房本身所具有的商品和社会双重属性，住房或居住地的改变，必然也随之带来生活体系的重构。其中，对于人力资本贫乏、支付能力较差的弱势群体，更是迫切需要政府在生活体系重构时给予资源配置和发展机遇的倾斜，这既是确保政府住房保障政策成功的必要条件，也是通过住房改善从而促进社会融合、增进社会和谐的民生之举。近年来，发达国家采取了一系列新举措，有效改善了保障房社区的公共治理状况（宋博通，2002）②。例如，法国在1980—1990年推出了整合性地区政策、在2003年开始在全国范围内推出“城市更新计划”、在2007年又开始实施“社会融合合约”计划，旨在通过城市与住房变革的地方项目与促进国家团结的法律，来解决城市阶层空间分化问题，促进居住区社会融合的目标，从而实现一种城镇和住房发展的理想模式（克里斯蒂娜·勒勒维耶，2009）③。

三、大型保障房社区公共治理的实践

住房建设与公共治理，是大型保障房社区项目推进的两大阶段。随着大型保障房社区陆续交付入住，构建符合大型保障房社区特点的公共治理模式，成为当前及未来一段时间内的重要课题。根据上海城市规划目标，目前共计有39个大型保障房社区项目将导入居民300余万，占本市常住人口的13%左右。考虑到保障性住房以户籍人口为主要对象，大型保障房社区入住居民将占户籍人口的20%左右。上述数据充分说明，大型保障房社区项目是上海人口区域分布结构的一次重大调整，也必将对导入地现有的公共治理体制带来巨大的挑战。郊区相关区镇在实践中探索出以“镇管社区”为主的公共治理模式，取得了一定成效，但这一机制在运作架构、配套保障等方面还存在诸多不足，直接影响了大型保障房社区的管理，亟需进行有针对性的调整完善。特别是随着未来大型保障房社区规模的日益扩大而愈加突出，将直接影响大型保障房社区的可持续发展，进而关乎上海住房保障政策的成败。因而，必须高度重视郊区基层政府在应对大型保障房社区管理方面的困难，认真分析现行公共治理模式的成效与不足，进行有针对性的调整和改革。这也是推进城镇化进程中必然碰到的问题，事关上海优化城镇化质量，是加强城

---

① 孙斌栋，刘学良. 欧洲混合居住政策效应的研究述评及启示[J]. 国际城市规划，2010(5)：96-102.

② 宋博通. 从公共住房到租金优惠券——美国低收入阶层住房政策演化解析[J]. 城市规划汇刊，2002(4)：65-68.

③ 克里斯蒂娜·勒勒维耶. 法国的城市政策——社会融合作为解决隔离问题的公共手段[J]. 国际城市规划，2009(4)：28-33.

乡统筹的必然要求。

（一）做法与成效

上海大型保障房社区的公共治理从总体来看，为推进保障房建设创造了平稳的环境，发挥了积极的作用。虽然目前尚未形成完整的可覆盖全市的可行性方案，但是，在市级层面和相关区、镇和社区已经开展了一些探索，积累了一些经验。从管理体制、治理机制、实施方法和服务体系等四方面初步形成了公共治理模式。

1．“镇管社区”的管理体制

从人口规模上看，目前上海大型保障房社区导入人口规模已超出上海市区街道的规模，甚至可达并超过国外小城市的规模，但是，由于种种原因，目前大型保障房社区仍主要由所在郊区镇管理，从而形成了“镇管社区”的管理体制。目前，“镇管社区”主要有两种不同的做法。

1）直接管理模式及案例

直接管理模式，又称为是“1＋X”模式，是指在镇和保障房社区内各居委会之间，不设中间层，而由镇直接管理各居委会。通常采用这种模式的镇，一般在镇政府内设立相关机构（或为社区办公室、或为社区事务管理服务中心）直接面向保障房社区，管理保障房社区相关事务。具体来看，又有两种不同的做法：一种做法是成立社区办公室，根据2008年市委、市政府办公厅下发《关于本市乡镇机构改革工作的意见》要求，目前全市大多数郊区镇都设立社区管理办公室作为镇政府内设机构，直接管理保障房社区，典型的例子如嘉定区江桥镇。另一种做法则是成立社区事务管理服务中心（与社区办公室合署办公），但社区事务管理服务中心具有独立法人资格，进一步承担社区事务、社区建设、社会稳定职能。通过将社区服务中心做实做强，加强对大型保障房社区的有效管理。典型的如闵行区浦江镇。

浦江镇是上海郊区一个快速城市化的大镇，2000年由原陈行、杜行、鲁汇三镇合并而成。2007年，为适应人口大量导入、社区规模迅速扩张、民生服务需求多样的新要求，浦江镇党委、政府探索在镇的架构下做实社区工作的“镇管社区”创新实践。

第一，总体组织架构。为加强社区管理，浦江镇成立镇属事业单位——社区事务管理服务中心，具有独立法人地位和独立账号。该中心与居民区党委、社区管理办公室实行“三块牌子、一套班子”合署办公，下设“二办四科”，即行政办公室、业委会指导办公室、创建科、党建科、综合科和物业科负责社区建设和社区管理。居民区党委书记由镇党委副书记兼任，下设2名副书记，其中1人为专职副书记，1人由社区办主任兼任。人员管理打破编制，实行同岗同酬。

第二，社区党建的三项机制：其一，“党员四管”机制。对离退休党员实行社区“接管”、对在职党员进行“双管”，对流动党员进行“协管”，对下岗职工党员进行“托管”，实现社区党员管理全覆盖。其二，建立“设岗定责”机制。以党员所住楼道为责任区，通过认岗使党员成为“政策宣传员”、“护绿保洁员”、“义务巡逻员”、“义务诊疗服务员”，通过履岗让党员走进社区、服务群众。其三，社区综合管理和服务的三项机制：“4＋3”的社区管理机制。即居民区党支部、居委会、物业公司、业委会四个组织与房管办、城管中心、派出所三家单位联手，共同促进社区综合治理。定期组织信访办、综治办、安全办、城管中心等部门召开社区综合管理联席会议，共同协商解决社区管理中的重点问题；社情民意反映机制。组建楼道志愿者队伍，建立《民情日记》，及时记录小区居民反映的情况。社区中心、居委会每周召开一次民情分析会，及时把走访过程中收集到的社情民意进行分析与反馈，构建社区民情网络，努力将矛盾化解在基层，将问题解决在基层；社区凝聚机制。以“和谐一家亲”为主题，以“社区邻里节”为主线、以“社区大舞台”为平台、以“月月演、月月赛”为活动机制，通过开展适合各类居民需求的文体比赛和文化活动，逐渐使更多居民走出家庭、走进社区，增强居民的认同感和归属感，使社区文化成为居民相互接纳、彼此熟识的桥梁和纽带。

2）委托管理模式及案例

委托管理模式，又称为是“1＋X＋X”模式。这是指根据保障房社区所辖人口、区域的不同特点，在镇与保障房社区内各居委会之间设立若干块区（党委）作为中间管理层次，委托中间层分片管理保障房社区中的若干个居委会。典型的例子如浦东新区三林镇。

三林镇地处浦东新区西南部，三林镇镇域面积 33.4 平方公里，共有 16 个村，39 个居委会，超过 100 个居民区，人口 36.6 万人，其中 70％以上为外来人口，是典型的城乡结合部地区。随着城市化进程的不断加快和外部人口大量导入，特别是 2006 年 3 月，三林世博家园①动迁居民入住三林，三林城市化社区成倍增长，使得三林镇的镇村形态、人口结构、社区类型发生了很大变化，长期以管理农村为主的镇的管理体制、管理手段和方式已不能适应镇域内城市化社区大量生成的新形势。在此背景下，三林镇率先在“世博家园”大型居住社区实行“镇管社区”管理模式的实践和探索。

第一，建立“三位一体”的组织架构。2007 年三林镇首先在“三林世博家园”推行社区党委、社区管理委员会和社区委员会的“三位一体”新型社区管理模式工作试点。其中，社区党委（总支）是社区中心的核心领导组织，由社区单位主要负责人组成，在镇党委的领导下开展工作，负责社区党的建设和管理全局工作，协调政府职能部门和社区单位完成社区管理服务的各项任务。

第二，社区管理委员会是承接政务的办事机构，承担政府职能在社区的延伸，完成镇政府交办的各项工作，并接受镇政府各职能部门的指导。社区管理委员会在镇党委、镇政府的统一领导下，负责协调解决“镇管社区”的重大问题，下设办公室，负责处理日常工作，遇到特殊情况或急难愁问题，社区管理委员会及时召集相关部门商议对策，并运用政

---

① “三林镇世博家园”占地面积 1.33 平方公里，划分成 12 片街坊小区，其中 9 个住宅区，2 个公建配套和 1 个商业设施区，规划住宅 1.23 万套，入住 11 553 户居民，约 3.84 万人。入住率约为 75％。

府管理力量与社区调节力量的有效互动，快速稳妥解决难题。主要开展五个方面工作：①加强环境治理，构建绿色家园。②规范社区管理，保障家园稳定。③深化宣教内涵，提高文明程度。④依托社团组织，提升服务水平。⑤培育社区团队，发展义工队伍。

第三，社区委员会由社区代表组成，在社区党委的领导和社区管理委员会的指导下，组织发动社区居民、驻区单位、社团组织、群众团队等各方力量，对社会性、公益性、群众性的社区事务，定期进行听证、协商、监督、评议。社区委员会是社区事务的议事机构，参与社区事务的沟通和协调，开展社区事务的共商共议。①建立健全专业委员。社区委员会下设文明建设委员会、社会保障委员会、物业管理委员会、环境管理委员会、社会稳定委员会等五个专业委员会，明确职责分工，参与社区的各项建设和管理工作。②以活动为有效载体，发挥参政议事作用。每月一次的活动制度，对社区单位和居民关注的热点问题、社区建设的难点问题进行研究，提出对策和办法。③营造良好社区氛围，深化同创共建机制。组织社区内所有的个人和群体参与社区"社会性、公益性、群众性"活动，调动社区各方参与社区建设的积极性和创造性。

2008 年 8 月，该模式推广到浦东新区所辖的永泰、三林、杨思三个街镇。至此，逐步形成了以"共同需求、共同利益、共同目标"为纽带，按照"条块结合、资源共享、优势互补、共助共建"的社区建设要求，不断推进社区共治和居民自治的"镇管社区"管理模式。2012 年 8 月面向新建并逐步交付的懿德大型保障房社区，专门成立懿德社区中心，9 月成立懿德社区党委，设党委书记 1 名统揽全局，专门针对懿德大型保障房社区进行管理和服务工作。

第四，创新社区公共服务供给方式。以社区中心为依托，以政府支持为前提，以公益性、福利性服务为宗旨，完善政府购买服务和委托管理机制，探索建立社会化公共服务模式。

建立社区中心，搭建公共服务平台。政府在"三林世博家园"、永泰、三林、杨思四个社区管理区域分别建立社区中心，承担政府委托管理职能，有相对独立的人、财、物权利，与所担负的职责相匹配。按照社区管理、社区服务、社区文化、社区关爱等四大系列，以百姓需求为导向，在社区中心开设 70 多项便民服务和文体活动项目，并适时举行评议、专家论证、公开招标。

建立政府购买服务机制，拓宽社区服务供给渠道。浦东新区制定了《关于政府购买公共服务的实施意见》，将社会组织可以承担的公共事务交由社会组织实施，将购买服务费用纳入预算管理，以合同约束政府和社会组织行为，以第三方评估购买服务效果，建立社区公益性产品的多元供给新模式。成立了上海首家社区社会工作组织——上海公益社工师事务所[①]，承接了政府和居委会委托的社区事务，为三林地区居民提供专业化服务。

试点委托管理，提升社区公共服务水平。将社区中心的运营向社会公开招标，将中

---

① 上海公益社工师事务所位于"三林世博家园"，是一家扎根于社区，积极响应社区需要，提倡社区参与和社区关怀，并致力于为社区不同年龄层次的群体和不同类型的家庭提供多元化专业服务非营利机构。以项目化运作方式承接了浦东新区民政局、浦东新区妇联、三林镇和东明街道等委托的十多个政府购买服务项目。

心管理交由非政府组织托管，探索社区服务的政社合作模式。2008年起，首先在“三林世博家园”社区中心试点委托浦东公益组织发展中心托管的模式。在托管中，浦东公益组织发展中心立足社区居民需求，依托政府资金支持，引进专注于社区服务的公益机构独立运作或合作开展各项社区服务项目，具体而言：①设计并拓展各类社区服务项目，满足社区居民的需求。②配合政府的社区工作重点，加强与社区居民的沟通联系。③坚持公益性运作原则，强化低收费项目的规范化管理，实现收费项目的收支平衡。④调动社区各类资源参与社区中心建设，吸引更多居民参与中心的各项活动。⑤建立一套行之有效的宣传推广机制，广聚人气，扩大社区中心的辐射面。目前已形成一批有影响力的社区服务项目，如彩虹乐园项目、编织希望工坊、乐活社区、老来客会馆、众乐文化圈等。通过委托管理，提高了管理效率和场馆利用率，降低了服务成本和场馆各项开支，激发了社区居民参与的积极性，活动参与率高，服务对象惠及更多人群，满足了社区居民的生活需求，社区中心在社区居民心中的形象不断提升。

而向大型保障房社区社会管理的“镇管社区”模式，既不是农村社区的简单升级，也不是城市社区管理的简单复制，在目前的情况下，履行了管理大型保障房社区的职能，并有着较广阔的创新空间。在这一模式下，一些镇还在镇层面设立领导小组，将相关工作延伸到保障房社区。例如闵行区浦江镇成立了社会管理领导小组，组长由镇党委书记兼任，下设联席会议，有40多个成员单位参加。从2013年起，成立综合治理工作组(负责城管、派出所、大联动等工作)、综合服务工作组(负责民政、计生等工作)，并将这些工作有效延伸到大型保障房社区社区。

2. 共治自治的运行机制

1) 推动共治联动

主要是将镇域内或保障房社区内各种资源整合起来，发挥“1+1>2”的作用，形成了共治、联动、合作的机制。例如，浦江镇提出了“共治体”概念，加强了大型保障房社区内“社企(企业)合作、社校(学校)合作、社院(医院)合作”，推进“村居联动、警居联动、居居联动”，有效整合了有关资源。针对社区内菜场不足，将农民的田间蔬菜送到居民区；针对农民文化活动不丰富，将居民区的文化活动送到田埂，取得了很好的效果。又如，江桥镇充分运用了嘉定区“大联勤”的工作优势，以网格化为载体，整合各支执法协管队伍，在大型保障房社区社区内联勤执法，联动处理，实现了各支管理队伍间的有效整合及合作共治，取得了极高的能效。浦东新区航头镇，将城市管理与物业管理进行共治联动，推动城管进小区，由城管直接处理居改非、破墙、种菜、群租等问题，处理了一批顽症，取得了良好成效。

2) 搭建自治平台

大型保障房社区自治平台主要设立于居委会，一些保障房社区居委会在这方面做了有效探索，例如，浦东新区周浦镇桃园新城汇腾居委及欧风居委通过党员先锋岗、党员志愿工作室、组团式联系服务群众等有效载体，为居民的民意诉求畅通渠道；通过定期召开协调会、居民评议会、听证会等形式加强民主建设，为居民搭建参与社区事务的平台。宝山区顾村镇馨佳园居民区联合服务中心牵头，各居委会、派出所、物业服务单位参与开展“周一综合服务日”、“周二温馨服务日”、“周三舒心日”、“周四卫生服务日”、“周五司法服务日”等活动，倡导居民积极发挥特长参与社区服务，也取得了很好的成效。

实践表明，在大型保障房社区管理力量不强、居民诉求还不能在政府层面得到有效满足的情况下，共治自治机制对于整合社区资源，发挥居民自身主动性，培养居民民主意识，即时解决相关问题方面能够起到补缺的作用。

3. 分类指导的管理方法

实践中，一些郊区镇在大型保障房社区公共治理上，初步探索形成了分类指导的管理方法。具体体现在分块指导和分级指导。

1）分块指导

这方面，浦江镇较为典型。浦江镇面对其大型保障房社区管理多样化的特点，将社区分为浦航、世博家园、华侨城、本镇四大板块，并构筑了不同的分块工作主题。面向以经适房为主的浦航板块，将创建主题定为和谐；面向因世博会迁居构筑的世博家园板块，将创建主题定为幸福；面向本镇村民因腾地而建的农民板块，则将创建主题定为文明，构筑了面向保障房社区不同类型居民的分块指导的工作体系。而面向高档社区的华侨城板块，则将创建主题定为智慧。

2）分层指导

创新层级架构，重心下移，形成夯实基础、扎牢基层的工作体系。例如宝山区顾村镇形成在市区镇“三级政府、三级管理”的基础上，将工作进一步向下延伸，形成了大型保障房社区管理“镇—社区—居委会”三级社区管理组织架构，馨佳园居民区成立了党总支、居民区联合服务中心，设立社区事务受理站、卫生服务站，并联合了派出所、居委会、物业公司、社区志愿者等力量组建了综合执法队。

通过分块、分层指导等社会管理方法上的创新，大型保障房社区的社区管理服务加强了分工负责，也逐渐构筑了一套上下联通的网络化体系。但是，调研也表明，作为一种居民纵向空间聚合的居住形式，大型保障房社区在楼组建设方面仍较为薄弱，相比一些成熟社区的空间管理，服务创新探索还有一定的滞后性。上海市区一些街道，如闸北区大宁街道、闵行区古美街道等，在楼组建设方面积累了许多经验，我们认为，大型保障房社区多由高层住宅组成，应当借鉴市区楼组建设的经验。

4. 商社结合的生活服务模式

1）创新日常生活服务模式

在大型保障房社区兴建和入住的过程中，曾普遍存在服务配套不到位的情况，居民日常生活服务供给严重不足，一些镇以各种形式创新日常生活服务模式，加大基础设施投入，积极吸引商户入驻，丰富商品供应，进而集聚了社区人气。例如，嘉定区江桥镇商业配套不足，为此，引入综合商业体——万达广场，并于2011年中吸引零售业巨头家乐福入驻，极大地方便了居民生活；同时该镇还在大型保障房社区内建设了 2 个临时菜场、1 家便利店和 1 家药房，以缓解相应困境。又如，宝山区顾村镇馨佳园社区，回购并委托北翼集团管理商业面积约 1.31 万平方米，今后还将分阶段回购余下的 3.02 万平方米的商业地块，有效保证了商业服务的可持续性。

2）探索社区服务模式

大型保障房社区居民的日常生活服务需要通过商业来满足，但是，又不可能完全走商业化道路，这是由社区居民的需求所决定。面向弱势群体、困难群体实际和居民的特殊要求，大型保障房社区还应当探索社区服务模式建设，以做到"兜底"补缺作用。目前，一些镇也做了相关探索。例如，浦东新区航头镇设立了鹤沙航城社区中心，总面积 5 500 平方米，设有社区事务受理中心分中心、生活服务中心和社区卫生服务站。中心既有老年人日托服务、阳光之家、市民会堂、图书室、健身房、"老娘舅工作室"、慈善超市等综合服务，也有医保、社保、粮油副补、就业援助等一口式与一门式服务窗口，并兼顾水电煤收费等便民服务项目。

松江区泗泾镇探索"两种文化建设"和"两项关爱服务"的"2＋2"工作模式。所谓两种文化建设是指在小区业主论坛建设居委交流平台，组建老年人休闲健身组织。所谓两项关爱服务是指为独居老人、纯老家庭建立健康档案，为残疾人建立家庭信息档案。再如，浦东三林镇懿德社区中心在自身资源有限的情况下，以热线的方式为居民提供咨询，通过设立咨询热线，接待居民咨询生活中遇到的问题，为他们办理各种事项提供信息的便利。

这些举措为下一步大型保障房社区社会管理创新积累了十分宝贵的经验。我们认为，其中不少经验和探索都具有推广价值，可纳入下一步大型保障房社区社会管理创新的顶层设计。当然，也要指出，由于目前大型保障房社区的这些探索还处于初期，整体来看，更多还是在既有框架和体制内的探索，属于一种不改变现有体制的增量性创新。

5. 主要成效

以"镇管社区"管理体制为核心的大型保障房社区公共治理模式自确定和实施以来，取得了积极成效，主要表现在：一是促进了政府职能的转变。政府职能部门的民本意识在新的管理模式下得到加强，对社区管理的精细化程度得到增强，服务质量和行政效能得到提升。二是提高了社区居民的参与度和对政府工作的满意度。中心平台的建设使以往社区群众办事远、办事难、办事慢的困难有效解决。在实施社区实事项目过程中，与群众共商方案、共同监督；在社区各类矛盾萌芽时，主动召集群众议事，取得理解和支持。三是培育了社会组织。例如，浦东新区"三林镇世博家园"社区中心的五个居委中助老、平安、保洁、安全、文体活动的志愿者团队已达 65 个，注册志愿者 741 人。具体而言，在资源配置、信息共享、上下联动等方面产生了成效。

首先，有利于统筹协调。例如，闵行区浦江镇通过 19 个职能部门组成的社区综合管理"大共建"机制，借助房管、城管、派出所"三支队伍"力量，有效解决了世博家园地区违章搭建、居改非、北江燕路无证餐饮店扰民，以及四高小区物业管理不到位、公建配套跟不上等一系列管理难题。自 2010 年“大联动”机制运行以来，居委会工作站共采集 758 条信息，及时发现和处置了一批违法建筑、无证经营等违法现象和安全隐患。

其次，有利于资源整合。通过村居联动，把社区的优势与村的优势整合起来，对社区的困难群体采取居委和原迁出地的双重关爱，确保动迁居民平稳过渡。在社区维稳工作中，村居及时沟通，如涉及重大事项，共同协商和化解矛盾。

同时，有利于服务和凝聚群众。在每个小区入住前，社区干部提前介入，如闵行区浦江镇经适房博雅苑小区，居民入住尚不到 20 户，居委筹备组干部已经到位。浦江镇世博家园六居委推出“家园卡”服务，将各类服务信息送到入住居民家中，得到居民好评。针对人户分离实际，不拘泥户籍，努力扩大就业、救助等的受益面，增强了动迁居民的归属感。通过“社区民情日”、“党员奉献日”、“社区共建日”等活动，让来自各个地方的动迁居民走到了一起，互动社区正在形成。

（二）问题与成因

通过实地调研，综合各镇情况及基层诉求，目前，大型保障房社区主要存在五个方面的突出问题，以下是这些问题的表现形式与产生原因。

1. 公建配套问题及原因

目前大型保障房社区的公建配套普遍存在“三难”，即“出行难”、“就医难”和“购物难”。一是“出行难”，主要是指社区周边公交少，即使有公交，其运力严重不足，“黑车”盛行。例如，浦东新区三林镇懿德社区反映，经济适用房社区周边公交线路只有一条，地铁 8 号线离居民区距离远，居民出行不便，希望能够解决“最后一公里”难题。二是“就医难”，主要是指社区卫生服务机构不足，或使居民不得不到远处就医，或卫生服务机构人满为患，如嘉定区江桥镇金鹤新城社区的社区卫生服务中心因为病人太多，不得不打破常规八小时工作制度，门急诊 24 小时年中无休（而上海市区所有一级医院均采取八小时工作制）。三是“购物难”，主要是指缺少大型超市和菜场，导致居民“开门七件事”无法满足。仍以江桥镇金鹤新城社区为例，该社区目前只有一个标准菜场，不仅位置较偏，而且是三层楼房，社区内老年人、残疾人多，爬楼买菜有困难，于是出现“一楼菜场人挤人、二楼三楼空等人”的现象，使得镇里不得不搭建临时菜场。这“三难”是目前大型保障房社区居民反响最为集中的焦点问题。

除此之外，有些大型保障房社区还不同程度存在“入学难”、“养老难”的现象，例如，闵行区浦江镇的保障房社区只有一个老年日托站，只能容纳 30 余位老人，随着入住老人增多，“养老难”问题日益突出。又如，嘉定区江桥镇也面临严重的“入学难”问题，江桥镇所辖的保障房社区一期规划建造 6 所学校，目前只有 4 所（一高一中一小二幼），每年 5—8 月，社区就学矛盾重重，特别是小学阶段就学矛盾特别突出。不过，总体而言，上海大型保障房社区中“入学难”、“养老难”现象并不普遍，不同社区在这方面的情况也不尽相同，例如，浦东新区“三林世博家园”社区，闵行区浦江镇世博家园社区就没有出现“入学难”现象。

公建配套不足之所以会出现，主要有三方面原因：一是“规划时有缺位”，一方面，在规划中缺乏公建配套理念，大型保障房社区的规划更多停留在住宅本身，而没有考虑或较少考虑相关公建配套因素，另一方面，在规划过程中，社会事业部门（如民政、教育等），以及大型保障房社区所在的镇政府发言权较小，或根本没有参与规划设计，并极少有事前建言的机会，直接导致规划、建设与最终承接部门之间存在脱节现象。二是“规划了但没建设”，规划时的确有公建配套的方案，但由于种种原因，建设较为滞后，没有将规划付诸实施，还需要等待时日解决。三是“建设了没交付”，特别是对于一些公路市政设施，因涉及经费掌握等相关原因，有关部门迟迟不愿移交。致使不移交交警就不能执法、公交也就不能布线。没有移交，公路的保洁养护工作也没有专人负责，只能由所在镇政府临时承担维护责任。

2. 服务供给问题及原因

大型保障房社区建设与管理过程中还面临着服务供给问题，即一些大型保障房社区的公建配套已建设，但是相关服务还没有到位，其中既有商业服务不到位的问题，也有公共服务缺位的问题。在商业服务方面，一些大型保障房社区在建成交付时已为商店（超市）、银行、邮政网点的入驻预留用房，但是无论是国企还是民企入驻的积极性不高，企业担心由于保障房社区居民的消费能力不足，且入住率不高、人气不旺，无法保证投资效益。由于目前缺乏商业网点，大型保障房社区居民，特别是老年人，在购物、存取款、邮寄等方面极为不便。

在公共服务方面，大型保障房社区的公共服务存在一定的滞后性。以社会事务受理为例，目前普遍存在社区事务办理不便的现象。例如，在嘉定区江桥镇，“金鹤新城”保障房社区的居民要缴纳水电煤、存取现金，必须到江桥镇老街上办理，往返一次路程达六七公里，十分不便。一些社区虽然已建立了社区服务中心，如浦东新区航头镇已建立了“鹤沙航城”社区中心，并已开始接受居民社会事务受理，但由于目前该社区中心与镇事务受理中心尚未联网，因而，也只能以每周一次集中代理的方式，处理大型保障房社区居民非应急社会事务，能为居民提供的公共服务较为有限。

大型保障房社区商业和公共服务供给不足，导致了居民入住后满意度不高，由此引发的居民上访，甚至群体性事件时有发生，由于居民居住满意度不高，因而导致入住率低，而入住率低，服务提供商就更不愿进入，服务更加缺失，居民就更不愿入住，由此，就形成了恶性循环。

3. 物业管理问题及原因

大型保障房社区建设和管理过程中面临的第三个突出问题是物业管理问题。物业管理也是目前上海社区建设中的一大难题，但不同性质社区，所呈现的问题也不相同，大型保障房社区所面临的物业管理问题，最主要的就是物业管理费迟交欠交现象严重。大型保障房社区居民大部分原先居住于老小区，对缴纳物业管理费的认同度低，迟交不交现象比较普遍。例如，闵行区浦江镇的大型保障房社区内的物业费用标准并不高，低层约 0.8 元/平方米，高层约 1.1 元/平方米，但即使如此低廉，许多小区物业管理费用的缴纳率仅为 50%～60%；浦东新区三林镇懿德社区出现了由于物业管理费缴纳率低，负责管理经济适用房小区的 7 家物业基本上都处于亏本经营状态。此外，各个大型保障房社区还存在比较严重的“群租”现象。由于大型保障房社区入住率低，许多住房租给当地居民和外来务工人员居住，形成了“群租“现象，给社区物业管理带来困难。

由于物业管理费缴纳率低，物业公司不得不降低标准，直接影响了物业管理的投入和服务水平，严重影响了社区生活环境，导致小区技防设备配备不足，保安力量配备不足，影响了社区治安；面对群租、破墙开店、乱停车、破坏绿化等不良现象也缺乏有力管理，使得大部分大型保障房社区的环境比同样地段的商品房小区要差得多。

4. 工作力量问题及原因

建设和管理的第四条突出问题是工作力量问题。从理论上看，社会管理既包括政府对社会的行政管理，也包括社会的自我管理。这两个层次的管理，都需要相应的管理力量、工作力量。但是，目前大型保障房社区工作力量的配置却不理想。主要体现在三方面。

1）镇管社区的管理力量配置较弱

在调研中，社区基层反映，目前无论是镇管社区的间接模式，还是直接模式，其管理力量配置总体较弱，极大影响大型保障房社区的协调能力。就镇管社区的直接管理模式而言，目前主要其是通过镇政府内社区办（或社建办）进行大型保障房社区管理，这中间社区办（社建办）并没有被赋予相关直接权力，仅只是在名义上起相关协调工作，正是这样，要让镇社区办为大型保障房社区的复杂问题去协调各种力量，动用各类资源就显得十分困难。而就镇管社区的间接模式来看，目前大多数“两委一中心”本身只是正科级机构，要使其协调大型保障房社区内部复杂的各项事宜，显得力不从心。与此同时，镇管社区内部管理人员性质也不明确，以浦东南部各镇为例，目前公务员编制、事业编制、行政社工编制（非专业社工）等共存，又以行政社工为主体。而行政社工没有编制，待遇偏低，出路较窄，不仅不利于培养工作梯队，也极大影响了工作人员的工作积极性。

2）执法队伍力量不强不够

大型保障房社区在发展初期，必然面临很多社会秩序不规范甚至混乱的情况，如果任由这种情况进一步发展蔓延，就会进一步形成各种管理顽症。因而，初期必须配强包括派出所、城管、协管等在内的各支执法队伍。2012 年《关于加强本市大型居住房社区行政管理和公共服务资源配置的若干意见》（沪府〔2012〕46 号）已明确，计划用 2—3 年时间，向郊区特别是大型保障房社区所在地增加警力 4 600 名和城管执法人员 1 291 名，实现警务机构设置与大型保障房社区“镇管社区”架构相匹配。目前的问题是上述措施许多还没有到位。例如，三林镇所属的大型保障房社区中大部分仍由三林派出所代管，执法力量不足，致使辖区电动车、助动车失窃案多发且呈上升态势，其依水园派出所已被批准设立，但尚未落实办公地点。三林懿德保障房社区城管，目前只有两位城管、三位协管、十位特保，因人手不足，无法有效遏制辖区内乱设摊、乱张贴等现象。

3）基层工作队伍不足

主要是居委会工作人员不足。根据《关于进一步加强本市居委会建设的意见》（沪委办2007〔14〕号）要求，本市每个居委会的规模一般应在1000户左右，并要求“规模过大的应逐步调整”，但目前大型保障房社区中不少居委会的规模远超这一标准。松江区泗泾镇的新凯一村居委会3551户，目前入住3192户；新凯二村居委会3851户，目前入住2243户；新凯三村居委会筹备组3032户，目前入住1466户。闵行区浦江镇的32个居委会平均2000户，有的超3000户。浦东新区三林镇的懿德一居2025户。有的居委会由很大的几个居住小区组成，由于居民构成的差异性，出现了居委会管理幅度过大，“居民需求不一，议事谈不拢”的情况。

然而，要增强大型保障房社区的工作力量仍存在一定的困难，特别是对于行政力量而言，既定的编制和财力总是紧张的。各项工作都需要大量人员编制。而国务院李克强总理已明确指出，“五年内对于吃财政的编制只减不增”，不可能随意增加编制职数和人头费。因此，如何在有限的空间内做好管理力量的平衡需要有关区、镇政府进一步思考。

5. 财政资金问题及原因

大型保障房社区建设和管理中所面临的第五个突出问题就是财政资金不足，主要表现在为大型保障房社区所在镇带来极大的财政资金压力。

根据我们的调研，目前大型保障房社区建设和管理所需财政资金主要用于四个方面：①市政管理费用，主要用于道路、污水管、河道等相关外围配套设施；②社区管理费用，用于所在镇发放社区管理人员工资的经费，社区服务设施（如社区服务中心、卫生中心、文化中心、养老院等）建设及其内部配套（如空调）的购置与折旧费用，以及社区各项相关工作活动开支等；③物业管理费用补贴，主要是针对目前物业管理费缴费率低而给予物业公司的财政补贴；④动迁资金，主要用于保障房社区建设期间的动迁及征地补贴。当然，隐性费用还包括了因大型保障房社区建设而带来的迁入地原驻工厂搬迁而形成的税基减少等。

大型保障房社区所在区普遍承受着较大的财政压力。据闵行区测算，在卫生、文体、敬老等设施建设方面，根据市政府《关于推进本市大型居住社区市政公建配套设施建设和管理的若干意见》，区财政按2800元/m^2进行测算和建设，但实际上社区建设的配套成本已经达到4500元/m^2到5000元/m^2。同时，大型保障房社区每导入一名市区居民，该区公共支出每年增加7400元，而市财政的补贴政策只一次性转移支付300元/m^2。因此，难以满足属地政府后续长期管理对资金的需求。嘉定区江桥镇反映，其承担的“金鹤新城”管理费2亿多元，远远超过市区一次性转移支付经费7524万元，平均每年需镇政府补贴3900多万元。浦东新区的周浦镇反映，根据市有关规定，商业配套用房需镇政府以成本价回购,但按照规划中的商业配套用房面积和现有价格,镇级财力支撑难以为继。宝山区顾村镇馨佳园社区在商业配套方面回购资金约4.2亿元,其中70%是贷款,每年向银行支付利息2100万元,给镇带来较大资金压力。

目前,上海市各级财政能够给予大型保障房社区所在镇的补贴政策主要包括以下几部分:①横向专项补贴,2010年市财政局出台《大型居住房社区横向财力结算办法》,明确以300元/m^2标准,由人口导出区向人口导入区横向进行一次性转移支付,从而形成导出地和导入地间的财政转移机制;②纵向专项补贴,自2012年起,市级财政又进一步明确,以"多安置多补贴"为原则,按300元/平方米原则,再给予大型保障房社区所在区(县)专项补助,用于社区建设及公共服务支出;③外围配套设施补贴,2009年《关于推进本市大型居住社区市政公建配套设施建设和管理若干意见的通知》(沪府发〔2009〕44号)提出,市级财政对社区卫生服务中心和文化中心分别给予500万元和250万元一次性补助,2012年《关于加强本市大型居住房社区行政管理和公共服务资源配置的若干意见》(沪府〔2012〕46号)又进一步明确社区卫生服务中心补贴标准提高至1500万元,文化中心补贴标准提高至500万元;④养老机构专项,2012年市政府《关于推进本市"十二五"期间养老机构建设若干意见》(沪府〔2012〕105号)明确,由政府投资新建并形成产权的养老机构的,每张床位由市级建设财力按照核定建设成本的75%,最高不超过12万元的标准补助,对符合标准的民办非企业非营利性养老机构,由市福彩金给予每床1万元资助,并要求各区县按不低于1∶1配补。

应当说,这些措施对缓解大型保障房社区的财政压力起到了一定的作用,但是,从调研显示情况来看,上述措施效果依然有限。导致财政资金补助不足的主要原因在于:①补贴项目较少,目前的各类专项补贴,集中在公共设施及社区服务补贴,并没有把许多其他支出及隐性支出纳入考虑范围,例如前文所述的,由于新建大型保障房社区而引发的巨额动迁费用、及引发的迁入地工厂搬迁带来的税基减少,由于保障房社区居民特点而导致物业费用歉收补贴等,例如,闵行区浦江镇政府每年补贴物业公司4000万元到5000万元,但目前财政补贴对此都没有相应考虑和举措。②横向转移支付机制还不完整,目前的横向转移支付机制是迁出地向迁入地的一次性补助,相对于原有迁居土地腾出后建起商业楼盘,从而获得的巨大收益实在太低,迁入地及外迁居民并没有分享到为其做出牺牲所应带来的补偿。③补贴测算标准不合理。无论是导出地对导入地的横向转移,还是市级财政对大型保障房社区的专项补贴,目前标准是以面积300元/平方米标准,而没有按实有人口计算,实际上,公共开支的增加则是按实有人口数量的人头发生的。因此,测算标准应当有所改变。

(三) 分析与建议

1. 现存问题对大型保障房社区公共治理的挑战

通过研究借鉴发达国家大型保障房社区建设的经验,可以看到,加强对大型保障房社区的合理规划建设及有效的社会管理、服务,将有助于城市产业结构、人口结构、住房结构等空间结构的再造,为城市新一轮发展带来强劲动力,并为中低收入群体提供良好的居住条件,营造和谐多元、欣欣向荣的城市环境。但如果不重视或不及时解决大型保障房社区建设中存在的现实问题,我们也可能重蹈部分西方国家20世纪中叶在城市更新中的覆辙,形成城市"贫民区"。

(1) 中低收入群体的空间聚集,有可能加剧不同阶层之间的居住隔离,固化阶层分异。城市住房具有长久的使用寿命,特别是低收入群体因缺乏迁居能力,其居住空间格局一旦形成便很难改变。大型保障房社区在客观上将原来分散居住的、有相同境遇的人集中起来,容易形成特殊的"地缘文化",偏离主流社会轨道。同时,大型保障房社区的公建配套项目的实际规划设计普遍低于各行业标准,这就在事实上导致了迁入大型保障房社区的居民,享受到的公共服务资源低于其他阶层市民群众,加剧了阶层的分化和固化,甚至有可能阻碍中低收入群体今后向上流动的渠道,形成贫困的代际传递、社区蜕化为区域发展的"洼地"和问题丛生的"乱区"等更加严重的社会问题。

(2) 常住人口回流市区和流动人口的不断导入,影响到稳定房地产价格和改善低收入群体居住条件的政策初衷。一方面,大型保障房社区居民因生活成本高、生活不便回流市区,将房屋转租给流动人口,大型保障房社区成为了新的流动人口集聚地。另一方面,实际居住的留守老人和流动人口消费水平低,一些通过市场化调节的配套项目(如商业配套设施、物业管理)受经济利益影响发展缓慢,又进一步影响了中青年群体入住大型保障房社区的意愿,形成恶性循环。

(3) 地方社会经济发展受到严重制约,并有可能引起农村人口和保障房迁入居民的对立。大型保障房社区所在镇承担了很大的财政压力,并失去了一定的城市发展空间,如果市、区两级政策和财力保障措施不到位,有关镇将可能错过当前的发展机遇。同时,在财力吃紧的情况下,有关镇不得不将原计划改善农民福利的一块财政支出转为补贴"大型保障房社区"低收入群体。长此以往,农民利益受损后,势必会引发原住民和导入人口之间的深层次矛盾。

(4) 事关群众利益的现实问题解决进展迟缓,容易诱发社会不安定因素。大型保障房社区居民群众对诸多民生问题多年来屡有反映但始终得不到解决或正面回应,表现出较强烈的失望和愤怒情绪。同时,由于公建配套未能同步建设、同步交付使用,居民入住后,一些可能产生噪声、环境等污染的邻避设施。很容易引起附近居民的强烈不满和抵触,诱发新的不安定因素,增加后期施工难度和施工代价。在城市发展过程中,需要建立一些公共设施,用以消化城市生活所带来的废弃物,或服务于城市居民的日常生活需求,这些公共设施对整个社会来看是必须的,如垃圾处理站、变电站、公交首末站、无线通信基站等,但由于其可能给设施所在地居民带来事实上或想象中的威胁,而受到居民选择性的抵制。这些设施被称为"邻避设施",由此引发的抵制性活动称为"邻避运动"。例如,闵行区浦江镇某保障房社区规划的3.5万伏变电站系居民入住后再开工建设,原计划2010年11月中旬开工，因受到小区居民强烈反对，施工队两次进场后均被迫撤离，迄今未建成。期间，浦江镇逐户上门开展宣传解释工作，并将变电站与居民建筑的距离由25米调整到33.3米，也未能取得居民理解，部分居民甚至采取了强行冲进现场阻止施工的激烈对抗行为。

从上海大型保障房社区实际运行状况来看，大型保障房社区公共治理过程中遇到的各种问题的根本原因，还是在于相关公共服务配套没有跟上，导致居民民生需求没有得到满足，是典型的城市内部的公共服务均等化问题。随着城市化、工业化的不断加速推进，在区域发展不均衡背景下，城市公共服务均等化问题日益凸显，非户籍人口与户籍人口、流动人口与常住人口、中心城区与周边郊区、中高档商品房社区与郊区保障房社区，都存在公共服务的差距，部分居民难以充分享受城市公共服务。这种类似于“新二元结构”的问题，直接带来了城市管理压力加大、社会治安形势严峻以及群体性矛盾风险积聚等问题，影响城市经济社会的可持续发展。

2. 改善大型保障房社区公共治理的建议

上海在推进大型保障房社区的建设过程中，逐步积累经验，从管理体制、治理机制、实施方法和服务体系等四方面初步形成了公共治理模式，成效显著，但是面对诸多现实问题带来的挑战，目前的公共治理模式仍有改进的空间和完善的必要，我们在前期调研的基础上，提出一些理论建议。

(1) 将“四同”作为基本要求优化完善规划，为大型保障房社区后续管理服务奠定良好的物质基础。

市政府要针对前两轮大型保障房社区规划中存在的突出问题，按照“同步规划、同步设计、同步建设、同步交付”的要求，进一步优化调整规划。适度提高尚未建设的公建配套项目用地地块容积率和配套项目建设标准。根据当前规划落实过程中发现的各种问题，对有条件的相关性质用地适当调整其容积率，为后续项目建设和满足长远需求预留空间；从保证城市社会公平的角度，尽可能以有关行业标准为依据设计公建配套项目，并高标准建设实施。

对即将建设和正在建设的大型保障房社区，相关区规土局要主动征求职能部门对“大型保障房社区”内社会管理和服务配套项目规划设计的意见、建议，进一步完善规划。重视“大型保障房社区”周边远期规划，加快产居结构融合。市级层面要给予“大型保障房社区”所在镇在产业结构调整方面的优惠政策和项目扶持；建议相关区和“大型保障房社区”所在镇要针对大型保障房社区导入人口，结合新城建设，制定适应“大型保障房社区”人口结构的产业结构调整规划，努力做到既发展区域经济，又适度解决就业问题。

市政府应将“四同”作为牵头考评推进部门工作绩效的重要指标，确保大型保障房社区整体投入使用。市、区两级都要严格执行大型保障房社区住宅房屋和公建配套的“四同”规定。对公建配套严重不到位的，所在区政府应向市政府说明该社区暂不具备居民入住条件，提请市政府督促建设部门严格按照规划设计标准，加快公建配套建设步伐，交付使用后再实行人口导入。特别是易引发不安定因素的“邻避设施”，相关建设部门必须优先保证其建设，凡“邻避设施”不能同步交付，由此导致后续不安定因素和群体性事件的，应追究相关建设部门的责任。对于已经建成的公建配套设施，区级层面和属地镇要克服资金和人员困难，应尽早投入使用。

相关区应采取积极的过渡措施及补救措施回应前两轮“大型保障房社区”建设中反映强烈的民生诉求，改善居民日常生活服务设施。明确建设主体，加快大型保障房社区内“3＋1”项目（社区卫生服务中心、文化中心、事务受理中心和敬老院）建设；增设大型保障房社区到轨道交通短驳线路，方便群众出行；加强对大型保障房社区周边商业设施的扶持，在方便群众日常生活的同时，增加大型保障房社区居民就业率。加强“大型保障房社区”治安防范基础设施建设，提高治安防范水平。同时，区有关部门要高度重视对大型保障房社区房屋质量的监管，坚决杜绝房屋质量问题的发生。

（2）加大市区两级财政扶持力度，增强大型保障房社区所在镇政府经济实力。

大型保障房社区的居住结构决定了其对政府财政的依赖性更强，市、区两级政府均应建立大型保障房社区建设和管理的专项资金，解决大型保障房社区所在镇财政“小马拉大车”问题。市政府可制定针对大型保障房社区的长效财政补贴政策，将大型保障房社区所在镇上缴市财政的税收全额返还。市财政根据“费随事转、费随人走”的原则，给予大型保障房社区社会管理长效性财政补贴，建立人口导出区向导入区的长效性横向转移支付机制，并确保有关资金及时、足额拨付到位。

制定相关区政府对大型保障房社区属地镇政府的扶持政策。由区财政局牵头，根据有关镇导入人口规模，研究对大型保障房社区，属地镇政府的均衡性转移支付政策、专项转移支付政策、专项资金补贴政策（包括教育、医疗卫生、文化体育、养老、城市维护、治安管理、社会保障等方面），增强属地镇政府服务大型保障房社区的经济实力。

（3）创新大型保障房社区社会管理体制机制，多策并举推动大型保障房社区成熟和良性循环。

决定大型保障房社区建设成败的关键，在于大型保障房社区的社会管理和服务跟进是否及时、有效，社区是否进入良性循环，大型保障房社区居民群体对社区是否产生认同感。要做好大型保障房社区的管理服务，在于市、区、镇各级政府都真正树立服务理念和治理理念，积极破除现行体制机制中的障碍性因素，持续不断推动各种资源和力量向基层的倾斜、下沉，调动和整合各方资源，扶持社区的发育和自治。

综合考虑改革成本和操作性等各方面因素，相关区政府应积极争取市政府的支持，采取“维持加强与升级转换相结合”的模式推进大型保障房社区社会管理服务工作，针对不同类型的大型保障房社区，采取不同的管理体制：对一个镇只接收一个大型保障房社区，且导入居民少于本地常住人口的，在加大市级层面一般预算收入分成、财政转移支付以及社会保障配套政策等方面支持力度、增强镇域经济实力的同时，基本维持现有的“镇管社区”管理模式；对大型保障房社区建设规模和人口导入规模明显超出镇承受能力的地区,如闵行区浦江镇,可根据大型保障房社区建设进程,将部分大型保障房社区(如位于浦江镇鲁汇地区的3个集中连片“大型保障房社区”基地)单独划出成立街道,实行完全的城市化管理;其他地理位置上分散的大型保障房社区仍可维持镇管社区模式。

上海市应研究制定大型保障房社区社会管理指导性意见。在吸取相关典型模式和经验的同时,根据升级转换和维持加强的不同模式,分类制订加强大型保障房社区社会管理的指导意见,并从管理职能、机构设置、人员编制、财政支撑和考核办法等方面明确政策保障体系。

适当下放行政管理权限。针对大型保障房社区属地政府承担的大型保障房社区管理职能与拥有的“大型保障房社区”管理权限严重不对称等现实,相关区政府可吸收广东省佛山市顺德区“简政强镇”改革经验,即2009年11月,广东省佛山市顺德区容桂街道推行了“简政强镇”事权改革试点工作。区委区政府赋予容桂街道县级管理权限,向容桂下放第一批316项(方面)的经济社会管理权,实践表明该项改革的实施,有效增强了乡镇政府的自主性,提高了行政效率和全面履行政府职能的能力,优化了发展的制度环境。将规划管理、市政道路、环境保护、市场监管、民生事业等方面的部分行政权限下放给大型保障房社区属地政府的可行性;根据属地镇承担的职责任务,适当增加社会管理、公共服务等方面的行政、事业编制。行政权限下放的具体范围和程度,由区级各行政部门分头研究提出。同时,建议区级主管部门对派出(驻)大型保障房社区属地镇的行政机构主要领导人事任免等重大事项征求属地镇党委意见。派驻行政机构工作开展状况、服务质量考核需听取“大型保障房社区”属地政府意见。

创新“镇管社区”模式。吸取闵行区浦江镇、浦东三林镇等地大型保障房社区管理成功经验,以基层党建为抓手、以社区自治为目标、以社区治理为手段,培育和完善社区功能。

(4) 多元化筹措保障性住房,将混合居住模式作为安置中低收入人员的补充途径。

借鉴国内外保障房建设与管理经验,积极建议市政府通过多途径实现保障房资源的筹集,主要有以下四条途径:一是降低大型保障房社区规模,在城市不同区位开发小型化保障房社区;二是由市政府层面统筹,在二、三级市场购买房屋用作保障房;三是采取配建方式,在商品住宅项目内配套建设一定比例的保障性住房;四是政府在成熟社区通过对适合房源,以房屋置换形式筹集公共租屋用于保障房。通过以上形式,实现保障房基地小型多量化、政府出资购买合适房源、商品房项目按比例配建、房屋可置换的多样化保障房体系。

最后需要指出的是,大城市兴建大型保障房社区是我国在推进城市化过程中出现的新事物,各地政府认识和把握大型保障房建设与管理的规律仍需较长的时间。目前,包括上海在内的各城市,在推进大型保障房社区建设过程中所遇到的一些问题,相当程度上是属于发展过程中产生的问题,属于阶段性问题,例如,由于大型保障房社区的建设与管理目前尚未到位、缺乏完整的居民基础信息采集系统等,相信随着工作逐步到位,就会逐步解决，就能够建立起一套完整的信息系统；另一些问题，则阶段性特征更明显，例如大型保障房社区人气繁荣问题、物业管理问题，这些问题的解决不可能一蹴而就。这些问题的解决最终需要通过发展来摸索、通过发展来解决，对此必须要有清醒的认识，并具有解决问题的信心，但是，应当加强对导入居民的沟通和说服工作，为大型保障房社区建设与管理工作的完善创造良好的人文环境和舆论支持。

（执笔：张恒龙）

参考文献

[1] 白晨曦.法国社会住宅的融资与建设[J].国外城市规划，2004(5)：22-27.

[2] 何静，李京生.美国城市贫困人口聚居研究初探[J].国际城市规划，2009(6)：82-87.

[3] 克里斯蒂娜·勒勒维耶.法国的城市政策——社会融合作为解决隔离问题的公共手段[J].国际城市规划，2009(4)：28-33.

[4] 李晓蕴，朱传耿.我国对城市社区分异的研究综述[J].城市发展研究，2005(5)：76-81.

[5] 刘志林，韩雅飞.规划政策与可支付住房建设——来自美国和英国的经验[J].国际城市规划，2010(3)：90-96.

[6] 米歇尔·米绍.法国城市规划40年[M].北京：社会科学文献出版社，2007.

[7] 让·克劳德·德里昂.欧洲与法国社会住房政策的主要问题[J].国际城市规划，2009(4)：22-27.

[8] 单菁菁.居住空间分异及贫困阶层聚居的影响与对策[J].现代城市研究，2011(10)：19-23.

[9] 宋博通.从公共住房到租金优惠券—美国低收入阶层住房政策演化解析[J].城市规划汇刊，2002(4)：65-68.

[10] 孙斌栋，刘学良.欧洲混合居住政策效应的研究述评及启示[J].国际城市规划，2010(5)：96-102.

[11] 袁奇峰，马晓亚.保障性住区的公共服务设施供给—以广州市为例[J].城市规划，2012(2)：24-30.

[12] 袁媛，许学强.国外城市贫困阶层聚居区研究述评及借鉴[J].城市问题，2007(2)：86-91.

分报告2　针对新群体的公共服务：流动人口的基本公共服务均等化

当前，我国政府正不断加强与完善政府的公共服务职能，实现政府职能的转变。规模已超2亿的流动人口，作为改革开放以来出现的新型人群，不仅数量庞大，而且对于国民经济发展具有独特的贡献。然而，针对流动人口的基本公共服务仍然是公共服务中的薄弱环节，在现阶段理应受到政府的重视，应切实加以改进。上海作为直辖市，既是全国经济中心，是流动人口聚集的大城市，同时也是公共服务供给水平处于全国前列的大城市，因此，推进上海流动人口基本公共服务均等化，建设服务型政府，具有先行先试的典型意义①。

一、推进流动人口基本公共服务均等化的背景与意义

（一）背景

人口是立国之本、民族之根。随着工业化以及城市化的推进，人口流动已经成为经济发展的必由之路，也是社会进步的主要特征之一。改革开放三十多年以来，流动人口数量不断增多，主要表现为人口由农村流向城市，据2010年全国第六次全国人口普查数据显示，内地流动人口总数为26139万，与2000年第五次全国人口普查数据相比增长了81.03%②，进入全国人口流动最活跃的时期。上海，作为全国经济中心，是流动人口重点迁入城市之一，截至2012年底，流动人口总数已经达到960.24万，占全市常住人口总数的40.34%③。

自1978年改革开放开始，国内学术界逐渐开始关注流动人口问题。部分学者认为，流动人口的剧增为城市的发展带来了各种问题与挑战，如赵明(1998)认为，流动人口的剧增加剧了城市社会保障、医疗卫生、子女教育、住房供给等基础设施的供求矛盾④；张建斌(2007)则表示，流动人口的相对弱势地位可能成为社会不稳定的矛盾源泉，除此之外，流动人口庞大的数量以及人口流动性给政府部门的管理带来了挑战⑤；而张立明和马勇(1996)一致认为，流动人口的大量流入将导致城市环境质量的下降⑥。流动人口对城市

① 本报告所指的上海流动人口，是指上海统计年鉴中的外来人口，即包含在上海居住半年以下的流动人口以及居住半年及以上的常住人口两部分。

② 数据来源：中华人民共和国国家统计局。

③ 数据来源：由《上海统计年鉴2012》数据估算所得。

④ 赵明，朱志军.论城市化与流动人口[J].城市规划，1998(1)：8-12.

⑤ 张建斌.浅析城市流动人口对城市发展的影响及其管理[J].学术论坛.2007(13)：171.

⑥ 张立明，马勇.流动人口对武汉城市建设和发展的影响与对策研究[J].南方人口，1996(4)：32-40.

的管理带来了新挑战和问题，在流动人口大量涌入城市之际就普遍受到城市的限制与排斥。然而，从近些年的城市发展可以看出，流动人口为城市带来的并不仅仅是问题与挑战，还为流入地城市经济社会发展做出了巨大的贡献。流动人口的流入促进了流入地劳动力市场的建立，弥补了劳动需求中的缺口，此外，流动人口的流入还刺激了流入地第三产业的发展，并加快了流入地与其他地区之间技术、资金以及信息的传播，推进了城乡一体化的发展。随着流动人口数量的增多，流动人口在城市发展中扮演的角色越来越重要，已经逐渐成为推动城市经济社会发展的重要力量。

在上海，同本地户籍人口一样，流动人口为上海的经济社会发展做出了积极贡献，理应成为基本公共服务的对象，享受当地政府提供的均等化保障与服务。而上海市政府在鼓励流动人口为上海经济社会发展做出贡献的同时，也有责任和义务为流动人口提供完善的公共服务，履行其公共服务职能。近些年，政府虽然已经注重了流动人口基本公共服务的供给，但在落实方面仍存在很大缺陷，目前，在教育、医疗、住房、计生、就业、社保等方面流动人口仍无法享受到与户籍人口同等的基本公共服务，流动人口仍然是基本公共服务均等化的薄弱环节，有待进一步改善。

（二）意义

进入21世纪以来，我国流动人口规模迅速扩大，流动人口在经济建设中的作用不断凸显，逐渐成为推动城市经济社会发展的重要力量。就上海而言，流动人口为上海市建设做出了巨大贡献，已经成为支撑上海市发展的重要力量，然而，就目前而言，流动人口仍无法像上海户籍人口那样完全享受基本的公共服务，这势必会阻碍上海经济社会的发展以及和谐社会的构建。因此，在新形势下，加快推进流动人口基本公共服务均等化，使流动人口都能够享受到基本的公共服务，对上海经济社会发展、和谐社会建设等都具有十分重要的现实意义。

第一，实现流动人口基本公共服务均等化是落实“以人为本”理念、实现社会公平的客观要求。改革开放以来，流动人口为上海提供了源源不断的劳动力，弥补了上海劳动力市场的缺口，推动了上海的快速发展。而且，一部分流动人口已经融入上海，成为上海的“新居民”。然而，由于传统服务管理体制的弊端，还有很大一部分流动人口在为城市做出贡献之时，并没有享受到城市经济发展带来的成果，大量的流动人口被排除在服务管理体系之外，不能与城市户籍人口一样享受同等的福利待遇，这对为城市做出极大贡献的流动人口来说是极不公平的，也违背了“以人为本”的理念。因此，上海通过推进流动人口基本服务均等化建设，为流动人口提供就业、住房、医疗、计生、教育、社保等各方面的基本服务，让流动人口感受到公平、包容等城市精神，增强流动人口对城市的归属感，是当前上海推进“以人为本”理念、实现社会公平的客观要求。

第二，实现流动人口基本公共服务均等化是构建和谐社会的必然要求。城乡二元体制差别化的对待使得流动人口收入不均衡、社会保障不健全、看病难、上学难、住房难等问题，最终以一个庞大的弱势群体的形象而存在。不平等的福利安排激化了流动人口与城市社会之间的矛盾，更有一部分人走上违法犯罪道路。若不加快解决流动人口基本公共服务均等化的薄弱环节，将可能严重危及社会公平，激化社会矛盾，最终影响和谐社会的构建。而流动人口基本公共服务均等化从制度上保障了流动人口能够与户籍人口一样均等地享有社保、教育、就业、医疗、住房等基本公共服务，将有效缓解上海流动人口与户籍人口之间不平等问题，是促进社会和谐的政策导向。因此，构建和谐社会必然要求推进上海流动人口基本公共服务均等化。

第三，实现流动人口基本公共服务均等化是破除“新二元结构”、化解潜在矛盾的有效途径。随着社会流动性的增加，上海除了旧的城乡二元结构以外，在城市内部还形成了“新二元结构”。所谓“新二元结构”是指流动人口与户籍人口之间在城市公共服务方面存在巨大差距，流动人口难以像户籍人口那样充分享受到城市基本公共服务①。“新二元结构”的存在给城市带来了治安困难、社会矛盾等多方面的问题，为城市的管理带来了压力。现阶段，通过加大流动人口基本公共服务供给，有序地推进流动人口基本公共服务均等化，使为城市做出贡献的人们能够真正享受到城市发展带来的成果，能在上海安稳地生活下去，将可大大缓解“新二元结构”带来的潜在问题和矛盾，成为上海破解“新二元结构”问题的有效途径。

第四，实现流动人口基本公共服务均等化是顺应流动人口发展趋势、实现有效管理的现实需要。随着上海经济的快速发展，上海流动人口数量与日俱增，大量流动人口的无序、快速涌入，给上海市公共资源带来很大冲击，并带来了管理上的困难。上海流动人口涌入大潮已经势不可挡，推进流动人口基本公共服务均等化是顺应流动人口发展趋势的必然要求。通过对流动人口基本公共服务均等化的系统规划，对流动人口进行合理引导、系统分流，可实现流动人口的有效管理。一方面，通过贡献大小等“门槛”，有效控制流动人口总量，防止出现过分的“福利驱动型”流入。另一方面，通过积分制、分层服务等管理方式，吸引高素质、高层次人口流入，实现上海人口结构的优化，同时有利于推动上海经济持续快速发展。因此，上海推进流动人口基本公共服务均等化是顺应流动人口发展趋势、实现流动人口有效管理的现实需要。

第五，实现流动人口基本公共服务均等化是加快推进政府职能转变的迫切需要。长期以来，政府实行“经济发展型政府”的管理体制，该体制往往把公共服务的重点放在户籍人口身上，而忽略了数量与日俱增的流动人口的服务管理，使得流动人口处于被动、消极、弱势的地位②。经过改革开放三十多年以来的快速发展，上海的工作重心不断发生改变，政府职能也逐渐从“经济发展型政府”向“公共服务型政府”转变，而流动人口作为社会服务和管理的重点领域，理应受到“服务型政府”的重视，推进流动人口基本公共服务均等化，将是建设上海“公共服务型政府”的重要任务。因此，通过加强流动人口的服务

① 梁德阔.上海破解“新二元结构”难题研究[J].华东经济管理，2012(12)：1-4.

② 黄桂荣.从管理体制创新看流动人口基本公共服务均等化[J].岭南学刊，2012(4)：26-31.

管理，进一步加大公共服务供给力度，将有利于加快上海政府职能的转变，使其在全国范围内率先建成为全社会提供高质量公共服务的服务型现代政府，发挥其示范和引领的作用。

二、国内外流动人口基本公共服务均等化的经验借鉴

（一）国外的主要经验

流动人口的问题不仅是中国所要面对的，乃是世界各国城市化进程中必须面对的一个重要问题，了解国外，尤其是发达国家对于流动人口服务管理的做法与经验将有助于加快推进我国流动人口基本服务均等化的进程。

1. 发达国家的主要做法

1）美国

在流动人口的服务管理方面，美国采用两大系统的制度支持：一是生命登记制度，即政府对每个人的出生、婚孕、死亡等个体生命信息进行详细记录，绘制成一本完整的登记册，但较少涉及人口流动信息；二是社会保障号制度，美国没有严格意义上的身份证，美国公民凭借社会保障号自由迁徙，社会保障号由美国社会保障局负责发行和管理，是公民享受医疗保障、失业救助、住房补贴等多方面权利的重要凭证，可终身使用①。美国在流动人口服务管理方面不实行迁移登记制度，其对人口流动信息的获取主要来自社会保障号系统，商务部人口普查局从财政部联邦税务局的个人税收记录单上获取公民当前住址，然后通过社会保障号反查当事人上一年度的住址，以此来判断该公民在这一年度内是否发生了国内迁移②。

在美国，虽然人口流动遵循市场规律，但并非完全不受限制，公民迁移到迁入地，必须符合迁入地城市的法律规定，如固定住房、合法收入等。公民迁入之后也并非立刻可以享受到当地居民所能享受的全部公共服务待遇，因为美国在流动人口基本公共服务供给方面采用的是义务和权利对等的原则，不管是本地居民还是流动人口，依法纳税都是每个公民享受公共福利的前提条件，只有在依法纳税后流动人口才可享受公共福利。此外，由于美国各州对流动人口与本地居民的福利政策仍存在一定差别，为了防止以享有优惠权利为目的的迁入，各州都设置“等待期”要求，规定新迁入者需满一年后方可享受本州常住居民的待遇。

2）日本

日本在人口管理问题上采用的是以户籍簿和住民票为核心的管理体制③。其中，户籍

---

① 尹德挺．人口有序管理的国际经验与中国实践——基于流动人口服务管理的视角[J]．人口与经济，2012(2)：18-24.

② 接栋正．发达国家人口管理办法对我国的启示与思考[J]．人口与经济，2008(4)：6-9.

③ 尹德挺．人口有序管理的国际经验与中国实践——基于流动人口服务管理的视角[J]．人口与经济，2012(2)：18-24.

簿以家庭为单位，相当于中国的户口簿，主要用来反映个人身份及其家庭成员关系，在记录家庭成员出生、死亡、婚姻以及继承遗产时使用，登记内容的填报有严格的法律规定；而住民票是以个人为单位，依据公民的居住地进行设立，住民票不仅用来反映公民的日常住址、迁徙、纳税等信息，还是政府为个人提供公共服务的凭证，公民可依据住民票享受选举权利、义务教育、健康和年金保险、粮食配给等。日本还构建了专门负责管理住民票的管理系统——住民基本台账系统，将人口流动信息与个人福利、纳税义务整合为一体，实现人口的有序流动。

在日本，住民票是公民享受公共服务的根本依据，公民保险、纳税以及福利都只与现居住地的地址相关。只要公民按照严格的法律规定在迁出之前到当地政府办理住民票迁出证明，迁入新址后 14 天内到新住地政府办理迁入登记，完成迁入手续，然后按照迁入地相关政策交纳保险和税金等，即可享受迁入地的所有福利。随着日本《住民基本情况网络登记制度》的出台与实施，凭借个人登录号，公民在网上就可以完成住民票的迁移登记①。由于住民票与政府的公共服务捆绑在一起，不进行住民票的迁移登记，还将影响到个人的国民健康保险和驾照，因此，日本公民自愿积极配合政府完成迁徙登记工作，从而有利于人口的有序流动，实现流动人口的服务与管理。

3）欧盟

在流动人口的服务管理方面，欧盟要求成员国给予移民国民待遇，实行全面的社会融合政策，以反对歧视为核心原则。为了推进社会融合政策的实施，2004 年 10 月欧盟成立了专门负责管理欧盟人口流动以及移民的管理机构——欧盟外部边界协调管理机构，并采取了有效的融合政策管理和协调机制，通过开放式协调方案，确保政策目标的实现。例如，2004 年欧盟开发了一套用以监控成员国工作的共同测量指标——“欧洲公民资格和融合指数”，该指数共 99 个指标，主要包括劳动力市场融合、长期居住、家庭团聚、进籍和反歧视五个方面。2007 年，“政治参与”等被纳入该指数，指标数由原来的 99 个增加至 142 个，考察成员国范围也有所增加，并改名为“移民整合指数”②。

在欧盟，社会融合政策规定成员国人口在欧盟区域内可以享受到包括自由流动权、自由居住权、受教育权、平等就业权、社会保障权、政治权、家庭团聚权等在内的比较全面的权利③。而移民整合指数的构建不仅全面地反映了移民的社会融合程度，还有效地推进了成员国社会融合政策的实施。随着融合政策的不断实施，欧盟各成员国流动人口的社会融合度不断提升，并形成了欧盟区内人口的有序流动，从而有利于区域内流动人口均等地享受公共服务的格局能够长期平稳推进。

2. 发达国家的共同特点

第一，重视人口基本信息的采集和管理。发达国家都较早地认识到人口基本信息的采集和管理对城市发展的重要性，所以他们较早地进行了人口普查。充分了解人口的基

① 接栋正. 发达国家人口管理办法对我国的启示与思考[J]. 人口与经济，2008(4)：6-9.

② 张瑞. 中国流动人口管理与服务问题研究综述[J]. 山西大同大学学报(社会科学版)，2012(6)：17-22.

③ 接栋正. 发达国家人口管理办法对我国的启示与思考[J]. 人口与经济，2008(4)：6-9.

本信息不仅为城市的发展提供战略依据，还为流动人口的服务和管理打下基础。目前，很多发达国家都建立起了全国性的人口管理系统，他们可以通过网络来有效地监控人口的流动，实现动态化的人口管理模式，为流动人口的服务管理提供方便。

第二，制定完善的登记制度。不管是美国还是欧洲发达国家，都具有较高的迁徙率，这是因为他们在人口迁徙方面没有严格的制度限制，迁徙者只需要到相关部门登记备案就可以实现迁徙，并且，借助于这些完善的登记信息，流动人口可以享受到与迁入地当地人口一样的权利。完善的登记制度，不仅可以实现人口的自由流动，而且为流动人口迁入地享受基本公共服务提供依据。

第三，建立覆盖全民的服务体系。目前，西方发达国家的社会保障基本已经实现全民覆盖。在社会保障方面，发达国家建立了一套完整的服务体系，并将国内流动人口也纳入到这个服务体系当中。除特殊规定以外，流动人口具有与当地人享受同等的公共服务的权利。这种覆盖全民服务体系的建立，为流动人口享受公共服务提供了保障，从根本上解决流动人口基本服务不均等的问题。

第四，重视流动人口的社会融合。发达国家对于流动人口的服务管理不单单是停留在实现基本服务均等化的层面上，他们还十分重视流动人口与迁入地之间的社会以及文化等多方面的融合。很多发达国家政府通过社区管理的方式，积极组织开展迁徙者对迁入地语言、文化、环境、历史等方面的认识与学习，使迁徙者能尽快融入到迁入地，实现社会融合。一方面，可以使流动人口更加了解迁入地，有利于之后的工作与生活；另一方面，可增加流动人口对迁入地的归属感，有利于社会稳定。

（二）国内的主要经验

近年来，随着全国流动人口数量的增多和建设服务型政府理念的逐步深入，各级地方政府开始认识到流动人口的重要性，纷纷就流动人口服务管理体制进行创新实践。最终，在全国范围内已形成了四种比较有代表性的管理模式：一是以北京为代表的“治安管理拓展型”管理模式；二是以嘉兴为代表的“专业机构协调型”管理模式；三是以无锡为代表的“大人口机构统筹型”管理模式；四是以深圳为代表的“积分制”管理模式。

1. 北京“治安管理拓展型”模式

北京市作为我国首都，一直是流动人口的主要流入地之一，流动人口的大量流入给北京的社会秩序以及公共资源等带来了严峻的挑战。为解决流动人口管理上的困难，实现流入地的社会稳定，北京选择了以“治安防范管理”为主的管理模式，该模式由政法委或综治委牵头，主要办事机构设在政法委或公安局，同时派出所指导的协管员队伍在基层负责参与流动人口的管理。该模式最主要的特征是“治安管理”，主要通过“以房管人”、“暂住证管理”等方式来实现流动人口的治安管理①。目前，北京、广州、重庆等我国

---

① 郭宏斌. 当前我国城市流动人口服务管理模式与发展趋势[J]. 中共四川省委党校学报，2012(1)：80-83.

大部分城市均采取该模式。然而，随着政府职能发生转变，公共服务不断得到加强，单纯的治安管理的体制显然已经无法适应新的政府职能的需求，这使部分地区在传统治安防范模式的基础上，逐渐形成了“治安管理拓展型”模式①。这种模式是在传统“治安管理为主”的“流管”模式的基础上逐渐强化服务、弱化治安而形成的，是一种以治安防范管理为主，同时拓展流动人口服务的管理模式。

从北京的创新实践来看，“治安管理拓展型”模式可实现流动人口在大城市的基本管理，但尚未做到“管理”与“服务”的有效结合，此外“以房管人”虽然抓住了管理的要害，但由于个人道德风险、法律等问题的出现，导致政府管理目前处于被动的状态，从而影响了流动人口的有序流动。在今后的发展中需更进一步将“管理”与“服务”结合，实现政府公共服务的职能。

2. 嘉兴“专业机构协调型”模式

嘉兴在流动人口的管理上采用的是“专业机构协调型”管理模式，主要通过成立专门的流动人口服务管理部门来实现流动人口在计生、卫生、教育、劳动等的基本公共服务与管理，该模式是一种完全创新的管理模式②。嘉兴在构建“专业机构协调型”管理模式方面的主要创新包括转变理念、构建体制、加强机制、分层服务、信息共享等。第一，将流动人口统一称为“嘉兴新居民”，增强流动人口在嘉兴的归属感。第二，成立嘉兴市新居民事务局，专门负责嘉兴市新居民服务管理工作，同时建立流动人口管理的四级组织网络体系：嘉兴市成立新居民事务局；各县(市、区)、镇(街道)成立新居民事务局(所)；各村、社区、规模以上企业建立工作站；各地按照500∶1的要求配备专职协管员队伍③。第三，通过居住证实现新居民的分层服务。第四，构建上下联通、资源共享的“新居民信息管理系统”平台。第五，成立了新居民服务管理工作领导小组，加强工作机制、考核机制。目前，采取该管理体制进行积极改革创新的城市除嘉兴外还有江苏省的张家港市。

从嘉兴的实践来看，嘉兴的“专业机构协调型”管理模式在一定程度上符合嘉兴本地的流动人口服务现状。然而目前要真正发挥其专业管理部门的职能，仍需要进一步加强部门与部门之间以及政策与政策之间的协调与沟通。此外，由于新居民事务局还不够成熟，对于在今后的发展中如何发挥其专业型特点还需要进一步研究和探讨。

3. 无锡“大人口机构统筹型”模式

第三种模式是以无锡市为代表的，以资源整合为手段，以“大人口”观为指导，人口计生委或发改委牵头来协调涉及流动人口生产生活的多个部门的“大人口机构统筹型”模式④。

---

① 张辉，邵灵华. 流动人口抱团组织的引导和管理[J]. 浙江经济，2012(15)：48-49.

② “专门机构协调型”服务管理体制探索课题组. 嘉兴模式：“专门机构协调型”服务管理体制新探索[J]. 人口与计划生育，2009(12)：10-12.

③ 胡桂兰，方芳. 农民工居民化服务管理创新：嘉兴的实践[J]. 农业经济问题，2012(5)：53-58.

④ 郭宏斌. 当前我国城市流动人口服务管理模式与发展趋势[J]. 中共四川省委党校学报，2012(1)：80-83.

该模式在原有政府框架总体不变的基础上，通过某一机构来协调各部门行为，使得各部门职责分工明确，从而实现从整体上统筹流动人口的服务与管理。在流动人口的服务管理上，无锡的主要创新包括：第一，积极构建"大人口机构统筹型"管理体制，成立新的工作体系，新工作体系的主要内容包括：市规划指导；区协调监督；街道（镇）组织落实；社区（村）综合服务，并在撤销市外来人口管理服务工作领导小组的基础上，分别在市、区、街道（镇）成立相应的人口工作领导小组，在各社区（村）建立健全社区事务工作站（村社区服务中心）①；第二，不断进行职能整合，强化计生委在流动人口服务管理中的作用；第三，加强流动人口信息整合，建立"社区化集中采集"、"数字化统一管理"、"按权限分类查询"的人口综合信息服务网络，并由市人口计生部门统筹协调②。

从无锡的创新实践来看，无锡的"大人口机构统筹型"模式是在摒弃了"治安管理拓展型"模式的基础上，实现的一种流动人口服务管理模式的转变，比较符合现代流动人口的特点。不过，该创新模式目前也面临着一些困难，尤其是在人口计生部门，将面临着职能转变等多重困难，所以，在往后的流动人口服务管理工作中，无锡将重点解决"大人口机构统筹型"模式创新所带来的难题。

4. 深圳"积分制"模式

为克服流动人口服务管理中各部门之间的交叉管理及互相扯皮，2008 年起深圳市对持有长期暂住证的流动人员赋予"居民"身份，推行居住证制度。居住证涵盖多种功能，包括房屋租赁、社保、计划生育、教育等多项公共服务③。政府可以通过居住证行使其管理与服务的职能，从而大大节约了管理成本，而流动人口可以依靠居住证享受深圳当地户籍人口所对应的医疗、养老、教育、住房、保障等一系列公共服务④，此外，流动人口还可以依据深圳市"积分制"制度进行"积分入户"，即实行"积分制"模式。"积分制"模式是指积分制入户政策，即通过科学设置确定积分指标体系，将流动人口入户城镇的条件进行指标量化，并对每项指标赋予一定分值，当积分达到规定分值时，流动人口即可申请入户城镇的一种管理模式⑤。由于当前城市户籍与教育、医疗等基本公共服务挂钩，该模式能有效缩小流动人口与户籍人口在公共服务方面的差距，是我国户籍制度的一大创新。

深圳的"积分制"模式，是对流动人口质量的一种量化方式，可有效地对流动人口进行分层管理，并实现流动人口从"被动接受管理"到"主动接受管理"的转变。此外，"积分

① 引自：无锡人口服务管理的"一、二、三"http://www.ccgov.net.cn/08zazhi/zzNewsdata.aspx?cateid=22&id=4612

② "大人口机构统筹型"管理体制探索课题组.变革中的抉择——无锡模式："大人口机构统筹型"服务管理体制新探索[J].人口与计划生育，2009(5)：9-11.

③ 郭宏斌.当前我国城市流动人口服务管理模式与发展趋势[J].中共四川省委党校学报，2012(1)：80-83.

④ 朱少雄，范雪佳，杨朝仁.城市流动人口服务管理模式研究[J].特区实践与理论，2010(5)：70-73.

⑤ 冯广圣.新时期农民工媒介形象的内容分析——以《羊城晚报》为例[J].梧州学院学报，2013(2)：58-67.

制”模式不是一成不变的，各地可以根据自身发展阶段和发展条件的变化，调整积分指标，实现对流动人口的动态管理和调控。就目前来看，“积分制”模式也不失为实现流动人口均等化服务的可选方法。

三、上海推进流动人口基本公共服务均等化的实践

（一）做法与成效

近年来，为有效缓解流动人口与户籍人口在基本公共服务方面的差距，上海市不断加大对流动人口的服务力度，积极探索和推进流动人口基本公共服务均等化工作，相继在人口计生服务、教育公共服务、医疗卫生服务、社会保障服务、就业服务以及居住服务等方面推出了一系列的制度与政策，并取得了明显的成效，在基本公共服务的制度安排层面已基本实现均等化。

第一，在人口计生服务方面，上海采用“一盘棋”式的计划生育统一服务管理模式。“一盘棋”的服务管理主要表现在以下五个方面：①不断加大计划生育服务供给；②积极提供优生优育服务；③不断推进生殖健康服务；④实施奖励优待服务；⑤加大生育关怀服务。上海自 2010 年推进国家流动人口计划生育均等化试点以来，相关制度不断完善，已初步建立了流动人口计生服务制度体系，在计生服务层面基本实现流动人口与上海户籍人口无差异，即已基本实现均等化，并且，部分服务实现了优等化服务①。

第二，在教育公共服务方面，上海主要从教育多元化的供给以及教育资源供给两个方面来实现流动人口子女的教育服务。在教育基本公共服务的多元化供给方面，上海通过新建学校、加大公办学校招收农民工子女力度、鼓励社会力量办学等多种形式，保障流动人口子女接受义务教育。在教育资源供给方面，上海逐渐增加对流动人口子女教育资源的供给。首先，不断向流动人口子女开放中等教育资源，如上海中职以及高职自主招生已分别于 2008 年与 2011 年向流动人口子女开放。此外，上海市成人学校和社区学院均已向流动人口子女开放。其次，不断重视农民工子女学前教育问题，上海通过启动在城郊接合部设立民办三级幼儿园和农民工子女学前教育看护点等举措，逐步解决农民工子女学前教育资源相对不足的困境。

第三，在医疗卫生服务方面，通过各种手段不断提高流动人口的医疗卫生服务水平。首先，增强流动人口的公共卫生服务，如宝山区为居住 6 个月以上的流动人员建立居民健康档案，闵行区将流动人口肺结核防治纳入到与户籍人口同等的工作中。其次，加强流动人口孕产妇的服务管理工作，如来沪孕产妇可以享受指定医院限价的产前检查、住院分娩等服务。最后，加大流动人口的基本医疗服务供给，主要表现在医疗药品等向流动人口开放。总体而言，在公共医疗卫生制度方面，上海流动人口已经被纳入全市制度

① 李树成. 上海市推进流动人口计生基本公共服务均等化[N]. 中国人口报，2011-9-20.

的覆盖范围中，流动人口可以享受与户籍人口同等的公共医疗服务。

第四，在社会保障服务方面，2009 年上海颁布了《关于外来从业人员参加本市城镇职工基本养老保险若干问题的通知》，建立了以社会保险为内容的流动人口社会保障制度体系①。这一通知的颁布大幅提高了流动人口的社会保险（包括养老保险、医疗保险、工伤保险）待遇，提升了流动人口社会保障水平。目前，伴随着上海《关于外来从业人员参加本市城镇职工基本养老保险若干问题的通知》以及国家《社会保险法》的全面实施，上海流动人口社会保险已经覆盖到大部分流动人口，流动人口与户籍人口之间的差距也在逐渐减少，均等化水平不断提高。

第五，在就业服务方面，上海从政策、培训以及法律法规等多个方面加强流动人口的就业基本公共服务。首先，不断完善流动人口就业服务政策，主要表现在以下几点：①建立公益性的来沪人员就业服务中心；②建立来沪就业保障服务站；③免费为就业满 6 个月的来沪从业人员提供失业登记服务；④停止征收用人单位使用外地劳动力的综合管理费；⑤将外地劳动力就业管理部门经费纳入同级财政预算。其次，加大对流动人口的职业技能培训，增强其就业能力，主要是通过开展实施"农民工技能提升三年行动计划（2010—2012）"等多个就业培训项目的方式进行。最后，通过将外来农民工全部纳入《上海市企业职工最低工资规定》适用范围以及颁布实施《上海市企业欠薪保障金筹集和垫付的若干规定》等，增加对流动人口的劳动权益保护。目前，上海流动人口就业服务与户籍人口几乎无差别，尤其是在就业培训与劳动权益保护方面，几乎实现了流动人口与户籍人口的一体化服务。

第六，在住房保障方面，上海开始加大关注流动人口的住房保障服务。一方面，从政策覆盖的角度，增大流动人口住房保障服务的范围。2010 年上海出台了《本市发展公共租赁住房的实施意见》，将流动人口纳入到公共租赁住房保障的覆盖范围内②。另一方面，从住房供给的角度，加强对流动人口集中居住地的规划与建设。近年来，上海积极探索用闲置非居住房屋、单位自用土地和农村集体建设用地等来改建、建设职工宿舍、单位租赁房、集中居住点，解决流动人口的基本住房需求。在这方面经验较为突出的为黄浦区、浦东新区以及闵行区，尤其是闵行区近年来大规模建设的流动人口集中居住点，在解决流动人口居住问题中发挥了重要作用。总体而言，流动人口居住服务的相关制度正在逐步完善。

（二）问题与挑战

近年来，上海在流动人口基本服务均等化方面成效显著，杨浦、闵行、宝山、松江四区的试点工作成绩突出。但应该看到，目前均等化工作推进还面临许多问题和挑战。

---

① 梁德阔. 上海破解"新二元结构"难题研究[J]. 华东经济管理，2012(12)：1-4.

② 引自：创新公租房投融资制度的探索与思考 http://www.docin.com/p-238113747.html。

1. 主要问题

1）流动人口与户籍人口享受的基本公共服务差距较大

这种差距表现在多个方面。如在社会救助方面，由于目前我国实行的最低生活保障等社会救助制度是以具有本地户口为前提条件的，对上海而言，上海地区制定的最低生活保障、医疗救助、社区综合帮扶等社会福利政策仅覆盖到具有上海户籍的居民，有关流动人口的社会救助还缺少制度化、常态化的机制安排，相关社会救助很难惠及流动人口。在流动人口子女基础教育方面，由于学前教育资源的不足，目前上海保障户籍儿童进入属地公办幼儿园，而大部分流动人口子女进入办学条件较低的民办幼儿园，部分甚至进入不符办学要求的简易看护点。此外，由于户籍制度的限制，流动人口子女不能在上海就读普通高中与参加高考。这就迫使流动人口子女普遍就读于弱势的学校，这些学校一般具有师资保障设施不完善、福利不好等特点，相比于本地户籍人口流动人口子女在教育上享受到的资源少之又少。在计生奖励优待方面，根据统一的政策口径，计划生育奖励扶助金的发放目前仅以户籍人口为对象，暂未覆盖到流动人口。在居住服务方面，流动人口还无法享受到经济适用房、廉租房等住房保障服务，在住房公积金制度上，流动人口也不属强制性缴存对象。

2）流动人口在部分重要领域的基本公共服务需求尚未得到满足

对于大部分流动人口来说，最需要政府提供的基本公共服务为公共廉租房、医疗保障、子女教育以及养老保障等。然而，就目前来看，流动人口在上海选择住房时，大部分流动人口还无法享受到相对低廉的廉租房以及经济适用房待遇，大多数流动人口住房条件较差，对他们来说租房负担是一个很大的压力。而在子女教育方面，流动人口迫切希望子女能够像户籍儿童一样享受上海的教育资源，然而，目前流动人口子女只能就读于以下五类学校：①公立小学、初中；②流出地政府在上海创办的学校；③民助自立学校；④民工子弟学校；⑤留守地乡镇村学校，而无法像上海户籍儿童一样大多就读于上海本地公办的学校，尤其是不能就读普通高中与参加高考①。在医疗保障和养老保障等方面存在同样的问题。这些方面的公共服务正是流动人口最想得到的服务，对他们来说这是最重要的领域，然而，目前这些重要领域的基本公共服务供给远远不足，均等化程度相对较低，相比而言，对于那些并不是最重要领域的公共服务如计生服务却基本已经实现均等化。

3）部分流动人口基本公共服务形同虚设

目前，由于多种原因，部分流动人口基本公共服务形同虚设，流动人口部分公共服务权益难以得到有效保障。一是供给与需求不匹配。以就业培训为例，由于大部分的流动人口从事的职业比较低端，且工种多元，而目前部分就业培训服务针对性不强，企业和劳动者双方对职业培训服务的积极性不高、迫切性不强，流动人口职业培训的实际效应与

---

① 张成钊.流动人口公共服务均等化的现实困境及政策建议[J].商界论坛，2013(18)：292.

预期存在着相当大的距离。二是部分公共服务手续比较繁琐，很难起到该有的效果。以计生服务为例，由于部分计划生育服务要具备原籍地开具的《流动人口婚育证明》及办理相关手续才能享受，部分流动人口因怕跑办事机构、开证明麻烦等，不愿意参加计划生育服务。这样，一些基本服务就成了摆设，不能很好地发挥其该有的作用。三是部分流动人口政策意识不强。仍以计生服务为例，由于流动人口的政策意识不强，尽管计划生育部门做了很多的宣教工作，但部分流动人口仍对计生服务缺乏关注，少数流动人口更是存在来沪"计划外生育"的意图，有意规避计划生育服务和管理。四是部分企业存在有法不依的现象。以社会保险为例，尽管大部分流动人员都已被纳入到社会保险制度的覆盖范围，但调查显示，仍有一些私营企业出于降低成本考虑，未依法为流动人口参与"城保"、"医保"办理手续、缴纳费用。

4）流动人口的基本公共服务不够完善

目前，上海流动人口基本公共服务已涵盖多个方面，覆盖面积与范围不断扩大，然而部分流动人口基础服务仍然不够完善。如在流动人口社会保险方面，目前虽然很多符合条件的流动人口已经能够参加本市城镇职工养老保险、城镇职工医疗保险，但对于失业保险和生育保险仍然没有形成完善的制度，流动人口很难参与这部分保险。此外，到目前为止还有相当一部分的流动人口没有被社会保险制度覆盖，尤其是那些灵活就业类的流动人口，他们仍无法参加社会保险。对于医疗保险，由于农村户籍人员的流动人口社保缴费较低，他们在医疗保险方面无法享受上海医保门诊待遇。

2. 主要挑战

1）流动人口总量有继续增加的趋势

根据中国第六次人口普查数据显示，至2010年11月上海市流动人口占常住人口总量的39%，与第五次人口普查相比，增加了551.2万人。其中，在沪居住超过6年的占到27.4%，长期居住趋势明显①。截至2012年末，上海市流动人口总数达到960.24万人，占全市常住人口的40.34%。从未来发展趋势来看，上海流动人口总量仍将继续增加。据上海市人口计生委预测，到2015和2020年，上海流动人口将分别达到1 050万左右和1 200万左右，年均增长率将逐渐降至2011—2015年的3.1%左右和2016—2020年的2.7%左右②。

图1为上海流动人口增长率与户籍人口增长率比较图。由图1可以很明显看出2012年上海流动人口增长率急剧上升，主要原因为2010年上海举办了世博会，从而吸引了大量的外来人员。由于2010年数据变化较大，为了更清楚地看清近几年上海流动人口增长率的变化情况，我们暂且忽略2010年流动人口数据，由图2可以看出上海户籍人口增长率几乎稳定在1%的水平以内，流动人口增长率则经历了先下降后上升再下降的

① 根据市人口计生委2010年抽样调查表明，外来流动人口中打算长期居住的比例为50.9%。

② 数据来源：由上海市人口计生委《本市外来人口现状及变化趋势预测》数据计算得出。

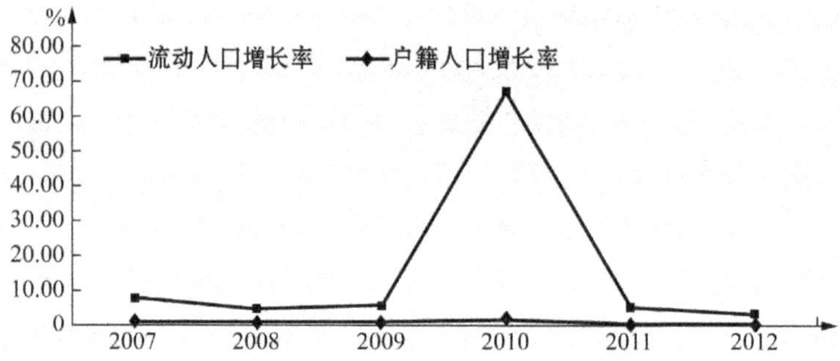

图 1 上海流动人口增长率与户籍人口增长率比较图①

趋势，然而流动人口增长率水平到了 2011 年之后才低于 3%，这进一步表明上海流动人口总量有进一步继续增加的趋势，只是增加速度在逐渐减慢。流动人口这种持续、无序、盲目的增长，将给上海基础设施配套和公共服务供给带来巨大的压力，加剧了教育、医疗等公共资源的矛盾。

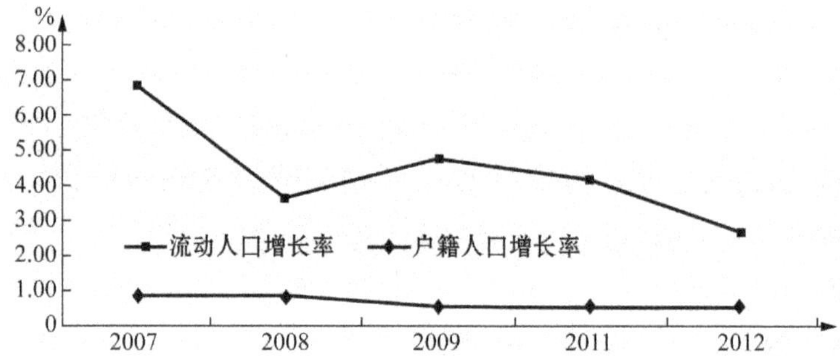

图 2 上海流动人口增长率与户籍人口增长率比较图（去除 2010 年数据）②

2）流动人口空间分布不均衡

流动人口空间分布不均衡，主要表现在两个方面：第一，从上海全市范围来看，流动人口在区与区之间分布不均，主要聚居在城郊结合地区。图 3 为 2012 年上海各区、县外来人口占全市外来人口比例。

由图 3 及近 5 年的流动人口状况可知，城郊结合区和部分远郊区是近 5 年流动人口增长最快的区域，主要包括宝山、嘉定、浦东和奉贤等区。具体看，近郊区（闵行、宝山、嘉定和浦东新区）的流动人口占全市流动人口总量的 53%③，闵行、奉贤、松江、嘉定、青浦 5 个区的流动人口已经接近甚至超过户籍人口，具体情况见图 4。

---

① 数据来源：由 2006—2012 年《上海统计年鉴》，上海流动人口总量及上海户籍人口总量数据计算所得。

② 数据来源：由 2006—2012 年《上海统计年鉴》（去除 2010 年数据），上海流动人口总量及上海户籍人口总量数据计算所得。

③ 数据来源：由图 3 闵行、宝山、嘉定和浦东新区所占份额相加而得。

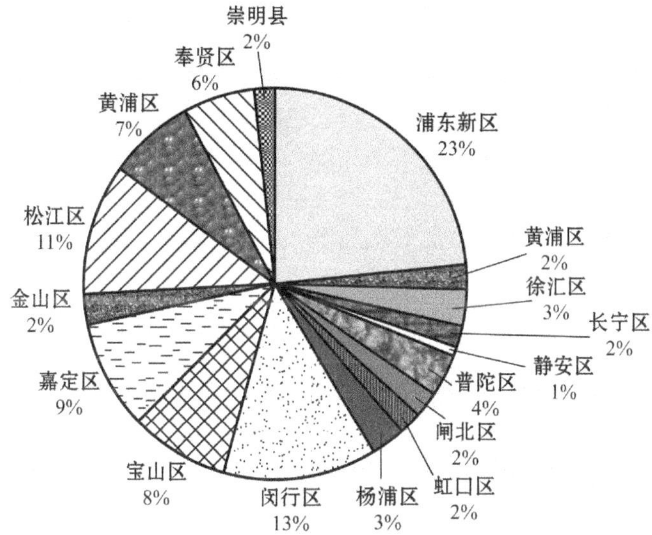

图3　2012年上海各区、县外来人口占全市外来人口比例(%)①

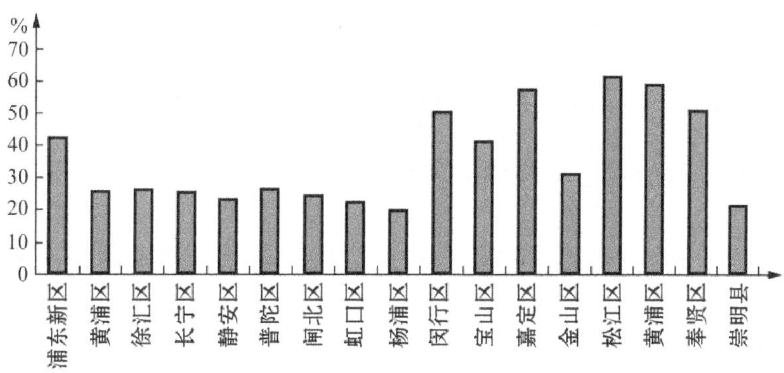

图4　2012年上海各区、县流动人口占所在区、县常住人口比例(%)②

第二,流动人口在同一区内也存在分布不均的现象,主要集聚在企业和劳动力密集的片区。例如由2010年第六次人口普查可知,宝山区内大场镇、顾村镇、杨行镇、月浦镇、罗店镇及罗泾镇集中了区内72.88%的流动人口;松江区的九亭镇、车墩镇、新桥镇、工业区的流动人口总数占到全区总量的50.88%③。流动人口的空间分布不均衡将导致区域间公共服务资源配置不均衡,对加强公共服务资源的全市统筹提出了更高要求。

最后,流动人口结构分化严重。随着流动人口的队伍不断增加,第一代流动人口正逐渐退出外来劳动队伍,新的外来人员渐渐地加入上海流动人口行列,外来人口的结构在不断发生变化,主要表现在两个方面:一方面,流动人口趋向于年轻化,以第二代农民工为代表的80后甚至90后人群将逐渐成为上海流动人口的主体。根据第六次人口普

① 数据来源:由《上海统计年鉴2012》,上海各区、县外来人口数据计算所得。
② 数据来源:由《上海统计年鉴2012》,上海各区、县流动人口及各区、县常住人口数据计算所得。
③ 数据来源:由上海宝山区、松江区统计局数据计算所得。

查数据显示，15～64 岁年龄组人口占 90.2%，与第五次人口普查的 87.5%相比，上升了 2.7 个百分点①。另一方面，流动人口的总体受教育程度有所提升。如图 5 所示，第五次人口普查与第六次普查期间流动人口受教育程度对比图可知，截至 2010 年 10 月，上海流动人口中高中及以上文化程度人口所占比重为 30.4%，比 10 年前第五次人口普查上升 15.5 个百分点；而小学及以下文化程度人口比重为 16.9%，比第五次人口普查下降 13 个百分点。

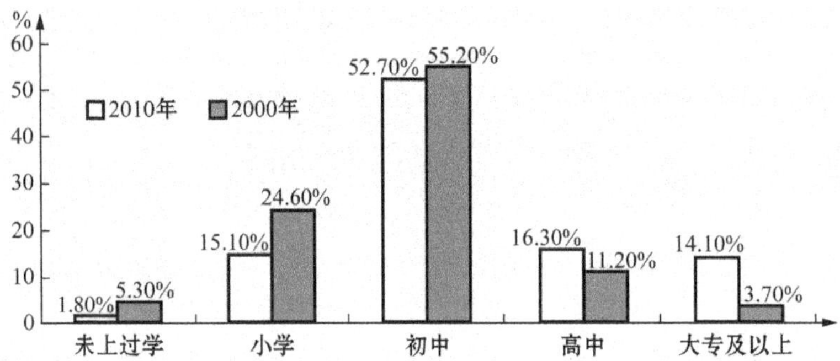

图 5　第五次人口普查与第六次普查期间流动人口受教育程度对比图②

新一代年轻化的流动人口，其受教育程度和文化水平更高、维权意识更强，要求政府加快推进基础公共服务均等化的诉求也更加强烈。

（三）分析与建议

1. 问题原因分析

1）政府部门重视不够

上海流动人口大规模涌入是近 10 年来的现象，然而，目前包括部分政府部门在内的社会各方面，对流动人口基本公共服务问题的认识仍然比较模糊，对流动人口给城市带来的利弊得失认识不足，同时对流动人口公共服务的重视不够。虽然近年来政府部门已日益认识到流动人口的重要性，但仍有部门和领导仅把流动人口当做控制和管理的对象，而不是服务的对象，他们较多考虑的还是流动人口对城市稳定和公共资源的冲击以及给本部门工作带来的压力，而没能充分认识到流动人口的重要性以及流动人口对城市的贡献。同时，政府部门出于对短期财力限制和预算约束的考虑，在实践中往往仅以户籍人口作为政策对象，对流动人口公共服务问题考虑不足。此外，在实际工作中，很多政府工作人员服务意识淡薄，甚至在与流动人口接触中态度恶劣，把为流动人口提供公共服务当成一种施舍或者恩赐，导致很多流动人口不愿意去使用政府提供的公共服务。

① 数据来源：由上海统计局第六次及第五次人口普查数据所得。

② 数据来源：由上海统计局网站第六次及第五次全国人口普查数据所得。

2）制度设计不合理

制度设计不合理主要表现在以下三个方面：

第一，户籍制度改革缓慢。上海流动人口与本地户籍人口在享受基本服务上的差异的根本原因在于传统的户籍制度。随着改革开放的进行，传统的户籍制度弊端不断凸显。仅就基本服务均等化方面来说，上海户籍不仅是作为上海人的证据，还是巨大权益与福利的象征，上海户籍制度使得城市流动人口与有户籍居民之间在社会保障、医疗卫生、社会保险、教育、住房等方面形成很大的差距，形成两个相对独立的单元。改革开放以来，国家虽采取了一系列户籍迁徙政策，但总体而言，我国的户籍制度以及其后所附着的福利改革进程缓慢，从而制约着我国流动人口基本公共服务均等化的进程。

第二，财政体制不够完善。自 1994 年分税制改革以来，包括上海市在内的省级及市级政府面临着巨大的财政压力。首先，地方政府不仅要在中央集中一部分财力，还要对共享收入和地方固定收入进行分成，面临着层层集中财政收入的压力。其次，地方政府还面临着上级财政负担下放的压力。再次，地方政府财政支出责任不断加大，自分税制改革以来，对于中央出台的一些惠民政策要靠地方自行消化，这无疑进一步加剧了地方财政困难。最后，对于流动人口基本公共服务的建设则更是属于地方政府的财政支出范围。因此，财政的巨大压力使得部分地方政府在对流动人口公共服务供给的问题上，不得不考虑成本，而最终造成政策落实的缩水。

第三，缺少规范性的法律法规。我国有关流动人口的法律法规大都是以限制性规定为主，缺少关于流动人口基本公共服务方面的法律法规，而这方面的法律法规多以地方为主，而不同的地方法律法规有所不同，比较杂乱无章，缺乏全国统一性综合性的法律法规。而就上海有关流动人口基本公共服务来说，法规覆盖面还不够全面，在有些方面，往往是问题出现了才想着去解决。另外，还存在一些政府部门在推进公共服务进程中不按照规章制度进行的现象，从而导致了有些规章制度失去了其应有的效力。不仅如此，部分企业还存在有法不依的现象。

同时，在以经济建设为中心的体制下，以 GDP 为核心指标的地方政府绩效考核体系，驱使地方政府将有限的财力投入到有利于经济发展的领域，对公共服务形成挤占效应，对于不属于本地人口的流动人口的公共服务则更是无心或无力兼顾。

3）服务管理体制不健全

目前，上海虽然在推进流动人口基本公共服务进程中不断探索，在医疗保障、就业服务、计划生育等方面有了很大的成就，然而总体来看，上海在流动人口公共服务方面较多地是从部门角度进行推进的，还缺乏全市性、系统性的体制安排。

第一，缺乏一个综合性协调管理部门。流动人口的公共服务是一项系统工程，涉及公安、民政、教育、卫生、计生、劳动等多个职能部门，但目前上海在此领域还没有一个综合性的管理部门，很难进行统筹把握。各部门拥有各自独立、层级健全的统计系统、信息网络和机构队伍，由于缺乏部门间的共享，相关服务系统、网络、机构、队伍等不能充分共享,使得一些资源和工作重复进行,形成资源浪费。由于各部门之间缺乏协调,可能导致部分部门之间相关政策的重叠和掣肘情况的发生,这在很大程度上弱化了公共服务的供给能力,减弱了公共服务应有的福利效应。

第二,缺乏一套统一的流动人口信息管理系统。目前基本公共服务的均等化工作还缺少一套统一的信息管理系统,这在很大程度上制约着流动人口基本公共服务均等化的进程。由于缺乏一套完整的信息管理系统,使得统计、公安、民政、人力资源和社会保障、人口计生对流动人口在统计时间、空间以及统计对象的年龄、流动状态等方面设定的口径标准并不统一,导致各部门之间的数据对接和比对存在较大困难。另一方面,由于各部门都要自行进行人口信息的采集,形成重复交叉工作严重,造成人力财力的极大浪费。

第三,缺乏一支高效的服务流动人口的基层队伍。上海市流动人口截至2012年底已占上海常住人口的40.34%,其数量之大由此可知,而流动人口的工作更涉及方方面面,然而,目前来看,上海对于流动人口服务管理的基层力量还相当薄弱,缺乏一支高效稳定的服务基层队伍。

第四,政策供给及执行存在问题。上海流动人口基本公共服务的进程中政策的供给与执行起到了关键性的作用,但由于多种原因,导致部分公共服务没有得到完全的执行贯彻,流动人口部分公共服务权益难以得到有效保障。一是有些政策较为原则化,没有对具体的做法进行明文规定,操作性不强,部分政策流于形式。二是具体的政策供给与需求之间的不匹配,有些政策表面上是保护流动人口的权益,但实际上造成供给与需求方面脱节,对于流动人口来说实用性并不高,他们参与的积极性就不高。三是政策执行不到位,为了推进上海流动人口公共服务均等化建设,上海市政府出台了大量的政策,然而在执行方面却与制定的政策不相挂钩,甚至出现落空的现象。

2. 对策建议

流动人口基本公共服务均等化是当前我国各大城市所面临的一个重大现实问题,实现流动人口基本公共服务均等化不仅需要政府部门的重视,还需要制度、体制以及政策的合理设计与有效执行。结合美国、日本和欧盟等发达国家基本公共服务均等化的经验,以及我国地方政府,如北京、嘉兴、无锡和广东等地的创新实践,针对上海市流动人口基本公共服务均等化存在的问题,我们提出以下对策建议:

1) 提高政府服务意识,重视流动人口问题

要真正实现流动人口基本公共服务均等化,首先,政府部门必须正确认识流动人口的重要性以及流动人口对城市经济发展的贡献,消除以往对流动人口的偏见与歧视。其次,政府各工作部门及相关人员应提高自身服务意识,从思想深处改变对流动人口实际上“管理”和“控制”的观念,树立“服务优先”的意识,充分发挥服务型政府的职能。最后,政府应重视流动人口基本公共服务供给问题,将流动人口纳入到基本公共服务体系当中,切实保障流动人口基本权利。

2）加强流动人口基本公共服务均等化制度建设

要实现流动人口基本公共服务均等化的目标必须加强相关制度建设，主要从以下三点出发：

第一，加快户籍制度改革。2009 年 2 月 23 日，上海启动第四次户籍制度改革，推出“居住证转户籍”模式①。该模式为流动人口加入上海户籍开辟了一条道路，但由于条件要求较高(如居住证需达到七年、申请人员必须是中级职称或以上等)，实际达到要求的人数并不多，大部分流动人口被拒之门外。2013 年 6 月，上海再次提出居住证积分制管理模式，成为中国内地首个对外来人员实行积分制管理的城市。外来流动人口持有居住证并且总积分达到标准分值 120 分，就可以享受到与上海户籍居民基本相同的公共服务待遇，此外，还可以通过一定的指标积分实现积分落户。然而，由于大量流动人口文化层次较低，无法拿到 120 分的标准分，而被挡在基本公共服务的门外②。因此，上海应加快推进户籍制度改革，重点完善居住证制度，建立流动人口租房、就业以及享受公共服务的制度基础，进一步减弱户籍制度对流动人口基本公共服务的限制，实现流动人口基本公共服务均等化。我们认为可以根据来沪人员综合素质和实际贡献情况，科学设定评分指标体系，对指标累计积分合理划分积分段，由低到高分别对应不同类别的居住证，作为提供公共服务的基础依据，实现流动人口科学分类。

第二，完善财政体制。首先，规范财政转移支付制度，在实现流动人口基本公共服务均等化的过程中，在明确中央、省及市所需承担责任的基础上，明确中央政府在流动人口公共服务供给方面的责任，并落实为具体的财力配置，扩大公共服务供给资金来源。其次，通过整合现有公共资源，减轻财政支持负担，以教育为例，可通过鼓励民间力量办学等方式整合现有资源，达到减轻财政支出压力的目的。最后，将流动人口基本公共服务项目开支列入公共财政预算中，建立以政府为主导、公共财政为主体的基本公共服务均等化经费投入机制，以此来保障流动人口基本公共服务投入，此外，可根据流动人口数量及需求变化，动态调整经费预算，逐步促进流动人口达到户籍居民投入标准。

第三，完善流动人口法律法规。目前，上海流动人口法律法规中以卫生、计生类居多，而其他方面相对较少，如流动人口子女教育、居住等方面的法律法规相对缺乏。要提高流动人口公共服务供给的质量，实现流动人口基本公共服务均等化，就必须首先从法律层面上保护流动人口的基本权益，完善流动人口相关法律法规。一方面，扩大流动人口法律覆盖面积，将法律覆盖到流动人口的计生、教育、医疗卫生、社会保障、就业以及居住等各个方面，明确流动人口各方面的权利与义务，切实保障流动人口能够真正享受到法律赋予的基本权利。此外，立法者还应改变以往立法的角度，从以往以管理为主转变为以服务为主，以适应当前政府职能转变的大趋势。另一方面，要及时调整或废除过时

---

① 王唯奇.法律视野下的我国户籍制度改革与完善[D].中央民族大学，2009.

② 熊晓辉.上海居住证“积分制”破题户籍制度改革[N].中国经营报，2013-07-06.

的、不适应的法规，并对各区、县对流动人口带有歧视性的政策和法规进行清理，制定上海市统一的流动人口管理的法律规定[①]。

3）健全流动人口服务管理体制

第一，加强部门协调，建立流动人口综合协调机构。上海在流动人口的管理方面现采用的是无锡式的“大人口机构统筹型”的服务管理体制，我们认为可以将这一职能赋予某一政府部门，如发改委，统一流动人口综合协调机构的职责，负责统筹协调全市流动人口基本公共服务均等化工作，具体包括流动人口公共服务相关各部门资源的整合、各部门工作的综合协调、政策的制定和完善等，形成从市级到基层层次分明、职责明确、协调统一的流动人口服务管理体系。从而有利于加强各部门的统筹协调，提高流动人口服务管理效率。

第二，强化信息共享，构建流动人口综合服务管理信息平台。在上海市实有人口信息管理系统(二期)工程的基础上，进一步整合协调各部门资源，形成统一的流动人口综合服务管理信息平台，供各部门信息的采集和使用[②]。该信息平台横向连通公安、计生、民政、教育、社保、税务、卫生、工商、房管等部门的现有信息管理系统；纵向连接各区县、街道(镇)和社区(村)，并涵盖流动人口在上海就业、居住、教育、就医、纳税、社保以及社会贡献等相关信息，为上海市加强流动人口服务和管理提供强有力的信息支持。

第三，统筹人力资源配置，加强流动人口服务管理队伍建设。一方面，结合流动人口空间分布情况和未来增长趋势，测算编排岗位，从整体上统筹人员编制，确保流动人口服务管理人员数量。对于重点区域、重点领域、重点部门在配置服务及管理人员方面可采用优先配置；对于基层人员配备、队伍建设上应给予重点支持。另一方面，加强服务管理人员的学习与培训，建设专业性的流动人口服务管理队伍，提高流动人口服务管理质量。政府财政方面可增加对流动人口队伍建设方面的财政划拨，尤其是对基层人员必要的经费划拨。

第三，建立分层分类的公共服务模式。实现流动人口基本公共服务均等化并不是简单的无差异化，而是在承认差异化的前提下，保障居民都享有一定标准之上的基本公共服务[③]。在公共服务均等化与差异化相结合的基础上，考虑上海实际公共服务资源的供给能力，构建分类分层的流动人口基本公共服务模式。该模式分为两层：第一层为免费的、无差别供给的公共服务，如文化公共资源(图书馆、博物馆、文化馆等)、卫生公共资源及义务教育等；第二层为差别化的公共服务供给，包括养老、医疗、保险、住房、保障等较优质的公共资源，根据流动人口的分类提供不同的公共服务。

第四，拓展多元化服务供给渠道。根据不同公共服务内容，拓宽多元化供给渠道。

---

① 引自：流动人口管理 http://www.doc88.com/p-1764773474234.html

② 梁德阔.上海破解“新二元结构”难题研究[J].华东经济管理，2012(12)：1-4.

③ 刘玉博，向明勋，李永珍.上海市闵行区推进流动人口基本公共服务均等化研究[J].上海经济研究，2011(11)：91-98.

一是最基本的公共服务如传染病防治、免费计生、社会保障等服务由政府直接提供。二是在义务教育、医疗卫生服务、就业服务等领域，通过政府购买、政府参股等形式，将原先由政府承担的部分职能交由市场主体行使，形成以公共财政为主体、社会各方共同参与的流动人口基本公共服务均等化工作资金投入机制。三是充分放宽基本公共服务投资的准入限制，鼓励社会参与，推进流动人口基本公共服务项目化，提高项目运作水平，充分发挥社会组织、社会工作者的积极作用，促进公共服务领域市场竞争机制的形成。

4）完善流动人口服务供给政策，提高政策执行效果

第一，完善流动人口公共服务政策供给。在政策供给方面，争取做到以下三点：一是在各个部门的现行政策基础上，依据现行流动人口公共服务规划，统一出台针对流动人口基本公共服务的综合政策安排；二是将流动人口纳入城市总体规划体系，重点加大对流动人口教育、居住、医疗等公共服务相关政策方面的支持力度，确保政策供给与需求相匹配，从实质上解决流动人口面临的根本问题；三是在政策的制定方面，尽量具体化、详细化，以便于操作，对于一些只能是原则性的规定，要制订相应配套办法，以免制度流于形式。

第二，提高政策执行效果。在政策执行方面，可采用多种方式提高政策执行效果。一是制定整体规划计划。上海可以借鉴广东的做法，制定《上海流动人口基本公共服务均等化规划》，可在此基础上分部门、分区县，制定相应三年计划，有序推进均等化工作。二是明确职责分工。明确相关部门及人员在政策执行过程中的基本职责，提高执行人员素质，确保政策能够顺利执行。三是强化考核评价机制。在细化、量化工作任务及落实工作职责的基础上，制定流动人口基本公共服务均等化评价、监督、考核机制。

（执笔：张恒龙）

参考文献

[1] 陈丰.流动人口跨地区服务管理机制衔接研究[J].社会科学，2014(1):91-98.

[2] “大人口机构统筹型”管理体制探索课题组.变革中的抉择——无锡模式：“大人口机构统筹型”服务管理体制新探索[J].人口与计划生育，2009(5):9-11.

[3] 冯广圣.新时期农民工媒介形象的内容分析——以《羊城晚报》为例[J].梧州学院学报，2013(2):58-67.

[4] 郭宏斌.当前我国城市流动人口服务管理模式与发展趋势[J].中共四川省委党校学报，2012(1):80-83.

[5] 胡桂兰，方芳.农民工居民化服务管理创新：嘉兴的实践[J].农业经济问题，2012(5):53-58.

[6] 黄桂荣.从管理体制创新看流动人口基本公共服务均等化[J].岭南学刊，2012(4):26-31.

[7] 接栋正.发达国家人口管理办法对我国的启示与思考[J].人口与经济，2008(4):6-9.

[8] 梁德阔.上海破解“新二元结构”难题研究[J].华东经济管理，2012(12):1-4.

[9] 李树成.上海市推进流动人口计生基本公共服务均等化[N].中国人口报，2011-9-20.

[10] 李晓霞.融合与发展：流动人口基本公共服务均等化的思考[J].华东理工大学学报(社会科学版)，2014(2):110-116.

[11] 刘玉博，向明勋，李永珍. 上海市闵行区推进流动人口基本公共服务均等化研究[J]. 上海经济研究，2011(11)：91-98.

[12] 王唯奇. 法律视野下的我国户籍制度改革与完善[D]. 中央民族大学，2009.

[13] 熊晓辉. 上海居住证“积分制”破题户籍制度改革[N]. 中国经营报，2013-07-06.

[14] 尹德挺. 人口有序管理的国际经验与中国实践——基于流动人口服务管理的视角[J]. 人口与经济，2012(2)：18-24.

[15] 张成钊. 流动人口公共服务均等化的现实困境及政策建议[J]. 商界论坛，2013(18)：292.

[16] 张辉，邵灵华. 流动人口抱团组织的引导和管理[J]. 浙江经济，2012(15)：48-49.

[17] 张建斌. 浅析城市流动人口对城市发展的影响及其管理[J]. 学术论坛. 2007(13)：171.

[18] 张立明，马勇. 流动人口对武汉城市建设和发展的影响与对策研究[J]. 南方人口，1996(4)：32-40.

[19] 张瑞. 中国流动人口管理与服务问题研究综述[J]. 山西大同大学学报(社会科学版)，2012(6)：17-22.

[20] 赵明，朱志军. 论城市化与流动人口[J]. 城市规划，1998(1)：8-12.

[21] 朱少雄，范雪佳，杨朝仁. 城市流动人口服务管理模式研究[J]. 特区实践与理论，2011(3)：70-73.

[22] “专门机构协调型”服务管理体制探索课题组. 变革中的抉择——嘉兴模式：“专门机构协调型”服务管理体制新探索[J]. 人口与计划生育，2009(12)：10-12.

“中国城市服务经济指数·2014”

发布和分析报告

2014年已是编制“中国城市服务经济指数”的第七个年头。七年来，我们始终怀揣着探索、开拓和创新的理念，力求通过不断改进指标体系，来使这项工作日趋完善，真正做到为各有关城市制定发展战略和相关政策提供依据，进而为中国服务经济的健康持续发展提供智力支持。

一、排名及简要分析

表1 “中国城市服务经济指数·2014”排名

城市	城市服务经济指数①	排序	城市	城市服务经济指数	排序
北京	1.7364	1	长沙	−0.1339	19
深圳	1.6888	2	福州	−0.1947	20
上海	1.3271	3	银川	−0.2017	21
广州	1.0667	4	昆明	−0.2177	22
杭州	0.2193	5	太原	−0.2188	23
天津	0.2128	6	西安	−0.2971	24
南京	0.2066	7	重庆	−0.3396	25
厦门	0.1281	8	贵阳	−0.3508	26
呼和浩特	0.0911	9	郑州	−0.3644	27
济南	0.0740	10	合肥	−0.3732	28
大连	0.0353	11	哈尔滨	−0.4012	29
青岛	0.0153	12	长春	−0.4836	30
武汉	−0.0057	13	兰州	−0.4911	31
成都	−0.0522	14	石家庄	−0.5004	32
沈阳	−0.0971	15	南昌	−0.5354	33
宁波	−0.0987	16	西宁	−0.5884	34
海口	−0.1314	17	南宁	−0.5908	35
乌鲁木齐	−0.1335	18			

表1，是“中国城市服务经济指数·2014”的排名。我们运用2010年的数据，对中国35个城市（直辖市、省会和自治区首府市、计划单列市，除拉萨市）的服务经济发展状况进行了总体排名。从这张表中可以看到各城市服务经济发展水平在全国的位次，也可以看到各城市以及区域在服务经济发展方面的差距。从该表不难发现，各城市之间的服务经

---

① 由于26个指标的数据不属于同一量纲，因此在运算之前需要对指标进行无量纲化处理，这里，我们采用了正规化的标准化方法，将数值标准化到0～1的范围内，即：$x'_{ij}=(x_{ij}-x_{\min j})/(x_{\max j}-x_{\min j})$若$x_{\max j}-x_{\min j}=0$，令$x'_{ij}=0$。经过无量纲化处理后，有些数据会变成负数。将这些无量纲化数据输入SPSS软件运算，采用四次方最大法（Quartimax）进行旋转，再经计算便得到表1中的“城市服务经济指数·2014”得分，其中：一些负值得分表示该城市在所有被选城市中的相对低位，即：处于平均水准之下，并不代表其综合水平为真正的负值，它们只是一些具有可比性的数值，仅为排名提供依据。

济发展水平存在相当大的差距。其中，排名前两位的北京和深圳与排名最后一位的南宁市，绝对值分别相差 2.33 和 2.28。不仅如此，北京、深圳、上海和广州四个城市的服务经济发展水平已经远超出其他 31 个城市。通过聚类分析可知，北京和深圳的城市服务经济指数得分相近，归为一类；上海和广州也可以归为一类。

二、指标体系与脸谱图

2014 年，我们继续沿用 2013 年改进过的指标体系，即：5 大类，26 个指标（参见表 2）。为了进一步直观地反映各个城市在不同指标方面所具有的优势和劣势，我们继续运用脸谱分析，根据我们设计的“城市服务经济指数”指标体系，建立与脸谱图多元统计模型的变量转换关系。

（一）指标体系

表 2 “中国城市服务经济指数·2013”的指标体系

分类指数	指标名称	指标涵义	计算公式
1 规模指数	1.1 服务业增加值	反映服务业总体发展规模	服务业增加值
	1.2 服务业就业人员	反映服务业就业规模	服务业就业人口
	1.3 社会消费品零售总额	反映城市商业服务能力	社会消费品零售总额
	1.4 交通运输仓储业增加值	反映城市物流服务能力	交通运输仓储业增加值
	1.5 金融业增加值	反映城市金融服务能力	金融业增加值
	1.6 信息传输、计算机服务和软件业增加值	反映城市软件、信息和计算机服务能力	信息传输、计算机服务和软件业增加值
2 结构指数	2.1 服务业增加值占 GDP 比重	反映服务业在三次产业产出结构中的状况	服务业增加值/地区生产总值
	2.2 服务业从业人员占比	反映服务业吸纳就业的水平	服务业从业人员数/城市常住人口
	2.3 生产性服务业占比	反映生产性服务业的水平	生产性服务业增加值/服务业增加值
	2.4 城镇居民服务性消费支出占人均消费性支出的比重	反映服务性消费的水平	城镇居民服务性消费支出/人均消费性支出
3 效率指数	3.1 服务业劳动生产率	反映服务业的效率水平	服务业增加值/服务业从业人员年平均人数
	3.2 服务业区位熵	反映城市产业结构中服务业相对的倾斜度和专门化程度（人口角度）	（某城市服务业增加值占全国服务业增加值之比）/（该城市常住人口占全国总人口之比）
	3.3 服务业专门化率	反映城市服务业专门化程度（产出角度）	（某城市服务业增加值占全国之比）/（该城市总产值占全国总产值之比）
	3.4 服务业集聚度	反映单位面积的服务业产出水平	服务业增加值/城市面积
	3.5 人均服务业增加值	反映服务业发展实力	服务业增加值/城市常住人口

（续表）

分类指数	指标名称	指标涵义	计算公式
4 环境指数	4.1 政府机构规模指数（逆）①	政府机构规模的大小	公共管理和社会组织从业人数/总人口
	4.2 地方法规条例健全程度	城市地方法规条例健全程度	来自中国城市竞争力年鉴
	4.3 政策法规透明度	市民对法制的了解程度	
	4.4 政府执法能力	城市政府执行法制能力	
	4.5 政府办事效率	城市政府办事环节多少及时滞	
	4.6 民众对政府的满意度	市民对政府的满意程度	
5 潜力指数	5.1 城市化率	反映城市化水平。城市化是服务经济的重要前提	非农业人口/城市年末总人口
	5.2 信息服务水平	反映信息服务提供能力。信息化是服务经济的技术平台	固定电话、互联网用户和移动用户的普及率（用户数/城市常住人口）
	5.3 最具公共服务性质的人均财政支出	反映政府公共服务水平。公共服务是服务经济的制度平台	（各项相关的政府财政支出之和）/城市常住人口
	5.4 外贸依存度	间接反映服务经济的开放水平	进出口贸易总额/地区生产总值
	5.5 专业技术人员密度	反映人力资本对服务业的支撑作用	专业技术人员数/城市常住人口

（二）脸谱图的理论分析②

脸谱图由 Chernoof H. 于 1970 年提出，其思想是将每个指标用人脸形的某一部位的形状或大小来表达，这样利用 p 个指标的数值就可以勾画出一个人的脸谱，利用这些脸谱之间的差异，就反映了所对应的样本之间的差异，利用脸谱图的直观性，可以为我们的数据分析带来极大的方便。下面介绍的是 Chernoof 脸谱图的指标含义及其与“中国城市服务经济指数”的指标对应。

Chernoof 脸谱图的绘制方法如下。假设有一个多维数据集 $\{x_j \in R^d, j=1,2,\cdots,N\}$，若直接对每个原始数据做脸谱图通常没有实际意义，需要把各变量变换到预定义的区间，其线性变换公式为：

$$x'_{ij}=a_j+(b_j-a_j)\frac{x_{ij}-x_{\min j}}{x_{\max j}-x_{\min j}}$$

式中，$j=1,2,\cdots,N$，x'_{ij} 表示第 j 个样本第 i 个变量的原始数据，$x_{\min j}$ 和 $x_{\max j}$ 分别表示所有样本中第 i 个变量的最小值和最大值，a_j 和 b_j 为区间上下限。最终所有 x'_{ij} 都落入区间 $[a_j, b_j]$，一般 $a_j=0.05$，$b_j=0.95$。

整个脸谱图的各部位，可以用 18 个变量 $X_1, X_2, \cdots, X_{18}$ 刻画出来，当变量 $p=18$ 时，

① 指标后面的“逆”表示该项指标的实际值越高，其对系统的负作用越大。我们已对其作了调整，即求倒数的方式。这样，通过调整使具有“逆”作用的指标和其他的指标保持同一。

② 参考资料：方开泰. 实用多元统计分析[M]. 上海：华东师范大学出版社，1989.

可以将脸谱中某 n 个部位采用某一固定常数或者标准脸谱参数；当 $p>18$ 时，可以考虑将脸谱中再增加一些部位，或者将关系系数较大的变量进行合并，使得 $p=18$，并且，记标准脸谱的 18 个变量为 $Z_1, Z_2, \cdots, Z_{18}$。

需要说明的是，本报告中我们采用的分析软件是 S-Plus，该软件提供的脸谱图的做法只有 15 个变量，因此，在对所有 25 个指标变量进行合并处理之后，我们选取了 15 个指标。因此，这里需要对这 15 个指标变量的含义做简单解释（详见表 3）。

表 3　15 个指标变量在脸谱图的含义

变量代码	含　义	变量代码	含　义
Z_1	脸的大小	Z_9	眼睛的角度
Z_2	脸的形状	Z_{10}	眼睛的形状
Z_3	鼻子的长度	Z_{11}	眼睛的宽度
Z_4	嘴的位置	Z_{12}	眼珠的位置
Z_5	嘴(笑或怒)的弯度	Z_{13}	眉毛的位置
Z_6	嘴的宽度	Z_{14}	眉毛的角度
Z_7	眼睛的位置	Z_{15}	眉毛的宽度
Z_8	两眼之间的距离	—	

（三）脸谱分析的应用

根据我们设计的“城市服务经济指数”指标体系，建立与脸谱图多元统计模型的变量转换关系。具体过程如下：先把原始数据标准化（采用正规化标准方法）后，根据各个子要素分别对各自所包含的指标进行等权综合，然后得到 15 个方面的竞争力得分。根据这 15 个方面的分值情况，我们在脸谱图的 15 个变量中对应表示指标体系中的子要素。有关城市服务经济指数每个子要素对应脸谱的各个部位，参见表 4。

表 4　脸谱中的特定位置所指代的含义

变量代码	含　义	子要素
Z_1	脸的大小	服务业增加值
Z_2	脸的形状	社会消费品零售总额
Z_3	鼻子的长度	金融业增加值
Z_4	嘴的位置	信息传输、计算机服务和软件业增加值
Z_5	嘴(笑或怒)的弯度	服务业就业人员
Z_6	嘴的宽度	交通运输仓储业增加值
Z_7	眼睛的位置	人均服务业增加值
Z_8	两眼之间的距离	区位熵
Z_9	眼睛的角度	地方法规条例健全程度

（续表）

变量代码	含　义	子要素
Z_{10}	眼睛的形状	服务业从业人员占比
Z_{11}	眼睛的宽度	政府执法能力
Z_{12}	眼珠的位置	政策法规透明度
Z_{13}	眉毛的位置	最具公共服务性质的人均财政支出
Z_{14}	眉毛的角度	城市化率
Z_{15}	眉毛的宽度	城镇居民服务性消费支出占人均消费性支出的比重

依据上文的设置，我们对35个城市服务经济指数脸谱图评价如图1所示。

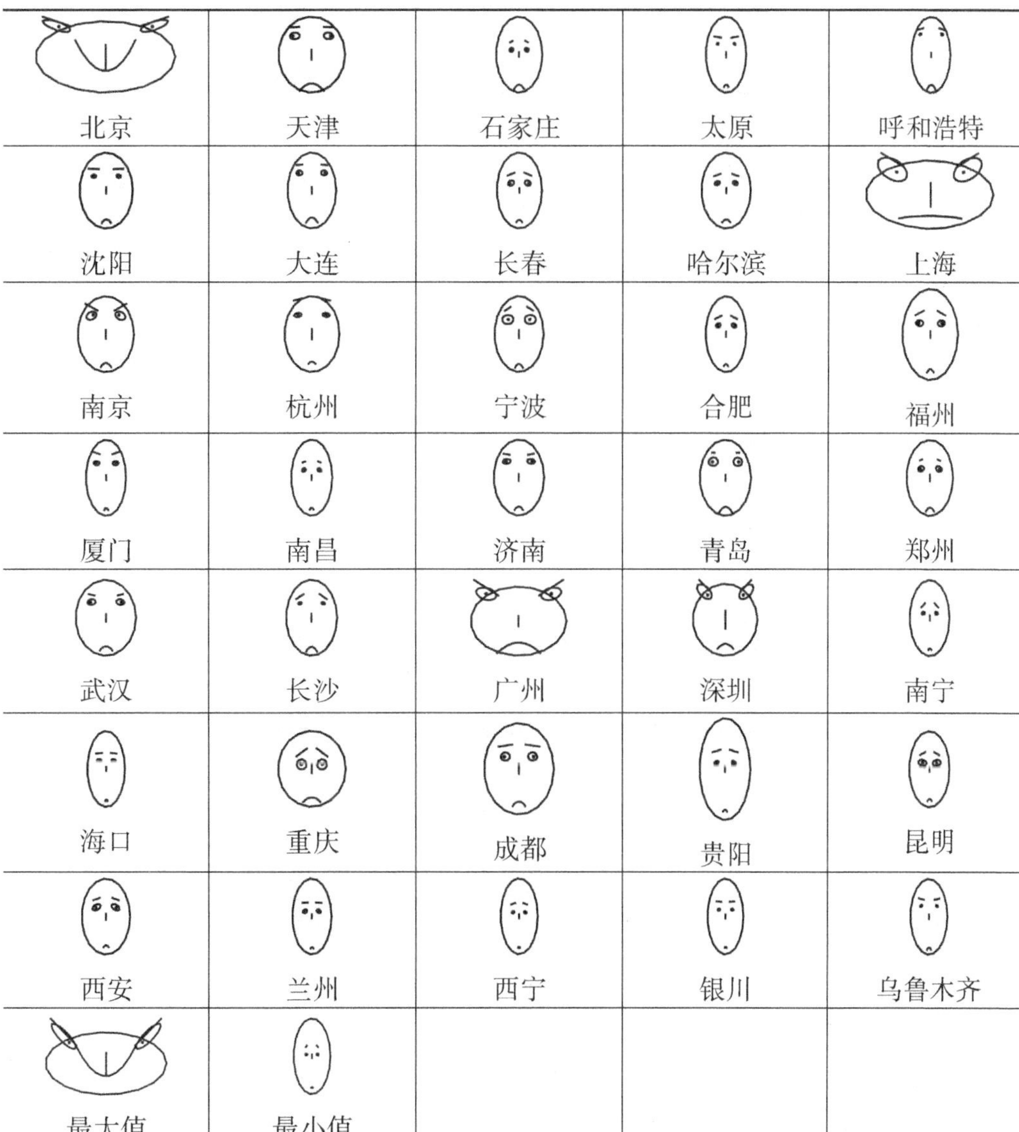

图1　35城市脸谱图

同时，取出每个要素中的最大、最小值做出城市服务经济指数最好和最差的脸谱图，可以看出，上述脸谱图很能直观地评价出35城市之间的服务经济发展的差异和优劣势特征的区别。

对照图1中35个城市服务经济指数的脸谱图不难发现，总体而言，北京、深圳、上海和广州四个城市均表现出色，其中：北京、深圳和上海的脸谱虽有个别部位接近最大值的脸谱图，但是仍旧存在差异；而南宁和西宁的排名虽然分列倒数一二位，但仍然与最小脸谱图有较大不同。接下来，我们将对照服务经济指数的脸部部位，对35个城市做出解析。

(1) 脸的大小和脸的形状。这两个指标分别表示各个城市的服务业增加值和社会消费品零售总额。对照“最大值”和“最小值”两个脸谱，可以看出：北京、上海、广州和深圳4个城市表现相对较好，其中：北京和上海的脸最大、最宽，表示北京和上海在这两方面的竞争力优势最强。

(2) 鼻子的长度。这个部位代表金融业增加值，鼻子越长表示该城市的服务业区位熵越大。对照图1的脸谱可以看出，上海、北京、深圳、广州这4个城市在金融业增加值方面的竞争力相对较好，其中：上海在这方面最具竞争力。

(3) 嘴的位置。这个部位代表各个城市信息传输、计算机服务和软件业增加值的大小，嘴的位置越高表示该方面的表现越好。从上面的脸谱图中不难看出，这方面较好的城市是上海、广州、北京了，其中：上海在这方面最具竞争力。

(4) 嘴的弯度和嘴的宽度。这两个部位表示各城市的服务业就业人员和交通运输仓储业增加值，若这两个指标值越大，则嘴的宽度和弯度越大；反之，嘴的宽度和弯度越小，则表示这两个指标的值也越小。结合各城市脸谱图不难发现，除北京、上海、广州3个城市外，其余城市在这两方面的表现都不是十分明显，尤其是嘴的宽度。

(5) 眼睛的位置。这个部位代表各个城市的人均服务业增加值水平，眼睛越高表示该城市的人均服务业增加值水平越高。可以看出，北京、广州、深圳和上海4个城市在该指标的表现较好，即眼睛的位置较高。

(6) 两眼之间的距离。这个部位表示各城市的区位熵，即：两眼之间的距离越宽，表示各城市的区位熵水平越高。结合脸谱图可知，35个城市中两眼之间距离较大的城市有北京、广州、深圳、上海和呼和浩特5个城市。

(7) 眼睛的角度和形状。这两个部位分别代表各个城市地方法规条例健全程度和服务业从业人员占比的大小。一般来讲，眼角往上吊的、眼睛较大的(即：眼位置的纵坐标越大)表现较好。结合图1的脸谱图，35个城市中这两方面表现较好的有深圳、上海、北京和广州4个城市。

(8) 眼睛的宽度。这个部位代表各城市政府执法能力的大小，眼睛的宽度越大，即：眼位置的横坐标越大，表示该城市政府执法能力越大。在35个城市中该方面表现较好的城市有深圳、上海、宁波、广州和北京5个城市。

(9) 眉毛的位置。这个部位代表各个城市最具公共服务性质的人均财政支出的大小,眉毛的位置越高,表示该城市最具公共服务性质的人均财政支出越大,结合脸谱图可知,35 个城市当中表现较好的城市有杭州、北京、上海、深圳和厦门,其中,杭州脸谱图中眉毛的位置最高。

(10) 眉毛的角度。这个部位代表城市化率的大小,眉毛的倾斜角越大,表示该城市的城市化率越高,不难看出,深圳、广州、上海、南京、厦门、北京 6 个城市在这方面表现良好,其中:深圳和广州在这方面的表现尤为突出。

(11) 眉毛的宽度。这个部位代表各个城市在城镇居民服务性消费支出占人均消费性支出比重方面的表现,一般来说,眉毛越宽,表示该城市在服务性消费支出占比方面的数值越高,结合图 1 不难发现,在 35 个城市中该方面表现较好的有广州、南京、深圳、北京 4 个城市。

数据分项说明

(1) 数据来源:《中国城市统计年鉴 2011》、《中国区域经济统计年鉴 2011》、《中国城市竞争力年鉴 2011》、《中国工会统计年鉴 2011》、《中国城市年鉴 2011》、《中国统计年鉴 2011》、35 个城市 2010 年统计公报以及 35 个城市 10 年的城市统计年鉴。

(2) 财政数据源于华通数据库。

“长三角30城市服务经济指数·2014”

发布和分析报告

2014 年已是编制和发布“长三角城市服务经济指数”的第七个年头。七年来，随着长三角城市经济协调会的三次扩容，我们的研究对象也在不断“纳新”。2014 年的研究对象依旧沿用 2013 年扩容后的“22＋8”个城市。另外，在指标体系方面，则采用“中国城市服务经济指数”的指标体系，即 5 大分类，26 个分项指标。

一、排名及简要分析

表 1 “长三角 30 城市服务经济指数 · 2014”排名

城　市	城市服务经济指数①	综合排名	城　市	城市服务经济指数	综合排名
上海	2.7244	1	嘉兴	−0.2397	16
南京	0.8935	2	衢州	−0.2549	17
杭州	0.6440	3	泰州	−0.2584	18
常州	0.5408	4	连云港	−0.2599	19
苏州	0.3220	5	湖州	−0.2711	20
宁波	0.3149	6	台州	−0.2881	21
舟山	0.3115	7	南通	−0.2975	22
无锡	0.1054	8	盐城	−0.3619	23
温州	0.0782	9	宿迁	−0.3620	24
金华	0.0175	10	扬州	−0.3738	25
合肥	−0.0312	11	滁州	−0.3880	26
徐州	−0.0355	12	淮安	−0.4217	27
丽水	−0.0869	13	芜湖	−0.4665	28
镇江	−0.1546	14	马鞍山	−0.4927	29
绍兴	−0.1924	15	淮南	−0.7152	30

表 1 所示，是“长三角 30 城市服务经济指数 · 2014”的排名。我们运用 2011 年的数据，对长三角地区 30 个城市服务经济发展状况进行了总体排名。在这样一份由城市名和数据构成的表格中，可以看到 30 个城市服务经济发展水平的位次，以及 30 个城市间服务经济方面的差距。其中，排名第一位的上海与排名最后一位的淮南，得分的绝对值相差 3.44 分。不仅如此，服务业发展水平较高的上海市与江苏省 13 市、浙江省 11 市以及安徽省 5 市相比，得分及其相应排名之间的差异也相当明显。

---

① 由于 26 个指标的数据不属于同一量纲，因此在运算之前需要对指标进行无量纲化处理，这里，我们采用了正规化的标准化方法，将数值标准化到 0～1 的范围内，即：$x'_{ij}=(x_{ij}-x_{\min j})/(x_{\max j}-x_{\min j})$ 若 $x_{\max j}-x_{\min j}=0$，令 $x'_{ij}=0$。经过无量纲化处理后，有些数据会变成负数。将这些无量纲化数据输入 SPSS 软件运算，采用四次方最大法(Qaurtimax)进行旋转，再经计算便得到表 1 中的“长三角 30 城市服务经济指数”得分，其中：一些负值得分表示该城市在所有被选城市中的相对低位，即处于平均水准之下，并不代表其综合水平为真正的负值，它们只是一些具有可比性的数值，仅为排名提供依据。

二、指标体系与脸谱图

2014年,我们继续采用"中国城市服务经济指数·2013"的指标体系,即:5大类,26个指标(参见表2)。为了进一步直观地反映各个城市在不同指标方面所具有的优势和劣势,我们继续运用脸谱分析,根据我们设计的"城市服务经济指数"指标体系,建立与脸谱图多元统计模型的变量转换关系。

(一)指标体系

表2 "长三角30城市服务经济指数·2014"的指标体系

分类指数	指标名称	指标涵义	计算公式
1规模指数	1.1服务业增加值	反映服务业总体发展规模	服务业增加值
	1.2服务业就业人员	反映服务业就业规模	服务业就业人口
	1.3社会消费品零售总额	反映城市商业服务能力	社会消费品零售总额
	1.4交通运输仓储业增加值	反映城市物流服务能力	交通运输仓储业增加值
	1.5金融业增加值	反映城市金融服务能力	金融业增加值
	1.6信息传输、计算机服务和软件业增加值	反映城市软件、信息和计算机服务能力	信息传输、计算机服务和软件业增加值
2结构指数	2.1服务业增加值占GDP比重	反映服务业在三次产业产出结构中的状况	服务业增加值/地区生产总值
	2.2服务业从业人员占比	反映服务业吸纳就业的水平	服务业从业人员数/城市常住人口
	2.3生产性服务业占比	反映生产性服务业的水平	生产性服务业增加值/服务业增加值
	2.4城镇居民服务性消费支出占人均消费性支出的比重	反映服务性消费的水平	城镇居民服务性消费支出/人均消费性支出
3效率指数	3.1服务业劳动生产率	反映服务业的效率水平	服务业增加值/服务业从业人员年平均人数
	3.2服务业区位熵	反映城市产业结构中服务业相对的倾斜度和专门化程度(人口角度)	(某城市服务业增加值占全国服务业增加值之比)/(该城市常住人口占全国总人口之比)
	3.3服务业专门化率	反映城市服务业专门化程度(产出角度)	(某城市服务业增加值占全国之比)/(该城市总产值占全国总产值之比)
	3.4服务业集聚度	反映单位面积的服务业产出水平	服务业增加值/城市面积
	3.5人均服务业增加值	反映服务业发展实力	服务业增加值/城市常住人口
4环境指数	4.1政府机构规模指数(逆)①	政府机构规模的大小	公共管理和社会组织从业人数/总人口

① 指标后面的"逆"表示该项指标的实际值越高,其对系统的负作用越大。我们已对其作了调整,即求倒数的方式。这样,通过调整使具有"逆"作用的指标和其他的指标保持同一。

2014年已是编制和发布“长三角城市服务经济指数”的第七个年头。七年来，随着长三角城市经济协调会的三次扩容，我们的研究对象也在不断“纳新”。2014年的研究对象依旧沿用2013年扩容后的“22＋8”个城市。另外，在指标体系方面，则采用“中国城市服务经济指数”的指标体系，即5大分类，26个分项指标。

一、排名及简要分析

表1 “长三角30城市服务经济指数·2014”排名

城　市	城市服务经济指数①	综合排名	城　市	城市服务经济指数	综合排名
上海	2.7244	1	嘉兴	－0.2397	16
南京	0.8935	2	衢州	－0.2549	17
杭州	0.6440	3	泰州	－0.2584	18
常州	0.5408	4	连云港	－0.2599	19
苏州	0.3220	5	湖州	－0.2711	20
宁波	0.3149	6	台州	－0.2881	21
舟山	0.3115	7	南通	－0.2975	22
无锡	0.1054	8	盐城	－0.3619	23
温州	0.0782	9	宿迁	－0.3620	24
金华	0.0175	10	扬州	－0.3738	25
合肥	－0.0312	11	滁州	－0.3880	26
徐州	－0.0355	12	淮安	－0.4217	27
丽水	－0.0869	13	芜湖	－0.4665	28
镇江	－0.1546	14	马鞍山	－0.4927	29
绍兴	－0.1924	15	淮南	－0.7152	30

表1所示，是“长三角30城市服务经济指数·2014”的排名。我们运用2011年的数据，对长三角地区30个城市服务经济发展状况进行了总体排名。在这样一份由城市名和数据构成的表格中，可以看到30个城市服务经济发展水平的位次，以及30个城市间服务经济方面的差距。其中，排名第一位的上海与排名最后一位的淮南，得分的绝对值相差3.44分。不仅如此，服务业发展水平较高的上海市与江苏省13市、浙江省11市以及安徽省5市相比，得分及其相应排名之间的差异也相当明显。

---

① 由于26个指标的数据不属于同一量纲，因此在运算之前需要对指标进行无量纲化处理，这里，我们采用了正规化的标准化方法，将数值标准化到0～1的范围内，即：$x'_{ij}=(x_{ij}-x_{minj})/(x_{maxj}-x_{minj})$若$x_{maxj}-x_{minj}=0$，令$x'_{ij}=0$。经过无量纲化处理后，有些数据会变成负数。将这些无量纲化数据输入SPSS软件运算，采用四次方最大法（Qaurtimax）进行旋转，再经计算便得到表1中的“长三角30城市服务经济指数”得分，其中：一些负值得分表示该城市在所有被选城市中的相对低位，即处于平均水准之下，并不代表其综合水平为真正的负值，它们只是一些具有可比性的数值，仅为排名提供依据。

二、指标体系与脸谱图

2014 年，我们继续采用“中国城市服务经济指数 · 2013”的指标体系，即：5 大类，26 个指标(参见表 2)。为了进一步直观地反映各个城市在不同指标方面所具有的优势和劣势，我们继续运用脸谱分析，根据我们设计的“城市服务经济指数”指标体系，建立与脸谱图多元统计模型的变量转换关系。

（一）指标体系

表 2 “长三角 30 城市服务经济指数 · 2014”的指标体系

分类指数	指标名称	指标涵义	计算公式
1 规模指数	1.1 服务业增加值	反映服务业总体发展规模	服务业增加值
	1.2 服务业就业人员	反映服务业就业规模	服务业就业人口
	1.3 社会消费品零售总额	反映城市商业服务能力	社会消费品零售总额
	1.4 交通运输仓储业增加值	反映城市物流服务能力	交通运输仓储业增加值
	1.5 金融业增加值	反映城市金融服务能力	金融业增加值
	1.6 信息传输、计算机服务和软件业增加值	反映城市软件、信息和计算机服务能力	信息传输、计算机服务和软件业增加值
2 结构指数	2.1 服务业增加值占 GDP 比重	反映服务业在三次产业产出结构中的状况	服务业增加值/地区生产总值
	2.2 服务业从业人员占比	反映服务业吸纳就业的水平	服务业从业人员数/城市常住人口
	2.3 生产性服务业占比	反映生产性服务业的水平	生产性服务业增加值/服务业增加值
	2.4 城镇居民服务性消费支出占人均消费性支出的比重	反映服务性消费的水平	城镇居民服务性消费支出/人均消费性支出
3 效率指数	3.1 服务业劳动生产率	反映服务业的效率水平	服务业增加值/服务业从业人员年平均人数
	3.2 服务业区位熵	反映城市产业结构中服务业相对的倾斜度和专门化程度(人口角度)	(某城市服务业增加值占全国服务业增加值之比)/(该城市常住人口占全国总人口之比)
	3.3 服务业专门化率	反映城市服务业专门化程度(产出角度)	(某城市服务业增加值占全国之比)/(该城市总产值占全国总产值之比)
	3.4 服务业集聚度	反映单位面积的服务业产出水平	服务业增加值/城市面积
	3.5 人均服务业增加值	反映服务业发展实力	服务业增加值/城市常住人口
4 环境指数	4.1 政府机构规模指数(逆)①	政府机构规模的大小	公共管理和社会组织从业人数/总人口

① 指标后面的“逆”表示该项指标的实际值越高，其对系统的负作用越大。我们已对其作了调整，即求倒数的方式。这样，通过调整使具有“逆”作用的指标和其他的指标保持同一。

（续表）

分类指数	指标名称	指标涵义	计算公式
4 环境指数	4.2 地方法规条例健全程度	城市地方法规条例健全程度	来自中国城市竞争力年鉴
	4.3 政策法规透明度	市民对法制的了解程度	
	4.4 政府执法能力	城市政府执行法制能力	
	4.5 政府办事效率	城市政府办事环节多少及时滞	
	4.6　民众对政府的满意度	市民对政府的满意程度	
5 潜力指数	5.1 城市化率	反映城市化水平。城市化是服务经济的重要前提	非农业人口/城市年末总人口
	5.2 信息服务水平	反映信息服务提供能力。信息化是服务经济的技术平台	固定电话、互联网用户和移动用户的普及率(用户数/城市常住人口)
	5.3 最具公共服务性质的人均财政支出	反映政府公共服务水平。公共服务是服务经济的制度平台	(各项相关的政府财政支出之和)/城市常住人口
	5.4 外贸依存度	间接反映服务经济的开放水平	进出口贸易总额/地区生产总值
	5.5 专业技术人员密度	反映人力资本对服务业的支撑作用	专业技术人员数/城市常住人口

（二）脸谱图的理论分析①

脸谱图由 Chernoof H. 于 1970 年提出，其思想是将每个指标用人脸形的某一部位的形状或大小来表达，这样利用 p 个指标的数值就可以勾画出一个人的脸谱，利用这些脸谱之间的差异，就反映了所对应的样本之间的差异，利用脸谱图的直观性，可以为我们的数据分析带来极大的方便。下面介绍的是 Chernoof 脸谱图的指标含义及其与"中国城市服务经济指数"的指标对应。

Chernoof 脸谱图的绘制方法如下。假设有一个多维数据集$\{x_j \in R^d, j=1,2,\cdots,N\}$，若直接对每个原始数据做脸谱图通常没有实际意义，需要把各变量变换到预定义的区间，其线性变换公式为：

$$x'_{ij}=a_j+(b_j-a_j)\frac{x_{ij}-x_{\min j}}{x_{\max j}-x_{\min j}}$$

式中，$j=1,2,\cdots,N$，x'_{ij}表示第 j 个样本第 i 个变量的原始数据，$x_{\min j}$和 $x_{\max j}$粉笔表示所有样本中第 i 个变量的最小值和最大值，a_j 和 b_j 为区间上下限。最终所有 x'_{ij}都落入区间$[a_j, b_j]$，一般 $a_j=0.05$，$b_j=0.95$。

整个脸谱图的各部分，可以用 18 个变量 $X_1, X_2, \cdots, X_{18}$刻画出来，当变量 $p=18$ 时，可以将脸谱中某 n 个部位采用某一固定常数或者标准脸谱参数；当 $p>18$ 时，可以考虑将脸谱中再增加一些部位，或者将关系系数较大的变量进行合并，使得 $p=18$，并且，记标准脸谱的 18 个变量为 $Z_1, Z_2, \cdots, Z_{18}$。

① 参考资料：方开泰. 实用多元统计分析[M]. 上海：华东师范大学出版社，1989.

需要说明的是,本报告我们采用的分析软件是 S-Plus,该软件提供的脸谱图的做法只有 15 个变量,因此,在对所有 26 个指标变量进行合并处理之后,我们选取了 15 个指标。因此,这里需要对这 15 个指标变量的含义做简单解释(详见表 3)。

表 3　15 个指标变量在脸谱图的含义

变量代码	含　义	变量代码	含　义
Z_1	脸的大小	Z_9	眼睛的角度
Z_2	脸的形状	Z_{10}	眼睛的形状
Z_3	鼻子的长度	Z_{11}	眼睛的宽度
Z_4	嘴的位置	Z_{12}	眼珠的位置
Z_5	嘴(笑或怒)的弯度	Z_{13}	眉毛的位置
Z_6	嘴的宽度	Z_{14}	眉毛的角度
Z_7	眼睛的位置	Z_{15}	眉毛的宽度
Z_8	两眼之间的距离	—	

(三) 脸谱分析的应用

根据“长三角 30 城市服务经济指数”的指标体系,建立与脸谱图多元统计模型的变量转换关系。具体过程如下:先把原始数据标准化(采用正规化标准方法)后,根据各个子要素分别对各自所包含的指标进行等权综合,然后得到 15 个方面的竞争力得分。根据这 15 个方面的分值情况,我们在脸谱图的 15 个变量中对应表示指标体系中的子要素。有关城市服务经济指数每个子要素对应脸谱的各个部位,参见表 4。

表 4　脸谱中的特定位置所指代的含义

变量代码	含　义	子要素
Z_1	脸的大小	服务业增加值
Z_2	脸的形状	社会消费品零售总额
Z_3	鼻子的长度	金融业增加值
Z_4	嘴的位置	交通运输仓储业增加值
Z_5	嘴(笑或怒)的弯度	服务业集聚度
Z_6	嘴的宽度	服务业就业人员
Z_7	眼睛的位置	信息传输、计算机服务和软件业增加值
Z_8	两眼之间的距离	人均服务业增加值
Z_9	眼睛的角度	最具公共服务性质的人均财政支出
Z_{10}	眼睛的形状	服务业增加值占 GDP 比重
Z_{11}	眼睛的宽度	服务业专门化率

（续表）

变量代码	含　义	子要素
Z_{12}	眼珠的位置	服务业区位熵
Z_{13}	眉毛的位置	外贸依存度
Z_{14}	眉毛的角度	信息服务水平
Z_{15}	眉毛的宽度	城市化率

依据上文的设置，我们对长三角 22 个城市服务经济指数脸谱图评价如图 1 所示。

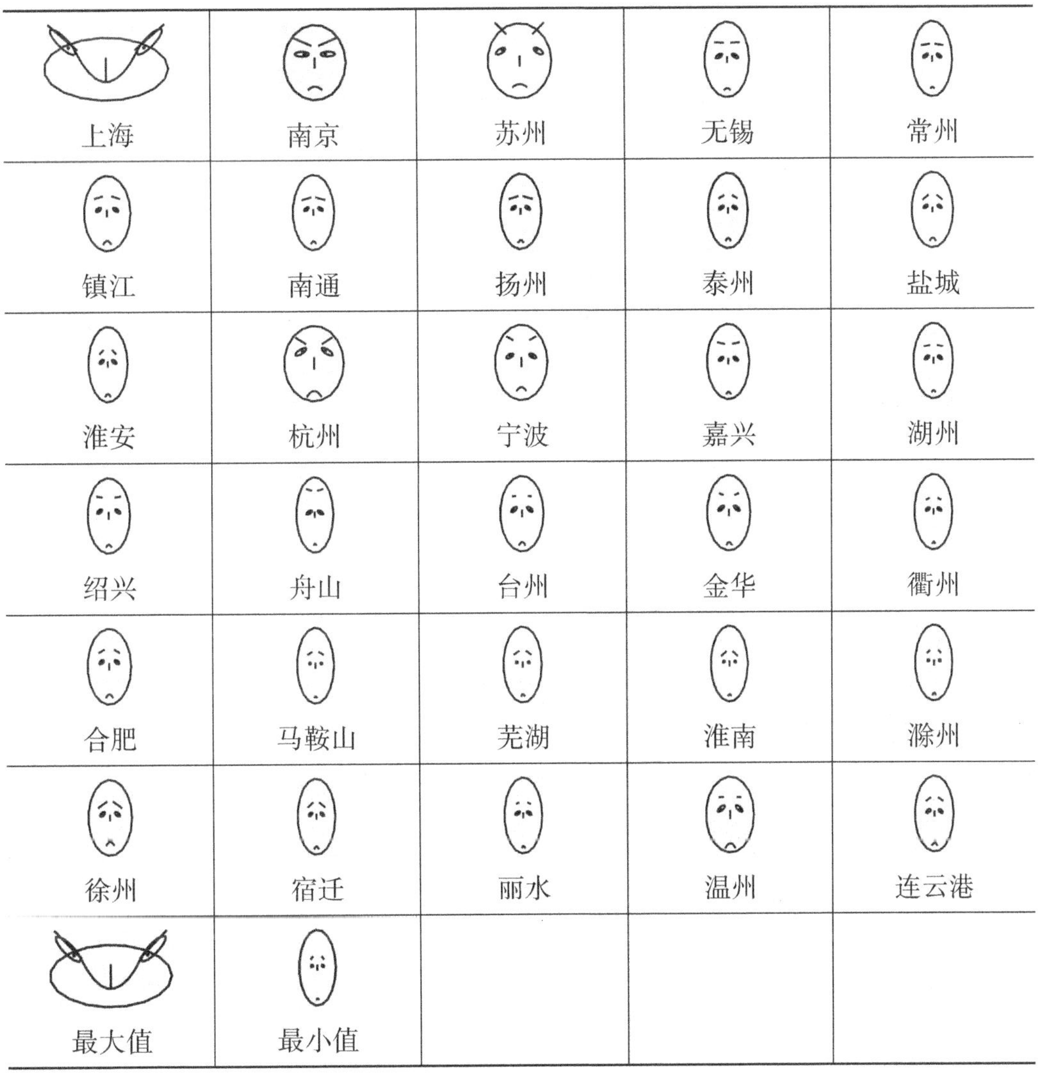

图 1　长三角地区 30 个城市服务经济指数的脸谱图（包括最好和最差脸谱图）

对照以上 30 个城市服务经济指数的脸谱图，不难发现，上海的表现最为出色，其脸谱图的形状与最大值的脸谱图相比，除了眼睛的位置略低外，其余部分几乎一模一样；在 30 个城市当中，表现最差的是淮南，其脸谱图的形状“像极了”最小值对应的那个脸谱图。

我们对照服务经济指数的脸部部位，对30个城市作以下解析。

(1) 脸的大小和脸的形状。这两个指标分别表示各个城市的“服务业增加值”和“社会消费品零售总额”。对照“最大值”和“最小值”两个脸谱，可以看出：上海的脸最大、最宽，与最大值的脸型完全一致，这表示上海在这两方面的竞争优势最强。其他城市，如苏州、南京、杭州3个城市，由于在这两方面与上海之间的差距过大，因此，表现并不十分理想，只是比其他城市的脸型略大、略宽一些。

(2) 鼻子的长度。这个部位代表城市“金融业增加值”，鼻子越长表示该城市的金融业增加值越大。可以看出，上海在这方面最具竞争力，即：鼻子最长，而杭州和苏州两个城市在这方面的竞争力相对较好。

(3) 嘴的位置。这个部位代表各个城市“交通运输仓储业增加值”的大小，位置越高表示其交通运输仓储业增加值越大。从图1不难看出，这方面较好的是上海、苏州和南京3个城市，其中上海的表现最好。

(4) 嘴的弯度和嘴的宽度。这两个部位分别表示各城市的“服务业集聚度”和“服务业就业人员”。“服务业集聚度”数值越大，嘴巴的弧度越大，“服务业就业人员”数值越大，则嘴巴越宽。结合图1可知，在这两方面表现较好的城市有上海、杭州、苏州和南京4个城市，其中，上海的嘴巴最宽，笑的弧度也最大。

(5) 眼睛的位置。这个部位代表各个城市“信息传输、计算机服务和软件业增加值”的大小，眼睛越高表示该城市的信息传输、计算机服务和软件业增加值越大。可以看出，上海、杭州和苏州3个城市在该指标的表现较好，即眼睛的位置较高，其中，上海的表现最好，眼睛的位置最高。

(6) 两眼之间的距离。这个部位表示各城市“人均服务业增加值”的大小，两眼之间的距离越宽，表示城市的人均服务业增加值越大。结合脸谱图可知，30个城市中两眼之间距离较大的城市有上海、苏州、无锡、杭州、宁波5个城市。

(7) 眼睛的角度和形状。这两个部位分别代表各个城市的“最具公共服务性质的人均财政支出”和“服务业增加值占GDP比重”，一般来讲，眼角往上吊的、眼睛较大的(即眼位置的纵坐标越大)表现越好。结合图1,30个城市中这两方面表现较好的有上海、杭州、苏州3个城市，其中：上海在这方面最具竞争力。

(8) 眼睛的宽度。这个部位代表各城市“服务业专门化率”的大小，眼睛的宽度越大，即眼位置的横坐标越大，表示该城市服务业专门化率越大。在30个城市中该方面表现较好的城市有上海、南京、杭州、舟山、温州和金华6个城市。

(9) 眉毛的位置和角度。这两个部位分别代表各个城市“外贸依存度”和“信息服务水平”的水平，眉毛的位置越高、角度越大，表示该城市的外贸依存度和信息服务水平越高，结合脸谱图可知，30个城市当中表现较好的有苏州、上海、宁波、杭州、舟山、无锡、南京等7个城市，其中：苏州在这两方面表现最好。

数据来源

(1)《中国城市统计年鉴 2012》、《中国区域经济统计年鉴 2012》、《中国城市(镇)生活与价格年鉴 2012》、《中国城市竞争力年鉴 2012》、各省 2012 统计年鉴、各市 2012 统计年鉴、《中国人口和就业统计年鉴 2012》;

(2) 各个城市 2011 年统计公报;

(3) 与财政支出相关的数据来自华通数据库。

“中国城市公共服务指数·2014”

发布和分析报告

一、排名及简要分析

呈现在读者面前的“中国城市公共服务指数·2014”，依旧是从产出与支出两个角度，并运用脸谱图，对35个城市的公共服务水平进行分析和比较。我们希望大家能够通过一张张各具表情的脸谱图来认识各个城市的公共服务水平，从中体味出当前中国城市间公共服务的差异，以及公共服务投入与产出之间的资源转化效率，并有一种感同身受的阅读享受。表1是按照产出法计算得出的指数与排名，使用的是各城市2010年的数据。

表1 “中国城市公共服务指数·2014”排名(产出法)

城　市	城市公共服务指数①	全国排名	城　市	城市公共服务指数	全国排名
深圳市	1.0135	1	武汉市	−0.1371	19
厦门市	0.9325	2	哈尔滨市	−0.1741	20
北京市	0.6736	3	西安市	−0.2074	21
杭州市	0.6604	4	南昌市	−0.2224	22
福州市	0.5808	5	银川市	−0.2232	23
上海市	0.5550	6	呼和浩特市	−0.2395	24
南京市	0.5265	7	南宁市	−0.2414	25
宁波市	0.4477	8	重庆市	−0.3063	26
青岛市	0.4029	9	昆明市	−0.3129	27
天津市	0.3292	10	海口市	−0.3875	28
广州市	0.1859	11	郑州市	−0.4937	29
长春市	0.1501	12	贵阳市	−0.5177	30
石家庄市	0.1139	13	长沙市	−0.5256	31
大连市	0.0796	14	西宁市	−0.5382	32
合肥市	0.0671	15	太原市	−0.5575	33
济南市	0.0404	16	兰州市	−0.7336	34
沈阳市	−0.0546	17	乌鲁木齐市	−0.7742	35
成都市	−0.1124	18			

表2是按照支出法计算得出的指数与排名，使用的也是各城市2010年的数据。表3则是按照支出法和产出法计算得出的指标和指数。

① 由于投入和产出各项指标的数据不属于同一量纲，因此在运算之前需要对指标进行无量纲化处理，这里，我们采用了正规化的标准化方法，将数值标准化到0—1的范围内，即 $x'_{ij}=(x_{ij}-x_{\min j})/(x_{\max j}-x_{\min j})$ 若 $x_{\max j}-x_{\min j}=0$，令 $x'_{ij}=0$。经过无量纲化处理后，有些数据会变成负数。将这些无量纲化数据输入SPSS软件运算，采用四次方最大法(Quartimax)进行旋转，再经计算便得到表1和表2中的“城市公共服务指数·2014”得分，其中：一些负值得分表示该城市在所有被选城市中的相对低位，即：处于平均水准之下，并不代表其综合水平为真正的负值，它们只是一些具有可比性的数值，仅为排名提供依据。

表 2 "中国城市公共服务指数·2014"排名(支出法)

城　市	城市公共服务指数	全国排名	城　市	城市公共服务指数	全国排名
北京市	2.2390	1	济南市	−0.2988	19
深圳市	1.6582	2	长沙市	−0.3384	20
上海市	1.3977	3	长春市	−0.3460	21
杭州市	0.8652	4	太原市	−0.3682	22
厦门市	0.8033	5	南昌市	−0.3687	23
天津市	0.7769	6	成都市	−0.3792	24
广州市	0.5192	7	昆明市	−0.3820	25
宁波市	0.4722	8	郑州市	−0.3985	26
大连市	0.3863	9	合肥市	−0.4282	27
银川市	−0.0652	10	贵阳市	−0.4667	28
南京市	−0.1010	11	乌鲁木齐市	−0.4762	29
呼和浩特市	−0.1017	12	哈尔滨市	−0.4769	30
重庆市	−0.1274	13	西安市	−0.5264	31
沈阳市	−0.1285	14	南宁市	−0.5780	32
西宁市	−0.1335	15	福州市	−0.6540	33
青岛市	−0.1551	16	海口市	−0.6630	34
兰州市	−0.2344	17	石家庄市	−0.6835	35
武汉市	−0.2387	18			

表 3 "中国城市公共服务指数·2013"支出法和产出法排名一览表

城市	产出法排名	支出法排名	城市	产出法排名	支出法排名
北京市	3	1	青岛市	9	16
天津市	10	6	郑州市	29	26
石家庄市	13	35	武汉市	19	18
太原市	33	22	长沙市	31	20
呼和浩特市	24	12	广州市	11	7
沈阳市	17	14	深圳市	1	2
大连市	14	9	南宁市	25	32
长春市	12	21	海口市	28	34
哈尔滨市	20	30	重庆市	26	13
上海市	6	3	成都市	18	24
南京市	7	11	贵阳市	30	28
杭州市	4	4	昆明市	27	25
宁波市	8	8	西安市	21	31

（续表）

城市	产出法排名	支出法排名	城市	产出法排名	支出法排名
合肥市	15	27	兰州市	34	17
福州市	5	33	西宁市	32	15
厦门市	2	5	银川市	23	10
南昌市	22	23	乌鲁木齐市	35	29
济南市	16	19			

表1、表2是由城市名称和数据构成的城市公共服务指数产出法和支出法的排名，而表3则是同一城市在产出和支出方面的排名对照。从表3中不难发现，各城市以及区域间在公共服务水平（产出和支出两个方面）上的差距。其中，有些城市的产出排名和支出排名差距较小，而有些城市的产出排名与支出排名相距较远。当然，产出和支出排名差距较大的城市又可以分为两种情况：一类是产出排名远高于支出排名的较好情况，另一类是产出排名远低于支出排名的较差情况。出现这种情况，完全在我们预料之中。或者说，这恰恰是分别运用产出和支出进行排名的用意所在。不仅如此，我们还对35城市产出和支出的排名序列差进行分类，将其分为五个区域，并按照其所在东、中、西部的地理区位进行归类。这样一来，如果一个城市在支出方面的排名靠后，而在产出方面的排名靠前，表示该城市趋向于低投入高产出的模式，其所在区域朝向A区；反之，如果一个城市在支出方面的排名靠前，而在产出方面的排名靠后，表示该城市趋向于高投入低产出的模式，其所在区域朝向E区；当然，如果支出和产出排名的序列差相差不多，则该城市应该落在C区域（参见表4、表5和图1）。

表4　35城市支出法排名与产出法排名序列差

E区	D区	C区	B区	A区
支出法排名－产出法排名≤－13	－12≤支出法排名－产出法排名≤－5	－4≤支出法排名－产出法排名≤4	5≤支出法排名－产出法排名≤12	支出法排名－产出法排名≥13
重庆市、银川市、兰州市、西宁市	大连市、乌鲁木齐市、太原市、长沙市、呼和浩特市	南京市、厦门市、济南市、南昌市、深圳市、杭州市、宁波市、武汉市、北京市、贵阳市、昆明市、沈阳市、上海市、郑州市、天津市、广州市	合肥市、哈尔滨市、西安市、长春市、青岛市、南宁市、海口市、成都市	福州市、石家庄市

表5　35城市支出法排名与产出法排名序列差

	E区	D区	C区	B区	A区
东部	/	/	北京市、厦门市、深圳市、宁波市、南京市、杭州市、天津市、广州市、上海市、济南市	青岛市	福州市
	0	0	10	1	1

（续表）

	E区	D区	C区	B区	A区
东北	/	呼和浩特市、大连市	沈阳市	哈尔滨市、长春市	/
	0	2	1	2	0
中部	/	长沙市	南昌市、郑州市、武汉市	合肥市、海口市	石家庄市
	0	1	3	2	1
西部	重庆市、西宁市、银川市、兰州市	太原市、乌鲁木齐市、	贵阳市、昆明市	成都市、南宁市、西安市	/
	4	3	2	3	0

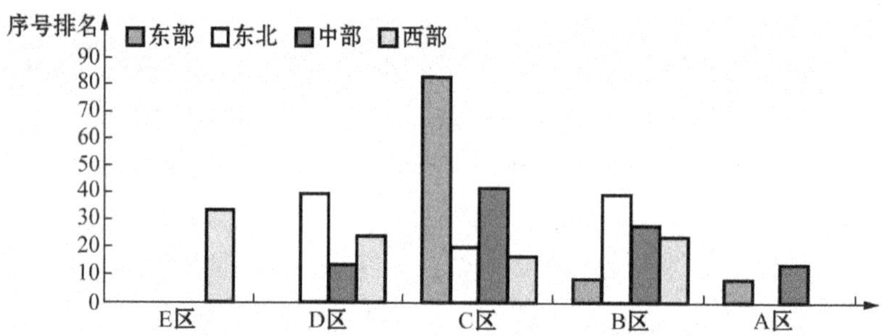

图1　35城市支出法排名与产出法排名序列差

从图1中不难看出，处于C区的城市中，包括了支出和产出排名都很靠前的东部城市（如北京市、深圳市、上海市、杭州市、南京市、厦门市、宁波市等），排名较靠前的一个东北城市（沈阳市）、两个排名较靠后的中西部城市（贵阳市和昆明市）和中部的3个城市（南昌市、郑州市、武汉市），尽管中西部地区的部分城市在支出和产出的总体排名上并不是很突出，但其序列差却相距不大，这与我们的经验认识十分吻合。另外，没有东部城市分布于D和E区，只有福州和青岛两个城市分布于A区和B区。而大多数西部城市都分布于D和E两个区域，可见西部地区在整体的投入产出效率方面表现欠佳。从总体来看，就支出和产出排名的序列差来看，东部城市表现最好、中部次之、西部靠后。

二、指标体系与脸谱图

（一）指标体系的完善

2014年，我们继续沿用了2013年的指标体系，具体的指标体系如下（参见表6和表7）：

表6　“中国城市公共服务指数·2014”指标体系（产出法）

分　类	分　项	指标涵义	计算公式
基础设施	1.1公共交通	公共交通水平	人均拥有道路面积、每万人拥有公共交通车辆数

（续表）

分　类	分　项	指标涵义	计算公式
基础设施	1.2 公用设施	公共设施水平	用水普及率、燃气普及率（部分城市用市辖区使用液化气人口替代）、人均公共绿地面积
	1.3 信息服务	城市信息化水平	电信业务总量/城市常住人口
健康安全	2.1 基本医疗	基本医疗服务供给水平	每万人口医疗技术人员数、每万人口病床数
	2.2 社会治安	社会安全状况	刑事案件发生率（逆）、刑事案件侦破率
就业社保	3.1 就业服务	城市就业状况	前后年度的就业人口之差
	3.2 社会保障	社会保障水平	医疗保险、养老保险、失业保险的覆盖率
科教文化	4.1 义务教育	基础教育水平	小学师生比
	4.2 科技创新	科技创新水平	专利申请授权量（项/每 10 万人）
	4.3 公共文化	公众文化生活水平	广播覆盖率和电视覆盖率
环境保护	5.1 环境保护	环境保护状况	空气质量达到及好于二级的天数、生活垃圾无害化处理率

表 7　"中国城市公共服务指数·2014"指标体系（支出法）

分　类	分　项	指标涵义	计算公式
基础设施	1.1 公共交通	公共交通投入水平	人均财政性交通运输和一般公共服务支出
	1.2 公用设施	公共设施投入水平	
	1.3 信息服务	城市信息化建设投入水平	
健康安全	2.1 基本医疗	基本医疗服务投入水平	人均财政卫生医疗支出
就业社保	3.1 就业服务	城市就业服务投入水平	人均财政性社会保障和就业支出
	3.2 社会保障	社会保障投入水平	
科教文化	4.1 义务教育	基础教育公共投入水平	人均财政性教育经费
	4.2 科技创新	科技创新投入水平	人均财政性科技支出
	4.3 公共文化	公众文化生活建设投入水平	人均财政性文化广播体育费用
环境保护	5.1 环境保护	环境保护建设投入水平	人均财政性节能环保支出
综合水平	6.1 财政实力	反映政府财政可支配财力	人均财政支出

为了更直观地反映各个城市在不同指标方面所具有的优势和劣势，我们首次引入了脸谱分析，根据我们设计的"中国城市公共服务指数"指标体系，建立与脸谱图多元统计模型的变量转换关系。

（二）脸谱图的理论分析①

脸谱图由 Chernoof H. 于 1970 年提出，其思想是将每个指标用人脸形的某一部位的形状或大小来表达，这样利用 p 个指标的数值就可以勾画出一个人的脸谱，利用这些脸谱之间的差异，就反映了所对应的样品之间的差异特性，利用脸谱图的直观性，可以为我们的数据分析带来极大的方便。下面介绍的是 Chernoof 脸谱图的指标含义及其与"中国

① 参考资料：方开泰. 食用多元统计分析[M]. 上海：华东师范大学出版社，1989.

城市服务经济指数”的指标对应。

Chernoof 脸谱图的绘制方法如下。假设有一个多维数据集$\{x_j \in R^d, j=1,2,\cdots,N\}$，若直接对每个原始数据做脸谱图通常没有实际意义，需要把各变量变换到预定义的区间，其线性变换公式为：

$$x'_{ij}=a_j+(b_j-a_j)\frac{x_{ij}-x_{\min j}}{x_{\max j}-x_{\min j}}$$

式中，$j=1,2,\cdots,N$，x'_{ij}表示第j个样本第i个变量的原始数据，$x_{\min j}$和$x_{\max j}$分别表示所有样本中第i个变量的最小值和最大值，a_j和b_j为区间上下限。最终所有x'_{ij}都落入区间$[a_j,b_j]$，一般$a_j=0.05$，$b_j=0.95$。

整个脸谱图的各部分，可以用 18 个变量$X_1,X_2,\cdots,X_{18}$刻画出来，当变量$p=18$时，可以将脸谱中某n个部位采用某一固定常数或者标准脸谱参数；当$p>18$时，可以考虑将脸谱中再增加一些部位，或者将关系系数较大的变量进行合并，使得$p=18$，并且，记标准脸谱的 18 个变量为$Z_1,Z_2,\cdots,Z_{18}$。

需要说明的是，本年度报告我们采用的分析软件是 S-Plus，该软件提供的脸谱图的做法只有 15 个变量，因此，这里需要对这 15 个变量的含义做简单解释。

表 8　15 个指标变量在脸谱图的含义

变量代码	含　义	变量代码	含　义
Z_1	脸的大小	Z_9	眼睛的角度
Z_2	脸的形状	Z_{10}	眼睛的形状
Z_3	鼻子的长度	Z_{11}	眼睛的宽度
Z_4	嘴的位置	Z_{12}	眼珠的位置
Z_5	嘴(笑或怒)的弯度	Z_{13}	眉毛的位置
Z_6	嘴的宽度	Z_{14}	眉毛的角度
Z_7	眼睛的位置	Z_{15}	眉毛的宽度
Z_8	两眼之间的距离	—	

(三) 脸谱分析应用

根据我们设计的“中国城市公共服务指数”指标体系，建立与脸谱图多元统计模型的变量转换关系。具体过程如下：先把原始数据标准化(采用正规化标准方法)后，根据各个子要素分别对各自所包含的指标进行等权综合，然后得到 9 个支出方面和 11 个产出方面的竞争力得分。根据这 9 个支出方面和 11 个产出方面的分值情况，我们在脸谱图的 15 个变量中选择 9 个支出和 11 个产出变量用于表示指标体系中的各个子要素，其他指标用标准值代替，即 35 个城市的取值都是一样的。有关“中国城市公共服务指数”支出法和产出法中每个子要素对应脸谱的各个部位，参见表 9。

表 9　支出法和产出法各项指标在脸谱图中的含义

变量代码	含　义	子要素	
		公共服务支出法	公共服务产出法
Z_1	脸的大小	公共服务投入水平	社会保障水平
Z_2	脸的形状	基本医疗服务投入水平	科技创新水平
Z_3	鼻子的长度	社会保障和就业投入水平	城市信息化水平
Z_4	嘴的位置	基础教育公共投入水平	公众文化生活水平
Z_5	嘴(笑或怒)的弯度	交通运输投入水平	环境保护状况
Z_6	嘴的宽度	科技创新投入水平	基本医疗服务供给水平
Z_7	眼睛的位置	公众文化生活建设投入水平	公共交通水平
Z_8	两眼之间的距离	环境保护投入水平	公共设施水平
Z_9	眼睛的角度	政府财政可支配财力	基础教育水平
Z_{10}	眼睛的形状	—	社会安全状况
Z_{11}	眼睛的宽度		城市就业状况
Z_{12}	眼珠的位置	—	—
Z_{13}	眉毛的位置	—	—
Z_{14}	眉毛的角度	—	—
Z_{15}	眉毛的宽度	—	—

依据上文支出和产出的设置，我们对 35 个城市公共服务指数脸谱图的评价如图 2 所示。

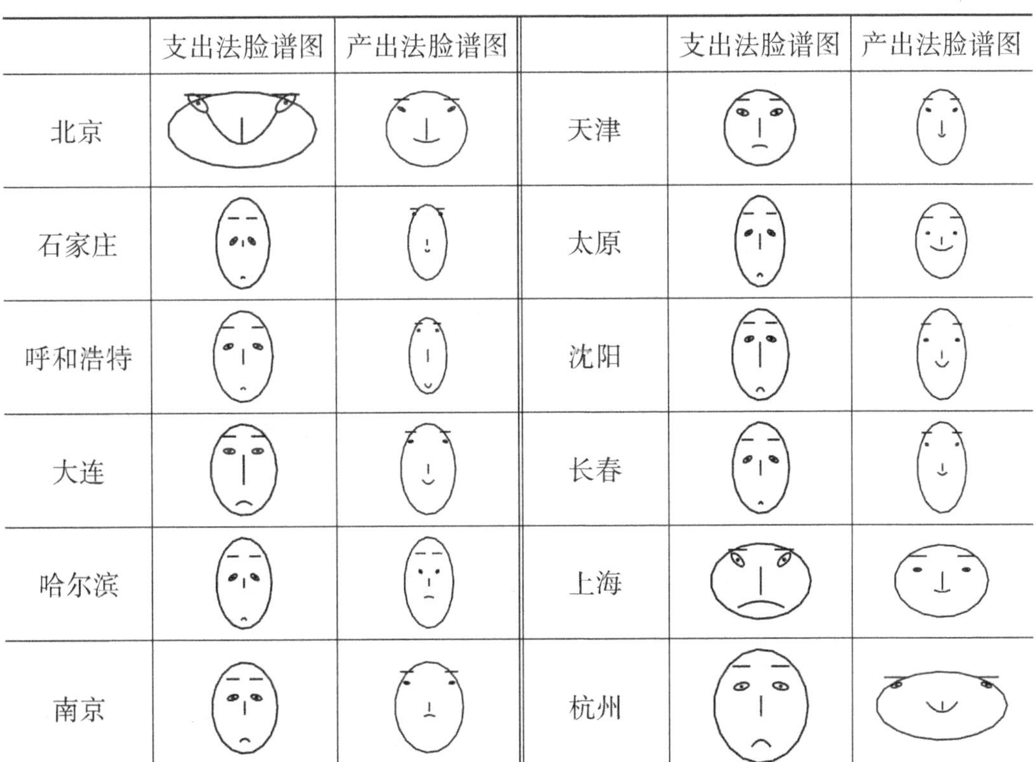

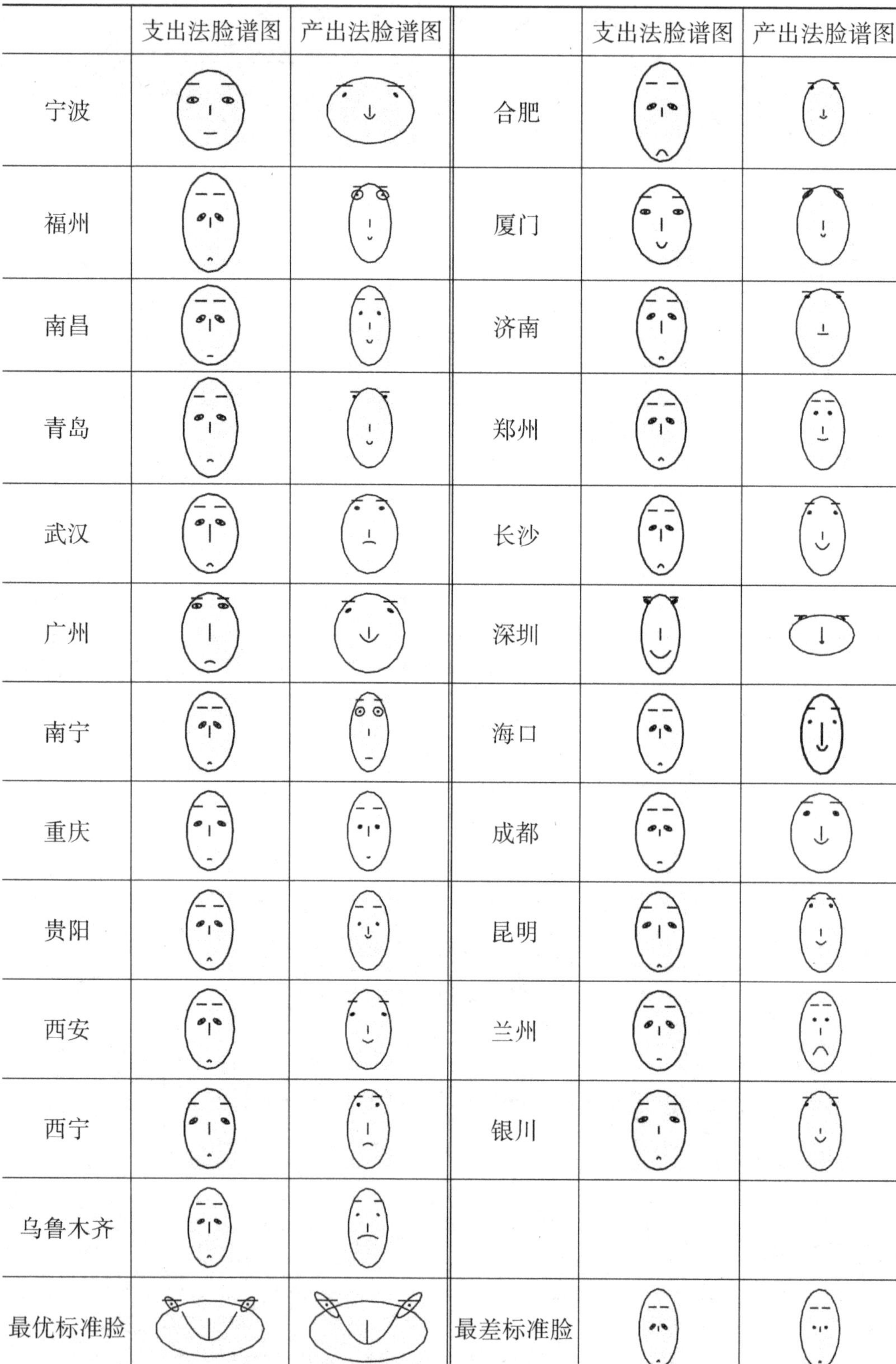

图 2　35 城市支出脸谱图和产出脸谱图

同时,取出每个要素中的最大值、最小值做出中国城市公共服务指数最好和最差的脸谱图,可以看出,上述脸谱图很能直观地评价出35城市之间的公共服务水平的差异和优劣势特征的区别,不仅如此,各城市支出和产出之间的差距也能通过脸谱图形象地反映出来。

下面,我们将对照中国公共服务指数的脸部部位,从支出和产出的角度分别对35个城市做出解析。

1. 对支出脸谱图的分析

(1) 脸的大小和脸的形状。这两个指标分别表示各个城市的公共服务支出水平和基本医疗服务支出水平。对照"最大值"和"最小值"两个脸谱,可以看出,杭州、上海、北京、天津等4个城市在这两方面的表现较为突出,其中:杭州的脸最大、北京的脸最圆。

(2) 鼻子的长度。这个部位代表城市的社会保障和就业支出水平,鼻子越长表示该城市的基础教育公共支出水平越高。可以看出,上海、北京和大连3个城市在社会保障和就业支出水平方面的竞争力相对较好,其中:上海在这方面最具竞争力,即上海的鼻子最长。

(3) 嘴的位置。这个部位代表各个城市基础教育公共支出水平,嘴的位置越高表示该城市基础教育公共支出水平越高。从图2中不难看出,这方面较好的是北京、上海和天津3个城市。

(4) 嘴的弯度。这个部位表示各城市的交通运输支出水平,指标值越大脸谱"笑"得越明显,越怒的嘴表示指标值越低。可以看到,笑得最厉害的城市是厦门、北京和宁波3个城市,其中:厦门、北京和深圳3个城市嘴的弯度最大,在这方面的表现较突出。

(5) 嘴的宽度。这个部位代表各个城市的科技创新支出水平,嘴巴越宽意味着该城市在科技创新方面的支出水平越高。从图2中可知,嘴较宽的城市有北京、上海和深圳3个城市。

(6) 眼睛的位置。这个部位代表各个城市的公众文化生活建设支出水平,眼睛越高表示该城市的公众文化生活建设支出水平越高。可以看出,深圳、广州、北京等3个城市在该指标的表现较好,即眼睛的位置较高。

2. 对产出脸谱图的分析

(1) 脸的大小和形状。这两个部位表示各个城市的社会保障水平和科技创新水平。对照"最大值"和"最小值"两个脸谱,可以看出:深圳、北京、宁波、杭州和上海5个城市表现最为突出,其中:深圳的脸最大,表示深圳在社会保障水平方面最具优势;杭州的脸最宽,表示杭州在城市的科技创新水平方面最具竞争优势。

(2) 鼻子的长度。这个部位代表城市的城市信息化水平,鼻子越长表示该城市的城市信息化水平越高。可以看出,深圳、北京、上海和海口4个城市在城市信息化水平方面的竞争力相对较好。

(3) 嘴的位置。这个部位表示公众文化生活水平。嘴的位置越高表示该城市公众文化生活水平越高。从图 2 中不难看出，这方面较好的城市有天津、长春、上海、南京、杭州、合肥、深圳、乌鲁木齐、北京、济南等 10 个城市。

(4) 眼睛的位置。这个部位代表各个城市的公共交通水平，眼睛越高表示该城市的公共交通水平越高。不难看出，深圳、济南、厦门、青岛等 4 个城市在该指标的表现较好。

(5) 眼睛的角度。这个部位代表各个城市的基础教育水平，一般来讲，眼角越往上吊的表现越好。结合图 2 中的脸谱图可知，35 个城市中该方面表现较好的有哈尔滨、长春、北京、天津等 4 个城市。

(6) 眼睛的宽度。这个部位代表城市就业状况，眼睛的宽度越大，即眼位置的横坐标越大，表示该城市的社会安全状况越好。在 35 个城市中该方面表现较好的有福州、南宁、厦门、北京 4 个城市。

数据分项说明

(1) 数据来源主要包括:《中国城市统计年鉴 2011》、《中国区域经济统计年鉴 2011》、《中国城市(镇)生活与价格年鉴 2011》、《中国环境统计年鉴 2011》和《中国城市竞争力年鉴 2011》。

(2) 有关财政支出方面的数据来自华通数据库。

(3) 专利授权量来自国家知识产权局。

(4) 各城市 2010 年统计公报。

“长三角30城市公共服务指数·2014”

发布和分析报告

一、排名及简要分析

“长三角30城市公共服务指数·2014”继续沿用“中国城市公共服务指数”的指标体系，从产出与支出两个角度，对长三角地区30个城市的公共服务水平进行了分析和比较。以期通过探讨城市间公共服务均等化，比较各城市的公共服务水平，对于最终实现基本公共服务均等化，提供了一种有意义的探讨方法。

此外，2014年的指数发布和分析报告继续采用脸谱图分析方法，我们希望通过一张张各具表情的脸谱图，来认识各个城市的公共服务水平，从中体味出当前长三角地区城市间公共服务的差异，并有一种感同身受的阅读享受，那么，我们的尝试就是值得的。表1是按照产出法计算得出的指数与排名，使用的是长三角各城市2011年的数据。

表1 “长三角30城市公共服务指数·2014”排名(产出法)

城　市	城市公共服务指数①	排序	城　市	城市公共服务指数	排序
上海	1.0874	1	舟山	−0.0389	16
杭州	0.8794	2	南通	−0.0679	17
宁波	0.8473	3	温州	−0.0949	18
苏州	0.6318	4	镇江	−0.2063	19
无锡	0.6238	5	扬州	−0.2110	20
嘉兴	0.4064	6	泰州	−0.4068	21
南京	0.4048	7	衢州	−0.4919	22
合肥	0.4045	8	连云港	−0.5103	23
常州	0.3090	9	淮南	−0.5472	24
芜湖	0.2880	10	淮安	−0.5485	25
湖州	0.2435	11	徐州	−0.6066	26
金华	0.2020	12	盐城	−0.6664	27
绍兴	0.1961	13	宿迁	−0.7012	28
台州	0.1101	14	丽水	−0.7242	29
马鞍山	0.0711	15	滁州	−0.8832	30

① 由于投入和产出各项指标的数据不属于同一量纲，因此在运算之前需要对指标进行无量纲化处理，这里，我们采用了正规化的标准化方法，将数值标准化到0～1的范围内，即 $x'_{ij}=(x_{ij}-x_{\max j})/(x_{\max j}-x_{\min j})$；若 $x_{\max j}-x_{\min j}=0$，令 $x'_{ij}=0$。经过无量纲化处理后，有些数据会变成负数。将这些无量纲化数据输入SPSS软件运算，采用四次方最大法(Quartimax)进行旋转，再经计算便得到表1中的“长三角30城市公共服务指数·2014”得分，其中：一些负值得分表示该城市在所有被选城市中的相对低位，即：处于平均水准之下，并不代表其综合水平为真正的负值，它们只是一些具有可比性的数值，仅为排名提供依据。

表 2 是按照支出法计算得出的指数与排名，使用的也是各城市 2011 年的数据。表 3 则是按照支出法和产出法计算得出的指数和排名。

表 2 "长三角 30 城市公共服务指数·2014"排名(支出法)

城　市	城市公共服务指数	排序	城　市	城市公共服务指数	排序
上海	2.2255	1	扬州	−0.1860	16
苏州	0.8511	2	镇江	−0.2102	17
舟山	0.7251	3	合肥	−0.2437	18
南通	0.5837	4	马鞍山	−0.2474	19
盐城	0.4916	5	连云港	−0.3369	20
宁波	0.4222	6	金华	−0.3605	21
徐州	0.3681	7	嘉兴	−0.3615	22
杭州	0.2948	8	绍兴	−0.3635	23
南京	0.1869	9	泰州	−0.3767	24
无锡	0.1689	10	淮安	−0.3779	25
丽水	0.1119	11	宿迁	−0.4490	26
温州	0.0056	12	湖州	−0.4921	27
常州	−0.0486	13	衢州	−0.5527	28
芜湖	−0.0846	14	淮南	−0.7857	29
台州	−0.1689	15	滁州	−0.7897	30

表 3 "长三角 30 城市公共服务指数·2014"支出法和产出法排名一览表

序号	城市	支出法排名	产出法排名	序号	城市	支出法排名	产出法排名
1	上海	1	1	16	绍兴	23	13
2	南京	9	7	17	舟山	3	16
3	苏州	2	4	18	台州	15	14
4	无锡	10	5	19	金华	21	12
5	常州	13	9	20	衢州	28	22
6	镇江	17	19	21	合肥	18	8
7	南通	4	17	22	马鞍山	19	15
8	扬州	16	20	23	芜湖	14	10
9	泰州	24	21	24	淮南	29	24
10	盐城	5	27	25	滁州	30	30
11	淮安	25	25	26	徐州	7	26
12	杭州	8	2	27	宿迁	26	28
13	宁波	6	3	28	丽水	11	29
14	嘉兴	22	6	29	温州	12	18
15	湖州	27	11	30	连云港	20	23

表1、表2是由城市名称和数据构成的长三角地区城市公共服务指数产出法和支出法的排名，从中不难发现，各城市之间在公共服务水平(产出和支出两个方面)上的差距。其中，有些城市的产出排名和支出排名差距较小，有的甚至完全一致，有些城市的产出排名与支出排名相距较远。当然，支出和产出排名差距较大的城市又可以分为两种情况：一类是产出排名远高于支出排名的较好情况，另一类是产出排名远低于支出排名的较差情况。出现这种情况，完全在我们预料之中。或者说，这恰恰是分别运用产出和支出进行排名的用意所在。我们将支出排序与产出排序之间的差距平均分为五类，并依据支出排序与产出排序之间的差值，将30个城市归为5个区域(参见表4(a)、(b)、(c))。

表4　长三角地区30城市支出序与产出序位次变化情况表(a)

E区	D区	C区	B区	A区
投入序－产出序≤－11	－10≤投入序－产出序≤－4	－3≤投入序－产出序≤3	4≤投入序－产出序≤10	投入序－产出序≥11
南通、舟山、丽水、徐州、盐城	扬州、温州/	泰州、宁波、南京、台州、上海、淮安、滁州、苏州、镇江、宿迁、连云港	绍兴、合肥、金华、杭州、衢州、无锡、淮南、常州、马鞍山、芜湖	嘉兴、湖州
江苏:3 浙江:2	/江苏:1 浙江:1	上海:1、江苏:7 浙江:2、安徽:1	江苏:2 浙江:4 安徽:4	浙江:2

表4　长三角地区30城市支出序与产出序位次变化情况表(b)

	E区	D区	C区	B区	A区	合计
上海市	/	/	1	/	/	1
江苏省	3	1	7	2	/	13
浙江省	2	1	2	4	2	11
安徽省	/	/	1	4	/	5

表4　长三角地区30城市支出序与产出序位次变化情况表(c)　(%)

	E区	D区	C区	B区	A区
上海市	0.00	0.00	100.00	0.00	0.00
江苏省	23.08	7.69	53.85	15.38	0.00
浙江省	18.18	9.09	18.18	36.36	18.18
安徽省	0.00	0.00	20.00	80.00	0.00

从表4(a)和图1中不难看出，位于C区的城市，无论其支出或产出排名靠前或是靠后，其支出排序与产出排序差距最小，即支出与产出基本持平，表现状况良好。具体情况如下，上海、苏州、南京、宁波4个支出和产出排名均靠前的城市，其支出和产出的序列之差前后不超过3位。另外，一些支出和产出排名均靠后的城市，如泰州、淮安、宿迁和滁州，其支出和产出的序列之差前后也不超过3位。此外，落在A区的两个城市都属于浙江省，虽然这两

个城市在支出方面的排名并不高，但是其产出的排名却远好于支出排名。就支出和产出的序列差而言，上海的表现最好、江苏次之、安徽第三，浙江省的城市多位于A和B区。

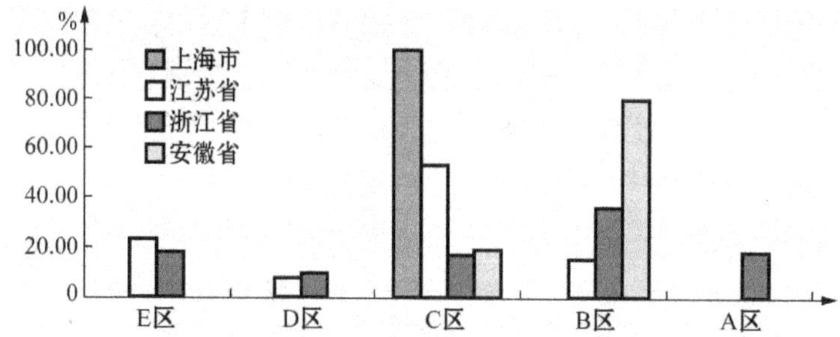

图1　长三角30城市支出排序与产出排序位次变化情况

二、指标体系与脸谱图

（一）指标体系的完善

本年度报告，采用"中国城市公共服务指数"的指标体系，具体内容如下(参见表5和表6)：

表5　"长三角30城市公共服务指数·2014"指标体系(产出法)

分　类	分　项	指标涵义	计算公式
基础设施	1.1公共交通	公共交通水平	人均拥有道路面积、每万人拥有公共交通车辆数
	1.2公用设施	公共设施水平	用水普及率、燃气普及率(部分城市用市辖区使用液化气人口替代)、人均公共绿地面积
	1.3信息服务	城市信息化水平	电信业务总量/城市常住人口
健康安全	2.1基本医疗	基本医疗服务供给水平	每万人口医疗技术人员数、每万人口病床数
	2.2社会治安	社会安全状况	刑事案件发生率(逆)、刑事案件侦破率
就业社保	3.1就业服务	城市就业状况	前后年度的就业人口之差
	3.2社会保障	社会保障水平	医疗保险、养老保险、失业保险的覆盖率
科教文化	4.1义务教育	基础教育水平	小学师生比
	4.2科技创新	科技创新水平	专利申请授权量(项/每10万人)
	4.3公共文化	公众文化生活水平	广播覆盖率和电视覆盖率
环境保护	5.1环境保护	环境保护状况	空气质量达到及好于二级的天数、生活垃圾无害化处理率

表6　"长三角30城市公共服务指数·2014"指标体系(支出法)

分　类	分　项	指标涵义	计算公式
基础设施	1.1公共交通	公共交通投入水平	人均财政性交通运输和一般公共服务支出
	1.2公用设施	公共设施投入水平	
	1.3信息服务	城市信息化建设投入水平	

（续表）

分　类	分　项	指标涵义	计算公式
健康安全	2.1 基本医疗	基本医疗服务投入水平	人均财政卫生医疗支出
就业社保	3.1 就业服务	城市就业服务投入水平	人均财政性社会保障和就业支出
	3.2 社会保障	社会保障投入水平	
科教文化	4.1 义务教育	基础教育公共投入水平	人均财政性教育经费
	4.2 科技创新	科技创新投入水平	人均财政性科技支出
	4.3 公共文化	公众文化生活建设投入水平	人均财政性文化广播体育费用
环境保护	5.1 环境保护	环境保护建设投入水平	人均财政性节能环保支出
综合水平	6.1 财政实力	反映政府财政可支配财力	人均财政支出

为了更直观地反映各个城市在不同指标方面所具有的优势和劣势，我们引入了脸谱分析，根据“长三角30城市公共服务指数”指标体系，建立与脸谱图多元统计模型的变量转换关系。

（二）脸谱图的理论分析①

脸谱图由Chernoof H. 于1970年提出，其思想是将每个指标用人脸形的某一部位的形状或大小来表达，这样利用 p 个指标的数值就可以勾画出一个人的脸谱，利用这些脸谱之间的差异，就反映了所对应的样品之间的差异特性，利用脸谱图的直观性，可以为数据分析带来极大的方便。下面介绍的是Chernoof脸谱图的指标含义及其与“长三角30城市服务经济指数”的指标对应。

Chernoof脸谱图的绘制方法如下。假设有一个多维数据集$\{x_j \in R^d, j=1,2,\cdots,N\}$，若直接对每个原始数据做脸谱图通常没有实际意义，需要把各变量变换到预定义的区间，其线性变换公式为：

$$x'_{ij}=a_j+(b_j-a_j)\frac{x_{ij}-x_{\min j}}{x_{\max j}-x_{\min j}}$$

式中，$j=1,2,\cdots,N$，x'_{ij}表示第 j 个样本第 i 个变量的原始数据，$x_{\min j}$和$x_{\max j}$分别表示所有样本中第 i 个变量的最小值和最大值，a_j 和 b_j 为区间上下限。最终所有 x'_{ij} 都落入区间$[a_j, b_j]$，一般 $a_j=0.05$，$b_j=0.95$。

整个脸谱图的各部分，可以用18个变量 $X_1, X_2, \cdots, X_{18}$ 刻画出来，当变量 $p=18$ 时，可以将脸谱中某 n 个部位采用某一固定常数或者标准脸谱参数；当 $p>18$ 时，可以考虑将脸谱中再增加一些部位，或者将关系系数较大的变量进行合并，使得 $p=18$，并且，记标准脸谱的18个变量为 $Z_1, Z_2, \cdots, Z_{18}$。

需要说明的是，今年我们采用的分析软件是S-Plus，该软件提供的脸谱图的做法只有15个变量，因此，这里需要对这15个变量的含义做简单解释（见表7）。

---

① 参考资料：方开泰. 实用多元统计分析[M]. 上海：华东师范大学出版社，1989.

表7 15个指标变量在脸谱图的含义

变量代码	含 义	变量代码	含 义
Z_1	脸的大小	Z_9	眼睛的角度
Z_2	脸的形状	Z_{10}	眼睛的形状
Z_3	鼻子的长度	Z_{11}	眼睛的宽度
Z_4	嘴的位置	Z_{12}	眼珠的位置
Z_5	嘴(笑或怒)的弯度	Z_{13}	眉毛的位置
Z_6	嘴的宽度	Z_{14}	眉毛的角度
Z_7	眼睛的位置	Z_{15}	眉毛的宽度
Z_8	两眼之间的距离	—	

(三)脸谱分析应用

根据“长三角30城市公共服务指数”指标体系,建立与脸谱图多元统计模型的变量转换关系。具体过程如下:先把原始数据标准化(采用正规化标准方法)后,根据各个子要素分别对各自所包含的指标进行等权综合,然后得到9个支出方面和11个产出方面的竞争力得分。根据这9个支出方面和11个产出方面的分值情况,我们在脸谱图的15个变量中选择9个支出和11个产出变量用于表示指标体系中的各个子要素,其他指标用标准值代替,即30个城市的取值都是一样的。有关“长三角30城市公共服务指数”支出法和产出法中每个子要素对应脸谱的各个部位,参见表8。

表8 支出法和产出法各项指标在脸谱图中的含义

变量代码	含 义	子要素	
		公共服务支出法	公共服务产出法
Z_1	脸的大小	公共交通投入水平	城市就业状况
Z_2	脸的形状	社会保障投入水平	公共设施水平
Z_3	鼻子的长度	基础教育公共投入水平	社会保障水平
Z_4	嘴的位置	政府财政可支配财力	基本医疗服务供给水平
Z_5	嘴(笑或怒)的弯度	科技创新投入水平	城市信息化水平
Z_6	嘴的宽度	基本医疗服务投入水平	科技创新水平
Z_7	眼睛的位置	环境保护投入水平	公共交通水平
Z_8	两眼之间的距离	公众文化生活建设投入水平	环境保护状况
Z_9	眼睛的角度	公共服务投入水平	基础教育水平
Z_{10}	眼睛的形状	—	社会安全状况
Z_{11}	眼睛的宽度	—	公众文化生活水平
Z_{12}	眼珠的位置	—	—

（续表）

变量代码	含　义	子要素	
		公共服务支出法	公共服务产出法
Z_{13}	眉毛的位置	—	—
Z_{14}	眉毛的角度	—	—
Z_{15}	眉毛的宽度	—	—

依据上文支出和产出的设置，我们对30个城市公共服务指数脸谱图的评价如图2所示。

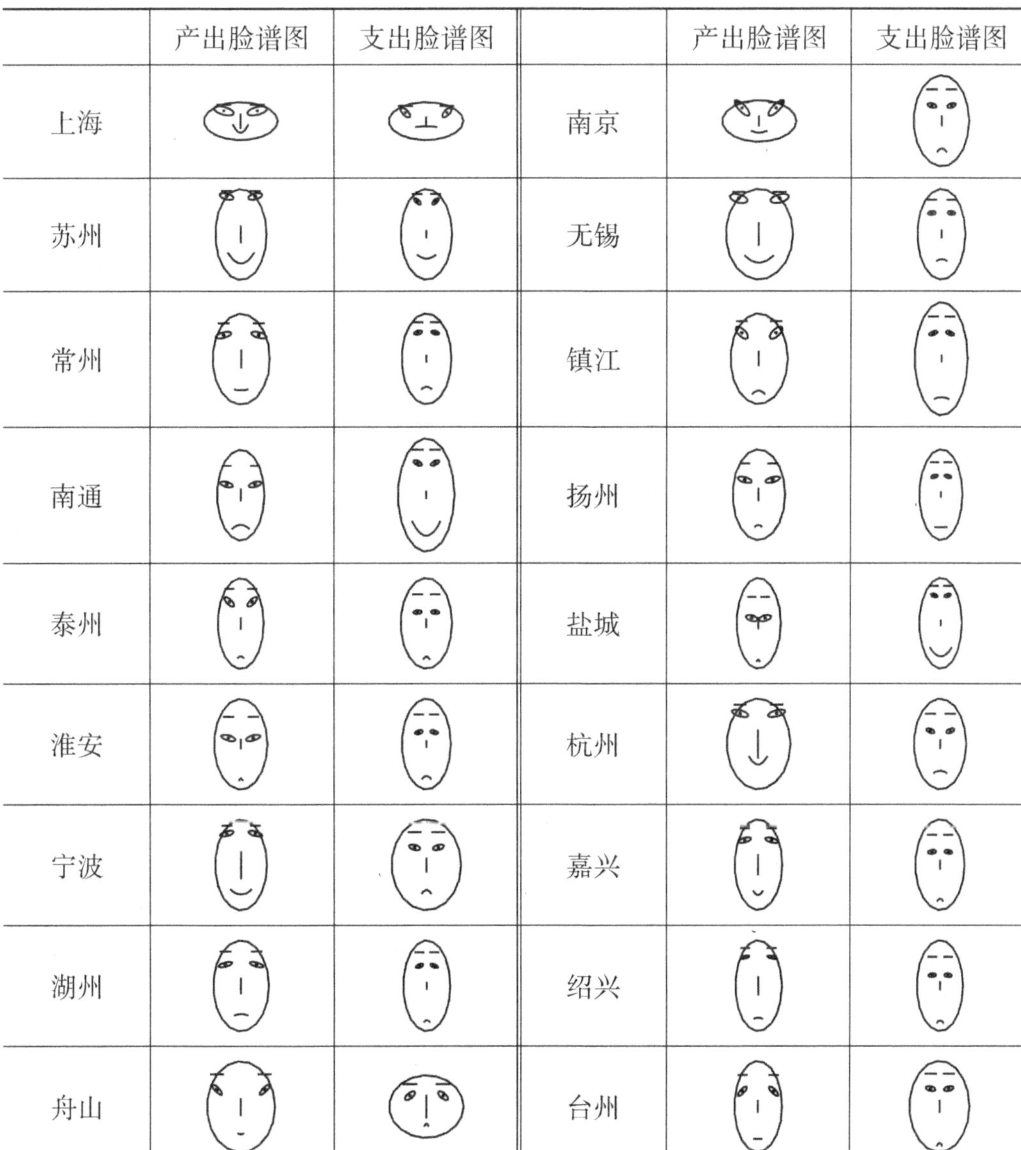

	产出脸谱图	支出脸谱图		产出脸谱图	支出脸谱图
金华			衢州		
合肥			马鞍山		
芜湖			淮南		
滁州			徐州		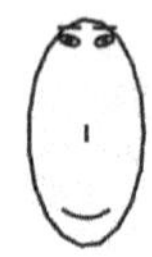
宿迁			丽水		
温州			连云港		
最大值			最小值		

图2　2014长三角30城市公共服务指数脸谱图(包含最好和最差脸谱图)

下面,我们将对照长三角30城市公共服务指数的脸部部位,从支出和产出的角度,分别对长三角地区30个城市做出分析。

1. 对支出脸谱图的分析

(1) 脸的大小。这个指标表示各个城市的“公共交通支出水平”的大小。对照“最大值”和“最小值”两个脸谱,可以看出,上海、舟山、丽水和宁波4个城市在公共交通支出水平方面表现最突出,即:脸的面积较大,其中:上海在该指标具有显著的竞争力。

(2) 脸的形状。该指标表示各个城市的“社会保障支出水平”,脸越圆、越宽表示该城市的社会保障支出水平越高,从支出脸谱图中不难看出,上海、舟山和丽水3个城市的表现较好,脸比较圆,其中:上海在该指标的表现最好。

(3) 鼻子的长度。这个部位代表城市的“基础教育公共支出水平”,鼻子越长表示该城市的基础教育公共支出水平越高。可以看出,舟山、丽水和上海这3个城市在基础教育公共支出水平方面的竞争力相对较好,其中:舟山在这方面最具竞争力,即舟山脸谱图中的鼻子最长。

(4) 嘴的位置。这个部位代表各个城市"政府财政可支配财力"的大小,嘴的位置越高表示其政府财政可支配财力越大。从图 2 中不难看出,这方面较好的是上海、舟山、马鞍山、芜湖 4 个城市。

(5) 嘴的弯度。这个部位表示各城市的"科技创新投入水平",该指标值越大脸谱笑得越明显,越怒的嘴表示指标值越低。可以看到,笑得比较明显的有南通、盐城、苏州、徐州 4 个城市。

(6) 两眼之间的距离。这个指标代表各城市的"公众文化生活建设支出水平",两眼之间的距离越宽,表示该城市的公众文化生活建设支出水平越高,对照图 2 中的支出脸谱图可知,30 个城市中两眼之间距离较大的有上海、舟山、芜湖 3 个城市。

(7) 眼睛的角度。这个部位代表各个城市"公共服务支出水平",一般来讲,眼角往上吊的表现较好。结合图 2 中的脸谱图可知,30 个城市中这方面表现较好的有上海、苏州、温州、南通、杭州 5 个城市,其中,表现最好的城市是上海。

2. 对产出脸谱图的分析

(1) 脸的大小。这个指标表示各个城市的"城市就业状况",脸越大表示该城市的城市就业状况越高。可以看出,上海、宁波和杭州 3 个城市在这方面表现最为突出,其中,上海的脸最大,表示上海在城市就业状况方面最具优势。

(2) 脸的形状。这个部位表示各个城市的"公共设施水平",脸越宽表示该城市的公共设施水平越高。对照"最大值"和"最小值"两个脸谱,可以看出,上海、南京和马鞍山 3 个城市表现最为突出,其中,上海的脸最宽,表示上海在城市的公共设施水平方面最具竞争优势。

(3) 鼻子的长度。这个部位代表城市的"社会保障水平",鼻子越长表示该城市的社会保障水平越高。可以看出,上海、杭州、宁波、无锡、南京 5 个城市在社会保障水平方面表现较好,其中上海在这方面最具竞争力,即上海脸谱图的鼻子最长。

(4) 嘴的弯度。这个部位表示各城市的"城市信息化水平",如果该指标值越大,则脸谱笑得越明显,越怒的嘴表示指标值越低。可以看到,这方面表现最好的城市是上海,即:笑得最厉害的城市是上海。其他在该指标表现较好的城市还包括:杭州、苏州、嘉兴、无锡、宁波 5 个城市。

(5) 眼睛的位置。这个部位代表各个城市的"公共交通水平",眼睛越高表示该城市的公共交通水平越高。不难看出,苏州、合肥和无锡这 3 个城市在该指标的表现较好,即眼睛的位置较高。

(6) 两眼之间的距离。这个指标代表各城市的"环境保护状况",两眼之间的距离越宽,表示该城市的环境保护状况越高,对照图 2 中的产出脸谱图可知,30 个城市中两眼之间距离较大的城市有舟山、丽水和台州 3 个城市。

(7) 眼睛的宽度。这个指标代表各城市的"公众文化生活水平",一般来讲,眼睛的宽度越大，表示该城市的公众文化生活水平越高，对照图2中的产出脸谱图可知，30个城市中眼睛宽度较大的城市包括：上海、南京、苏州、杭州、宁波等17个城市，这些城市的广播电视覆盖率均达到百分之百。

数据分项说明

（1）数据来源主要包括：《中国城市统计年鉴2012》、《中国区域经济统计年鉴2012》、《中国城市（镇）生活与价格年鉴2012》、《中国环境统计年鉴2012》和《中国城市竞争力年鉴2012》。

（2）有关财政支出方面的数据来自华通数据库。

（3）专利授权量来自国家知识产权局。

（4）各城市2011年统计公报。

统计数据

表 1　中国服务业增加值、服务业就业人数等有关情况的时间序列(1978—2012 年)

项目 年份	增加值			就　业		
	服务业增加值/亿元	年增长率/%	增加值比重/%	就业人数/万人	比上年增长/%	就业比重/%
1978	872.48	13.8	23.9	4 890	—	12.2
1979	878.89	7.9	21.6	5 177	5.9	12.6
1980	982.03	6.0	21.6	5 532	6.9	13.1
1981	1 076.60	10.4	22.0	5 945	7.5	13.6
1982	1 162.95	13.0	21.8	6 090	2.4	13.5
1983	1 338.06	15.2	22.4	6 606	8.5	14.2
1984	1 786.26	19.3	24.8	7 739	17.2	16.1
1985	2 585.04	18.2	28.7	8 359	8.0	16.8
1986	2 993.79	12.0	29.1	8 811	5.4	17.2
1987	3 573.97	14.4	29.6	9 395	6.6	17.8
1988	4 590.26	13.2	30.5	9 933	5.7	18.3
1989	5 448.40	5.4	32.1	10 129	2.0	18.3
1990	5 888.42	2.3	31.6	11 979	18.3	18.5
1991	7 337.10	8.9	33.7	12 378	3.3	18.9
1992	9 357.38	12.4	34.8	13 098	5.8	19.8
1993	11 915.73	12.2	33.7	14 163	8.1	21.2
1994	16 179.76	11.1	33.6	15 515	9.5	23
1995	19 978.46	9.8	32.9	16 880	8.8	24.8
1996	23 326.24	9.4	32.8	17 927	6.2	26
1997	26 988.15	10.7	34.2	18 432	2.8	26.4
1998	30 580.47	8.4	36.2	18 860	2.3	26.7
1999	33 873.44	9.3	37.7	19 205	1.8	26.9
2000	38 713.95	9.7	39.0	19 823	3.2	27.5
2001	44 361.61	10.3	40.5	20 165	1.7	27.7
2002	49 898.90	10.4	41.5	20 958	3.9	28.6
2003	56 004.73	9.5	41.2	21 605	3.1	29.3
2004	64 561.29	10.1	40.4	22 725	5.2	30.6
2005	74 919.30	12.2	40.5	23 439	3.1	31.4
2006	88 554.90	14.1	40.9	24 143	3.0	32.2
2007	111 351.90	16.0	41.9	24 404	1.1	32.4
2008	131 340.00	10.4	41.8	25 087	2.8	33.2
2009	148 038.00	9.6	43.4	25 857	3.1	34.1
2010	173 596.00	9.8	43.2	26 332	1.8	34.6
2011	205 205.00	9.4	43.4	27 282	3.6	35.7
2012	231 406.50	8.1	44.6	27 690	3.6	36.1

注:增加值为当年价;年增长率指比上年增长的百分比,按可比价格计算;就业人数为年底数;增加值比重指服务业增加值占 GDP 的百分比;就业比重指服务业就业人数占全社会就业人数的百分比。

资料来源:根据《中国统计年鉴》(2013)整理。

表 2　服务业构成、各部门增加值的时间序列(1991—2011 年)

行业 \ 年份		1991			1992			1993			1994			1995		
		增加值/亿元	年增长率/%	增加值构成/%	增加值/亿元	年增长率/%	增加值构成/%	增加值/亿元	年增长率/%	增加值构成/%	增加值/亿元	年增长率/%	增加值构成/%	增加值/亿元	年增长率/%	增加值构成/%
1	服务业合计	7 227.0	8.8	100.0	9 138.6	12.4	100.0	11 323.8	10.7	100.0	14 930.0	9.6	100.0	17 947.2	8.4	100.0
2	农、林、牧、渔服务业	53.6	10.7	0.7	66.6	10.4	0.7	76.5	2.2	0.7	101.3	10.3	0.7	115.8	8.7	0.6
3	地质勘查业水利管理业	76.8	10.9	1.1	98.0	15.1	1.1	134.5	11.2	1.2	191.2	16.3	1.3	253.3	5.4	1.4
4	交通运输、仓储及邮电通信业	1 409.7	11.2	19.5	1 681.8	10.5	18.4	2 123.2	12.4	18.7	2 685.9	9.5	18.0	3 054.7	12.1	17.0
	＃交通运输和仓储业	1 261.7	8.6	17.5	1 488.0	7.9	16.3	1 823.5	5.9	16.1	2 204.3	7.1	14.8	2 378.0	5	13.2
	＃邮电通信业	148.0	35.5	2.0	193.8	30.3	2.1	299.7	53.3	2.6	481.6	20.1	3.2	676.7	39	3.8
5	批发和零售贸易餐饮业	2 087.0	4.5	28.9	2 735.0	13.1	29.9	3 090.7	6.6	27.3	4 050.4	7.7	27.1	4 932.3	5.9	27.5
6	金融、保险业	1 288.1	2.3	17.8	1 601.0	8	17.5	2 057.0	10.9	18.2	2 767.2	9.4	18.5	3 482.8	8.5	19.4
7	房地产业	368.2	12	5.1	521.1	34.7	5.7	640.7	10.8	5.7	870.3	12	5.8	1 058.6	12.4	5.9
8	社会服务业	447.3	26.8	6.2	599.7	19.3	6.6	899.2	18.9	7.9	1 200.5	8.3	8.0	1 546.4	5.8	8.6
9	卫生体育和社会福利业	215.2	14.9	3.0	264.0	9.4	2.9	333.7	11.8	2.9	433.8	8.2	2.9	483.2	6.4	2.7
10	教育、文化艺术及广播、电影电视业	454.9	7.8	6.3	547.7	8	6.0	709.9	14.9	6.3	977.6	15	6.5	1 124.5	8	6.3
11	科学研究和综合技术服务业	97.5	12	1.3	125.0	15.3	1.4	151.8	6.9	1.3	213.4	17.9	1.4	277.1	10.5	1.5
12	国家机关、政党机关和社会团体	662.1	14.5	9.2	809.7	8.6	8.9	986.4	7.7	8.7	1 279.1	8.3	8.6	1 438.0	6	8.0
13	其他行业	66.6	14.8	0.9	89.0	19.5	1.0	120.2	17.9	1.1	159.3	10.6	1.1	180.5	8.6	1.0

（续表）

序号	行业＼年份	1996			1997			1998			1999			2000		
		增加值/亿元	年增长率/%	增加值构成/%	增加值/亿元	年增长率/%	增加值构成/%	增加值/亿元	年增长率/%	增加值构成/%	增加值/亿元	年增长率/%	增加值构成/%	增加值/亿元	年增长率/%	增加值构成/%
1	服务业合计	20427.5	7.9	100.0	23028.7	9.1	100.0	25173.5	8.3	100.0	27037.7	7.7	100.0	29904.6	8.1	100.0
2	农、林、牧、渔服务业	129.6	5.8	0.6	177.3	32.5	0.8	199.6	13.4	0.8	221.9	6.3	0.8	228.5	3.0	0.8
3	地质勘查业水利管理业	280.2	5.1	1.4	302.3	4.3	1.3	302.1	0.7	1.2	316.2	6.2	1.2	328.6	4.1	1.1
4	交通运输、仓储及邮电通信业	3494.0	11.4	17.1	3797.2	10.8	16.5	4121.3	10.6	16.4	4460.3	11.3	16.5	5408.6	11.5	18.1
	＃交通运输和仓储业	2626.6	3.8	12.9	2689.6	5.3	11.7	2886.2	2.0	11.5	3058.1	5.6	11.3	3413.3	5.0	11.4
	＃邮电通信业	867.4	34.1	4.2	1107.6	23.1	4.8	1235.1	27.4	4.9	1402.2	20.1	5.2	1995.3	20.4	6.7
5	批发和零售贸易餐饮业	5560.3	5.4	27.2	6159.9	8.5	26.7	6579.1	7.7	26.1	6910.3	7.2	25.6	7316.0	8.2	24.5
6	金融、保险业	4017.4	7.5	19.7	4534.6	8.5	19.7	4672.6	4.9	18.6	4847.3	4.8	17.9	5217.0	6.5	17.4
7	房地产业	1149.3	4	5.6	1258.8	4.1	5.5	1452.6	7.7	5.8	1528.4	5.9	5.7	1690.4	7.1	5.7
8	社会服务业	1717.7	5	8.4	2177.9	7.9	9.5	2649.3	10.6	10.5	2893.7	8.1	10.7	3249.8	8.7	10.9
9	卫生体育和社会福利业	564.2	10.3	2.8	617.1	8.1	2.7	687.2	7.8	2.7	742.7	4.6	2.7	826.1	6.3	2.8
10	教育、文化艺术及广播、电影电视业	1354.9	13.9	6.6	1573.2	14.8	6.8	1823.9	10.2	7.2	2098.0	7.2	7.8	2391.2	5.3	8.0
11	科学研究和综合技术服务业	335.7	14	1.6	434.1	12.1	1.9	470.8	10.8	1.9	556.6	10.5	2.1	626.1	6.9	2.1
12	国家机关、政党机关和社会团体	1615.3	6.2	7.9	1763.9	7.0	7.7	1969.1	8.3	7.8	2201.2	8.6	8.1	2347.8	7.7	7.9
13	其他行业	208.9	9.5	1.0	232.4	10.2	1.0	245.9	8.1	1.0	261.2	6.5	1.0	274.5	5.6	0.9

（续表）

行业 \ 年份		2001			2002			2003			2004		2005	
		增加值/亿元	年增长率/%	增加值构成/%	增加值/亿元	年增长率/%	增加值构成/%	增加值/亿元	年增长率/%	增加值构成/%	增加值/亿元	增加值构成/%	增加值/亿元	增加值构成/%
1	服务业合计	33153.0	8.4	100.0	36074.9	8.7	100.0	39188.0	7.8	100.0	64561.3	100.0	74919.3	100.0
2	农、林、牧、渔服务业	265.1	11.7	0.8	298.5	12.0	0.8	313.4	3.2	0.8	9304.4	14.4	10666.2	14.2
3	地质勘查业水利管理业	343.1	3.7	1.0	356.8	4.8	1.0	348.8	−3.4	0.9	4236.3	6.6	4904.1	6.5
4	交通运输、仓储及邮电通信业	5968.3	9.5	18.0	6420.3	7.9	17.8	6644.3	6.3	17.0	12453.8	19.3	13966.2	18.6
	＃交通运输和仓储业	3597.9	4.8	10.9	3705.5	4.5	10.3	3431.5	1.6	8.8	3664.8	5.7	4195.7	5.6
	＃邮电通信业	2370.4	17.5	7.1	2714.8	12.9	7.5	3212.8	12.9	8.2	5393.0	8.4	6086.8	8.1
5	批发和零售贸易餐饮业	7918.8	7.5	23.9	8476.7	8.1	23.5	9238.4	9.1	23.6	7174.1	11.1	8516.4	11.4
6	金融、保险业	5585.9	6.4	16.8	5948.9	6.9	16.5	6467.3	7.0	16.5	2627.5	4.1	3129.1	4.2
7	房地产业	1885.4	11.0	5.7	2098.2	9.9	5.8	2377.6	9.8	6.1	1759.5	2.7	2164.0	2.9
8	社会服务业	3855.7	10.9	11.6	4366.4	11.2	12.1	4879.6	9.3	12.4	768.6	1.2	850.0	1.1
9	卫生体育和社会福利业	986.3	11.6	3.0	1068.4	9.2	3.0	1158.8	7.2	3.0	2481.5	3.8	3128.0	4.2
10	教育、文化艺术及广播、电影电视业	2768.7	8.6	8.4	3090.5	11.0	8.6	3415.1	7.5	8.7	4892.6	7.6	5759.7	7.7
11	科学研究和综合技术服务业	702.7	7.4	2.1	802.1	12.1	2.2	884.2	7.8	2.2	2620.7	4.1	2987.3	4.0
12	国家机关、政党机关和社会团体	2584.6	7.3	7.8	2844.5	8.4	7.9	3138.5	7.9	8.0	1043.2	1.6	1204.5	1.6
13	其他行业	288.4	4.4	0.9	303.8	5.7	0.8	322.0	4.5	0.8	6141.4	9.5	7361.2	9.8

（续表）

行业 \ 年份		1996			1997			1998			1999			2000		
		增加值/亿元	年增长率/%	增加值构成/%	增加值/亿元	年增长率/%	增加值构成/%	增加值/亿元	年增长率/%	增加值构成/%	增加值/亿元	年增长率/%	增加值构成/%	增加值/亿元	年增长率/%	增加值构成/%
1	服务业合计	20427.5	7.9	100.0	23028.7	9.1	100.0	25173.5	8.3	100.0	27037.7	7.7	100.0	29904.6	8.1	100.0
2	农、林、牧、渔服务业	129.6	5.8	0.6	177.3	32.5	0.8	199.6	13.4	0.8	221.9	6.3	0.8	228.5	3.0	0.8
3	地质勘查业水利管理业	280.2	5.1	1.4	302.3	4.3	1.3	302.1	0.7	1.2	316.2	6.2	1.2	328.6	4.1	1.1
4	交通运输、仓储及邮电通信业	3494.0	11.4	17.1	3797.2	10.8	16.5	4121.3	10.6	16.4	4460.3	11.3	16.5	5408.6	11.5	18.1
	#交通运输和仓储业	2626.6	3.8	12.9	2689.6	5.3	11.7	2886.2	2.0	11.5	3058.1	5.6	11.3	3413.3	5.0	11.4
	#邮电通信业	867.4	34.1	4.2	1107.6	23.1	4.8	1235.1	27.4	4.9	1402.2	20.1	5.2	1995.3	20.4	6.7
5	批发和零售贸易餐饮业	5560.3	5.4	27.2	6159.9	8.5	26.7	6579.1	7.7	26.1	6910.3	7.2	25.6	7316.0	8.2	24.5
6	金融、保险业	4017.4	7.5	19.7	4534.6	8.5	19.7	4672.6	4.9	18.6	4847.3	4.8	17.9	5217.0	6.5	17.4
7	房地产业	1149.3	4	5.6	1258.8	4.1	5.5	1452.6	7.7	5.8	1528.4	5.9	5.7	1690.4	7.1	5.7
8	社会服务业	1717.7	5	8.4	2177.9	7.9	9.5	2649.3	10.6	10.5	2893.7	8.1	10.7	3249.8	8.7	10.9
9	卫生体育和社会福利业	564.2	10.3	2.8	617.1	8.1	2.7	687.2	7.8	2.7	742.7	4.6	2.7	826.1	6.3	2.8
10	教育、文化艺术及广播、电影电视业	1354.9	13.9	6.6	1573.2	14.8	6.8	1823.9	10.2	7.2	2098.0	7.2	7.8	2391.2	5.3	8.0
11	科学研究和综合技术服务业	335.7	14	1.6	434.1	12.1	1.9	470.8	10.8	1.9	556.6	10.5	2.1	626.1	6.9	2.1
12	国家机关、政党机关和社会团体	1615.3	6.2	7.9	1763.9	7.0	7.7	1969.1	8.3	7.8	2201.2	8.6	8.1	2347.8	7.7	7.9
13	其他行业	208.9	9.5	1.0	232.4	10.2	1.0	245.9	8.1	1.0	261.2	6.5	1.0	274.5	5.6	0.9

（续表）

行业 \ 年份		2001			2002			2003			2004		2005	
		增加值/亿元	年增长率/%	增加值构成/%	增加值/亿元	年增长率/%	增加值构成/%	增加值/亿元	年增长率/%	增加值构成/%	增加值/亿元	增加值构成/%	增加值/亿元	增加值构成/%
1	服务业合计	33 153.0	8.4	100.0	36 074.9	8.7	100.0	39 188.0	7.8	100.0	64 561.3	100.0	74 919.3	100.0
2	农、林、牧、渔服务业	265.1	11.7	0.8	298.5	12.0	0.8	313.4	3.2	0.8	9 304.4	14.4	10 666.2	14.2
3	地质勘查业水利管理业	343.1	3.7	1.0	356.8	4.8	1.0	348.8	−3.4	0.9	4 236.3	6.6	4 904.1	6.5
4	交通运输、仓储及邮电通信业	5 968.3	9.5	18.0	6 420.3	7.9	17.8	6 644.3	6.3	17.0	12 453.8	19.3	13 966.2	18.6
	＃交通运输和仓储业	3 597.9	4.8	10.9	3 705.5	4.5	10.3	3 431.5	1.6	8.8	3 664.8	5.7	4 195.7	5.6
	＃邮电通信业	2 370.4	17.5	7.1	2 714.8	12.9	7.5	3 212.8	12.9	8.2	5 393.0	8.4	6 086.8	8.1
5	批发和零售贸易餐饮业	7 918.8	7.5	23.9	8 476.7	8.1	23.5	9 238.4	9.1	23.6	7 174.1	11.1	8 516.4	11.4
6	金融、保险业	5 585.9	6.4	16.8	5 948.9	6.9	16.5	6 467.3	7.0	16.5	2 627.5	4.1	3 129.1	4.2
7	房地产业	1 885.4	11.0	5.7	2 098.2	9.9	5.8	2 377.6	9.8	6.1	1 759.5	2.7	2 164.0	2.9
8	社会服务业	3 855.7	10.9	11.6	4 366.4	11.2	12.1	4 879.6	9.3	12.4	768.6	1.2	850.0	1.1
9	卫生体育和社会福利业	986.3	11.6	3.0	1 068.4	9.2	3.0	1 158.8	7.2	3.0	2 481.5	3.8	3 128.0	4.2
10	教育、文化艺术及广播、电影电视业	2 768.7	8.6	8.4	3 090.5	11.0	8.6	3 415.1	7.5	8.7	4 892.6	7.6	5 759.7	7.7
11	科学研究和综合技术服务业	702.7	7.4	2.1	802.1	12.1	2.2	884.2	7.8	2.2	2 620.7	4.1	2 987.3	4.0
12	国家机关、政党机关和社会团体	2 584.6	7.3	7.8	2 844.5	8.4	7.9	3 138.5	7.9	8.0	1 043.2	1.6	1 204.5	1.6
13	其他行业	288.4	4.4	0.9	303.8	5.7	0.8	322.0	4.5	0.8	6 141.4	9.5	7 361.2	9.8

（续表）

行业 \ 年份		2005		2007		2008		2009		2010		2011	
		增加值/亿元	增加值构成/%	增加值/亿元	增加值构成/%	增加值/亿元	增加值构成/%	增加值/亿元	增加值构成/%	增加值/亿元	增加值构成/%	增加值/亿元	增加值构成/%
1	服务业合计	88554.9	100.0	111351.9	100.0	131340.0	100.0	148038.0	100.0	173596.0	100.0	205205.0	100.0
2	交通运输、仓储和邮政业	12183.0	13.8	14601.0	13.1	16362.5	12.5	16727.1	11.3	19132.2	11.0	22432.8	10.9
3	信息传输、计算机服务和软件业	5683.5	6.4	6705.6	6.0	7859.7	6.0	8163.8	5.5	8881.9	5.1	9780.3	4.8
4	批发和零售业	16530.7	18.7	20937.8	18.8	26182.3	19.9	28984.5	19.6	35746.1	20.6	43445.2	21.2
5	住宿和餐饮业	4792.6	5.4	5548.1	5.0	6616.1	5.0	7118.2	4.8	8068.5	4.6	9172.8	4.5
6	金融业	8099.1	9.1	12337.5	11.1	14863.3	11.3	17767.5	12.0	20980.6	12.1	24958.3	12.2
7	房地产业	10370.5	11.7	13809.7	12.4	14738.7	11.2	18654.9	12.6	22782.0	13.1	26783.9	13.1
8	租赁和商务服务业	3790.8	4.3	4694.9	4.2	5608.2	4.3	6191.4	4.2	7785.0	4.5	9407.1	4.6
9	科学研究、技术服务和地质勘查业	2684.8	3.0	3441.3	3.1	3993.4	3.0	4721.7	3.2	5636.9	3.2	6965.8	3.4
10	水利、环境和公共设施管理业	945.8	1.1	1110.7	1.0	1265.5	1.0	1480.4	1.0	1752.1	1.0	2039.5	1.0
11	居民服务和其他服务业	3541.7	4.0	3996.5	3.6	4628.0	3.5	5271.5	3.6	6101.7	3.5	7280.5	3.5
12	教育	6407.0	7.2	7693.2	6.9	8887.5	6.8	10481.8	7.1	12042.1	6.9	14429.4	7.0
13	卫生、社会保障和社会福利业	3326.2	3.8	4013.8	3.6	4628.7	3.5	5082.6	3.4	5980.8	3.4	7495.9	3.7
14	文化、体育和娱乐业	1362.7	1.5	1631.3	1.5	1922.4	1.5	2231.0	1.5	2495.8	1.4	3007.1	1.5
15	公共管理和社会组织	8836.6	10.0	10830.4	9.7	13783.7	10.5	15161.7	10.2	16210.3	9.3	18006.4	8.8

注：1. 表中增加值为当年价；

2. 自2004年起统计数据的行业分类按新国民经济行业分类（GB/T 4754—2002）进行划分。

资料来源：根据《中国统计年鉴》各期整理。

表 3　中国部分地区服务业发展情况(2012 年)

项目 地区	人均地区生产总值/元	地区生产总值/亿元	服务业							
			增加值比重/%	增加值合计/亿元	交通运输、仓储和邮政业/亿元	批发和零售业/亿元	住宿和餐饮业/亿元	金融业/亿元	房地产业/亿元	其他服务业/亿元
北　京	87475	17879.4	**76.5**	13669.93	816.31	2229.77	373.06	2536.91	1244.17	6469.71
天　津	93173	12893.88	**47.0**	6058.46	683.56	1680.33	222.18	1001.59	449.65	2021.15
河　北	36584	26575.01	**35.3**	9384.78	2212.93	2024.29	388.87	913.66	982.05	2862.98
山　西	33628	12112.83	**38.7**	4682.95	847.44	991.08	299.67	639.61	301.88	1603.27
内蒙古	63886	15880.58	**35.5**	5630.5	1185.3	1415.47	433.94	502.01	385.22	1708.56
辽　宁	56649	24846.43	**38.1**	9460.12	1297.18	2191.19	487.49	969.37	1050.03	3464.86
吉　林	43415	11939.24	**34.8**	4150.36	462.13	986.46	240.7	244.63	240.86	1975.58
黑龙江	35711	13691.58	**40.5**	5540.31	598.78	1339.05	367.4	485.11	522.27	2227.7
上　海	85373	20181.72	**60.4**	12199.15	895.31	3291.93	298.4	2450.36	1147.04	4116.11
江　苏	68347	54058.22	**43.5**	23517.98	2352.4	5704.66	1045.21	3136.51	2992.82	8286.38
浙　江	63374	34665.33	**45.2**	15681.13	1278.91	3684.34	655.74	2762.24	1927.93	5371.97
安　徽	28792	17212.05	**32.7**	5628.48	650.21	1223.97	268.95	617.62	665.76	2201.97
福　建	52763	19701.78	**39.3**	7737.13	1090.07	1670.26	337.48	1015.37	1039.71	2584.24
江　西	28800	12948.88	**34.6**	4486.06	630.56	935.94	310.84	413.07	421.83	1773.82
山　东	51768	50013.24	**40.0**	19995.81	2516.19	6507.4	1059.47	1936.11	1984.49	5992.16
河　南	31499	29599.31	**30.9**	9157.57	1151.91	1877.82	898.36	1013.6	1040.7	3175.18
湖　北	38572	22250.45	**36.9**	8208.58	934.96	1687.52	512.02	870.36	692.82	3510.9

（续表）

项目 地区	人均地区生产总值/元	地区生产总值/亿元	服务业							
			增加值比重/%	增加值合计/亿元	交通运输、仓储和邮政业/亿元	批发和零售业/亿元	住宿和餐饮业/亿元	金融业/亿元	房地产业/亿元	其他服务业/亿元
湖　南	33 480	22 154.23	**39.0**	8 643.6	1 077.65	1 849.04	460.7	579.76	568.52	4 107.93
广　东	54 095	57 067.92	**46.5**	26 519.69	2 367.46	6 333.62	1 308.4	3 171.96	3 643.87	9 694.37
广　西	27 952	13 035.1	**35.4**	4 615.3	625.57	982.18	364.46	573.05	489.43	1 580.59
海　南	32 377	2 855.54	**46.9**	1 339.53	133.4	300.52	98.96	130.69	238.11	437.85
重　庆	38 914	11 409.6	**39.4**	4 494.41	515.15	847.99	189.98	915.65	620.17	1 405.47
四　川	29 608	23 872.8	**34.5**	8 242.31	707.19	1 342.25	621.72	1 303.56	703.51	3 564.08
贵　州	19 710	6 852.2	**47.9**	3 282.75	687.45	514.49	266.58	365.87	176.75	1 271.61
云　南	22 195	10 309.47	**41.1**	4 235.72	247.53	1 039.64	330.67	541.18	243.03	1 833.67
西　藏	22 936	701.03	**53.9**	377.8	26.23	42.75	23.78	32.04	20.77	232.23
陕　西	38 564	14 453.68	**34.7**	5 009.65	617.39	1 166.9	312.27	551.2	450.12	1 911.77
甘　肃	21 978	5 650.2	**40.2**	2 269.61	319.66	398.52	141.68	184.43	146.32	1 079
青　海	33 181	1 893.54	**33.0**	624.29	71.87	109.44	21.39	83.73	31.41	306.45
宁　夏	36 394	2 341.29	**42.0**	982.52	196.49	124.66	42.67	167.48	87.51	363.71
新　疆	33 796	7 505.31	**36.0**	2 703.18	357.9	426.65	108.39	360.4	194.38	1 255.46

注：1. 增加值为当年价；
　　2. 增加值比重是指服务业增加值占全部三次产业的百分率。
资料来源：根据《中国统计年鉴》(2013)整理。

表 4　中国服务分部门进、出口贸易额统计序列(1982—2013 年)

(单位:万美元)

项目＼年份	1982	1985	1990	1995	2000	2001	2002	2003	2004	2005	2006	2007	2008	2009	2010	2011	2012	2013
货物贸易差额	42	−131	92	181	345	340	442	444	590	1 342	2 177	3 159	3 606	2 495	2 542	2 435	3 216	3 599
出口	211	251	515	1 281	2 491	2 661	3 257	4 383	5 934	7 625	9 697	12 201	14 347	12 038	15 814	19 038	20 569	22 190
进口	169	382	424	1 101	2 147	2 321	2 815	3 939	5 344	6 283	7 519	9 041	10 741	9 543	13 272	16 603	17 353	18 591
服务贸易差额	6	6	15	−61	−56	−59	−68	−85	−78	−96	−88	−79	−118	−294	−312	−616	−897	−1 245
出口	26	31	59	191	304	333	397	468	649	744	920	1 222	1 471	1 295	1 622	1 860	1 914	2 060
进口	20	25	44	252	360	393	465	553	727	840	1 008	1 301	1 589	1 589	1 933	2 477	2 812	3 305
1. 运输差额	−1	−5	−10	−62	−67	−67	−79	−103	−125	−130	−134	−120	−119	−230	−290	−449	−469	−567
出口	12	10	22	34	37	46	57	79	121	154	210	313	384	236	342	356	389	376
进口	12	15	32	95	104	113	136	182	245	285	344	433	503	466	633	804	859	943
2. 旅游差额	8	9	17	50	31	39	50	22	60	75	96	74	47	−40	−91	−241	−519	−769
出口	8	13	22	87	162	178	204	174	257	293	339	372	408	397	458	485	500	517
进口	1	3	5	37	131	139	154	152	197	218	243	298	362	437	549	726	1 020	1 286
3. 通讯服务差额	0	0	1	5	11	−1	1	2	1	−1	0	1	1	0	1	5	1	0
出口	0	0	2	8	13	3	6	6	6	5	7	12	16	12	12	17	18	17
进口	0	0	0	2	2	3	5	4	5	6	8	11	15	12	11	12	16	16
4. 建筑服务差额	1	1	1	0	−4	0	3	1	1	10	7	25	60	36	94	110	86	68

（续表）

项目 \ 年份	1982	1985	1990	1995	2000	2001	2002	2003	2004	2005	2006	2007	2008	2009	2010	2011	2012	2013
出口	1	1	1	8	6	8	12	13	15	26	28	54	103	95	145	147	122	107
进口	0	0	0	8	10	8	10	12	13	16	20	29	44	59	51	37	36	39
5. 保险服务差额	1	1	1	−24	−24	−25	−30	−42	−57	−67	−83	−98	−114	−97	−140	−167	−173	−181
出口	2	2	2	19	1	2	2	3	4	5	6	9	14	16	17	30	33	40
进口	1	1	1	43	25	27	32	46	61	72	88	107	127	113	158	197	206	221
6. 金融服务差额	0	0	0	0	0	0	0	−1	0	0	−7	−3	−3	−3	−1	1	0	−5
出口	0	0	0	0	1	1	1	2	1	1	1	2	3	4	13	8	19	32
进口	0	0	0	0	1	1	1	2	1	2	9	6	6	6	14	7	19	37
7. 计算机和信息服务差额	0	0	0	0	1	1	−5	1	4	2	12	21	31	33	63	83	106	94
出口	0	0	0	0	4	5	6	11	16	18	30	43	63	65	93	122	145	154
进口	0	0	0	0	3	3	11	10	13	16	17	22	32	32	30	38	38	60
8. 专有权利使用费和特许费差额	0	0	0	0	−12	−18	−30	−34	−43	−52	−64	−78	−97	−106	−122	−140	−167	−201
出口	0	0	0	0	1	1	1	1	2	2	2	3	6	4	8	7	10	9
进口	0	0	0	0	14	19	31	35	45	53	66	82	103	111	130	147	177	210
9. 咨询差额	0	0	0	0	−3	−6	−13	−16	−16	−9	−6	7	46	52	77	98	134	169
出口	0	0	0	0	4	9	13	19	32	53	78	116	181	186	228	284	334	405

（续表）

项目＼年份	1982	1985	1990	1995	2000	2001	2002	2003	2004	2005	2006	2007	2008	2009	2010	2011	2012	2013
进口	0	0	0	0	6	15	26	34	47	62	84	109	135	134	151	186	200	236
10. 广告-宣传差额	0	0	0	0	0	0	0	0	2	4	5	6	3	4	8	12	20	18
出口	0	0	0	0	3	3	4	5	8	11	14	19	22	23	29	40	48	49
进口	0	0	0	0	2	3	4	5	7	7	10	13	19	20	20	28	28	31
11. 电影-音像差额	0	0	0	0	0	0	−1	0	−1	0	0	2	2	−2	−2	−3	−4	−6
出口	0	0	0	0	0	0	0	0	0	1	1	3	4	1	1	1	1	1
进口	0	0	0	0	0	1	1	1	2	2	1	2	3	3	4	4	6	8
12. 其他商业服务差额	−2	1	6	−32	10	15	38	86	98	73	84	87	29	59	94	76	89	135
出口	2	4	9	30	71	73	88	151	183	169	197	269	260	247	265	354	284	341
进口	5	3	3	61	61	57	49	65	85	96	113	182	231	188	172	279	196	206
13. 别处未提及的政府服务差额	−1	−1	−1	1	1	2	−1	−1	−2	−1	1	−3	−3	1	−2	−3	−1	0
出口	0	1	1	7	3	4	4	4	4	5	6	6	7	9	10	8	10	12
进口	2	3	2	6	2	2	4	5	5	6	5	9	9	8	11	11	10	12

资料来源：根据国家外汇管理局提供的各有关年份“中国国际收支平衡表”整理。

表 5　服务业内向 FDI 部门分布的时间序列(1997—2012 年)

(单位:万美元)

年份 行业	1997			1998			1999			2000		
	项目数/个	合同金额	实际投资	项目数/个	合同金额	实际投资	项目数/个	合同金额	实际投资	项目数/个	合同金额	实际投资
服务业 FDI 合计	4 706	1 538 150	1 205 952	4 649	1 550 017	1 351 151	3 621	1 136 593	1 182 876	5 036	1 407 794	1 046 388
1. 地质勘查业、水利管理业	—	—	—	—	—	—	—	—	452	—	—	481
2. 交通运输、仓储及邮电通信业	279	262 207	165 513	274	230 119	164 513	205	111 401	155 114	306	141 658	101 188
3. 批发和零售贸易餐饮业	1 198	183 901	140 187	1 184	131 352	118 149	825	120 413	96 513	852	143 514	85 781
4. 金融、保险业	—	—	—	—	—	—	—	—	9 767	—	—	7 629
5. 房地产业	862	622 227	516 901	834	664 752	641 006	669	417 785	558 831	684	523 213	465 751
6. 社会服务业	1 400	266 888	198 802	1 634	301 193	296 315	1 474	301 680	255 066	2679	425 463	218 544
7. 卫生体育和社会福利业	38	14 302	19 535	40	14 174	9 724	28	6 727	14 769	31	15 428	10 588
8. 教育、文化艺术和广播电影电视业	34	6 974	7 403	14	2 212	6 830	29	7 258	6 072	19	8 332	5 446
9. 科学研究和综合技术服务业	—	—	—	—	—	—	—	—	11 013	—	—	5 703
10. 其他行业	895	181 651	157 611	669	206 215	114 614	391	171 329	75 279	465	150 186	145 277

（续表）

年份 行业	2001			2002			2003		
	项目数/个	合同金额	实际投资	项目数/个	合同金额	实际投资	项目数/个	合同金额	实际投资
服务业 FDI 合计	5 606	1 398 444	1 118 091	7 588	1 889 700	1 225 033	9 744	2 764 027	1 332 464
1. 地质勘查业、水利管理业	11	1 308	1 049	10	3 088	696	16	5 050	1 777
2. 交通运输、仓储及邮电通信业	297	88 354	90 890	405	152 902	91 346	506	501 475	86 737
3. 批发和零售贸易餐饮业	1 232	139 806	116 877	1 716	166 364	93 264	2 207	238 389	111 604
4. 金融、保险业	8	8 612	3 527	17	46 002	10 665	23	31 880	23 199
5. 房地产业	820	503 061	513 655	1 316	721 713	566 277	1 553	910568	523 560
6. 社会服务业	2 673	428 884	259 483	3 418	498 789	294 345	4 242	704220	316 095
7. 卫生体育和社会福利业	39	13 305	11 864	50	25 796	12 807	85	26 941	12 737
8. 教育、文化艺术和广播电影电视业	28	7 174	3 596	48	10 884	3 779	70	28 201	5 782
9. 科学研究和综合技术服务业	196	65 429	12 044	227	53 365	19 752	558	75 306	25 871
10. 其他行业	302	142 511	105 106	381	210 797	132 102	484	241 997	225 102

（续表）

行业＼年份	2004			2005			2006			2007	
	项目数/个	合同金额	实际投资	项目数/个	合同金额	实际投资	项目数/个	合同金额	实际投资	项目数/个	实际投资
服务业 FDI 合计	11 003	3 358 704	1 405 258	12 916	5 078 475	1 491 400	14 797	6 422 908	1 991 456	16 735	3 098 277
1. 交通运输、仓储和邮政业	638	237 290	127 285	734	522 404	181 230	665	517 422	198 485	658	200 676
2. 信息传输、计算机服务和软件业	1 622	202 137	91 609	1 493	451 206	101 454	1 378	304 942	107 049	1392	148 524
3. 批发和零售业	1 700	250 053	73 959	2 602	434 404	103 854	4 664	652 475	178 941	6 338	267 652
4. 住宿和餐饮业	1 174	216 887	84 094	1207	273 670	56 017	1 060	289 321	82 764	938	104 165
5. 金融业	43	57 541	25 248	40	55 144	21 969	52	75 972	29 369	51	25 729
6. 房地产业	1 767	1 348 802	595 015	2 120	1 940 029	541 807	2 398	2 946 928	822 950	1 444	1 708 873
7. 租赁和商务服务业	2 661	674 248	282 423	2 981	858 005	374 507	2 885	938 762	422 266	3 539	401 881
8. 科学研究、技术服务和地质勘查业	629	100 641	29 384	926	175 503	34 041	1 035	260 234	50 413	1 716	91 668
9. 水利、环境和公共设施管理业	164	82 209	22 911	139	92 130	13 906	132	92 901	19 517	154	27 283
10. 居民服务和其他服务业	251	54 251	15 795	329	136 616	26 001	236	219 730	50 402	270	72 270
11. 教育	59	17 274	3 841	51	15 974	1 775	27	10 794	2 940	15	3 246
12. 卫生、社会保障和社会福利业	21	14 720	8 738	22	16 459	3 926	20	10 942	1 517	13	1 157
13. 文化、体育和娱乐业	272	101 281	44 776	272	106 931	30 543	241	100 373	24 136	207	45 109
14. 公共管理和社会组织	2	1 370	180	—	—	370	4	2 112	707	—	44

（续表）

年份 / 行业	2008		2009		2010		2011		2012	
	项目数/个	实际投资	项目数/个	实际投资	项目数/个	实际投资	项目数/个	实际投资	项目数/个	实际投资
服务业 FDI 合计	14 298	3 794 812	12 215	3 852 817	14 852	4 996 292	15 217	5 825 342	**14 624**	5 719 626
1. 交通运输、仓储和邮政业	523	285 131	395	252 728	396	224 373	413	319 079	**397**	**347 376**
2. 信息传输、计算机服务和软件业	1 286	277 479	1 081	224 694	1 046	248 667	993	269 918	**926**	**335 809**
3. 批发和零售业	5 854	443 297	5 100	538 980	6 786	659 566	7 259	842 455	**7 029**	**946 187**
4. 住宿和餐饮业	633	93 851	502	84 412	579	93 494	513	84 289	**505**	**70 157**
5. 金融业	25	57 255	52	45 617	85	112 347	156	190 970	**282**	**211 945**
6. 房地产业	452	1 858 995	569	1 679 619	689	2 398 556	466	2 688 152	**472**	**2 412 487**
7. 租赁和商务服务业	3 138	505 884	2 864	607 806	3 418	713 023	3 518	838 247	**3 229**	**821 105**
8. 科学研究、技术服务和地质勘查业	1 839	150 555	1 066	167 363	1 299	196 692	1 357	245 781	**1 287**	**309 554**
9. 水利、环境和公共设施管理业	138	34 027	183	55 613	143	90 859	151	86 427	**122**	**85 028**
10. 居民服务和其他服务业	205	56 992	207	158 596	217	205 268	212	188 357	**192**	**116 451**
11. 教育	24	3 641	20	1 349	12	818	15	395	**11**	**3 437**
12. 卫生、社会保障和社会福利业	10	1 887	18	4 283	12	9 017	11	7 751	**24**	**6 430**
13. 文化、体育和娱乐业	170	25 818	158	31 756	168	43 612	152	63 455	**145**	**53 655**
14. 公共管理和社会组织	1	—	—	1	2	—	1	**66**	**3**	**5**

注：表中“—”表示无该项数据。

资料来源：根据《中国统计年鉴》各有关年份整理。

表 6　世界服务贸易进、出口额及增长率统计(1980—2013 年)

年份	贸易额/现价,百万美元			年增长率/%		
	出　口	进　口	总　额	出　口	进　口	总　额
1980	395 660	447 770	843 430	—	—	—
1981	407 460	468 550	876 010	2.98	4.64	3.86
1982	400 150	451 690	851 840	−1.79	−3.60	−2.76
1983	389 620	435 550	825 170	−2.63	−3.57	−3.13
1984	398 340	445 060	843 400	2.24	2.18	2.21
1985	411 200	443 720	854 920	3.23	−0.30	1.37
1986	484 590	500 080	984 670	17.85	12.70	15.18
1987	574 710	588 720	1 163 430	18.60	17.73	18.15
1988	642 640	670 790	1 313 430	11.82	13.94	12.89
1989	699 740	734 640	1 434 380	8.89	9.52	9.21
1990	831 350	875 190	1 706 540	18.81	19.13	18.97
1991	877 710	921 180	1 798 890	5.58	5.25	5.41
1992	976 930	1 006 570	1 983 500	11.30	9.27	10.26
1993	993 840	1 011 260	2 005 100	1.73	0.47	1.09
1994	1 083 480	1 093 560	2 177 040	9.02	8.14	8.58
1995	1 222 220	1 240 940	2 463 160	12.81	13.48	13.14
1996	1 317 310	1 315 630	2 632 940	7.78	6.02	6.89
1997	1 372 610	1 351 240	2 723 850	4.20	2.71	3.45
1998	1 389 980	1 354 400	2 744 380	1.27	0.23	0.75
1999	1 435 550	1 430 800	2 866 350	3.28	5.64	4.44
2000	1 521 980	1 519 390	3 041 370	6.02	6.19	6.11
2001	1 525 110	1 537 830	3 062 940	0.21	1.21	0.71
2002	1 634 070	1 623 060	3 257 130	7.14	5.54	6.34
2003	1 896 590	1 862 700	3 759 290	16.07	14.76	15.42
2004	2 302 350	2 228 720	4 531 070	21.39	19.65	20.53
2005	2 573 220	2 472 360	5 045 580	11.76	10.93	11.36
2006	2 908 700	2 757 950	5 666 650	13.04	11.55	12.31
2007	3 490 240	3 281 370	6 771 610	19.99	18.98	19.50
2008	3 916 200	3 754 530	7 670 730	12.20	14.42	13.28
2009	3 555 580	3 422 990	6 978 570	−9.21	−8.83	−9.02
2010	3 896 260	3 739 250	7 635 510	9.58	9.24	9.41
2011	4 372 890	4 180 640	8 553 530	12.23	11.80	12.02
2012	4 473 810	4 292 680	8 766 490	2.31	2.68	2.49
2013	4 720 180	4 499 190	9 219 370	5.51	4.81	5.17

注:年增长率根据现价计算而成。

资料来源:根据联合国贸易与发展会议(UNCTAD)统计数据库整理。

表7　2013年服务出口额前30名国家(地区)服务出口总额及构成的时间序列(1980—2013年)　(单位:现价,百万美元)

国别(地区)	项目＼年份	1980	1985	1990	1995	2000	2005	2006	2007	2008	2009	2010	2011	2012	2013
美国	全部服务合计	47 550	73 093	147 832	219 185.4	289 141	377 489	422 500	491 228	535 695	511 616.9	557 631.9	619 153.6	651 492	683 472.4
	运输	14 240	19 090	37 340	44 990	45 515	52 313	57 140	65 501	74 671	61 965	71 426	79 600	82 826	86 467.3
	旅游	10 590	21 033	50 381	74 830	100 716	106 629.5	111 755.2	123 659.8	139 565.0	123 409.7	133 619.9	147 773.8	160 732.5	172 576.5
	其他服务:	22 720	32 970	60 111	99 365.4	142 910	218 546.4	253 604.7	302 067.1	321 458.9	326 242.2	352 586.0	391 779.8	407 933.4	424 428.6
	通信服务	950	1 460	2 939	3 537	4 128	5 057	7 426	8 562	10 301	10 326	11 141	13 081	14 398	14 813.4
	建筑服务	..	..	867	2 550	1 815	1 346	1 856	2 738	3 885	4 032	2 804	3 248	3 335	—
	保险服务	240	210	230	1 249.4	3 631	7 566	9 445	10 841	13 403	14 586	14 397	14 959	16 067	15 639.4
	金融服务	1 280	2 740	4 417	7 029	22 117	39 878	47 882	61 376	63 027	64 437	72 348	78 243	76 418	83 861.7
	计算机和信息服务	..	..	1 314	2 418	6 949	9 434	10 079	11 953	13 120	13 713.8	14 127	16 841	17 340	18 198.2
	专利权使用费和特许费	7 080	6 680	16 634	30 289	51 808	74 448	83 549	97 803	102 125	98 406	107 521	120 717	124 182	127 829.5
	其他商业服务	3 730	12 280	21 304	32 286	45 569	67 362.4	76 025.7	89 193.1	98 137.9	101 814.2	112 206.0	122 637.8	134 225.4	138 242.4
	个人、文化和娱乐服务	..	..	2 010	4 855	141	248	431	635	747	742.1	997	824	760	—
	政府服务等	9 440	9 600	10 396	15 152	6 752	13 207	16 911	18 966	16 713	18 185	17 045	21 229	21 208	21 431.7
英国	全部服务合计	36 451.8	31 306.1	56 421.9	76 441.1	120 150.2	207 671.6	236 049.8	289 081.8	285 376.2	258 104.2	267 349.5	296 352.9	291 863.0	296 687.9
	运输	14 171.4	8 077.4	13 576.3	16 923.6	19 086.7	31 516.4	31 450.6	35 688.2	39 428.9	30 930.6	31 943.2	35 730.7	34 866.2	35 498.4
	旅游	6 916.3	7 160.7	15 588.3	18 789.0	21 857.0	30 674.6	34 596.9	38 601.6	36 027.9	30 148.6	32 400.6	35 068.9	36 613.3	40 824.6
	其他服务:	15 364.0	16 067.9	27 257.3	40 728.4	79 206.4	145 480.5	170 002.2	214 791.9	209 919.3	197 024.8	203 005.6	225 553.2	220 383.3	220 364.8
	通信服务	..	..	..	1 567.0	2 820.2	6 721.8	7 641.3	8 663.9	8 204.5	7 419.9	8 127.5	8 427.5	9 490.6	11 039.0
	建筑服务	..	..	..	2 904.2	196.6	1 090.9	1 453.5	1 992.9	2 290.5	2 431.7	2 248.2	2 425.7	2 383.7	2 563.6
	保险服务	..	..	2 558.8	3 885.3	5 740.3	2 821.8	7 050.7	10 180.6	10 263.5	24 464.1	23 369.1	25 366.0	23 818.1	16 462.1
	金融服务	..	..	6 286.2	6 164.1	20 242.6	42 551.0	51 699.4	74 553.9	72 208.5	58 538.5	53 971.1	62 370.5	59 031.9	62 597.2
	计算机和信息服务	..	..	..	1 832.1	4 334.7	10 829.1	12 364.6	14 058.4	13 480.6	12 786.6	13 504.7	14 067.3	14 926.2	16 429.8
	专利权使用费和特许费	1 135.1	1 161.8	3 055.0	4 691.7	8 153.6	13 300.0	14 533.9	16 271.4	14 679.2	13 754.0	14 164.5	14 081.7	12 626.2	13 125.3
	其他商业服务	12 072.2	13 054	12 765.3	14 682.7	33 956.6	60 478.4	67 545.3	81 086.9	80 595.1	70 603.9	80 113.8	90 064.5	89 235.0	88 383.9
	个人、文化和娱乐服务	..	..	..	3 104.1	1 974.4	4 078.1	3 930.1	3 757.7	4 189.6	3 537.8	3 946.3	5 154.2	5 378.7	5 803.5
	政府服务等	2 156.7	1 852.0	2 591.8	1 896.8	1 786.8	3 609.1	3 782.9	4 225.9	4 007.6	3 487.9	3 560.0	3 595.3	3 492.6	3 960.2

（续表）

国别（地区）	项目＼年份	1980	1985	1990	1995	2000	2005	2006	2007	2008	2009	2010	2011	2012	2013
德国	全部服务合计	—	—	62447	82343.5	83136.1	163813.8	187053.4	222026.5	255891.8	239249.3	247524.3	273850.8	270441.5	291279.6
	运输	—	—	14756.5	19827.2	19801.9	40816.0	44842.7	53517.6	63353.7	51880.7	58083.9	61320.2	57879.1	60884.6
	旅游	—	—	14330	18133.7	18647.5	29161.0	32772.1	35990.4	39750.9	34510.3	34645.6	38816.7	38116.7	41176.2
	其他服务：	—	—	33360.5	44381.1	44688.5	93836.7	109438.6	132521.1	152788.6	152856.9	154797.3	173713.9	174446.9	189218.7
	通信服务	—	—	1407.2	2042.3	1454.7	3432.3	4499.8	4656.2	5186.9	4799.6	5389.0	5756.5	11973.6	15497.5
	建筑服务	—	—	3286.0	5236.7	4238.9	10431.2	12327.8	13512.8	16116.0	13665.4	12130.4	12711.3	10498.6	9747.7
	保险服务	—	—	−255.1	1244.8	613.5	2222.3	3740.8	5845.5	4580.5	5298.3	5856.6	6127.7	5617.4	5552.8
	金融服务	—	—	751.9	2429.6	3546.1	6609.7	8599.4	11866.3	13549.6	13040.3	12817.7	15013.4	14336.4	15348.7
	计算机和信息服务	—	—	257.7	1403.9	3791.2	8415.4	9965.6	12650.5	15513.9	15124.1	17074.4	19477.1	20299.5	22268.6
	专利权使用费和特许费	—	—	1986.9	3131.6	2925.1	7071.0	6962.3	8441.9	11000.8	17924.7	14879.9	14818.8	13841.8	18463.1
	其他商业服务	—	—	13700.8	22037.7	24223.3	48093.5	56064.1	68056.9	80626.9	76702.8	80552.8	93480.9	91926.7	96623.8
	个人、文化和娱乐服务	—	—	124.5	185.6	405.3	1195.0	933.3	1120.9	1095.6	1248.8	1125.7	1064.8	939.2	640.3
	政府服务等	—	—	12100.4	6668.6	3489.9	6365.9	6345.1	6369.7	5118.1	5052.4	4970.5	5263.0	5013.5	5075.8
法国	全部服务合计	43505.9	35557.5	67782.4	84018.6	80603.4	122331.2	128574.4	149233.9	165364.1	190705.4	196304.8	235499.8	216226.7	237057.8
	运输	10524.5	7630.9	16257.1	20452.0	18498.2	28244.5	31848.8	37709.5	40514.1	37498.4	42618.6	46573.6	45215.5	47823.8
	旅游	8256.5	8026.5	20270.4	27524.6	30680.8	44004.6	46305.4	54199.2	56344.5	49330.2	46969.3	54678.1	53553.0	56082.4
	其他服务：	24724.8	19849.9	31252.4	30883.5	31424.3	50083.3	50420.1	57322.5	68502.5	103876.8	106715.4	134248.0	117459.4	133152.8
	通信服务	..	..	206.5	471.2	1330.3	3524.3	3794.8	4408.4	4511.6	4834.3	7055.2	7990.4	7290.3	7967.8
	建筑服务	2561.8	1909.6	1771.3	3090.6	2860.6	3632.5	4129.7	5276.2	6634.1	10685.6	6550.6	5997.0	4743.7	5903.6
	保险服务	1474.8	1958.9	4109.1	1846.9	1329.4	1130.4	810.3	1045.6	827.6	3864.7	3137.5	4109.2	3195.4	3951.3
	金融服务	..	..	7013.9	2548.5	1258.5	1433.8	1342.2	1795.6	1961.4	2232.4	2907.1	7416.3	6503.9	6633.3
	计算机和信息服务	..	..	76.4	360.4	805.2	1703.7	1955.7	1906.5	1838.3	3614.6	4065.9	6970.1	6248.2	7618.3
	专利权使用费和特许费	495.7	522.3	1294.6	1855.5	2313.4	6236.6	6231.0	8845.6	11125.3	14018.3	13706.4	16133.8	12380.9	11887.2
	其他商业服务	18842.7	14611.2	..	18549.9	19343.0	29430.9	29519.2	31041.3	38193.8	60789.6	63453.1	79517.0	71294.3	82317.2
	个人、文化和娱乐服务	..	..	399.4	1179.6	1594.8	2136.4	1750.0	1962.6	2220.6	2660.3	4842.0	5016.9	4981.4	6085.0
	政府服务等	1349.8	837.8	1508.4	980.6	588.7	854.3	886.9	1040.1	1189.4	1176.6	997.2	1098.2	819.7	788.6

（续表）

国别（地区）	项目＼年份	1980	1985	1990	1995	2000	2005	2006	2007	2008	2009	2010	2011	2012	2013
中国	全部服务合计	—	3055	5855	19130.3	30430.5	74404.1	92006	122206	147110	129475.6	162165.0	176422.4	191430.4	205921.2
	运输	—	1302	2706	3352.0	3670.9	15426.5	21015.3	31323.8	38417.6	23568.9	34210.5	35569.8	38912.1	37626.3
	旅游	—	979	1738	8730	16231	29296	33949	37233	40843	39675	45814	48464	50028	51637
	其他服务：	—	774	1411	7048.2	10528.5	29681.6	37041.7	53649.2	67849.4	66231.7	82140.5	92388.5	102490.2	116657.8
	通信服务	..	13	159	755.7	1345.4	485.2	737.8	1174.5	1569.6	1198.2	1220.0	1726.3	1793.3	1672.0
	建筑服务	..	..	..	—	602.3	2592.9	2752.6	5377.1	10328.5	9462.7	14494.7	14724.3	12245.9	10625.7
	保险服务	..	196	227	1852.1	107.8	549.4	554.9	903.6	1382.7	1603.0	1726.9	3017.7	3329.2	4038.2
	金融服务	..	..	..	—	77.8	145.2	145.4	230.4	314.7	356.4	1331.1	849.3	1885.9	3167.6
	计算机和信息服务	..	..	..	—	355.9	1840.1	2957.7	4344.7	6252.0	6511.7	9256.3	12182.0	14453.5	15425.7
	专利权使用费和特许费	..	..	..	—	80.3	157.4	204.5	342.6	570.5	429.4	830.4	743.3	1044.1	897.5
	其他商业服务	..	435	918	3740	7663.0	23282.6	28972.5	40407.7	46346.9	45623.3	52203.4	58269.8	66622.5	79471.8
	个人、文化和娱乐服务	..	..	..	—	11.3	133.8	137.4	316.2	417.9	97.2	122.9	122.7	125.5	156.0
	政府服务等	—	130	107	700.3	284.5	494.6	578.6	552.3	666.1	949.5	954.6	752.7	990.0	1202.8
印度	全部服务合计	2971.2	3384.1	4624.8	6774.7	16685.1	52527.3	69730.1	86928.9	107131	92542.1	116945.6	138754.0	146143.6	151385.9
	运输	446.2	515.2	959.4	1890.4	1978.7	5754.0	7561.0	9037.0	11565.2	10978.5	13240.6	17680.3	17482.0	16893.7
	旅游	1551.8	897.3	1558.3	2581.5	3459.8	7492.8	8633.8	10729.5	11832.1	11135.9	14489.7	17707.5	17971.5	18395.7
	其他服务：	973.1	1971.4	2107.0	2302.7	11246.5	39280.3	53535.2	67162.3	83733.7	68586.1	84136.7	96947.4	106783.5	114064.2
	通信服务	..	..	..	—	598.7	1565.9	2181.0	2347.4	2478.1	1952.5	1546.5	1660.2	1647.4	2202.9
	建筑服务	..	..	..	—	501.9	345.7	618.9	753.1	840.7	808.9	525.7	838.3	922.0	1219.4
	保险服务	36.9	42.1	123.3	170.1	256.9	941.0	1113.1	1505.7	1561.0	1514.5	1780.6	2583.8	2257.7	2143.7
	金融服务	..	..	..	—	276.0	1143.0	2356.9	3378.7	4290.8	3617.0	5834.0	6249.0	5135.0	5934.6
	计算机和信息服务	..	..	..	—	4047.9	16079.2	21362.4	27475.6	35867.8	32332.1	38996.2	45473.8	47178.2	49518.4
	专利权使用费和特许费	..	0.1	1.3	1.3	82.5	205.9	60.9	163.1	147.8	191.9	127.3	302.6	321.4	444.8
	其他商业服务	825.9	1819.3	1967.1	2119.7	—	18559.7	25261.5	30712.3	37454.1	27331.6	34513.9	38902.3	48059.5	50908.5
	个人、文化和娱乐服务	..	..	..	—	—	111.0	306.4	508.9	707.1	432.1	327.1	344.5	766.6	1231.6
	政府服务等	110.2	109.7	15.3	11.4	653.6	328.1	274.0	317.3	385.6	405.1	485.2	592.6	495.3	460.0

（续表）

国别（地区）	项目 \ 年份	1980	1985	1990	1995	2000	2005	2006	2007	2008	2009	2010	2011	2012	2013
荷兰	全部服务合计	17 150.2	13 795.9	29 301.6	48 199.5	52 394.5	92 023.0	96 620.2	111 592.6	125 879.7	113 808.0	118 004.6	138 256.8	133 423.1	149 038.2
	运输	8 829.8	6 792.3	12 939.4	19 261.6	19 775.1	21 461.0	24 857.2	27 428.1	30 880.4	24 577.8	25 573.1	29 881.9	29 340.8	32 776.2
	旅游	2 248.2	1 896.1	4 154.8	6 559.8	7 198.2	10 472.6	11 336.3	13 289.4	13 288.1	12 317.6	12 870.2	14 328.8	13 744.2	15 578.5
	其他服务：	6 072.1	5 107.4	12 207.3	22 377.4	25 421.0	60 089.3	60 426.6	70 875.0	81 711.1	76 912.4	79 561.2	94 046.0	90 338.1	100 683.3
	通信服务	..	161.7	422.1	618.4	1 424.3	3 760.6	3 789.1	4 185.5	4 502.4	4 389.8	4 930.8	5 934.3	5 125.9	5 783.0
	建筑服务	1 276.4	818.2	1 711.3	3 269.0	2 588.9	2 757.1	2 273.2	2 526.5	3 237.1	2 926.4	2 783.8	2 709.5	3 000.3	3 233.2
	保险服务	..	..	..	170.0	205.4	449.7	512.7	611.7	698.4	562.1	625.0	712.4	679.4	695.4
	金融服务	197.4	174.5	220.1	354.9	732.4	1 077.9	1 451.0	1 708.9	1 648.7	1 565.2	1 402.4	1 567.9	1 493.7	1 483.7
	计算机和信息服务	..	..	..	618.4	1 159.0	3 726.8	4 944.2	6 388.7	6 692.7	6 090.8	6 302.2	6 297.7	6 497.1	7 498.4
	专利权使用费和特许费	418.3	303.3	1 085.6	2 368.4	2 154.9	10 240.2	10 295.4	13 725.9	19 636.2	20 789.7	24 592.7	30 850.0	30 856.8	34 979.5
	其他商业服务	3 715.6	3 263.4	7 944.1	13 242.3	15 642.1	35 273.8	34 337.6	38 545.2	41 699.5	37 342.1	35 778.5	42 555.1	39 604.3	43 944.9
	个人、文化和娱乐服务	..	..	..	467.0	555.5	904.0	713.3	673.2	753.5	790.2	698.9	790.6	721.2	680.3
	政府服务等	464.2	386.1	823.9	1 268.6	959.0	1 898.7	2 109.8	2 509.0	2 842.4	2 455.7	2 446.5	2 628.1	2 359.0	2 384.6
日本	全部服务合计	20 240	21 648	41 384.1	65 274	69 245.3	110 301.9	117 337.4	129 026.0	148 743.7	128 242.4	141 283.6	145 506.6	145 589.7	147 942.1
	运输	12 730	12 180	17 750	22 506.3	25 606.2	35 789.2	37 652.1	41 954.4	46 971.9	31 556.1	38 901.6	38 318.8	40 164.9	39 562.2
	旅游	640	1 140	3 590	3 224.2	3 374.4	12 439.2	8 468.2	9 332.8	10 822.6	10 304.0	13 199.4	10 966.9	14 576.8	15 093.2
	其他服务：	6 870	—	—	39 543.4	40 264.6	62 073.5	71 217.0	77 738.6	90 949.1	86 382.2	89 182.5	96 220.8	90 847.9	93 286.6
	通信服务	..	..	..	500.1	821.2	395.1	435.6	553.5	653.5	667.8	734.8	760.0	968.1	922.7
	建筑服务	..	..	..	6 559.3	5 842.6	7 228.2	8 990.7	10 315.2	13 721.6	12 444.6	10 636.8	10 954.6	11 585.0	9 665.7
	保险服务	320	..	..	295.5	172.6	868.2	1 575.3	1 351.1	940.6	867.6	1 273.2	1 657.7	−395.2	166.8
	金融服务	..	..	..	305.4	2 864.4	5 071.0	6 151.5	6 209.7	5 452.2	4 820.9	3 606.4	4 110.7	4 644.3	4 556.9
	计算机和信息服务	..	..	..	—	1 569.2	1 126.6	966.1	967.2	945.5	865.9	1 045.8	1 198.1	1 354.5	1 796.6
	专利权使用费和特许费	350	..	..	6 005.0	10 230.0	17 618.3	20 104.0	23 223.9	25 687.3	21 668.8	26 682.8	29 058.1	31 889.5	31 620.4
	其他商业服务	4 720	..	..	24 436.8	17 712.9	27 347.7	30 695.0	32 904.2	41 079.9	42 465.9	42 472.2	45 366.5	37 519.1	41 813.6
	个人、文化和娱乐服务	..	..	..	133.3	116.0	96.8	140.0	156.2	153.9	162.1	149.2	159.3	181.3	157.7
	政府服务等	1 480	—	—	1 307.6	935.1	2 321.2	2 158.4	2 057.3	2 314.2	2 418.2	2 580.9	2 955.3	3 101.0	2 585.8

（续表）

国别（地区）	项目＼年份	1980	1985	1990	1995	2000	2005	2006	2007	2008	2009	2010	2011	2012	2013
西班牙	全部服务合计	11 593.3	12 723.1	27 937	40 077.6	52 582.4	94 820.4	106 331.2	127 704.8	143 041.7	123 296.3	124 693.2	143 276.9	137 729.4	146 159.3
	运输	3 004.4	3 004.6	4 752.2	5 927.4	8 449.4	16 145.6	18 082.1	20 957.0	24 560.7	19 825.1	20 821.2	23 886.6	23 268.8	24 576.2
	旅游	6 957.6	8 148.3	18 581	25 405.7	29 893.1	47 950.5	51 076.2	57 567.4	61 377.6	52 962.9	52 475.0	59 811.9	55 918.4	60 044.9
	其他服务：	1 631.2	1 570.1	4 603.7	8 744.3	14 239.9	30 724.2	37 174.1	49 178.9	57 103.3	50 506.8	51 396.9	59 581.1	58 543.4	61 543.4
	通信服务	..	..	113.2	541.7	673.4	1 477.4	1 440.1	1 702.6	2 213.3	2 090.7	2 119.0	2 297.8	2 113.5	2 688.6
	建筑服务	..	..	149.6	464.3	588.7	1 666.7	2 184.0	4 110.1	5 362.7	4 185.6	4 130.8	4 392.8	4 982.6	4 621.7
	保险服务	281.4	169.7	462.1	954.1	210.9	804.7	812.9	1 519.2	1 406.2	1 758.7	1 104.5	1 402.6	1 607.3	1 527.4
	金融服务	..	..	729.5	611.1	1 393.0	2 818.4	3 970.4	5 882.5	5 624.9	4 305.1	4 571.9	5 208.8	4 413.4	4 966.4
	计算机和信息服务	..	..	104.2	1027.4	2 046.2	3 616.0	3 970.4	5 350.1	6 114.1	6 070.7	6 460.5	6 971.5	6 500.1	7 340.3
	专利权使用费和特许费	36.1	25.8	90.1	196.1	423.8	555.7	939.6	533.7	789.5	691.8	884.7	1 063.4	1 270.7	966.9
	其他商业服务	1 170.1	1 288.8	2 434.7	4 280.7	8 025.6	17 899.1	21 825.4	27 527.9	32 858.9	28 928.5	29 481.6	35 125.9	34 549.9	36 247.9
	个人、文化和娱乐服务	..	..	232.2	218.8	537.1	1 076.8	1 236.9	1 594.4	1 754.8	1 664.2	1 773.4	2 168.6	2 275.4	2 298.3
	政府服务等	143.4	85.6	287.6	449.6	340.8	809.1	794.0	958.0	978.5	811.2	870.1	949.4	830.0	885.6
中国香港	全部服务合计	5 875.9	8 030.5	18 293.9	32 788.0	40 433	63 700	72 741	84 713	92 286	84 923.0	105 074.8	118 407.2	125 265.3	133 397.2
	运输	2 476.8	2 947.9	6 516.2	10 979.6	12 773	20 317	22 424	25 581	28 888	23 392.1	29 561.9	31 804.2	31 674.4	30 975.5
	旅游	1 312.0	1 925.7	4 682.3	7 759.7	5 907	10 295	11 637	13 755	15 304	16 408.2	22 199.5	28 454.5	33 073.7	38 931.8
	其他服务：	2 086.9	3 156.9	7 095.2	14 048.6	21 753	33 088	38 680	45 377	48 094	45 122.5	53 313.2	58 148.5	60 517.2	63 489.7
	通信服务	..	..	..	—	362	942	834	866	882	893.9	1 241.0	1 568.0	1 760.3	—
	建筑服务	..	..	..	—	338	313	268	346	203	139.1	144.5	142.7	330.5	—
	保险服务	116.9	111.6	166.7	467.5	443	414	417	468	547	620.6	857.7	849.1	931.3	1 081.7
	金融服务	256.0	713.1	1 765.0	3 700.5	4 371	6 269	9 268	12 441	11 998	9 715.9	11 778.0	12 177.8	11 828.7	12 639.5
	计算机和信息服务	..	..	..	—	60	265	358	277	681	683.2	885.1	945.9	1 004.7	—
	专利权使用费和特许费	..	..	..	—	107	245	259	358	380	383.3	400.3	459.2	520.0	—
	其他商业服务	1 713.9	2 332.1	5 163.4	9 880.5	15 954	24 312	26 935	30 287	33 071	32 226.1	37 510.0	41 460.1	43 590.0	—
	个人、文化和娱乐服务	..	..	..	—	51	270	280	272	265	392.5	426.0	472.3	473.9	—
	政府服务等	—	—	—	—	67	58	61	63	66	67.5	70.2	72.9	77.4	—

（续表）

国别（地区）	项目 \ 年份	1980	1985	1990	1995	2000	2005	2006	2007	2008	2009	2010	2011	2012	2013
爱尔兰	全部服务合计	1380.6	1301.7	3444.9	5010.1	16885.0	59964.9	71592.1	93014.5	99530.5	93912.1	98419.2	113251.4	116016.5	125664.0
	运输	505.2	488.9	1020.3	1064.5	1358.0	2650.1	2927.9	3980.0	4409.1	4230.0	4843.4	6049.8	5921.9	5836.7
	旅游	579.2	556.0	1459.3	2204.4	2658.9	4804.0	5341.5	6057.7	6279.7	4938.5	4113.6	4184.3	3882.8	4428.0
	其他服务：	296.1	256.7	965.2	1741.1	12868.0	52507.0	63326.3	82978.1	88844.6	84740.7	89463.5	103021.4	106214.3	115399.2
	通信服务	..	..	..	56.8	329.8	537.2	541.9	706.2	874.5	591.7	511.2	665.8	805.6	925.4
	建筑服务	..	..	..	168.8	0	0	0	0	0	0	0	0	0	0
	保险服务	..	..	..	0	1125.8	8592.0	10961.6	12042.8	11945.6	10141.1	10549.0	11200.3	11448.1	11113.1
	金融服务	..	..	..	157.7	2081.2	6031.4	7795.3	10182.8	9660.55	8048.9	8378.3	9166.5	9087.8	9915.5
	计算机和信息服务	..	..	..	72.2	5495.6	19592.8	22954.5	29735.6	34974.1	33829.5	36936.8	43668.2	45845.1	51447.3
	专利权使用费和特许费	..	..	38.0	131.4	509.4	774.7	924.5	1183.8	1489.7	1689.2	2903.1	5008.6	4995.5	5284.4
	其他商业服务	230.5	184.3	768.0	898.7	3014.5	16256.2	19317.7	28154.8	29365.3	29616.1	29337.3	32486.0	33319.0	35971.1
	个人、文化和娱乐服务	..	..	..	33.9	162.1	203.9	230.8	243.6	269.5	316.7	333.7	353.0	325.0	339.9
	政府服务等	65.5	72.4	159.1	221.2	149.2	518.5	599.6	728.1	265.1	507.0	513.8	472.6	388.0	402.3
新加坡	全部服务合计	4855.6	4687.8	12810.8	27329.3	28546.7	55702.1	66275.7	85040.8	99249.0	75552.3	94489.2	109329.5	117347.6	122446.9
	运输	1307.6	956.2	2225.2	8295.9	11729.4	19574.2	22616.1	28944.5	35253.8	29942.4	38705.4	41908.9	43284.2	44131.5
	旅游	1432.8	1701.7	4649.5	7610.6	5142.0	6210.6	7535.5	9066.0	10714.0	9224.8	14177.5	18085.7	18934.3	19056.9
	其他服务：	2115.1	2019.8	5936.0	11422.6	11675.2	29917.3	36124.0	47030.1	53281.1	36385.0	41606.3	49334.9	55129.1	59258.5
	通信服务	..	..	..	—	433.1	559.9	741.5	949.1	1211.5	—	—	—	—	—
	建筑服务	..	..	..	288.9	134.4	541.5	554.7	754.4	923.0	1061.9	1031.5	1543.2	1605.1	1701.3
	保险服务	53.7	47.7	88.4	604.1	558.5	1296.3	1441.2	1527.1	1834.3	2634.9	3536.3	2925.9	3252.3	4021.3
	金融服务	..	.	..	3387.2	1813.9	4511.2	6404.1	9570.6	9978.7	10735	12213.5	15166.4	16492.6	18432.5
	计算机和信息服务	..	.	..	269.1	247.2	513.8	882.1	1003.6	1551.3	—	—	—	—	—
	专利权使用费和特许费	..	.	..	70.4	85.1	906.8	985.0	1221.5	1353.5	842.3	975.6	1634.7	2006.8	2037.4
	其他商业服务	1980.1	1881.6	5755.5	6689.0	8264.1	21225.7	24713.6	31549.4	35977.8	17817.3	19543	23379	26882.7	27944.8
	个人、文化和娱乐服务	..	..	..	17.8	18.5	180.0	203.2	237.3	203.9	443.5	505.4	503.3	403.1	410.2
	政府服务等	81.2	90.4	92.0	95.7	120.0	181.7	198.1	216.7	246.8	234.6	257.2	293.6	303.8	309.7

(续表)

国别(地区)	项目 \ 年份	1980	1985	1990	1995	2000	2005	2006	2007	2008	2009	2010	2011	2012	2013
韩国	全部服务合计	4915.1	5176.7	10240	23771.5	31540.1	49744.8	56842.3	72994.8	90634.8	73580.4	87282.4	95257.2	111558.5	112992.7
	运输	1545.2	1857.6	3179.1	9272.1	13687.3	23876.9	25807	33556	44767.8	28693.2	38981.9	36937.7	41399.7	36551.9
	旅游	369.3	784.3	3161.1	5150.4	6834.3	5805.6	5787.8	6138.4	9773.5	9818.7	10358.8	12525.2	13518.2	14406.8
	其他服务：	3000.6	2499.5	3768.7	9120.3	10916	20043.3	25165.6	33223.9	36046.3	35041.3	37928.1	45563.6	56434.9	62015.7
	通信服务	30.9	58.9	394.6	560.7	387.4	443	642.2	547.2	723.9	725	833.7	827.9	356.6	907.3
	建筑服务	2345.1	1318.6	472	715.5	933.1	4706.9	7003	9697.8	13686.2	14552.9	11977.4	15478.4	19708.6	19052.3
	保险服务	48.9	−19.5	3.9	−19.9	68.2	168.7	273.7	414.7	466.3	340.2	515	518.4	489.7	651.6
	金融服务	0.1	2.4	0.7	105	704.8	1650.9	2543	4000.5	3785.3	2280.3	2736	3389.1	3193.3	3620.7
	计算机和信息服务	0.4	1.4	3.2	4.9	10.6	57.1	248.2	340.2	303.7	217.8	233.6	426	464.3	931
	专利权使用费和特许费	23.2	3.2	37.1	299.2	688.1	1908.4	2045.6	1735.1	2381.6	3199.1	3144.7	4335.6	3805.9	4107.5
	其他商业服务	384.2	861.6	2375.6	6760.8	7199.8	9422.3	10532.1	14420.6	12965.4	12088.3	16834.2	18464.3	25929.8	30063
	个人、文化和娱乐服务	0	0	0	0	136.6	267.8	368.6	447.7	527.5	523.1	636.7	929.4	1251.7	1472.5
	政府服务等	167.8	272.9	481.6	694.1	787.4	1418.2	1509.3	1620.1	1206.4	1114.6	1016.8	1194.5	1235	1209.8
意大利	全部服务合计	19191.9	19817.9	49666.2	59805.9	56447.3	89409.5	98774.2	111930.9	115391.3	94184.5	97963.0	107561.8	105138.7	111115.9
	运输	4593.7	4339.2	10182.4	14914.0	9230.6	14546.3	15950.7	17787.1	18017.5	12773.3	14645.4	15124.7	14027.2	14893.1
	旅游	8958.7	8382.5	16460.2	27452.1	27552.0	35318.1	38054.7	42553.2	45540.8	40087.1	38748.8	42942.1	41187.1	43900.0
	其他服务：	5639.3	7096.1	23023.6	15228.2	19664.6	39545.0	44768.7	51590.5	51831.4	41323.1	44567.6	49493.6	49922.9	52322.7
	通信服务	94.7	178.9	246.8	290.3	1281.5	2173.8	3158.7	3072.6	6226.7	5218.9	6755.7	6752.0	5685.8	6438.4
	建筑服务	..	..	760.1	3169.5	1345.1	2181.2	2391.0	3104.1	290.5	377.7	108.2	128.6	393.5	292.3
	保险服务	279.0	337.6	223.4	1238.6	806.1	1512.2	1614.5	1428.8	3821.1	3118.7	2710.1	2349.3	2937.7	3015.8
	金融服务	960.5	1199.7	2455.3	2632.8	421.0	1229.9	1972.0	3837.7	3013.4	2126.1	2559.4	2593.7	2760.8	4194.4
	计算机和信息服务	..	..	133.4	160.5	442.2	595.6	873.1	870.4	2266.5	1847.4	2009.8	2332.4	2512.4	2920.3
	专利权使用费和特许费	95.6	63.9	1039.9	876.3	554.6	1115.5	1092.6	1015.5	3988.4	3859.9	3646.2	3973.0	4063.8	3921.6
	其他商业服务	3796.3	4838.4	16256.7	6186.8	13724.8	28942.1	31379.6	35690.7	30200.7	23123.8	25243.9	29767.8	29946.1	30286.1
	个人、文化和娱乐服务	44.2	50.3	820.2	367.1	537.1	700.1	884.4	1078.5	253.3	317.4	346.2	308.7	339.4	342.9
	政府服务等	368.7	427.0	1087.4	305.9	551.8	1094.3	1402.5	1491.8	1770.4	1332.7	1187.9	1287.8	1283.2	910.6

（续表）

国别（地区）	项目 \ 年份	1980	1985	1990	1995	2000	2005	2006	2007	2008	2009	2010	2011	2012	2013
比利时	全部服务合计	12924.5	10795.9	28417.2	35452.0	49746.6	56165.7	59444.9	74952.3	91803.5	87938.6	92767.9	98217.1	101533.6	108184.3
	运输	4223.7	3329.0	7331.8	9860.5	10671.6	13866.0	15642.1	23311.1	28836.5	21700.5	26153.4	26329.1	26100.6	24018.6
	旅游	1816.5	1678.4	3721.1	5851.2	7435.0	9866.6	10285.5	10982.1	11733.2	11759.5	12134.3	13096.4	13014.3	13496.4
	其他服务：	6884.2	5788.4	17364.2	19740.2	31639.9	32431.7	33516.0	37898.3	49263.5	53257.4	53161.0	57799.0	61388.1	69478.1
	通信服务	..	..	223.5	1000.2	1884.0	2201.1	2033.5	3639.2	3975.5	4036.9	4125.5	5023.9	4712.8	5175.1
	建筑服务	..	..	545.6	614.4	921.3	1907.6	2221.6	1568.4	2330.5	2550.5	2638.2	2858.1	2412.9	2534.4
	保险服务	606.7	589.1	3055.1	886.7	1061.3	830.7	928.3	1096.3	1259.7	1247.4	1099.2	1219.1	1157.6	1225.6
	金融服务	..	.	1791.7	4090.0	13105.7	3392.5	3607.8	3680.3	3539.0	3920.2	3362.7	3560.1	3828.8	4611.9
	计算机和信息服务	..	.	..	1198.7	1792.8	2582.9	2870.2	2972.7	3622.5	4050.8	4028.8	4897.4	5314.1	6422.0
	专利权使用费和特许费	184.4	194.3	681.9	580.1	779.4	1360.4	1540.5	1673.8	1510.2	2501.9	2488.5	2541.1	2657.0	3335.1
	其他商业服务	4640.2	3730.3	9294.5	9199.6	10238.6	17578.2	17454.8	20545.0	30283.8	32407.0	32941.0	34818.6	38470.0	43244.2
	个人、文化和娱乐服务	..	..	..	324.3	625.5	518.5	556.9	485.8	577.1	643.1	660.8	788.2	776.0	919.5
	政府服务等	1452.8	1274.6	1771.5	1845.9	1230.8	2059.3	2301.9	2236.4	2165.0	1899.0	1815.7	2092.1	2058.3	2009.7
瑞士	全部服务合计	6887.6	8817.2	20109.7	26435.2	30693.0	49820.9	54838.1	65834.5	77189.8	76246.7	83350.1	94943.7	90830.6	95403.4
	运输	1291.6	1325.5	2978.7	3810.7	4537.8	4203.3	4522.9	5570.9	6643.0	5509.1	5647.6	6382.8	6253.4	6390.7
	旅游	3170.6	3355.5	6438.9	8281.7	6645.5	10020.1	10802.1	12180.4	14401.0	14131.0	14723.7	17099.9	15979.2	16549.9
	其他服务：	2425.4	4136.1	10692.0	14342.7	19509.6	35597.3	39512.9	48083.2	56145.8	56606.5	62978.7	71460.8	68597.8	72462.6
	通信服务	122.3	215.6	423.6	525.9	879.1	1182.8	1100.5	1066.7	1226.9	1325.8	1433.2	1369.8	784.9	771.1
	建筑服务	..	..	..	—	—	—	—	—	—	—	—	—	—	—
	保险服务	326.7	244.1	1094.3	1364.1	1508.1	3350.2	3731.9	4890.4	5940.9	5576.4	4954.0	5753.7	5875.4	6688.7
	金融服务	..	1591.7	4700.7	6604.7	10633.0	14091.4	15617.9	19290.6	19211.3	16352.4	15823.1	17016.6	16080.5	16700.5
	计算机和信息服务	..	..	..	—	—	—	—	—	—	—	—	—	—	—
	专利权使用费和特许费	889.6	721.3	1730.2	2634.4	2743.8	8606.6	7994.7	9316.9	11387.7	14921.4	16545.7	19654.3	20466.3	—
	其他商业服务	1086.7	1363.1	2056.5	2196.0	2475.5	7053.8	9661.8	11907.3	16618.8	16414.9	22058.7	25600.0	23445.2	24729.0
	个人、文化和娱乐服务	..	..	11.3	15.8	6.8	4.8	2.7	2.3	3.8	1.5	2.7	5.4	5.1	5.2
	政府服务等	0	0	675.5	1001.5	1263.0	1307.5	1403.3	1608.7	1756.1	2013.7	2161.1	2060.7	1940.0	1982.2

（续表）

国别（地区）	项目 \ 年份	1980	1985	1990	1995	2000	2005	2006	2007	2008	2009	2010	2011	2012	2013
加拿大	全部服务合计	7444.8	9827.0	19209.6	26128.1	40229.7	55829.2	60352.5	65337.9	68358.7	65408.9	73560.2	80692.9	79786.6	79553.9
	运输	2540	2487.8	4223.4	5261.7	7539.1	9727.8	10470.2	11118	11500	9237.3	11344.6	12535.4	12551.3	12537.9
	旅游	2547.1	3467.2	6359.5	7916.7	10778.2	13767.8	14555.2	15567.6	15667.7	13600.4	15842.3	16799.5	17401.8	17651.6
	其他服务：	2357.7	3872.0	8626.6	12949.6	21912.3	32333.5	35327.1	38652.3	41190.9	42571.1	46373.2	51357.9	49833.4	49364.3
	通信服务	..	..	..	1277.7	1378.6	1957.7	2122.1	2231.1	2489.2	2469.7	2740.4	2786.2	2990.9	2659.5
	建筑服务	..	..	..	95.2	217.7	181.3	248.9	312.5	231.3	327.4	380.5	486.5	353.6	303.8
	保险服务	..	..	..	2256.4	1939.1	3212.4	3373.1	3785.2	4179.3	1306.8	1943.2	2195.7	2134.1	2074.9
	金融服务	..	..	..	631.7	878.5	1953.7	2581.1	3218.2	3075.7	2798.0	3461.9	4297.9	4045.0	4159.3
	计算机和信息服务	..	..	..	1010.7	2428.4	3600.0	4296.0	4597.4	5006.7	5955.9	6717.6	8031.6	7785.3	6922.9
	专利权使用费和特许费	..	..	..	373.9	2258.5	2765.0	3173.4	3504.9	3599.2	3596.4	2813.8	3345.4	3744.1	3754.2
	其他商业服务	2027.7	3346.3	7632.4	5852.9	10401.6	15182.7	15773.5	17159.3	18792.2	22416.2	24394.7	26114.8	24824.1	26102.8
	个人、文化和娱乐服务	..	54.1	134.9	747.9	1451.1	2069.5	2286.3	2290.5	2183.9	2119.2	2290.8	2515.2	2362.0	1994.5
	政府服务等	329.9	471.4	859.2	702.8	958.6	1410.8	1472.4	1552.9	1633.0	1581.0	1629.9	1584.0	1594.0	1392.0
卢森堡	全部服务合计	—	—	—	—	—	40477.0	50637.1	64820.0	68095.6	57791.7	63543.4	71778.3	72201.6	77783.7
	运输	—	—	—	—	—	2673.6	2897.5	3462.1	4173.1	3130.4	3432.7	3845.9	3766.9	4137.1
	旅游	—	—	—	—	—	3611.4	3627.0	4018.4	4462.0	4124.9	4114.8	4824.5	4615.3	4815.8
	其他服务：	—	—	—	—	—	34192.1	44112.5	57339.4	59460.3	50536.5	55995.8	63107.6	63819.3	68830.7
	通信服务	..	..	..	..	..	1103.6	1367.4	2087.2	2841.9	3335.0	2632.6	2571.4	2559.4	2440.1
	建筑服务	..	..	..	..	..	287.0	336.7	478.6	610.2	464.4	445.5	386.8	293.3	265.9
	保险服务	..	..	..	..	..	1956.7	2429.8	2566.1	3165.4	3182.7	3552.3	3236.0	3264.1	3292.1
	金融服务	..	..	..	..	..	24491.4	32783.2	42956.9	41407.5	32862.1	36790.3	41247.6	40036.5	42679.3
	计算机和信息服务	..	..	..	..	..	2401.6	2288.5	1398.7	1219.7	1029.9	1114.2	1245.0	1465.8	1481.7
	专利权使用费和特许费	..	..	..	..	..	294.6	392.7	395.4	341.8	375.9	477.0	461.3	720.2	722.0
	其他商业服务	..	..	..	..	..	3140.5	3858.2	6388.1	8405.0	7471.4	8377.6	10277.9	11625.0	13517.6
	个人、文化和娱乐服务	..	..	..	..	..	242.0	329.9	622.8	886.6	1263.7	2094.9	3160.1	3358.2	3923.0
	政府服务等	—	—	—	—	—	274.3	325.7	445.3	581.8	551.0	510.9	521.0	496.3	508.6

（续表）

国别（地区）	项目 \ 年份	1980	1985	1990	1995	2000	2005	2006	2007	2008	2009	2010	2011	2012	2013
瑞典	全部服务合计	7489.1	6120.7	13725.5	15621.9	21623.6	43042.5	48748.0	62067.8	68828.8	55790.3	61133.9	70944.2	70988.4	75361.1
	运输	3033.2	2495.4	4811.7	4945.5	4964.8	8716.8	9137.8	10921.2	12566.4	9901.8	10239.1	11216.2	11016.7	11504.6
	旅游	962.5	1195.8	2915.1	3471.3	4068.3	7415.2	8640.1	10591.7	10158.2	8069.9	8663.1	10403.7	10367.2	11030.0
	其他服务：	3493.2	2429.4	5998.6	7204.9	12590.7	26910.4	30969.9	40554.7	46104.2	37818.6	42231.4	49324.0	49604.5	52826.4
	通信服务	73.2	..	337.2	761.9	646.7	1447.7	1591.0	1773.2	2187.1	1901.2	1831.9	2173.8	1773.4	1992.1
	建筑服务	..	752.3	1803.5	2337.0	680.7	667.1	659.2	966.2	1024.2	681.4	829.6	892.8	772.1	810.1
	保险服务	194.3	323.1	1225.4	365.2	517.6	862.4	873.7	934.4	1024.2	833.7	802.0	911.6	853.2	954.4
	金融服务	..	..	..	—	701.6	1470.7	1760.7	1351.8	1426.7	1112.5	1048.0	1518.7	1506.4	1582.5
	计算机和信息服务	..	..	..	—	1199.7	2699.9	3569.4	6492.0	7807.8	7152.2	7170.2	8691.2	8037.4	8870.4
	专利权使用费和特许费	89.9	114	563.0	888.6	1281.8	3500.6	3975.6	4716.0	4674.3	4576.9	5776.1	6299.9	6728.8	6016.3
	其他商业服务	3041.1	1074.4	1796.3	2565.9	7212.1	15625.1	17815.3	23460.4	26846.3	20654.2	23869.3	27868.0	28966.9	31671.6
	个人、文化和娱乐服务	..	..	..	—	113.0	222.2	271.0	328.3	511.1	367.6	377.6	562.0	547.8	532.0
	政府服务等	94.5	155.5	272.9	286.2	237.0	414.2	453.7	531.9	602.1	538.5	526.1	405.6	418.1	396.4
丹麦	全部服务合计	4785.1	5436.8	12829.7	13915.0	23960.4	43436.3	52163.0	61388.7	72571.9	56089.0	61265.1	66443.5	66041.4	70203.0
	运输	1525.7	2138.4	4131.5	6317	14264.5	27006.0	33140.9	39915.4	46703.3	32277.7	38214.9	40316.3	40045.3	42863.5
	旅游	1131.1	1344.3	3338.1	3672.9	3696.2	5278.0	5561.6	5978.2	6281.3	5608.0	5853.4	6782.6	6566.2	6967.0
	其他服务：	2128.1	2004.1	5360	3925.0	5999.7	11152.2	13460.3	15495.1	19587.3	18203.3	17197.1	19344.4	19429.8	20372.4
	通信服务	..	..	..	—	—	745.5	799.0	958.7	892.0	620.9	541.0	623.7	627.0	642.6
	建筑服务	..	..	..	—	—	203.7	209.6	275.5	255.9	361.6	259.2	177.3	196.2	208.1
	保险服务	126.9	151.1	291.9	—	—	83.5	331.2	303.8	457.0	353.3	257.2	289.4	390.6	456.9
	金融服务	..	..	..	—	—	135.0	196.2	213.4	519.7	593.1	641.3	722.3	625.2	687.3
	计算机和信息服务	..	..	..	—	—	1059.7	1176.6	1336.0	1581.1	1723.6	2119.6	1960.6	2151.0	2461.6
	专利权使用费和特许费	..	..	..	—	—	1566.9	1746.3	2027.8	2765.9	2911.4	2237.1	2480.8	2403.6	2364.2
	其他商业服务	1900.6	1757.5	4969.3	—	3129.4	6410.9	7913.3	9162.3	11574.8	9948.3	10193.6	12158.2	12240.0	12679.9
	个人、文化和娱乐服务	..	..	..	—	—	275.9	432.5	490.6	534.5	635.7	576.2	559.7	464.5	507.9
	政府服务等	100.6	95.4	98.6	—	—	670.6	655.3	726.7	1006.0	1055.0	371.4	372.1	331.2	363.6

（续表）

国别（地区）	项目＼年份	1980	1985	1990	1995	2000	2005	2006	2007	2008	2009	2010	2011	2012	2013
俄罗斯	全部服务合计	—	—	—	10780.7	9757.7	24970.1	31102.2	39256.6	51178.4	42411.4	45080.3	55226.5	59104.3	65780.6
	运输	—	—	—	3781	3555.2	9112.5	10081.5	11829.5	15024.3	12288.4	14785.2	17225.5	19016.5	20563.6
	旅游	—	—	—	4311.8	3429.0	5869.6	7627.6	9446.9	11842.1	9366.3	8830.4	11327.8	10758.9	11988.4
	其他服务：	—	—	—	2687.8	2773.4	9987.9	13393.0	17980.1	24312	20756.6	21464.6	26673.2	29328.9	33228.6
	通信服务	—	—	—	482.6	385.3	658.0	802.9	1271.5	1492.9	1336.6	1351.3	1472.7	1549.9	1735.5
	建筑服务	—	—	—	102.6	170.3	2208.8	3050.3	3450.1	4663.0	4122.8	3486.6	4408.2	4728.7	5743.3
	保险服务	—	—	—	—	34.5	323.0	376.5	378.8	644.2	372.7	429.1	334.2	429.6	575.9
	金融服务	—	—	—	67.7	99.6	390.0	588.7	1174.3	1319.5	1032.0	1053.4	1102.5	1317.2	1702.0
	计算机和信息服务	—	—	—	—	59.1	421.6	632.0	1096.8	1643.5	1290.7	1358.8	1752.5	2087.7	2610.5
	专利权使用费和特许费	—	—	—	4.0	91.3	260.2	299.2	396.3	453.3	380.7	386.2	555.7	664.2	737.8
	其他商业服务	—	—	—	1817.4	1739.7	5309.0	7174.3	9624.4	13101.6	11433.5	12410.2	15859.4	17120.6	18341.4
	个人、文化和娱乐服务	—	—	—	—	—	187.4	232.1	290.6	389.0	347.5	473.8	492.8	555.6	770.2
	政府服务等	—	—	—	—	—	229.6	236.5	297.0	604.7	439.6	514.7	694.3	875.2	1011.5
奥地利	全部服务合计	9422.8	9697.2	23279.3	24356.7	22996.1	42446.4	45634.3	54253.9	63569.0	54496.6	54484.1	61143.6	60484.8	65154.2
	运输	685.2	644.1	1462.9	3619.7	4209.5	8984.9	10266.6	12049.7	14979.3	11958.1	12899.8	14517.1	13799.4	15023.3
	旅游	6488.8	5082.5	13416.9	13489.3	9759.5	16047.3	16628.1	18669.9	21499.2	19302.8	18577.7	19833.0	18895.1	20100.6
	其他服务：	2248.7	3970.5	8399.4	7249.0	9025.2	17414.0	18740.7	23536.9	27091.9	23234.2	23007.9	26793.4	27788.9	30030.2
	通信服务	22.6	20.9	33.2	298.9	481.6	1007.3	1415.0	1662.9	1756.3	1555.8	1393.2	1406.8	1385.0	1459.1
	建筑服务	..	157.8	501.2	765.7	590.1	988.6	968.4	1370.0	1709.4	1397.5	1170.7	764.5	750.3	869.6
	保险服务	240.3	259.7	659.5	326.2	675.5	804.6	752.6	1308.4	1300.7	1191.9	1149.6	927.2	1135.8	1229.4
	金融服务	..	..	..	525.4	1055.8	921.5	797.8	1483.6	1570.2	1050.2	1124.4	1285.8	1072.8	1087.4
	计算机和信息服务	..	..	..	181.5	298.3	1244.8	1499.1	1821.6	2166.4	2004.6	2006.5	2596.7	3131.2	4831.6
	专利权使用费和特许费	36.1	30.1	90.8	133.7	162.7	391.7	535.6	734.9	914.0	744.6	674.1	725.6	776.0	1045.8
	其他商业服务	1111.4	3272.5	6524.8	4571.0	5403.5	11431.1	12109.5	14283.4	16699.0	14358.6	14620.3	18119.0	18525.1	18529.9
	个人、文化和娱乐服务	31.0	17.2	64.9	107.8	130.0	237.5	227.0	275.1	363.2	309.7	309.9	366.9	411.1	416.9
	政府服务等	807.2	212.0	524.5	338.4	227.5	386.7	435.3	596.7	612.2	620.9	558.9	600.5	601.3	560.1

（续表）

国别（地区）	项目 \ 年份	1980	1985	1990	1995	2000	2005	2006	2007	2008	2009	2010	2011	2012	2013
泰国	全部服务合计	1489.6	2041.2	6419.0	14845.2	13868.2	19891.7	24567.8	30080.4	33036.8	30156.7	34326.4	41572.6	49643	58974.9
	运输	299.0	462.5	1327.0	2454.6	3250.4	4626.1	5377.2	6369.0	7282.2	5665.0	5915.7	5830.1	5924.4	6153.2
	旅游	867.5	1169.2	4324.5	8035.0	7482.8	9576.6	13393	16667	18163.3	16057.5	20116.1	27185.8	33826.6	42081.9
	其他服务：	323.0	409.4	767.4	4355.5	3134.9	5688.8	5797.6	7044.3	7591.2	8434.1	8294.5	8556.6	9891.9	10739.7
	通信服务	..	..	..	198.9	132.2	257.7	244.1	232.1	415.7	417.9	456.2	512.4	453.7	499.8
	建筑服务	..	..	..	19.1	229.6	255.1	336.1	518.2	614.0	472.3	471.6	442.1	440.0	816.0
	保险服务	7.6	9.7	10.2	98.7	81.5	8.7	−1.6	35.7	81.4	76.3	66.8	155.9	382.8	230.5
	金融服务	..	..	..	—	—	71.9	79.7	78.1	81.7	101.4	187.6	268.7	371.9	445.1
	计算机和信息服务	..	..	..	—	—	27.3	11.3	11.9	20.9	19.7	14.7	48.6	20.3	37.4
	专利权使用费和特许费	..	0.0	..	0.5	8.6	16.8	46.3	54.1	100.7	145.1	153.1	177.3	240.8	222.0
	其他商业服务	191.9	256.1	629.6	3844.4	2599.8	4840.6	4821.7	5796.9	5827.4	6858.4	6582.3	6567.2	7562.9	8020.6
	个人、文化和娱乐服务	..	..	..	—	—	58.2	73.5	84.4	121.8	78.8	121.1	92.0	82.5	76.9
	政府服务等	123.5	143.5	127.5	193.6	82.9	152.1	186.2	232.5	327.3	263.6	240.7	292.2	336.7	391.0
中国澳门	全部服务合计	379.2	534.2	1472.8	3154.2	3280.3	8567.1	10458.8	14201.9	17759.8	18790.9	28693.2	39778.2	45330.6	53535.8
	运输	—	—	—	—	—	398.9	457.4	473.1	446.0	351.3	500.3	597.6	649.6	678.8
	旅游	369.3	516.6	1436.6	3102.7	3011.1	7933.2	9749.2	13404.8	16948.3	18141.7	27801.8	38453.2	43886.4	51837.6
	其他服务：	—	—	—	—	—	234.8	252.1	323.9	365.4	297.8	391.0	727.4	794.5	1019.4
	通信服务	..	..	..	—	—	55.7	56.6	88.7	97.6	73.3	93.1	80.8	62.1	59.2
	建筑服务	..	..	..	—	—	—	—	—	—	—	—	—	—	—
	保险服务	..	..	..	—	—	14.7	18.5	23.3	19.9	18.2	30.5	36.5	50.7	—
	金融服务	..	..	..	—	—	31.9	46.1	82.8	65.6	81.5	108.4	137.1	170.3	—
	计算机和信息服务	..	..	..	—	—	—	—	—	—	—	—	—	—	—
	专利权使用费和特许费	..	..	..	—	—	—	—	—	—	—	—	—	—	—
	其他商业服务	..	..	..	—	—	132.3	130.7	129.1	182.1	124.6	159.0	472.9	511.4	—
	个人、文化和娱乐服务	..	..	..	—	—	—	—	—	—	—	—	—	—	—
	政府服务等	—	—	—	—	—	—	—	—	—	—	—	—	—	—

（续表）

国别（地区）	项目＼年份	1980	1985	1990	1995	2000	2005	2006	2007	2008	2009	2010	2011	2012	2013
澳大利亚	全部服务合计	3 862.2	4 219.3	10 204.1	16 490.6	19 894.4	31 046.8	33 087.9	40 495.7	45 240.2	40 480.9	46 591.7	51 757.3	53 245.3	53 164.7
	运输	1 903.8	1 870.5	3 485.8	4 711.4	4 314.0	6 169.6	6 358.1	7 257.9	7 923.0	4 407.7	5 039.5	5 451.9	5 311.6	4 917.1
	旅游	1 137.3	1 322.3	4 247.3	8 129.8	9 288.9	16 868.2	17 854.1	22 414.9	25 062.4	24 566.3	28 472.4	31 348.1	31 842.9	30 999.8
	其他服务：	821.1	1 026.5	2 470.8	3 649.2	6 291.4	8 008.9	8 875.6	10 822.8	12 254.7	11 506.8	13 079.7	14 957.2	16 090.8	17 247.8
	通信服务	..	..	..	654.2	888.6	624.6	645.5	599.2	794.6	967.9	1 042.0	1 167.0	1 259.3	1 231.2
	建筑服务	..	..	..	73.0	28.3	94.5	97.9	67.1	65.9	87.5	82.7	76.3	51.9	28.2
	保险服务	50.1	48.1	125.4	455.3	436.9	529.9	530.2	598.9	626.1	245.9	307.8	425.1	472.4	487.5
	金融服务	..	57.8	282.5	407.7	524.4	763.7	756.2	855.6	901.1	968.0	878.9	1 330.5	1 686.3	2 387.3
	计算机和信息服务	..	..	..	130.7	494.4	886.1	1 059.6	1 290.3	1 418.4	1 285.2	1 420.2	1 597.2	1 544.8	1 706.8
	专利权使用费和特许费	66.7	101.8	162.3	240.2	372.1	552.3	621.1	691.0	703.3	789.8	978.0	948.3	860.8	725.2
	其他商业服务	501.3	606.3	1 531.7	1 098.3	2 006.2	3 451.3	4 013.1	5 500.2	6 346.8	5 904.9	6 887.2	7 622.3	8 362.5	8 976.7
	个人、文化和娱乐服务	..	..	..	172.4	1 058.3	437.5	502.3	509.9	671.1	610.4	706.6	881.0	907.9	787.0
	政府服务等	202.7	212.2	368.6	414.7	481.8	668.4	649.6	710.1	726.9	646.8	775.9	909.2	944.5	917.6
中国台湾	全部服务合计	1 944	2 559	7 008	15 016	20 010	25 827	29 272	33 286	36 829	31 774	40 357	45 920	49 111	51 640
	运输	484	883	2 323	4 548	4 121	5 924	6 259	8 809	9 191	6 342	9 765	9 696	9 986	10 058
	旅游	988	962	1 741	3 287	3 738	4 977	5 136	5 213	5 937	6 816	8 721	11 065	11 770	12 677
	其他服务：	472	714	2 944	7 181	12 151	14 926	17 877	19 264	21 701	18 616	21 871	25 159	27 355	28 905
	通信服务	..	46	315	563	294	320	264	294	334	343	392	439	499	479
	建筑服务	..	12	31	111	119	121	152	199	235	294	355	348	418	381
	保险服务	..	41	146	418	607	365	532	409	350	473	430	513	595	576
	金融服务	..	..	..	—	805	1 517	1 232	1 302	1 146	727	847	922	936	1 210
	计算机和信息服务	..	..	..	—	117	105	186	135	141	129	218	388	505	891
	专利权使用费和特许费	3	2	121	241	371	234	244	220	191	242	460	838	932	1 017
	其他商业服务	..	562	2 260	5 759	9 692	11 950	14 779	16 342	18 925	15 955	18 818	21 298	23 015	23 868
	个人、文化和娱乐服务	..	..	..	—	26	61	76	71	99	87	98	136	154	203
	政府服务等	—	21	71	89	120	253	412	292	280	366	253	277	301	280

（续表）

国别（地区）	项目 \ 年份	1980	1985	1990	1995	2000	2005	2006	2007	2008	2009	2010	2011	2012	2013
土耳其	全部服务合计	711	2864	8016	14605.9	20428.7	27965.9	26251.9	30025.0	37150.0	35841.9	36539.9	41074.9	43799.9	47140.6
	运输	266	670	920	1711.9	2954.9	5076.0	5014.0	6541.0	8247.0	8264.0	9341.9	10795.0	12467.0	13065.9
	旅游	326	1094	3225	4956.9	7635.8	19191.0	17456.9	19430.0	23364.9	22979.9	22585.0	25053.9	25653.0	28048.1
	其他服务：	119	1100	3871	7936.9	9837.8	3699.0	3780.9	4054.0	5538.0	4598.0	4612.9	5225.9	5680.0	6026.5
	通信服务	..	..	..	—	0	411.9	416.0	561.9	760.0	646.0	537.9	526.0	458.0	379.0
	建筑服务	..	246	741	1862.9	1032.9	881.9	935.9	856.0	1146.0	1278.9	1120.0	1245.0	1370.9	1173.4
	保险服务	3	..	..	19.9	31.9	322.9	521.9	643.0	751.9	675.9	721.0	834.0	959.0	1037.7
	金融服务	..	..	..	201.0	367.9	345.0	277.0	395.0	844.9	471.0	489.9	531.0	534.0	777.5
	计算机和信息服务	..	..	..	—	0	0	11.9	15.0	13.0	11.9	15.9	17.9	17.0	18.9
	专利权使用费和特许费	..	..	..	—	0	0	0	0	0	0	0	0	0	0
	其他商业服务	1	825	2996	3439.9	5561.9	337.9	289.0	207.9	338.0	282.0	332.9	299.9	373.0	565.7
	个人、文化和娱乐服务	..	..	..	2282.0	2590.9	1079.0	997.9	971.9	1223.9	771.9	911.9	1266.9	1216.0	1282.1
	政府服务等	115	29	134	130.9	251.9	319.9	331.0	402.9	460.0	459.9	483.0	504.9	751.9	791.8
挪威	全部服务合计	8615.0	7456.4	12765	13672.4	17717.7	29318.2	33278.3	40398.8	44847.8	38446.2	39721.0	42255.9	42903.8	40582.0
	运输	6421.2	5142.9	8555.1	8515.7	9605.6	15390.9	16059.1	18974.6	20759.0	15546.7	15686.3	17427.0	17178.6	15645.1
	旅游	758.8	775.5	1569.5	2237.5	2049.8	3332.2	3596.4	4197.7	4724.8	4037.3	4597.9	5232.4	5359.0	5562.8
	其他服务：	1435.0	1538.0	2640.3	2919.1	6062.3	10595.1	13622.8	17226.4	19364.0	18862.2	19436.7	19596.3	20366.1	19374.0
	通信服务	..	..	..	177.8	291.2	378.4	399.6	590.1	789.8	675.8	738.9	1277.6	953.1	1102.6
	建筑服务	..	..	..	43.1	68.1	254.2	329.0	343.2	462.5	426.1	611.8	511.3	498.1	408.2
	保险服务	33.9	33.1	51.0	417.8	152.8	340.3	283.0	286.6	224.8	242.3	213.2	250.3	257.4	367.4
	金融服务	..	..	..	80.5	386.2	733.5	819.5	1016.6	1444.3	1576.4	1374.6	2312.3	2526.8	2711.6
	计算机和信息服务	..	..	..	105.4	660.3	897.6	1374.1	1146.2	2168.6	2619.9	3016.7	1352.1	1500.6	1431.6
	专利权使用费和特许费	90.3	28.5	133.0	110.7	160.5	524.9	672.8	702.0	685.8	631.9	495.2	322.9	372.3	418.8
	其他商业服务	1224.9	1356.9	2142.8	1681.7	4014.4	6901.8	9108.9	12440.3	12787.9	11996.3	12359.7	13065.4	13781.0	12510.3
	个人、文化和娱乐服务	..	..	..	87.3	139.0	351.1	421.7	467.2	556.7	473.7	394.6	444.0	418.7	364.8
	政府服务等	85.7	119.3	313.3	214.5	189.6	212.9	213.9	234.0	243.2	219.4	229.1	59.9	57.7	58.3

（续表）

国别（地区）	项目 \ 年份	1980	1985	1990	1995	2000	2005	2006	2007	2008	2009	2010	2011	2012	2013
波兰	全部服务合计	2018	2104	3200	10670.2	10424.8	16291.8	20534.5	28664.8	35240.1	28679.4	32745.9	37541.8	37905.5	40127.7
	运输	1194.8	1219.7	1832.6	3039.6	2442.4	5462.8	6977.0	9220.5	10873.5	8629.4	8793.8	10940.1	11167.3	12239.9
	旅游	240	118	358	2304.9	5701.9	6287.1	7221.3	10506.3	11650.9	8906.9	9569.8	10624.5	10962.2	11410.4
	其他服务：	583.2	766.3	1009.4	5325.6	2280.4	4541.5	6335.4	8937.6	12715.2	11142.7	14374.6	15973.4	15775.9	16477.3
	通信服务	..	..	..	301.8	234.0	309.6	395.7	503.9	618.1	642.2	556.1	581.8	545.6	544.0
	建筑服务	..	..	..	2797.7	297.0	866.3	1222.3	1605.1	1898.1	1482.9	1322.5	1610.9	1582.3	1526.6
	保险服务	97.2	88.3	126.4	737.6	208.4	67.6	95.7	19.1	142.3	24.0	178.7	412.1	361.4	206.6
	金融服务	..	..	..	144.9	104.9	217.5	217.5	390.5	548.7	419.2	556.1	482.9	448.6	503.4
	计算机和信息服务	..	..	..	11.9	61.2	197.1	408.2	660.7	928.0	877.8	1540.4	2129.0	2412.9	2951.7
	专利权使用费和特许费	..	..	..	3.9	33.8	62.7	38.3	99.3	230.7	104.1	234.8	271.3	229.3	316.9
	其他商业服务	486	678	883	1262.4	1288.7	2680.9	3748.4	5372.9	7997.5	7323.7	9666.0	9953.9	9806.7	10049.0
	个人、文化和娱乐服务	..	..	..	26.9	50.6	93.6	147.5	192.1	204.2	140.0	308.0	525.8	387.2	378.9
	政府服务等	—	—	—	37.9	1.6	45.7	61.5	93.5	147.3	128.5	11.6	5.4	1.5	0
马来西亚	全部服务合计	1135.1	1934.3	3858.9	11601.6	13940.5	19575.7	21681.4	29462.1	30321.2	28769.0	31800.5	35851.0	37615.3	39929.6
	运输	472.2	690.2	1197.8	2465.6	2801.7	4055.5	4152.8	7145.0	6765.5	4408.1	4879.8	5062.3	4455.7	4662.6
	旅游	317.4	621.8	1684	3968.6	5011.3	8846	10427	14049.6	15293.3	15797.5	18152.2	19649.1	20250.7	21499.6
	其他服务：	345.4	622.2	977.1	5167.3	6127.3	6674.1	7101.5	8267.4	8262.3	8563.4	8768.4	11139.4	12908.9	13767.3
	通信服务	..	..	..	—	180.7	614.8	551.4	611.4	602.3	560.0	689.1	652.9	855.5	835.2
	建筑服务	..	..	..	—	314.4	811.2	992.0	1359.0	1212.1	908.8	1040.0	1101.5	1176.6	1055.9
	保险服务	6.8	1.6	2.5	—	156.0	278.2	289.6	357.2	370.9	379.0	332.3	439.6	538.2	617.9
	金融服务	..	..	..	—	160	59.7	70.6	87.9	86.5	89.8	106.2	285.6	216.2	217.9
	计算机和信息服务	..	..	..	—	81.5	435.2	573.8	847.6	1025.2	1453.7	1440.2	1768.4	2068.5	2017.1
	专利权使用费和特许费	..	..	..	—	18.1	27.0	26.1	36.9	199.2	265.7	100.6	149.0	135.6	102.3
	其他商业服务	249.8	520.7	885.0	5003.9	5054.7	2773.2	3625.3	4047.4	3856.5	4218.2	4861.1	6492.0	7665.7	8623.6
	个人、文化和娱乐服务	..	..	..	—	32.8	1561.5	862.6	832.2	871.5	645.7	111.0	159.0	168.9	201.7
	政府服务等	88.6	99.8	89.4	163.3	128.7	112.8	109.7	87.3	37.7	42.1	87.6	91.2	83.3	95.3

注：1. 本表所列国家或地区以 2013 年服务出口总额排序；

2. “—”或“...”表示无法获得或无法单独列出的数据。

资料来源：根据联合国贸易和发展会议(UNCTAD)统计数据库整理。

表 8　2013 年服务进口额前 30 名国家(地区)服务进口总额及构成的时间序列(1980—2013 年)　(单位:现价,百万美元)

国别(地区)	项目 \ 年份	1980	1985	1990	1995	2000	2005	2006	2007	2008	2009	2010	2011	2012	2013
美国	全部服务合计	40 970	72 030	117 657	141 400.6	219 540.6	301 269	336 112	367 547	404 042	384 725.0	406 855.1	431 854.1	444 674	456 868.8
	运输	15 380	22 090	35 496	41 697	60 325	78 766	81 359	82 890	87 944	67 265	78 097	85 348	89 657	95 693.6
	旅游	10 410	24 890	38 101	46 379	67 853	75 059.4	78 830.3	83 421.1	87 375.1	81 168.5	83 057.2	86 247.2	91 918.0	95 913.9
	其他服务:	15 180	25 050	44 060	53 324.6	91 362.6	147 443.5	175 922.6	201 235.8	228 722.8	236 291.4	245 700.9	260 258.9	263 098.9	265 261.2
	通信服务	1 230	2 430	5 935	7 787	5 926	5 153	6 948	7 835	8 353	8 032	8 347	8 153	8 449	8 585.4
	建筑服务	..	..	170	345	1 326	1 171	1 651	2 537	3 451	3 577.3	2 510	2 965	3 276	—
	保险服务	860	1 150	1 910	5 125.6	11 283.6	28 710	39 382	47 516	58 913	63 800	51 478	55 794	52 564	49 849.0
	金融服务	..	1 300	2 475	2 472	10 936	12 126	14 733	19 197	17 218	14 415	15 502	17 566	16 952	18 656.6
	计算机和信息服务	..	..	98	286	6 230	10 596	13 434	15 112	16 895	18 205.2	21 029	24 331	25 657	26 278.5
	专利权使用费和特许费	730	1 170	3 135	6 919	16 606	25 577	25 038	26 479	29 623	31 297	32 551	34 786	39 889	39 399.2
	其他商业服务	280	4 150	11 122	17 890	24 453	36 492.5	47 197.6	54 029.8	65 095.8	65 135.2	71 766.9	84 843.9	87 620.9	93 000.7
	个人、文化和娱乐服务	..	..	117	316	85	163	186	270	294	368.5	556	527	830	—
	政府服务等	12 080	14 850	19 098	12 184	14 517	27 455	27 353	28 260	28 880	31 461	31 961	31 293	27 861	25 344.9
中国	全部服务合计	—	2 524	4 352	25 222.8	36 030.6	83 966.4	100 833	130 116	158 924	158 855.9	193 321.0	238 067.6	281 203.7	330 584.9
	运输	—	1 524	3 245	9 526.1	10 396.1	28 453.6	34 369	43 275.7	50 328.7	46 574	63 256.7	80 444.7	85 861.6	94 308.4
	旅游	—	314	470	3 687.6	13 113.7	21 759.1	24 321.7	29 786	36 157	43 701.7	54 880	72 585.0	102 000	128 652.1
	其他服务:	—	586	637	12 009.0	12 520.8	33 753.7	42 142.3	57 054.3	72 438.3	68 580.2	75 184.3	85 037.8	93 342.1	107 624.2
	通信服务	..	7	13	217.4	241.9	603.4	764.0	1 081.6	1 510.0	1 209.5	1 137.1	1 190.5	1 647.1	1 614.2
	建筑服务	..	.	..	—	994.4	1 619.3	2 049.7	2 909.8	4 363.0	5 867.6	5 071.8	3 728.4	3 618.7	3 911.7
	保险服务	..	69	94	4 273.3	2 471.4	7 199.5	8 831.0	10 664.1	12 742.8	11 309	15 754.6	19 737.7	20 600.1	22 094.7
	金融服务	..	.	..	—	97.4	159.4	891.4	556.9	565.6	642.5	1 387.3	746.8	1 925.7	3 685.4
	计算机和信息服务	..	.	..	—	265.0	1 619.9	1 738.8	2 208.0	3 165.1	3 232.5	2 965.3	3 844.1	3 843.1	5 939.0
	专利权使用费和特许费	..	.	..	—	1 280.9	5 321.2	6 634.0	8 192.0	10 319.5	11 065.3	13 039.5	14 706.1	17 748.9	20 979.4
	其他商业服务	..	347	291	6 930.1	6 959.3	16 453.9	20 605.3	30 431.4	38 597	34 135.4	34 310.4	39 619.7	42 353.5	47 496.3
	个人、文化和娱乐服务	..	.	..	—	37.4	153.9	121.4	153.7	254.6	278.4	370.8	399.5	564.4	742.7
	政府服务等	—	263	239	588.2	172.7	622.8	506.3	856.5	920.0	839.8	1 147.3	1 064.7	1 040.1	1 160.5

（续表）

国别（地区）	项目 \ 年份	1980	1985	1990	1995	2000	2005	2006	2007	2008	2009	2010	2011	2012	2013
德国	全部服务合计	—	—	85 124.7	128 119.5	138 138.0	212 672.2	225 334.0	261 429.0	293 332.8	261 211.1	268 783.9	298 025.3	295 749.4	317 874.1
	运输	—	—	17 131.8	23 682.4	26 269.5	47 392.1	53 852.4	62 972.3	73 151.9	53 679.7	65 488.8	69 945.9	67 839.4	70 551.7
	旅游	—	—	39 040.9	54 002.0	52 908.6	74 324.7	73 882.7	82 967.2	90 605.3	80 827.3	78 053.6	85 751.8	83 444.0	88 174.2
	其他服务：	—	—	28 952	50 435.0	58 959.8	90 955.3	97 598.7	115 490.8	129 577.0	126 704.0	125 242.8	142 327.5	144 464.6	159 148.2
	通信服务	—	—	1 685.2	2 959.2	3 142.6	5 010.4	6 268.6	6 627.0	7 047.2	6 637.5	7 681.6	7 712.4	11 526.4	14 382.7
	建筑服务	—	—	2 984.8	5 903.1	4 932.7	6 594.7	7 336.2	9 137.2	11 387.5	9 413.1	7 494.9	7 966.8	7 909.6	8 577.4
	保险服务	—	—	542.6	1 456.2	961.8	4 837.5	2 693.3	3 286.1	4 239.2	3 574.3	3 958.7	4 549.9	3 607.8	3 444.7
	金融服务	—	—	300.5	563.1	2 009.3	4 592.5	5 799.4	8 032.7	7 784.0	7 039.0	7 146.5	9 605.8	7 788.8	9 062.3
	计算机和信息服务	—	—	707.8	1 962.8	4 963.1	8 587.0	9 243.0	11 838.9	13 784.0	12 580.5	14 585.8	16 662.1	17 256.9	19 663.3
	专利权使用费和特许费	—	—	3 797.3	5 936.6	5 699.2	8 565.8	9 339.6	11 201.1	12 924.1	17 710.8	13 257.4	13 165.9	12 184.3	14 521.3
	其他商业服务	—	—	16 270.5	27 795.8	32 199.1	47 464.3	50 587.0	60 729.1	67 833.1	65 585.1	67 157.5	78 645.4	80 591.6	86 232.1
	个人、文化和娱乐服务	—	—	875.7	1 967.7	3 607.8	3 523.1	4 671.6	2 797.5	2 939.9	2 783.9	2 781.2	2 841.4	2 531.1	2 193.8
	政府服务等	—	—	1 787.1	1 890.2	1 443.7	1 779.5	1 659.6	1 840.8	1 637.6	1 379.4	1 178.7	1 177.4	1 067.7	1 070.1
法国	全部服务合计	32 148.1	25 891	51 947.0	66 093.5	60 802.4	107 026.3	113 183.2	129 485.4	141 254.6	165 256.8	167 984.6	191 721.7	174 300.4	188 937.0
	运输	9 121.0	7 149.9	17 523.2	21 237.1	17 907.6	32 495.1	34 200.9	38 062.6	42 143.0	40 346.2	43 487.4	50 092.0	45 716.6	50 120.9
	旅游	6 027.0	4 618.8	12 330.6	16 326.7	17 714.2	31 813.6	32 572.6	38 181.6	40 906.7	38 216.6	38 730.1	44 845.7	39 066.2	42 344.3
	其他服务：	17 000.0	14 122.2	22 093.0	26 959.0	25 180.5	42 717.5	46 410.8	53 242.5	58 204.8	86 695.2	85 767.0	96 783.9	89 516.3	96 471.2
	通信服务	..	..	212.8	405.2	1 146.1	2 178.7	2 148.9	2 707.2	3 140.5	4 627.3	4 636.8	4 787.6	4 823.3	5 668.1
	建筑服务	719.9	574.3	598.7	1 020.7	1 527.5	1 629.1	1 775.0	2 105.0	2 573.6	5 816.5	4 128.2	3 122.2	2 396.2	2 330.1
	保险服务	1 543.0	1 840.1	4 169.7	1 570.6	−302.1	2 254.6	2 332.0	2 070.7	2 019.9	2 965.9	3 141.5	1 939.2	1 475.0	1 113.9
	金融服务	..	..	7 266.7	2 350.8	1 458.4	2 377.7	2 069.8	1 942.1	1 914.5	1 858.7	2 271.3	4 542.9	4 507.2	4 081.4
	计算机和信息服务	..	..	410.7	516.2	744.4	1 780.8	1 984.5	2 282.9	2 247.0	5 038.5	3 997.1	8 004.3	8 292.4	9 076.5
	专利权使用费和特许费	1 028.0	981.9	1 628.6	2 320.3	2 047.1	3 092.8	3 306.8	4 717.7	5 476.9	8 953.3	9 865.6	11 025.1	9 570.9	10 550.2
	其他商业服务	12 608.4	9 852.9	..	15 838.7	15 473.5	25 620.5	29 050.0	33 050.5	36 131.3	53 261.6	53 313.3	58 178.5	53 551.7	57 983.8
	个人、文化和娱乐服务	..	..	575.7	1 342.2	1 971.6	2 803.0	2 694.6	3 136.9	3 657.6	3 202.0	3 652.7	4 395.6	4 506.0	5 273.9
	政府服务等	1 100.5	872.9	1 492.0	1 593.9	1 113.8	979.9	1 048.7	1 229.0	1 042.9	971.0	761.5	789.5	393.1	392.9

（续表）

国别（地区）	项目＼年份	1980	1985	1990	1995	2000	2005	2006	2007	2008	2009	2010	2011	2012	2013
英国	全部服务合计	27932.8	22956.6	48736.7	65402.1	99382.5	162949.6	175187.2	201269.7	202407.8	170202.1	171159.7	181138.5	181435.1	180412.8
	运输	13262.9	8642.2	14827.3	17214.0	24165.9	36176.4	35152.6	37623.1	35342.2	27977.0	28778.7	33069.4	33247.1	33967.1
	旅游	6404.1	6401.8	18342.3	24749.5	38407.9	59602.0	63094.4	71416.5	68489.5	50143.3	50001.6	50998.0	51473.2	52443.7
	其他服务：	8265.7	7912.5	15567.1	23249.1	36808.6	67171.1	76940.2	92230.0	98576.0	92081.7	92379.3	97071.0	96714.7	94002.0
	通信服务	..	..	..	1892.1	2824.8	5820.0	6728.7	7031.2	7086.8	6857.5	7211.2	7338.0	7080.0	6779.6
	建筑服务	..	..	..	2717.9	83.2	1036.3	1149.9	1610.7	2012.9	2096.8	2004.0	1888.9	2304.7	2850.2
	保险服务	..	..	719.4	743.2	1090.8	1620.0	1801.3	2040.9	2036.8	6119.1	4711.2	4647.9	5533.5	4581.5
	金融服务	..	..	352.8	0	4165.3	9250.9	10784.0	14062.4	13984.3	10016.8	9725.2	12263.2	10604.2	11974.0
	计算机和信息服务	..	..	..	1892.1	1267.9	4012.7	4699.2	5514.5	6415.8	6234.4	6613.3	6493.7	6822.5	6704.9
	专利权使用费和特许费	924.6	807.2	3574.7	2853.2	6625.5	9458.2	9536.5	8810.0	10570.5	8371.7	8489.1	10526.4	8408.5	8351.3
	其他商业服务	4631.3	4797.1	6895.9	7101.5	16712.7	29943.7	35734.0	45054.5	47306.2	44514.9	45968.7	46566.4	49037.4	45692.6
	个人、文化和娱乐服务	..	..	..	1496.0	1178.4	1510.9	1575.0	1904.8	2011.1	908.2	1038.3	897.2	712.4	693.7
	政府服务等	2709.7	2308.1	4024.1	4552.8	2859.6	4518.1	4931.1	6200.8	7151.1	6961.9	6617.9	6448.8	6211.2	6373.7
日本	全部服务合计	32360	31252.4	84281.4	122626	115105.5	134270.9	135551.9	150231.8	169427.6	148689.1	157395.3	167579.9	176796.6	164122.0
	运输	16890	14730	26650	35924.3	33330.5	40344.8	42838.7	48972.8	54050.1	40515.5	16447.0	49447.2	55353.8	47001.3
	旅游	4590	4820	24930	36764.1	31890.4	37534.0	26877.0	26486.3	27881.0	25144.2	27867.1	27210.3	27883.1	21853.0
	其他服务：	10880	—	—	49937.6	49884.5	56392.1	65836.2	74772.6	87496.4	83029.2	33081.1	90922.3	93559.6	95267.6
	通信服务	..	..	..	840.6	1150.1	617.1	732.4	1027.9	1072.6	1123.8	1024.9	972.6	1184.3	1362.1
	建筑服务	..	..	..	3205.0	4002.2	4778.2	6201.4	7928.0	11322.9	11434.6	7882.6	7702.3	7755.3	7514.8
	保险服务	760	..	..	2508.4	2024.8	1929.4	4568.2	4126.7	5115.7	5135.8	6799.3	6806.2	7382.6	6745.3
	金融服务	..	..	..	456.8	1882.1	2704.5	2989.1	3609.7	3978.6	3053.1	3149.3	3345.9	3224.2	3617.6
	计算机和信息服务	..	..	..	—	3069.1	2442.0	3125.7	3598.2	3962.0	3777.2	3571.6	4217.8	4495.5	4992.7
	专利权使用费和特许费	1330	..	..	9417.1	11008.1	14634.0	15496.6	16660.2	18291.6	16830.7	18773.6	19157.8	19896.7	17827.3
	其他商业服务	8530	..	..	31870.7	24295.5	26522.6	29768.2	34820.2	40434.4	38859.0	39161.9	45889.1	46549.3	50238.8
	个人、文化和娱乐服务	..	..	..	560.1	1275.8	1114.5	1300.8	1318.3	1216.9	1052.1	935.3	977.3	1198.8	1133.1
	政府服务等	260	—	—	1078.4	1176.5	1649.4	1653.5	1683.3	2101.3	1762.5	1782.5	1852.8	1873.0	1835.4

（续表）

国别（地区）	项目 \ 年份	1980	1985	1990	1995	2000	2005	2006	2007	2008	2009	2010	2011	2012	2013
新加坡	全部服务合计	2911.9	3554.3	8641.5	21205.1	30112.9	55258.8	65123.8	74603.6	87441.5	83453.9	100570.9	113286.2	123848.9	128659.4
	运输	1113.8	1393.5	3513.0	9289.6	12617.2	20380.1	23814.8	27869.2	30274.7	24788.4	29772.5	31887.4	35775	36866.7
	旅游	332.9	613.1	1799.9	4663.2	4938.4	10072.2	11130.1	13155.2	15196.4	15703.5	18699.8	21484.4	23644	24578.2
	其他服务：	1465.0	1547.6	3328.5	7252.1	12556.2	24806.4	30178.7	33579.1	41970.3	42962.0	52098.6	59914.4	64429.9	67214.5
	通信服务	..	..	..	—	620.8	889.3	1039.3	1300.2	1465.5	—	—	—	—	—
	建筑服务	..	..	..	118.3	124.1	203.4	187.4	255.5	347.1	425.0	514.8	750.5	758.5	804.2
	保险服务	123.7	114.9	778.9	1568.1	1536.6	1921.8	2180.8	2335.9	2529.9	2801.9	4041.1	4541.0	4569.9	5004.6
	金融服务	..	..	..	620.9	602.5	915.9	1438.6	2268.8	2541.6	2047.9	2562.3	3033.0	3134.3	3823.6
	计算机和信息服务	..	..	..	126.9	226.2	386.1	649.4	667.3	1068.5	—	—	—	—	—
	专利权使用费和特许费	..	..	..	1703.3	5047.3	9348.1	8984.9	8954.1	12456.2	13227.1	16609.8	19069	19849.5	20153.4
	其他商业服务	1319.3	1390.8	2483.4	2974.3	4189.5	10676.7	15251.3	17313.2	21040.8	21389.5	24169.2	27085.4	30065.4	31067.1
	个人、文化和娱乐服务	..	..	..	46.3	81.7	278.5	260.9	285.4	280.7	460.7	472.0	457.6	475.3	483.8
	政府服务等	21.9	41.8	66.1	93.7	127.1	186.2	185.7	198.3	239.5	220.0	191.6	207.3	205.4	229.3
荷兰	全部服务合计	18147.9	14947.7	29708.1	45990.4	53259.6	84481.9	86808.9	98161.9	112015.6	108347.9	106243.9	121636.6	120200.4	128191.9
	运输	7970.5	6364.7	10930.4	13845.8	14656.3	14953.7	18752.2	20778.8	22531.4	17892.8	18830.5	21536.2	21151.2	21114.8
	旅游	4822.4	3461.2	7376.2	11663.5	12199.1	16161.5	17010.8	19041.3	21645.9	20601.9	19610.6	20501.0	20180.9	20486.6
	其他服务：	5354.9	5121.7	11401.4	20481.6	26404.0	53366.6	51045.9	58341.6	67838.2	69853.2	67802.7	79599.3	78868.2	86590.4
	通信服务	..	150.1	326.9	677.5	1420.6	3191.3	3762.4	3826.1	3949.5	3782.3	4085.6	4751.9	4440.9	4603.7
	建筑服务	859.9	520.9	964.8	1622.9	975.6	1417.9	1181.3	1352.1	1750.8	2136.4	2012.4	2176.4	2513.7	2799.5
	保险服务	260.8	223.2	−54.7	893.7	557.3	802.9	888.3	1030.8	1190.6	993.1	1065.5	1189.1	1140.9	1154.1
	金融服务	170.3	153.4	223.2	421.6	957.2	1587.6	1939.1	2336.9	2147.6	1629.9	1578.8	1750.9	1773.1	1656.9
	计算机和信息服务	..	..	..	534.3	1183.8	3708.6	4434.2	5432.3	5775.4	5720.1	5331.1	5269.7	5361.0	5725.8
	专利权使用费和特许费	643.0	733.7	1751.3	3006.2	2559.4	8582.4	7637.5	10052.3	14310.6	18221.0	20037.6	21696.5	22231.5	27558.3
	其他商业服务	3045.0	3006.7	7476.9	11661.1	16713.6	32238.4	29673.4	32827.9	37248.6	35751.1	32256.4	41246.4	39827.2	41538.2
	个人、文化和娱乐服务	..	..	..	513.8	599.7	945.3	728.7	714.3	721.9	792.7	700.6	778.0	863.8	781.1
	政府服务等	375.6	333.4	712.9	1150.2	1435.4	891.8	800.9	768.5	742.7	826.3	734.2	740.1	716.5	772.3

（续表）

国别（地区）	项目 \ 年份	1980	1985	1990	1995	2000	2005	2006	2007	2008	2009	2010	2011	2012	2013
印度	全部服务合计	2981.2	3902.9	6089.5	10267.8	19188	47286.5	58696.1	70805.3	88348.5	80150.9	114455.4	124732.0	128836.5	125688.8
	运输	1788.0	2225.1	3418.1	5703.0	8703.1	20677.6	24856.1	30835.8	42664.8	35451.9	46454.5	57863.8	60406.8	57099.5
	旅游	113.0	354.2	393.1	996.1	2690.3	6186.6	6844.9	8218.9	9606	9309.5	10489.6	13699.2	12341.6	11570.0
	其他服务：	1080.1	1323.5	2278.2	3568.5	7794.4	20422.2	26995.0	31750.5	36077.7	32088.0	45579.6	48023.7	51031.7	50298.8
	通信服务	..	..	..	—	104.7	418.0	606.0	862.8	1045.4	1198.9	1164.9	1406.7	1028.2	1137.8
	建筑服务	..	..	..	—	127.0	602.0	793.9	727.9	704.0	1079.0	992.4	1133.1	1094.0	1395.4
	保险服务	156.8	184.1	343.8	558.7	813.0	2330.0	2671.2	3189.4	4332.3	4019.2	5005.8	6190.2	6415.1	5935.3
	金融服务	..	..	..	—	1277.1	869.0	1949.9	3236.4	3545.1	3759.0	6787.4	8296.3	4840.5	5531.7
	计算机和信息服务	..	..	..	—	576.7	1265.8	1956.9	3583.4	3786.5	2267.1	2531.9	1856.3	2518.0	2648.4
	专利权使用费和特许费	12.4	25.1	72.4	90.2	282.4	671.8	845.9	1159.8	1528.8	1860.0	2438.3	2819.2	3990.0	3904.3
	其他商业服务	844.1	1026.5	1714.9	2713.8	4322.6	13693.8	17593.4	18404	20309.1	16876	25495.9	25133.9	29900.2	27951.9
	个人、文化和娱乐服务	..	..	..	—	—	104.9	103.9	168.9	325.0	306.9	460.7	345.0	541.7	725.5
	政府服务等	66.6	87.7	146.9	205.6	290.4	466.8	473.6	417.7	501.2	721.5	702.1	842.6	703.7	1068.0
俄罗斯	全部服务合计	—	—	—	20973.6	16846.8	38745	44715.8	58144.9	75467.8	62018.1	73411.1	89414.0	106312.7	125647.8
	运输	—	—	—	3306.9	2330.1	5136.5	6721.8	9347.7	12960.4	9311.5	11865.9	15398.2	16422.3	17476.9
	旅游	—	—	—	11599.2	8848	17314.4	18112.3	21216.5	23777.5	21018.9	26693.1	32902.2	42797.7	53452.6
	其他服务：	—	—	—	6067.5	5668.6	16294.0	19881.6	27580.6	38729.9	31687.7	34852.1	41113.5	47092.7	54718.3
	通信服务	—	—	—	309.0	288.1	746.3	917.3	1298.1	1879.2	1898.4	2099.5	2530.0	2538.1	2819.4
	建筑服务	—	—	—	1670.2	406.0	4034.2	4603.2	6454.1	8838.9	4638.4	4601.6	5600.2	7594.2	9381.4
	保险服务	—	—	—	—	411.7	697.5	715.5	846.2	1249.4	853.9	1011.1	1245.2	1333.3	1460.4
	金融服务	—	—	—	72.3	36.3	892.2	903.7	1471.7	2079.8	1485.5	1720.2	1743.8	1899.2	2599.7
	计算机和信息服务	—	—	—	—	473.5	481.9	613.3	956.3	1423.7	1436.3	1890.4	2432.7	2650.8	3288.2
	专利权使用费和特许费	—	—	—	4.4	68.7	1593.2	2002.1	2806.1	4594.5	3987.0	4841.8	5830.3	7629.2	8388.8
	其他商业服务	—	—	—	3243.3	3366.9	6458.5	8548.1	11618.2	15975.1	14394.5	15635.1	18565.3	20120.2	22876.4
	个人、文化和娱乐服务	—	—	—	—	—	439.9	541.9	752.7	837.6	805.5	999.0	1058.5	1117.2	1263.7
	政府服务等	—	—	—	—	—	949.9	1036.3	1376.9	1851.3	2188.0	2053.1	2107.2	2209.7	2639.8

（续表）

国别（地区）	项目 \ 年份	1980	1985	1990	1995	2000	2005	2006	2007	2008	2009	2010	2011	2012	2013
爱尔兰	全部服务合计	1592.7	1546.8	5178.1	11296.4	28922.3	71532.8	80120.3	94548.8	110765.7	103498.9	107213.4	115614.6	111897.3	117617.9
	运输	699.8	627.4	1250.9	1790.8	2576.9	2464.8	2542.8	2829.3	2794.8	2236.5	2158.8	2286.7	2152.1	2177.4
	旅游	582.3	432.1	1162.5	2029.7	2633.1	6091.1	6831.9	8622.6	10321.1	7782.2	7096.2	6696.2	5921.9	6111.5
	其他服务：	310.4	487.2	2764.6	7475.9	23711.9	62978.1	70742.8	83099.9	97648.2	93478.7	97955.7	106633.0	103823.2	109328.8
	通信服务	..	..	..	191.2	343.6	881.7	968.4	1120.9	1560.0	1382.2	1482.0	1358.1	1399.2	1505.6
	建筑服务	..	..	..	339.2	18.4	9.9	10.0	12.3	17.5	4.1	0	0	0	0
	保险服务	53.4	48.8	97.8	158.7	1457.5	7431.7	9081.2	9762.7	9221.0	8607.4	8306.7	8321.3	8043.2	7115.3
	金融服务	..	..	..	465.6	1448.3	3300.5	4900.0	6343.7	6522.8	5952.6	5977.1	6541.9	5920.6	6187.2
	计算机和信息服务	..	..	..	203.1	276.3	437.7	705.0	903.3	1035.6	868.2	872.7	697.8	448.4	487.2
	专利权使用费和特许费	..	75.5	591.1	2723.9	7921.5	19253.3	21996.1	23909.2	35558.6	34935.3	37428.2	40815.7	42085.6	46366.0
	其他商业服务	233.2	341.5	2042.5	3064.3	12182.6	31479.1	32871.2	40821.8	43505.3	41503.4	43634.4	48629.6	45679.3	47409.6
	个人、文化和娱乐服务	..	..	..	279.9	11.3	134.3	140.5	164.2	164.0	166.7	196.0	207.1	191.4	200.4
	政府服务等	23.8	21.2	33.1	48.3	52.5	49.7	70.2	61.5	62.9	58.3	58.2	61.1	55.2	57.0
意大利	全部服务合计	16249.1	16405.6	46795	58104.6	55395.2	90076.1	100361.1	121671.7	127996.2	105902.9	110171.2	115448.8	106089.5	109436.6
	运输	7112.6	6254.5	11027.8	23271.7	13067.0	21153.5	22515.4	27538.9	29647.9	22506.4	25920.7	27208.1	24422.9	25058.6
	旅游	1913.4	1888.7	10305.7	12694.1	15671.6	22334.9	23039.8	27225.5	30646.5	27804.6	27039.4	28612.9	26354.0	26965.3
	其他服务：	7223.0	8262.3	25461.5	19716.4	26656.5	46587.5	54805.8	66907.2	67700.6	55590.9	57209.6	59626.4	55311.2	57412.6
	通信服务	95.4	99.2	227.5	627.3	1932.9	3075.4	4585.1	4400.2	6582.8	5320.5	6485.9	6423.2	5602.6	6088.6
	建筑服务	..	..	473.2	1514.5	1143.3	2151.4	2525.2	3416.1	57.0	37.9	71.9	104.9	159.4	36.6
	保险服务	400.7	508.3	1039.3	703.4	1088.0	2053.1	2826.3	3380.6	5788.5	3824.3	4018.6	3815.4	3861.5	3109.1
	金融服务	1729.6	2089.5	3794.7	4436.9	540.8	1202.5	1022.4	1417.9	3814.6	4148.5	4547.2	5249.0	5084.8	6110.9
	计算机和信息服务	..	..	272.8	456.2	913.9	1498.5	1698.5	1754.6	4495.7	3513.0	4330.6	4514.8	4567.8	4363.0
	专利权使用费和特许费	450.2	331.7	1958.8	1607.6	1191.2	1910.1	1820.2	1651.9	7815.6	6808.0	7135.1	6996.2	6047.8	5881.0
	其他商业服务	3924.2	4631.5	16209.7	8810.3	17714.2	31485.3	36427.6	45757.2	36163.8	29396.7	27802.6	29942.9	27413.9	29201.7
	个人、文化和娱乐服务	72.3	189.2	1291.8	1111.2	1156.2	1583.0	1570.6	2010.5	709.1	657.8	680.6	564.6	501.2	513.9
	政府服务等	550.3	412.7	193.4	449.2	975.6	1627.8	2329.5	3117.8	2272.9	1883.8	2136.6	2015.9	2072.4	2107.5

（续表）

国别（地区）	项目＼年份	1980	1985	1990	1995	2000	2005	2006	2007	2008	2009	2010	2011	2012	2013
韩国	全部服务合计	3 738.2	3 614.5	10 341.3	25 961.3	33 576.6	59 696.4	70 174.1	84 962.1	96 368.9	80 220.9	95 908.4	101 106.7	105 824.8	106 996.5
	运输	2 017.9	1 534.1	3 998.1	9 645	11 048.4	20 144	23 132.8	29 075.5	36 769.8	23 450.9	29 675.4	29 537.3	30 061	28 535.7
	旅游	349.6	605.9	2 768	6 340.7	7 131.9	15 405.9	18 850.5	21 975.3	19 065.2	15 039.6	18 779.5	19 933.6	20 669.4	21 738.2
	其他服务：	1 370.7	1 444.5	3 575.2	9 956.3	15 372.6	24 110.4	28 172.8	33 882.4	40 490.2	41 699.5	47 412.2	51 607.4	55 056.9	56 703.4
	通信服务	5.7	11.6	161.8	641.6	622.6	773.1	1 011.7	913.1	1 148.9	1 227.2	1 460.4	1 540.1	1 103.7	1 808.9
	建筑服务	445.2	250.3	89.5	135.9	187.3	878.7	1 308	1 828.4	2 607.6	2 806.1	2 302.2	3 794.7	3 363.2	3 882.5
	保险服务	2.8	56.5	−20.4	254.7	146	732.7	854	1 000.1	743.7	734.9	882.4	686.2	794.1	796.8
	金融服务	12.7	46.7	11	129.7	191.2	235.1	547.4	696.1	690.6	707.8	843.1	894.4	976.3	930.9
	计算机和信息服务	4.8	12.1	50.1	93.3	91.8	182.9	597.8	543.9	571.3	400.6	496.4	558.5	480.4	627.2
	专利权使用费和特许费	122.2	322.8	1 364.4	2 384.8	3 221.1	4 560.8	4 650.4	5 133.8	5 655.7	7 187.6	9 031.4	7 294.5	8 477.7	9 597.5
	其他商业服务	614.6	612.7	1 696.8	5 806.5	10 328.1	15 537.5	17 704.7	21 829.1	27 244.8	27 093.5	30 422.2	34 679.1	37 722.3	36 679.3
	个人、文化和娱乐服务	13.3	4.6	19.8	97.9	159.9	477	670.5	929.3	891.4	846.2	1 021.6	1 023.4	1 186.8	1 305.4
	政府服务等	149.4	127.2	202.2	411.9	424.6	732.6	828.4	1 008.6	936.2	695.6	952.5	1 136.5	952.4	1 074.9
加拿大	全部服务合计	10 665.9	13 912.3	28 303.4	33 473.2	44 118.3	65 749.1	72 759.6	82 788.2	88 790.7	81 910.1	97 090.4	106 274.3	106 764.6	106 146.7
	运输	3 187.5	3 567.3	5 785.6	7 948.9	9 372.5	14 484.3	16 329.3	18 575.9	20 537.7	16 830.3	20 742.8	23 025.4	22 731.0	22 388.3
	旅游	3 297.7	4 427.2	10 930.9	10v260.4	12 438	18 016.8	20 541.9	24 716.1	27 210.3	24 096.1	29 740.5	33 323.1	35 058.7	35 192.3
	其他服务：	4 180.6	5 917.6	11 586.8	15 263.8	22 307.8	33 248	35 888.4	39 496.2	41 042.7	40 983.7	46 607.1	49 925.7	48 974.8	48 566.3
	通信服务	..	..	..	1 270.7	1 380.5	1 488.9	1 605.7	1 907.7	1 909.9	1 927.8	2 417.7	2 293.5	2 546.8	2 466.2
	建筑服务	..	..	..	193.7	80.3	174.7	103.2	215.1	311.3	306.3	295.9	409.6	335.8	297.8
	保险服务	..	..	..	2 777.9	2 839.7	5 008.2	5 451.5	6 123.2	6 134.3	3 185.2	4 737.5	5 919.7	5 409.3	5 126.4
	金融服务	..	..	..	942.2	1 545.6	2 731.6	3 696.9	4 069.7	3 943.7	4 017.9	4 535.7	4 196.1	4 384.1	4 167.3
	计算机和信息服务	..	..	..	494.6	898.7	1 802.3	2 033.3	2 501.6	2 661.9	2 886.9	3 125.2	3 577.4	3 532.5	3 420.7
	专利权使用费和特许费	..	..	..	1 885.1	3 768.0	6 901.9	6 977.8	8 200	8 648.1	8 891.8	9 731.1	10 409.3	10 863.1	10 846.1
	其他商业服务	3 624.8	5 053.6	10 656.9	6 211.7	9 625.8	12 459	13 035.8	13 237.5	14 087.3	16 748.8	18 444.1	19 769.9	18 537.2	19 489.7
	个人、文化和娱乐服务	..	88.1	105.6	999.8	1 647.4	1 838.2	2 065.4	2 176.0	2 159.7	2 064.4	2 123.2	2 033.4	2 047.8	1 469.8
	政府服务等	555.8	775.7	824.3	487.8	521.4	842.8	918.4	1 065.0	1 186.3	954.2	1 197.3	1 316.5	1 317.8	1 281.6

（续表）

国别（地区）	项目 \ 年份	1980	1985	1990	1995	2000	2005	2006	2007	2008	2009	2010	2011	2012	2013
比利时	全部服务合计	12826.7	9941.1	26581.1	33090.2	41847.2	51190.1	53175.9	68827.5	84924.7	75695.6	81976.5	88906.3	91538.6	97769.8
	运输	3809.1	2963.2	6041.4	7840.8	8402.4	12271.8	13030.3	19191.4	22930.3	17264.8	20765.6	21604.0	21427.6	21297.6
	旅游	3295.7	2066.8	5476.8	8982.0	10180.5	14981.5	15520.4	17457.3	19674.0	18228.9	18886.6	20507.2	20189.0	21802.8
	其他服务：	5721.8	4910.9	15062.7	16267.3	23264.2	23935.4	24625.5	28899.4	39223.6	38676.4	40320.7	44930.5	48177.1	52854.3
	通信服务	..	..	372.0	398.1	991.3	1325.6	1594.4	2893.3	3016.0	3204.8	3299.1	3815.9	3697.8	3877.7
	建筑服务	..	..	774.8	726.6	611.7	848.1	937.0	993.6	1390.1	1769.8	2260.7	2541.1	2033.9	2491.3
	保险服务	661.6	608.8	2575.9	782.7	863.2	508.6	550.7	804.7	1122.0	1107.1	1278.9	1456.8	1495.5	1415.9
	金融服务	..	..	1247.7	2534.2	7883.7	3494.5	3449.8	2641.5	2667.4	1990.7	1921.7	2189.4	2184.2	2427.3
	计算机和信息服务	..	..	..	622.6	1325.7	1866.6	1983.3	2192.6	2868.1	3053.4	2920.3	3719.9	4107.7	4626.8
	专利权使用费和特许费	456.4	419.2	1328.1	1157.6	914.8	1048.3	1077.6	1998.2	2022.9	1932.3	1899.2	2410.4	2642.9	3145.4
	其他商业服务	4165.5	3601.9	8107.2	8626.2	9426.0	13611.14	13673.8	16612.8	25028.9	24663.7	25659.3	27371.7	30876.5	33696.7
	个人、文化和娱乐服务	..	..	..	796.31	823.6	468.8	496.7	565.2	829.0	722.3	848.9	1113.4	853.1	921.1
	政府服务等	438.2	280.9	656.8	622.6	423.8	763.5	861.8	197.0	279.7	231.9	233.0	311.3	285.2	251.5
西班牙	全部服务合计	5732.4	4551.4	16054.5	21482.6	33207.1	67164.1	78436.5	96155.6	105263.8	88522.0	87556.3	95136.6	90211.4	92595.2
	运输	2211.1	1970.9	4687.6	5629.8	10133.5	18499.7	20535.8	22328.4	26387.3	20171.0	21237.1	23749.9	22361.7	23118.1
	旅游	1229.7	1009.9	4254.4	4466.2	5946.1	15078.5	16641.9	19654.0	20264.4	16789.7	16771.1	17166.7	15303.9	16259.4
	其他服务：	2291.6	1570.5	7112.4	11386.5	17127.3	33584.5	41258.6	54170.4	58609.1	51559.8	49546.7	54222.1	52544.4	53217.6
	通信服务	..	..	84.0	397.6	742.5	1725.4	2349.6	2972.7	3320.7	2992.3	2671.3	2828.9	2686.6	2829.8
	建筑服务	..	..	138.6	262.8	215.5	1069.9	1315.9	1936.6	3033.6	2329.6	1791.9	1522.1	1221.9	1447.2
	保险服务	308.5	275.4	596.4	1074.1	325.2	1216.0	1930.6	2659.3	2173.8	2201.8	1997.2	2085.2	1901.5	2204.5
	金融服务	..	..	360.3	573.7	1085.3	2757.8	4053.2	5064.9	5244.0	4506.5	4659.3	5035.0	5397.7	5067.3
	计算机和信息服务	..	..	442.1	727.2	1227.1	2022.1	2111.2	2622.3	2832.9	2468.5	2834.2	3226.5	2982.1	2870.5
	专利权使用费和特许费	169.9	229.2	1021.6	1271.6	1675.8	2637.4	2515.2	3594.1	3333.9	3171.5	2724.3	2883.1	2370.5	2045.5
	其他商业服务	1473.5	684.5	3105.3	5768.6	10100.4	20023.7	24651.8	32438.7	35669.9	31431.8	30407.4	34170.8	33743.3	34418.5
	个人、文化和娱乐服务	..	..	506.0	767.2	1421.5	1743.6	1914.3	2414.3	2604.4	1993.4	2091.2	2079.6	1909.3	1986.3
	政府服务等	339.5	381.3	857.8	543.1	333.5	388.1	416.4	468.0	395.5	463.9	369.5	390.6	331.4	347.8

（续表）

国别（地区）	项目 \ 年份	1980	1985	1990	1995	2000	2005	2006	2007	2008	2009	2010	2011	2012	2013
巴西	全部服务合计	4 871	3 790	7 523	13 630	16 660.4	24 356.1	29 116.1	37 172.9	47 140.4	46 973.7	62 434.0	76 161.0	80 939.0	86 349.0
	运输	2 750	1 861	2 991	5 800	4 304.8	5 089.1	6 564.7	8 503.4	10 405	7 966.7	11 338.7	14 153.4	14 190.6	15 204.2
	旅游	367	441	1 505	3 391	3 894.0	4 719.8	5 763.7	8 211.1	10 962.4	10 898.2	16 419.5	21 264.3	22 232.8	25 103.3
	其他服务：	1 754	1 488	3 027	4 439	8 461.4	14 547.1	16 787.6	20 458.2	25 773	28 109.1	34 675.7	40 743.2	44 515.5	46 041.4
	通信服务	..	..	..	53	32.0	111.8	101.7	95.9	299.1	166.4	271.1	203.9	311.3	298.7
	建筑服务	..	..	..	4	0.1	0.1	4.3	4.4	9.3	3.7	6.4	8.5	13.8	27.3
	保险服务	51	136	184	308	316.5	701.8	754.6	1 308.3	1 665.3	1 814.8	1 528.7	1 717.0	1 534.9	1 548.9
	金融服务	..	..	..	950	669.6	736.7	860.6	806.9	1 144.8	1 611.8	1 678.8	1 803.5	1 974.8	1 792.6
	计算机和信息服务	..	..	..	251	1 145.3	1 713.2	2 004.9	2 272.7	2 787.1	2 795.1	3 505.4	4 035.5	4 446.5	4 912.1
	专利权使用费和特许费	38	30	54	529	1 414.5	1 404.4	1 663.6	2 259.4	2 697.1	2 512.0	2 850.2	3 301.0	3 666.4	3 663.6
	其他商业服务	1 236	945	1 999	1 619	3 433.5	7 480.1	8 897.6	10 585.9	13 556.5	15 347.6	20 903.1	25 367.1	28 345.5	29 159.3
	个人、文化和娱乐服务	..	..	..	256	362.6	451.3	533.1	651.3	869.2	958.0	1 016.5	1 121.3	1 034.0	1 600.7
	政府服务等	429	377	790	469	1 086.8	1 947.2	1 966.8	2 473.2	2 744.2	2 899.3	2 915.0	3 185.0	3 188.3	3 037.8
沙特阿拉伯	全部服务合计	30 230.8	25 821.8	22 384	19 257.5	25 228	33 120.4	49 580.5	62 677	75 233.9	74 991.4	76 772.1	78 016.6	73 407	76 584.8
	运输	5 164.2	2 931.9	2 293.3	2 190.2	2 244	4 791.7	5 617.0	9 178.5	15 654.3	11 402.6	12 723.5	15 347.5	17 869.4	19 172.1
	旅游	2 452.8	—	—	—	—	9 086.8	12 978.6	20 170	15 128.5	20 419	21 135	17 271.3	17 023.3	17 660.3
	其他服务：	22 613.7	20 712.0	18 013.8	15 771.4	21 247.3	19 241.8	30 985.0	33 328.4	44 451	43 169.8	42 913.6	45 397.8	38 514.3	39 752.4
	通信服务	..	..	..	—	—	343.7	553.8	800.4	1 269.3	1 857.3	2 197.0	2 599.2	2 026.9	2 375.4
	建筑服务	..	..	..	—	—	1 415.7	3 157.9	6 321.2	4 491.2	3 287.9	3 789.3	2 578.1	2 728.8	3 619.1
	保险服务	459.9	325.7	282.6	—	249.3	491.3	588.5	990.5	1 820.4	1 500.7	1 668.5	1 949.4	2 300.4	2 498.9
	金融服务	..	..	..	—	—	3 532.3	6 557.0	2 527.3	1 508.8	1 188.1	1 033.9	1 619.4	1 074.1	817.1
	计算机和信息服务	..	..	..	—	—	—	—	—	—	—	—	—	—	—
	专利权使用费和特许费	..	..	..	—	—	—	—	—	—	—	—	—	—	—
	其他商业服务	..	10 562.8	10 101.3	—	8 434.1	21.8	34.7	5 926.1	9 699.6	7 382.7	8 448.5	13 589.4	6 865.9	5 534.5
	个人、文化和娱乐服务	..	..	..	—	—	—	—	—	—	—	—	—	—	—
	政府服务等	15 459.6	12 001.2	9 706.6	10 587.9	14 300.5	13 436.9	20 092.9	16 762.7	25 661.6	27 952.8	25 776.1	23 062.2	23 518.1	24 907.2

(续表)

国别(地区)	项目 \ 年份	1980	1985	1990	1995	2000	2005	2006	2007	2008	2009	2010	2011	2012	2013
阿联酋	全部服务合计	2279.4	1887.8	3074.8	6054.0	8574.2	19367.4	24880.3	34025.5	43426.5	37432.8	42099.6	56518.4	63147.7	70991.9
	运输	—	—	—	—	4557.4	11011.5	13494.3	19096.6	25478.5	23002.4	25779.6	36746.9	40725.8	45154.9
	旅游	—	—	—	—	3017.9	6186.2	8826.6	11272.9	13287.9	10347.1	11817.5	13206.2	15071.7	17699.1
	其他服务：	250.2	207.2	337.6	662.4	999.7	2169.6	2559.3	3655.9	4660.0	4083.14	4502.4	6565.1	7350.9	8137.8
	通信服务	..	..	..	—	—	—	—	—	—	—	—	—	—	—
	建筑服务	..	..	..	—	—	—	—	—	—	—	—	—	—	—
	保险服务	..	..	..	—	—	—	—	—	—	—	—	—	—	—
	金融服务	..	..	..	—	—	—	—	—	—	—	—	—	—	—
	计算机和信息服务	..	..	..	—	—	—	—	—	—	—	—	—	—	—
	专利权使用费和特许费	..	..	..	—	—	—	—	—	—	—	—	—	—	—
	其他商业服务	..	..	..	—	—	—	—	—	—	—	—	—	—	—
	个人、文化和娱乐服务	..	..	..	—	—	—	—	—	—	—	—	—	—	—
	政府服务等	69.91	57.9	94.3	186.9	299.5	476.5	558.2	653.5	653.5	680.7	762.4	816.8	953.0	1034.7
澳大利亚	全部服务合计	6568.0	7676.6	13772	17398.7	18933.9	30504.8	32219.2	39908	48338.4	42704.5	51329.3	61467.3	64197.6	63180.7
	运输	3098.0	3190.5	4537.5	6259.5	6292.2	10758.9	11334.1	13072.3	14819.6	10426.9	13389.4	15540.8	17201.3	16053.5
	旅游	1836.2	1935.5	4211.0	5165.3	6386.7	11252.6	11690.2	14853	18728.5	18737.8	22558.4	27320.1	27481.3	26577.9
	其他服务：	1633.7	2550.5	5023.4	5973.7	6254.9	8493.3	9194.9	11982.7	14790.3	13539.7	15381.4	18606.3	19515.3	20549.3
	通信服务	..	..	..	803.8	1119.5	624.6	643.3	764.2	978.1	585.7	537.7	454.1	322.6	320.8
	建筑服务	..	..	..	—	—	—	—	—	—	0	0	0	0	0
	保险服务	105.9	166.3	291.0	788.8	524.8	676.5	677.8	768.4	811.6	494.5	589.0	894.2	739.2	791.6
	金融服务	14.8	264.1	353.3	426.7	347.6	408.3	451.9	511.7	540.4	513.6	591.1	906.4	817.6	1004.9
	计算机和信息服务	..	..	..	144.4	513.5	802.4	934.7	1241.7	1313.1	1255.4	1459.2	1637.2	1616.3	1814.8
	专利权使用费和特许费	271.3	392.5	825.9	1001.1	1160.2	2004.7	2189.7	2807.8	3026.2	2832.3	3423.5	4110.5	4186.6	3806.3
	其他商业服务	867.9	1256.7	2845.2	1976.2	1700.7	2607.1	2827.0	4243.2	6154.8	6170.4	6721.8	8018.9	9145.9	10237.4
	个人、文化和娱乐服务	124.5	222.2	323.4	413.2	508.9	773.7	850.9	934.2	1240.4	1057.1	1272.9	1645.5	1684.3	1603.7
	政府服务等	249.0	248.5	384.3	419.2	379.3	595.6	619.2	711.1	725.3	630.4	785.8	939.2	1002.5	969.5

（续表）

国别（地区）	项目 \ 年份	1980	1985	1990	1995	2000	2005	2006	2007	2008	2009	2010	2011	2012	2013
丹麦	全部服务合计	3595.5	4794.0	10217.7	13204.3	21083.1	37047.2	45106.4	53977.2	62360.9	52210.1	52313.4	58594.5	58187.8	59783.7
	运输	1224.5	1976.8	3866.7	6284	11114.9	17864.1	23799.6	28964.6	33709.04	26774.9	27564.5	30688.0	30312.9	32035.1
	旅游	1154.5	1426.6	3691.0	4364.4	4680.4	6866.5	7485.8	8830.3	9698.6	9062.8	9018.7	10005.3	9600.0	10027.6
	其他服务：	1216.4	1330.6	2659.9	2555.6	5287.6	12316.6	13821.2	16182.1	18953.4	16372.5	15730.0	17901.1	18274.9	17721.9
	通信服务	..	..	..	—	—	778.5	760.7	882.1	923.0	692.9	646.5	819.5	769.4	869.5
	建筑服务	..	..	..	—	—	193.4	187.4	160.3	274.9	760.8	477.4	385.5	335.4	350.6
	保险服务	61.4	32.3	161.1	—	—	579.6	587.8	582.5	246.1	572.4	682.9	453.7	639.9	−231.9
	金融服务	..	..	..	—	—	136.3	181.9	231.9	336.9	363.9	399.8	362.2	301.2	328.5
	计算机和信息服务	..	..	..	—	—	1141.7	1352.6	1614.7	2000.5	1674.1	2142.2	2292.9	2195.4	2551.5
	专利权使用费和特许费	..	..	..	—	—	1106.3	1235.1	1357.9	1742.4	1751.2	1740.3	1897.6	1862.7	1710.9
	其他商业服务	1045.3	1220.0	2386.9	—	2572.5	6363.6	7429.3	8612.1	10618.2	8219.3	8433.2	10519.6	11082.1	11000.9
	个人、文化和娱乐服务	..	..	..	—	—	1162.0	1208.3	1656.9	1771.6	1138.0	1063.1	1026.6	962.2	997.0
	政府服务等	109.6	38.1	111.8	—	—	855.4	877.9	1084.3	1040.3	1199.8	144.3	143.0	126.1	143.7
中国香港	全部服务合计	4028.6	5538.1	12937.2	23348.8	24699	33977	37062	42589	47064	43357.3	50870.4	55944.5	58193.2	59670.0
	运输	1816.2	2077.5	4372.3	6616.3	6242	10462	11616	13925	15833	12202.7	14578.7	16624.4	16891.5	16831.9
	旅游	1080.9	1852.4	4764.8	10496.9	12502	13305	14043	15042	16094	15547.3	17356.9	19022.4	20075.7	21215.3
	其他服务：	1131.4	1658.1	3800.3	6236.3	5955	10210	11403	13622	15137	15607.1	18934.7	20297.5	21225.9	21622.6
	通信服务	..	..	..	—	698	1141	1072	1080	1188	1151.9	1672.8	2001.6	2374.9	—
	建筑服务	..	..	..	—	415	273	241	295	165	119.9	53.1	78.2	322.3	—
	保险服务	164.5	205.7	414.7	781.8	528	606	613	711	726	801.8	1192.1	1192.5	1219.8	1268.3
	金融服务	57.4	190.8	389.9	909.4	824	1406	2017	2807	3137	2788.7	3242.8	3558.5	3501.3	3812.1
	计算机和信息服务	..	..	..	—	128	427	372	423	512	553.1	564.2	540.9	577.5	—
	专利权使用费和特许费	..	..	..	—	461	1289	1358	1504	1610	1699.7	1977.9	2009.2	2018.4	—
	其他商业服务	909.3	1261.4	2995.6	4544.8	2726	4877	5520	6595	7516	8268.5	9996.8	10679.8	10951.7	—
	个人、文化和娱乐服务	..	..	..	—	65	52	56	67	140	93.7	83.5	93.5	111.3	—
	政府服务等	—	—	—	—	110	141	155	141	143	130.0	151.3	142.8	148.6	—

（续表）

国别（地区）	项目 \ 年份	1980	1985	1990	1995	2000	2005	2006	2007	2008	2009	2010	2011	2012	2013
瑞典	全部服务合计	7017.7	6681.1	17057.7	17216.1	23977.3	35348.9	38252.9	46137.2	52353.0	44493.0	46845.7	54322.1	54410.4	57643.9
	运输	2519.6	1750.6	3932.3	4853.1	3705.6	5749.9	6476.6	7696.2	9006.9	6845.4	7634.2	8099.7	8044.9	8152.1
	旅游	2214.5	1974.6	6297.1	5448.4	8035.8	10771.7	10349.8	12483.9	13439.4	11185.1	13056.0	15243.7	15476.1	17214.6
	其他服务：	2283.6	2955.8	6828.2	6914.5	12235.7	18827.0	21426.4	25956.9	29906.8	26462.6	26155.3	30978.6	30889.5	32277.0
	通信服务	94.5	..	317.2	584.3	792.2	1585.8	1741.1	1900.7	2111.1	2075.3	2230.5	2427.3	2104.7	2152.3
	建筑服务	..	991.2	2040.5	2439.9	322.3	481.7	692.8	974.4	1113.6	1203.0	1121.4	1833.6	1979.6	2063.6
	保险服务	309.7	361.9	1347.3	239.6	311.1	366.2	312.1	374.4	477.6	438.9	401.9	431.1	382.7	390.8
	金融服务	..	..	..	—	601.9	806.4	1000.3	546.1	577.5	480.8	457.9	600.4	544.4	664.4
	计算机和信息服务	..	..	..	—	1077.6	1518.6	2244.5	3013.1	3303.0	2772.3	2623.7	3389.2	3873.6	4383.9
	专利权使用费和特许费	203.5	285.4	742.8	1004.1	915.2	1518.9	1671.1	1795.0	1982.9	1807.9	1453.7	1877.5	2347.1	2235.2
	其他商业服务	1609.6	1255.3	2281.4	2542.3	8029.3	12258.7	13476.3	16951.1	19823.7	17142.0	17342.4	19834.0	19072.7	19777.1
	个人、文化和娱乐服务	..	..	..	—	88.5	158.1	149.6	261.4	314.6	335.2	333.9	375.6	368.8	394.6
	政府服务等	66.2	61.7	98.9	104.1	97.2	132.2	138.2	140.4	202.3	207.0	190.3	209.5	215.4	214.8
中国台湾	全部服务合计	1644.3	1814.5	6309.1	18831.8	15460.3	26761.8	32581.7	38018	45926.3	36514.8	45029.4	52135.7	53073.7	55296.8
	运输	1059.4	1126.3	3575.7	7779.7	6760.3	14442.4	16148.3	18059	22972.6	16977.9	22431.1	26718.5	28795.3	28443
	旅游	243.7	280.7	1432.2	4271.1	2772.2	3800.2	4598.1	5142.8	5002.5	4432.7	5622.7	5716.1	6218.9	6649.7
	其他服务：	341.1	407.4	1301.1	6780.8	5927.7	8519.1	11835.2	14816.1	17951.1	15104.1	16975.5	19701.0	18059.4	20204.1
	通信服务	..	..	..	120.7	39.0	213.7	158.8	168.6	219.2	295.9	301.0	402.4	462.2	514.2
	建筑服务	..	..	..	162.7	104.6	314.3	580.8	639.9	785.9	782.2	713.0	307.6	224.4	709.0
	保险服务	97.3	96.8	336.0	961.1	801.0	1389.3	1517.9	1626.7	2036.8	1636.5	2163.6	2753.0	3073.5	2994.9
	金融服务	..	..	..	—	—	151.5	286.4	171.0	123.2	115.8	118.6	158.9	388.4	311.3
	计算机和信息服务	..	..	..	—	—	34.2	36.5	36.6	54.9	49.9	62.3	75.8	51.9	66.9
	专利权使用费和特许费	29.7	45.5	170.4	629.8	709.8	1674.1	2045.6	2286.8	2558.6	2250.0	3084.2	3118.8	3609.6	4586.4
	其他商业服务	178.1	192.8	645.7	4703.2	4141.8	4573.5	7014.1	9599.9	11891.3	9738.8	10257.6	12692.3	10006.8	10708.4
	个人、文化和娱乐服务	..	..	..	—	—	21.9	20.4	33.5	51.0	20.3	19.6	20.8	23.2	20.6
	政府服务等	35.8	72.2	148.9	203.1	131.1	146.4	174.4	252.6	229.9	214.5	255.4	170.9	219.1	292.0

（续表）

国别（地区）	项目 \ 年份	1980	1985	1990	1995	2000	2005	2006	2007	2008	2009	2010	2011	2012	2013
瑞士	全部服务合计	4885.1	4842.2	8651.3	12089.1	12801.3	22862.4	23463.9	27943.4	30820.6	34042.7	36460.8	45255.2	46907.3	52993.7
	运输	1483.8	1303.9	2162.8	3518.1	3516.9	2870.2	3104.0	3631.6	4193.4	3807.9	4054.4	4470.7	4652.3	4965.8
	旅游	2381.6	2436.9	5023.3	6345.7	5427.7	8814.3	9216.4	10097.1	10877.8	10887.2	11164.4	13656.4	13801.7	14950.5
	其他服务：	1019.6	1101.2	1464.7	2225.2	3856.6	11177.8	11143.4	14214.6	15749.3	19347.5	21241.9	27127.9	28453.2	33077.3
	通信服务	146.2	248.2	548.5	721.3	885.4	933.9	801.6	798.7	971.7	1041.1	1054.3	1016.6	707.7	888.7
	建筑服务	..	..	..	—	—	—	—	—	—	—	—	—	—	—
	保险服务	78.5	33.8	20.1	21.1	74.0	318.1	428.6	569.4	669.3	838.9	852.2	967.8	1051.1	963.1
	金融服务	..	..	0	0	782.7	1056.2	1279.9	1784.8	2127.1	1889.2	1720.7	1894.3	1688.5	1644.1
	计算机和信息服务	..	..	..	—	—	—	—	—	—	—	—	—	—	—
	专利权使用费和特许费	134.8	218.8	688.9	1210.9	1827.7	7818.2	7378.2	9697.3	10387.0	14442.0	16591.3	22168.2	23985.5	—
	其他商业服务	660.3	570.3	44.2	50.8	113.6	804.7	1012.4	1096.7	1292.1	823.8	727.5	760.7	731.3	869.5
	个人、文化和娱乐服务	..	..	53.7	83.7	60.8	86.9	84.7	93.8	110.4	107.8	119.5	122.4	117.6	123.0
	政府服务等	0	0	109.0	137.2	112.2	159.5	157.7	173.4	191.5	204.4	176.6	197.7	171.2	179.1
挪威	全部服务合计	6995.8	7514.7	12358.3	13147	14991.4	29568.1	31870.8	39537.8	44569.8	36723.7	42911.3	47177.4	48539.9	49545.5
	运输	3651.4	3521.0	5464.4	4992.1	5137.5	9546.7	9882.6	13092.1	14227.1	9426.1	11679.9	9589.4	9688.1	8526.6
	旅游	1477.7	1859.8	3679.4	4232.1	4601.4	10177.5	11539.7	14006.9	13910.2	12312.4	14024.3	16073.5	16866.6	18748.9
	其他服务：	1866.6	2133.8	3214.4	3922.7	5252.3	9843.8	10448.3	12438.7	16432.4	14985.0	17207.9	21514.4	21984.1	22269.9
	通信服务	..	..	..	155.6	165.1	285.6	309.5	405.8	1141.3	886.3	1622.2	1108.9	1058.5	1040.0
	建筑服务	..	..	..	34.8	30.6	41.5	44.2	54.9	68.6	49.2	47.6	1083.9	1028.6	1065.9
	保险服务	235.5	201.2	207.2	652.4	351.0	417.0	182.2	217.1	103.3	111.1	60.9	94.9	98.3	149.8
	金融服务	..	..	..	83.8	585.3	1238.0	878.1	1115.0	1135.9	1172.1	1259.4	1875.4	2050.7	2404.7
	计算机和信息服务	..	..	..	278.8	242.7	1134.6	1265.0	1662.8	1718.4	1562.8	1676.5	1711.4	1695.4	1789.1
	专利权使用费和特许费	94.5	77.0	148.0	375.2	439.2	466.1	497.0	617.7	768.7	551.3	535.9	780.6	582.5	674.9
	其他商业服务	1488.5	1816.0	2748.1	2168.8	3099.8	5007.9	5955.2	6987.0	10033.5	9609.0	10908.6	13166.1	13768.6	13560.3
	个人、文化和娱乐服务	..	..	..	78.1	178.9	522.6	587.3	563.6	680.8	577.7	610.5	1560.5	1572.8	1456.7
	政府服务等	47.9	39.4	110.9	94.9	159.2	731.0	729.4	814.4	781.5	465.3	484.6	133.4	128.5	128.9

（续表）

国别（地区）	项目 \ 年份	1980	1985	1990	1995	2000	2005	2006	2007	2008	2009	2010	2011	2012	2013
卢森堡	全部服务合计	—	—	—	—	—	24 242.5	29 812.9	37 605.9	38 865.1	33 339.7	37 351.2	42 345.8	42 193.0	45 829.9
	运输	—	—	—	—	—	1 268.2	1 353.7	1 755.1	2 022.1	1 578.9	1 801.7	2 146.3	2 540.0	2 650.5
	旅游	—	—	—	—	—	2 982.2	3 127.8	3 469.8	3 764.8	3 594.6	3 563.2	3 807.1	3 594.9	3 817.0
	其他服务：	—	—	—	—	—	19 992.1	25 331.4	32 380.8	33 078.2	28 166.1	31 986.3	36 392.4	36 058.9	39 362.3
	通信服务	..	..	..	..	..	1 157.2	1 327.1	1 216.7	1 391.2	1 473.9	851.8	868.4	1 134.7	1 032.8
	建筑服务	..	..	..	..	..	426.3	484.3	633.4	772.9	602.6	570.5	537.0	381.6	359.4
	保险服务	..	..	..	..	..	1 232.7	1 643.0	1 481.7	1 880.3	1 820.8	2 090.8	1 822.1	1 860.8	1 889.7
	金融服务	..	..	..	..	..	12 707.0	16 809.9	21 724.1	20 171.3	16 042.1	18 983.3	21 355.3	20 608.7	22 641.3
	计算机和信息服务	..	..	..	..	..	683.3	668.6	754.2	771.9	750.0	1 220.7	1 417.5	1 541.5	1 623.9
	专利权使用费和特许费	..	..	..	..	..	138.6	160.9	398.6	540.6	464.5	413.7	449.3	567.5	710.9
	其他商业服务	..	..	..	..	..	3 286.4	3 781.0	5 524.2	6 691.9	5 815.9	6 154.9	7 434.1	7 814.9	8 449.2
	个人、文化和娱乐服务	..	..	..	..	..	331.2	426.8	613.4	813.8	1 150.2	1 651.0	2 440.5	2 097.9	2 590.9
	政府服务等	—	—	—	—	—	29.2	29.4	34.2	43.7	46.6	49.1	68.2	50.1	63.7
马来西亚	全部服务合计	2 956.5	3 926.6	5 484.5	14 980.8	16 747.4	21 955.7	23 651	28 668.4	30 269.8	27 471.5	32 319.9	37 976.9	42 895.2	45 206.1
	运输	1 310.1	1 407.9	2 531.3	5 609.3	5 889.7	8 395.8	9 532.6	10 942.3	11 391.1	9 265.1	11 853.2	13 253.6	13 516.3	14 265.5
	旅游	723.9	1 158.2	1 450.3	2 314.3	2 075	3 711.2	4 256.9	5 600.9	6 708.7	6 508.4	8 324.0	10 179.8	12 217.1	12 155.4
	其他服务：	922.4	1 360.4	1 502.8	7 057.1	8 782.6	9 848.6	9 861.3	12 125.1	12 169.9	11 697.9	12 142.6	14 542.5	17 161.8	18 785.2
	通信服务	..	..	..	—	231.0	679.8	659.5	857.2	817.0	771.7	924.0	1 168.4	1 306.5	1 499.3
	建筑服务	..	..	..	—	1 090.7	1 087.1	1 145.5	1 689.4	1 411.8	1 034.1	1 182.8	1 347.3	2 397.9	2 484.2
	保险服务	..	..	..	—	288.6	517.9	610.9	683.8	727.7	734.1	560.6	693.8	953.4	995.4
	金融服务	..	..	..	—	175.2	119.3	128.9	203.9	300.7	307.2	331.8	358.7	347.3	307.2
	计算机和信息服务	..	..	..	—	201.3	379.2	531.0	646.4	896.0	1 206.0	1 058.6	1 197.3	1 461.8	1 683.4
	专利权使用费和特许费	37.2	..	..	—	546.0	1 369.6	954.0	1 185.1	1 267.7	1 133.1	1 318.9	1 634.1	1 543.3	1 394.7
	其他商业服务	793.3	1 248.0	1 412.2	6 897.8	6 034.7	3 635.6	4 170.5	4 732.9	5 362.6	5 399.7	6 233.0	7 533.2	8 328.9	9 381.3
	个人、文化和娱乐服务	..	..	..	—	70	1 854.6	1 431.2	1 933.0	1 176.5	897.0	289.3	347.5	604.6	878.2
	政府服务等	91.8	112.3	90.5	159.3	144.7	205.2	229.6	192.9	209.5	214.7	244.1	261.8	217.6	161.2

（续表）

国别（地区）	项目＼年份	1980	1985	1990	1995	2000	2005	2006	2007	2008	2009	2010	2011	2012	2013
奥地利	全部服务合计	6 204.4	6 339.3	14 196.5	19 291.5	16 483.3	30 791.4	33 442.3	38 975.5	42 696.7	36 883.0	37 033.5	42 190.5	42 374.7	44 704.5
	运输	790.4	756.2	1 184.2	4 201.1	3 753.4	8 674.9	10 180.1	12 104.4	13 652.1	10 641.2	12 152.9	14 585.2	14 048.6	14 585.2
	旅游	3 141.8	2 763.5	7 748.4	7 975.1	6 234.5	9 334.4	9 585.5	10 537.3	11 309.9	10 757.9	10 221.9	10 469.1	10 054.0	10 274.9
	其他服务：	2 272.1	2 869.5	5 263.7	7 113.8	6 495.3	12 782.9	13 675.1	16 332.3	17 734.6	15 482.5	14 657.4	17 136.1	18 272.9	19 845.2
	通信服务	7.3	14.3	82.8	303.9	432.1	823.2	1 126.5	1 302.9	1 331.5	1 183.5	1 084.7	1 180.2	1 131.9	1 026.3
	建筑服务	283.6	132.9	463.7	593.7	312.2	845.6	767.7	1 201.6	1 529.2	1 100.2	896.6	793.7	846.7	712.9
	保险服务	263.6	304.2	642.8	858.5	85.1	930.2	1 093.9	1 710.8	1 057.6	1 148.8	978.7	1 071.7	946.9	1 153.8
	金融服务	..	..	..	657.8	995.9	744.9	610.9	725.3	732.4	401.4	413.2	443.4	355.9	539.0
	计算机和信息服务	..	..	..	266.1	374.9	947.6	1 076.3	1 442.5	1 744.6	1 600.3	1 580.0	1 759.9	1 886.1	2 990.6
	专利权使用费和特许费	152.3	114.8	286.5	532.3	567.9	1 343.0	1 320.9	1 467.2	1 611.3	1 265.5	1 311.1	1 497.1	1 541.8	1 885.6
	其他商业服务	1 009.8	2 175.3	3 633.6	3 556.9	3 438.3	6 317.4	6 777.9	7 518.0	8 649.7	7 794.7	7 288.3	9 255.5	10 384.2	10 405.5
	个人、文化和娱乐服务	36.0	23.4	61.5	193.8	209.3	725.0	795.3	841.7	950.6	871.0	990.6	1 003.6	1 062.5	1 014.3
	政府服务等	519.2	54.3	92.5	151.5	79.2	105.7	105.3	121.8	127.4	116.6	113.9	130.6	115.6	116.8
中国台湾	全部服务合计	2 554	5 433	14 658	24 053	26 647	32 480	32 815	34 926	34 982	29 783	37 864	42 026	42 763	42 371
	运输	1 213	1 737	3 753	6 333	6 247	8 439	9 030	9 893	11 144	7 783	9 895	10 268	10 482	10 544
	旅游	594	1 999	4 984	8 457	8 107	8 682	8 746	9 070	9 116	7 800	9 357	10 112	10 630	12 304
	其他服务：	747	1 697	5 921	9 263	12 293	15 359	15 039	15 963	14 722	14 200	18 612	21 646	21 651	19 523
	通信服务	..	17	264	493	528	505	393	441	413	431	454	542	611	809
	建筑服务	..	5	0	275	439	376	295	371	235	86	241	233	426	462
	保险服务	..	138	210	508	587	967	1 002	1 167	1 062	881	999	1 155	1 293	1 193
	金融服务	..	13	465	7	1 037	1 370	1 390	782	328	329	197	267	267	347
	计算机和信息服务	..	15	22	45	217	315	313	257	284	330	435	479	568	600
	专利权使用费和特许费	86	150	582	937	1 834	1 796	2 321	2 575	3 015	3 424	4 943	5 788	4 549	3 834
	其他商业服务	..	773	3 567	5 775	6 348	8 669	8 063	9 328	8 368	7 822	10 381	12 240	12 946	11 359
	个人、文化和娱乐服务	..	53	76	152	163	301	199	205	184	196	215	237	279	258
	政府服务等	0	533	735	1 071	1 140	1 060	1 063	837	833	701	747	705	712	661

注：1. 本表所列国家或地区以 2013 年服务进口总额排序；
2. “—”或“...”表示无法获得或无法单独列出的数据。

资料来源：根据联合国贸易和发展会议(UNCTAD)统计数据库整理。

后 记

本书是入选教育部哲学社会科学发展报告建设(培育)项目后的第三本。我们仍然按照前两本的4个组成部分——主题报告,专题报告,指数发布和统计数据——组织撰写。殷凤(上海大学,教授)、陈宪(上海交通大学,教授)负责主题报告《创新工业化道路:制造业与服务业双轮驱动》的撰写。李靖(上海大学,讲师)、杨玲(上海大学,副教授)、杜运苏(南京财经大学,副教授)和殷凤、王全玲(上海大学,研究生)分别撰写专题报告一:"服务经济与贸易"的3个报告;董明(上海交通大学,教授)、熊励(上海大学,教授)和他们的研究团队撰写专题报告二:"服务技术与创新"的两个报告;张恒龙(上海大学,研究员)负责撰写专题报告三:"公共服务与管理"的2个报告。康艺凡(上海应用技术学院,讲师)、陈宪(上海交通大学,教授)共同完成指数发布的4个报告,康艺凡执笔撰写4个报告。黄建锋(南通大学,副教授)负责统计数据部分的工作。陈宪负责组稿,统稿,并撰写"代序"《工业4.0与服务经济再认识》。参与本书工作的还有:孟添、夏天然、王赟赟、曹聪丽、肖怡清、程鹏亮、王珂珂、李文强、周石、徐海涛、姚乐泉、王琦、籍佳婧、陈露、王晔倩、黄逸飞。

在过去的一年,我们继续得到教育部社会科学司、国家发展和改革委员会地区司、商务部服务贸易司、上海市政府发展研究中心、上海市商务委员会等机构的支持和关心,对我们的研究工作起到了积极的作用。在此,一并表示感谢。

陈 宪

2014年10月